La Odisea

Homer

PAGES PLANET PUBLISHING

Publicado por
PAGES PLANET PUBLISHING
Correo electrónico: pagesplanetpublishing@gmail.com

Para obtener más información o realizar consultas,
comuníquese con el editor a la dirección de correo electrónico
que se indica más arriba.
Publicado por primera vez por Pages Planet Publishing en

Minerva propone á Júpiter que Mercurio se llegue á Calipso y le mande que despida á Ulises

CANTO PRIMERO

CONCILIO DE LOS DIOSES. - EXHORTACIÓN DE MINERVA Á TELÉMACO

Háblame, Musa, de aquel varón de multiforme ingenio que, después de destruir la sacra ciudad de Troya, anduvo peregrinando larguísimo tiempo, vió las poblaciones y conoció las costumbres de muchos hombres y padeció en su ánimo gran número de trabajos en su navegación por el ponto, en cuanto procuraba salvar su vida y la vuelta de sus compañeros á la patria. Mas ni aun así pudo librarlos, como deseaba, y todos perecieron por sus propias locuras. ¡Insensatos! Comiéronse las vacas del Sol, hijo de Hiperión; el cual no permitió que les llegara el día del regreso. ¡Oh diosa, hija de Júpiter!: cuéntanos aunque no sea más que una parte de tales cosas.

Ya en aquel tiempo los que habían podido escapar de una muerte horrorosa estaban en sus hogares, salvos de los peligros de la guerra y del mar; y solamente Ulises, que tan gran necesidad sentía de restituirse á su patria y ver á su consorte, hallábase detenido en hueca gruta por Calipso, la ninfa veneranda, la divina entre las deidades, que anhelaba tomarlo por esposo. Con el transcurso de los años llegó por fin la época en que los dioses habían decretado que volviese á su patria, á Ítaca, aunque no por eso debía poner fin á sus trabajos, ni siquiera después de juntarse con los suyos. Y todos los dioses le compadecían, á excepción de Neptuno, que permaneció constantemente airado contra el divinal Ulises hasta que el héroe no arribó á su tierra.

Mas entonces habíase ido Neptuno al lejano pueblo de los etíopes—los cuales son los postreros de los hombres y forman dos grupos, que habitan respectivamente hacia el ocaso y hacia el orto del Sol—para asistir á una hecatombe de toros y de corderos. Mientras aquél se deleitaba presenciando el festín, congregáronse las otras deidades en el palacio de Júpiter Olímpico. Y fué el primero en usar de la palabra el padre de los hombres y de los dioses, porque en su ánimo tenía presente al ilustre Egisto á quien matara el preclaro Orestes Agamemnónida. Acordándose de él, habló á los inmortales de esta manera:

«¡Oh dioses! ¡De qué modo culpan los mortales á los númenes! Dicen que las cosas malas les vienen de nosotros, y son ellos quienes se atraen con sus locuras infortunios no decretados por el destino. Así ocurrió con Egisto, que, oponiéndose á la voluntad del hado, casó con la mujer legítima del Atrida y mató á este héroe cuando tornaba á su patria, no obstante que supo la terrible muerte que padecería luego. Nosotros mismos le habíamos enviado á Mercurio, el vigilante Argicida, con el fin de advertirle que no matase á aquél, ni pretendiera á su esposa; pues Orestes Atrida tenía que tomar venganza no bien llegara á la juventud y sintiese el deseo de volver á su tierra. Así se lo declaró Mercurio; mas no logró persuadirlo, con ser tan excelente el consejo, y ahora Egisto lo ha pagado todo junto.»

Respondióle Minerva, la deidad de los brillantes ojos: «¡Padre nuestro, Saturnio, el más excelso de los que imperan! Aquél yace en la tumba por haber padecido una muerte muy justificada. ¡Así perezca quien obre de semejante modo! Pero se me quiebra el corazón por el prudente y desgraciado Ulises, que, mucho tiempo ha, padece penas lejos de los suyos, en una isla azotada por las olas, en el centro del mar; isla poblada de árboles, en la cual tiene su mansión una diosa, la hija del terrible Atlante, de aquél que conoce todas las profundidades del ponto y sostiene las grandes columnas que separan la tierra y el cielo. La hija de este dios retiene al infortunado y afligido Ulises, no cejando en su propósito de embelesarle con tiernas y seductoras palabras para que olvide á Ítaca; mas el héroe, que está deseoso de ver el humo de su país natal, ya de morir siente anhelos. ¿Y á ti, Júpiter Olímpico, no se te conmueve el corazón? ¿No te era acepto Ulises, cuando sacrificaba junto á los bajeles de los argivos? ¿Por qué así te has airado contra él, oh Jove?»

Contestóle Júpiter, que amontona las nubes: «¡Hija mía! ¡Qué palabras se te escaparon del cerco de los dientes! ¿Cómo quieres que ponga en olvido al divinal Ulises, que por su inteligencia se señala sobre los demás mortales y siempre ofreció muchos sacrificios á los inmortales dioses que poseen el anchuroso cielo? Pero Neptuno, que ciñe la tierra, le guarda vivo y constante rencor porque cegó al ciclope, al deiforme Polifemo; que es el más fuerte de todos los ciclopes y nació de la ninfa Toosa, hija de Forcis que impera en el mar estéril, después que ésta se ayuntara con Neptuno en honda cueva. Desde entonces Neptuno, que sacude la tierra, si bien no se ha propuesto matar á Ulises, hace que vaya errante lejos de su patria. Mas, ea, tratemos de la vuelta del mismo y del modo como haya de llegar á su patria; y Neptuno depondrá la cólera, que no le fuera posible contender, solo y contra la voluntad de los dioses, con los inmortales todos.»

Respondióle Minerva, la deidad de los brillantes ojos: «¡Padre nuestro, Saturnio, el más excelso de los que imperan! Si les place á los bienaventurados dioses que el prudente Ulises vuelva á su casa, mandemos á Mercurio, el mensajero Argicida, á la isla Ogigia; y manifieste cuanto antes á la ninfa de hermosas trenzas la resolución que hemos tomado, para que el héroe se ponga en camino. Yo, en tanto, yéndome á Ítaca, instigaré vivamente á su hijo, y le infundiré valor en el pecho para que llame al ágora á los aqueos de larga cabellera y prohiba la entrada en el palacio á todos los pretendientes, que de continuo le degüellan muchísimas ovejas y flexípedes bueyes de retorcidos cuernos. Y le llevaré después á Esparta y á la arenosa Pilos para que, preguntando y viendo si puede adquirir noticias de su padre, consiga ganar honrosa fama entre los hombres.»

Dicho esto, calzóse los áureos divinos talares que la llevaban sobre el mar y sobre la tierra inmensa con la rapidez del viento; y asió la lanza fornida, de punta de bronce, ponderosa, luenga, robusta, con que la hija del prepotente padre destruye filas enteras de héroes siempre que contra ellos monta en cólera. Descendió presurosa de las cumbres del Olimpo y, encaminándose al pueblo de Ítaca, detúvose en el vestíbulo de la morada de Ulises, en el umbral que precedía al patio: Minerva empuñaba la broncínea lanza y había tomado la figura de un extranjero, de Mentes, rey de los tafios. Halló á los soberbios pretendientes; que para recrear el ánimo jugaban á los dados ante la puerta de la casa, sentados sobre cueros de bueyes que ellos mismos mataran. Varios heraldos y diligentes servidores mezclábanles vino y agua en las crateras; y otros limpiaban las mesas con esponjas de muchos ojos, colocábanlas en su sitio, y trinchaban carne en abundancia.

Fué el primero en advertir la presencia de la diosa el deiforme Telémaco; pues se hallaba en medio de los pretendientes, con el corazón apesadumbrado, y tenía el pensamiento fijo en su valeroso padre por si, volviendo, dispersase á aquellos y recuperara la dignidad real y el dominio de sus riquezas. Tales cosas meditaba, sentado con los pretendientes, cuando vió á Minerva. Á la hora fuése derecho al vestíbulo, muy indignado en su corazón de que un huésped tuviese que esperar tanto tiempo en la puerta, asió por la mano á la diosa, tomóle la broncínea lanza y le dijo estas aladas palabras:

«¡Salve, huésped! Entre nosotros has de recibir amistoso acogimiento. Y después que hayas comido, nos dirás si necesitas algo.»

Hablando así, empezó á caminar y Palas Minerva le fué siguiendo. Ya en el interior del excelso palacio, Telémaco arrimó la lanza á una alta columna, metiéndola en la pulimentada lancera donde había muchas lanzas del paciente Ulises; hizo sentar á la diosa en un sillón, después de tender en el suelo linda alfombra bordada y de colocar el escabel para los pies, y acercó para sí una labrada silla; poniéndolo todo aparte de los pretendientes para que al huésped no le desplaciera la comida, molestado por el tumulto de aquellos varones soberbios, y él, á su vez, pudiera interrogarle sobre su padre ausente. Una esclava les dió aguamanos, que traía en magnífico jarro de oro y vertió en fuente de plata, y les puso delante una pulimentada mesa. La veneranda despensera trájoles pan y dejó en la mesa buen número de manjares, obsequiándoles con los que tenía reservados. El trinchante sirvióles platos de carne de todas suertes y colocó á su vera áureas copas. Y un heraldo se acercaba á menudo para escanciarles vino.

Ya en esto, entraron los orgullosos pretendientes. Apenas se hubieron sentado por orden en sillas y sillones, los heraldos diéronles aguamanos, las esclavas amontonaron el pan en los canastillos, los mancebos llenaron las crateras, y todos los comensales echaron mano á las viandas que les habían servido. Satisfechas las ganas de comer y de beber, ocupáronles el pensamiento otras cosas: el canto y el baile, que son los ornamentos del convite. Un heraldo puso la bellísima cítara en las manos de Femio, á quien obligaban á cantar ante los pretendientes. Y mientras Femio comenzaba al son de la cítara un hermoso canto, Telémaco dijo estas razones á Minerva, la de los brillantes ojos, después de aproximar su cabeza á la deidad para que los demás no se enteraran:

«¡Caro huésped! ¿Te enojarás conmigo por lo que voy á decir? Éstos sólo se ocupan en cosas tales como la cítara y el canto; y nada les cuesta, pues devoran impunemente la hacienda de otro, la de un varón cuyos blancos huesos se pudren en el continente por la acción de la lluvia ó los revuelven las olas en el seno del mar. Si le vieran aportar á Ítaca, preferirían tener los pies ligeros á ser ricos de oro y de vestidos. Mas aquél ya murió, víctima de su aciago destino, y no hay que esperar en su tornada, aunque alguno de los hombres terrestres afirme que aún ha de volver: el día de su regreso no amanecerá jamás. Pero, ea, habla y responde sinceramente: ¿Quién eres y de qué país procedes? ¿Dónde se hallan tu ciudad y tus padres? ¿En cuál embarcación llegaste? ¿Cómo los marineros te trajeron á Ítaca? ¿Quiénes se precian de ser? Pues no me figuro que hayas venido andando. Dime también la verdad de esto para que me entere: ¿Vienes ahora por vez primera ó has sido huésped de mi padre? Que son muchos los que conocen nuestra casa, porque Ulises acostumbraba visitar á los demás hombres.»

Respondióle Minerva, la deidad de los brillantes ojos: «De todo esto voy á informarte circunstanciadamente. Me jacto de ser Mentes, hijo del belicoso Anquíalo, y de reinar sobre los tafios, amantes de manejar los remos. He llegado en mi galera, con mi gente, pues navego por el vinoso ponto hacia unos hombres que hablan otro lenguaje: voy á Témesa para traer bronce, llevándoles luciente hierro. Anclé la embarcación cerca del campo, antes de llegar á la ciudad, en el puerto Retro que está al pie del selvoso Neyo. Nos cabe la honra de que ya nuestros progenitores se daban mutua hospitalidad desde muy antiguo, como se lo puedes preguntar al héroe Laertes; el cual, según me han dicho, ya no viene á la población, sino que mora en el campo, atorméntanle los pesares, y tiene una anciana esclava que le apareja la comida y le da de beber cuando se le cansan los miembros de arrastrarse por la fértil viña. Vine porque me aseguraron que tu padre estaba de vuelta en la población, mas sin duda lo impiden las deidades, poniendo obstáculos á su retorno; que el divinal Ulises no desapareció aún de la fértil tierra, pues vive y está detenido en el vasto ponto, en una isla que surge de entre las olas, desde que cayó en poder de hombres crueles y salvajes que lo retienen á su despecho. Voy ahora á predecir lo que ha de suceder, según los dioses me lo inspiran en el ánimo y yo creo que ha de verificarse porque no soy adivino ni hábil intérprete de sueños: *Aquél no estará largo tiempo fuera de su patria, aunque lo sujeten férreas vínculos; antes hallará algún medio para volver, ya que es ingenioso en sumo grado.* Mas, ea, habla y dime con sinceridad si eres el hijo del propio Ulises. Es extraordinario tu parecido en la cabeza y en los bellos ojos con Ulises; y bien lo recuerdo, pues nos reuníamos á menudo antes de que se embarcara para Troya, adonde fueron los príncipes argivos en las cóncavas naos. Desde entonces ni yo le he visto, ni él á mí.»

Contestóle el prudente Telémaco: «Voy á hablarte, oh huésped, con gran sinceridad. Mi madre afirma que soy hijo de aquél, y no sé más; que nadie consiguió conocer por sí su propio linaje. ¡Ojalá que fuera vástago de un hombre dichoso que envejeciese en su casa, rodeado de sus riquezas!; mas ahora dicen que desciendo, ya que me lo preguntas, del más infeliz de los mortales hombres.»

Replicóle Minerva, la deidad de los brillantes ojos: «Los dioses no deben de haber dispuesto que tu linaje sea obscuro, cuando Penélope te ha parido cual eres. Mas, ea, habla y dime con franqueza: ¿Qué comida, qué reunión es ésta, y qué necesidad tienes de darla? ¿Se celebra un convite ó un casamiento? que no nos hallamos evidentemente en un festín á escote. Paréceme que los que comen en el palacio con tal arrogancia ultrajan á alguien; pues cualquier hombre sensato se indignaría al presenciar sus muchas torpezas.»

Contestóle el prudente Telémaco: «¡Huésped! Ya que tales cosas preguntas é inquieres, sabe que esta casa hubo de ser opulenta y respetada en cuanto aquel varón permaneció en el pueblo. Cambió después la voluntad de los dioses, quienes, maquinando males, han hecho de Ulises el más ignorado de todos los hombres; que yo no me afligiera de tal suerte, si acabara la vida entre sus compañeros, en el país de Troya, ó en brazos de sus amigos luego que terminó la guerra, pues entonces todos los aqueos le habrían erigido un túmulo y hubiese legado á su hijo una gloria inmensa. Ahora desapareció sin fama, arrebatado por las Harpías; su muerte fué oculta é ignota; y tan sólo me dejó pesares y llanto. Y no me lamento y gimo únicamente por él, que los dioses me han enviado otras funestas calamidades. Cuantos próceres mandan en las islas, en Duliquio, en Same y en la selvosa Zacinto, y cuantos imperan en la áspera Ítaca, todos pretenden á mi madre y arruinan nuestra casa. Mi madre ni rechaza las odiosas nupcias, ni sabe poner fin á tales cosas; y aquellos comen y agotan mi hacienda, y pronto acabarán conmigo mismo.»

Contestóle Minerva, muy indignada: «¡Oh dioses! ¡Qué falta no te hace el ausente Ulises; para que ponga las manos en los desvergonzados pretendientes! Si tornara y apareciera ante el portal de esta casa, con su yelmo, su escudo y sus dos lanzas, como la primera vez que le vi en la mía, bebiendo y recreándose, cuando volvió de Éfira, del palacio de Ilo Mermérida—fué allá en su velera nave por un veneno mortal con que pudiese teñir las broncíneas flechas; pero Ilo, temeroso de los sempiternos dioses, no se lo proporcionó y entregóselo mi padre que le quería muchísimo—si, pues, mostrándose tal, se encontrara Ulises con los pretendientes, fuera corta la vida de éstos y bien amargas sus nupcias. Mas está puesto en mano de los dioses si ha de volver y tomar venganza en su palacio, y te exhorto á que desde luego medites cómo arrojarás de aquí á los pretendientes. Óyeme, si te place, y presta atención á mis palabras. Mañana convoca en el ágora á los héroes aqueos, háblales á todos y sean testigos las propias deidades. Intima á los pretendientes que se separen, yéndose á sus casas; y si á tu madre el ánimo la mueve á casarse, vuelva al palacio de su muy poderoso padre y allí le dispondrán las nupcias y le aparejarán una dote tan cuantiosa como debe llevar una hija amada. También á ti te daré un prudente consejo, por si te decidieras á seguirlo: Apresta la mejor embarcación que hallares, con veinte remeros; ve á preguntar por tu padre, cuya ausencia se hace ya tan larga, y quizás algún mortal te hablará del mismo ó llegará á tus oídos la fama que procede de Júpiter y es la que más difunde la gloria de los hombres. Trasládate primeramente á Pilos é interroga al divinal Néstor; y desde allí endereza los pasos á Esparta, al rubio Menelao, que ha llegado el postrero de los argivos de broncíneas lorigas. Si oyeres decir que tu padre vive y ha de volver, súfrelo todo un año más, aunque estés afligido; pero si te participaren que ha muerto y ya no existe, retorna sin dilación á la patria, erígele un túmulo, hazle las muchas exequias que se le deben, y búscale á tu madre un esposo. Y así que hayas realizado y llevado á cumplimiento todas estas cosas, medita en tu mente y en tu corazón cómo matarás á los pretendientes en el palacio: si con dolo ó á la descubierta; porque es preciso que no andes en niñerías, que ya no tienes edad para ello. ¿Por ventura no sabes cuánta gloria ha ganado ante los hombres el divinal Orestes, desde que mató al parricida, al doloso Egisto, que le había asesinado su ilustre padre? También tú, amigo, ya que veo que eres gallardo y de elevada estatura, sé fuerte para que los venideros te elogien. Y yo me voy hacia la velera nave y los amigos que ya deben de estar cansados de esperarme. Cuida de hacer cuanto te dije y acuérdate de mis consejos.»

Respondióle el prudente Telémaco: «Me dices estas cosas de una manera tan benévola, como un padre á su hijo, que nunca jamás podré olvidarlas. Pero, ea, aguarda un poco, aunque tengas prisa por irte, y después que te bañes y deleites tu corazón, volverás alegremente á tu nave, llevándote un regalo precioso, muy bello, para guardarlo como presente mío, que tal es la costumbre que suele seguirse con los huéspedes amados.»

Contestóle Minerva, la deidad de los brillantes ojos: «No me detengas, oponiéndote á mi deseo de irme en seguida. El regalo con que tu corazón quiere obsequiarme, me lo entregarás á la vuelta para que me lo lleve á mi casa: escógelo muy hermoso y será justo que te lo recompense con otro semejante.»

Diciendo así, partió Minerva, la de los brillantes ojos: fuése la diosa, volando como un pájaro, después de infundir en el espíritu de Telémaco valor y audacia, y de avivarle aún más el recuerdo de su padre. Telémaco, considerando en su mente lo ocurrido, quedóse atónito, porque ya sospechó que había hablado con una deidad. Y aquel varón, que parecía un dios, se apresuró á juntarse con los pretendientes.

Ante éstos, que le oían sentados y silenciosos, cantaba el ilustre aedo la vuelta deplorable que Palas Minerva deparara á los aquivos cuando partieron de Troya. La discreta Penélope, hija de Icario, oyó de lo alto de la casa la divinal canción, que le llegaba al alma; y bajó por la larga escalera, pero no sola, pues la acompañaban dos esclavas. Cuando la divina entre las mujeres llegó adonde estaban los pretendientes, detúvose cabe á la columna que sostenía el techo sólidamente construído, con las mejillas cubiertas por espléndido velo y una honrada doncella á cada lado. Y arrasándosele los ojos de lágrimas, hablóle así al divinal aedo:

«¡Femio! Pues que sabes otras muchas hazañas de hombres y de dioses, que recrean á los mortales y son celebradas por los aedos, cántales alguna de las mismas sentado ahí, en el centro, y óiganla todos silenciosamente y bebiendo vino; pero deja ese canto triste que me angustia el corazón en el pecho, ya que se apodera de mí un pesar grandísimo. ¡Tal es la persona de quien padezco soledad, por acordarme siempre de aquel varón cuya fama es grande en la Hélade y en el centro de Argos!»

Replicóle el prudente Telémaco: «¡Madre mía! ¿Por qué quieres prohibir al amable aedo que nos divierta como su mente se lo inspire? No son los aedos los culpables, sino Júpiter que distribuye sus presentes á los varones de ingenio del modo que le place. No ha de increparse á Femio porque canta la suerte aciaga de los dánaos, pues los hombres alaban con preferencia el canto más nuevo que llega á sus oídos. Resígnate en tu corazón y en tu ánimo á oir ese canto, ya que no fué Ulises el único que perdió en Troya la esperanza de volver; hubo otros muchos que también perecieron. Mas, vuelve ya á tu habitación, ocúpate en las labores que te son propias, el telar y la rueca, y ordena á las esclavas que se apliquen al trabajo; y de hablar nos cuidaremos los hombres y principalmente yo, cuyo es el mando en esta casa.»

Volvióse Penélope, muy asombrada, á su habitación, revolviendo en el ánimo las discretas palabras de su hijo. Y así que hubo subido con las esclavas á lo alto de la casa, echóse á llorar por Ulises, su caro consorte, hasta que Minerva, la de los brillantes ojos, le difundió en los párpados el dulce sueño.

Los pretendientes movían alboroto en la obscura sala y todos deseaban acostarse con Penélope en su mismo lecho. Mas el prudente Telémaco comenzó á decirles:

«¡Pretendientes de mi madre, que os portáis con orgullosa insolencia! Gocemos ahora del festín y cesen vuestros gritos; pues es muy hermoso escuchar á un aedo como éste, tan parecido por su voz á las propias deidades. Al romper el alba, nos reuniremos en el ágora para que yo os diga sin rebozo que salgáis del palacio: disponed otros festines y comeos vuestros bienes, convidándoos sucesiva y recíprocamente en vuestras casas. Mas si os pareciere mejor y más acertado destruir impunemente los bienes de un solo hombre, seguid consumiéndolos; que yo invocaré á los sempiternos dioses, por si algún día nos concede Júpiter que vuestras obras sean castigadas, y quizás muráis en este palacio sin que nadie os vengue.»

Así dijo; y todos se mordieron los labios, admirándose de que Telémaco les hablase con tanta audacia.

Pero Antínoo, hijo de Eupites, le repuso diciendo: «¡Telémaco! Son ciertamente los mismos dioses quienes te enseñan á ser grandílocuo y á arengar con audacia; mas no quiera el Saturnio que llegues á ser rey de Ítaca, rodeada por el mar, como te corresponde por el linaje de tu padre.»

Contestóle el prudente Telémaco: «¡Antínoo! ¿Te enfadarás acaso por lo que voy á decir? Es verdad que me gustaría serlo, si Júpiter me lo concediera. ¿Crees por ventura que el reinar sea la peor desgracia para los hombres? No es malo ser rey, porque la casa del mismo se enriquece pronto y su persona se ve más honrada. Pero muchos príncipes aquivos, entre jóvenes y ancianos, viven en Ítaca, rodeada por el mar: reine cualquiera de ellos, ya que murió el divinal Ulises, y yo seré señor de mi casa y de los esclavos que éste adquirió para mí como botín de guerra.»

Respondióle Eurímaco, hijo de Pólibo: «¡Telémaco! Está puesto en mano de los dioses cuál de los aqueos ha de ser el rey de Ítaca, rodeada por el mar; pero tú sigue disfrutando de tus bienes, manda en tu palacio, y jamás, mientras Ítaca sea habitada, venga hombre alguno á despojarte de los mismos contra tu querer. Y ahora, óptimo Telémaco, deseo preguntarte por el huésped. ¿De dónde vino tal sujeto? ¿De qué tierra se gloría de ser? ¿En qué país se hallan su familia y su patria? ¿Te ha traído noticias de la vuelta de tu padre ó ha llegado con el único propósito de cobrar alguna deuda? ¿Cómo se levantó y se fué tan rápidamente, sin aguardar á que le conociéramos? Dado su aspecto no debe de ser un miserable.»

Contestóle el prudente Telémaco: «¡Eurímaco! Ya se acabó la esperanza del regreso de mi padre; y no doy fe á las noticias, vengan de donde vinieren, ni me curo de las predicciones que haga un adivino á quien mi madre llame é interrogue en el palacio. Este huésped mío lo era ya de mi padre y viene de Tafos: se precia de ser Mentes, hijo del belicoso Anquíalo y reina sobre los tafios, amantes de manejar los remos.»

 Así habló Telémaco, aunque en su mente había reconocido á la diosa inmortal. Volvieron los pretendientes á solazarse con la danza y el deleitoso canto, y así esperaban que llegase la obscura noche. Sobrevino ésta cuando aún se divertían, y entonces partieron y se acostaron en sus casas. Telémaco subió al elevado aposento que para

VOLVIERON Á SOLAZARSE LOS PRETENDIENTES CON LA
DANZA Y EL CANTO

él se había construído dentro del hermoso patio, en un lugar visible por todas partes; y se fué derecho á la cama, meditando en su espíritu muchas cosas. Acompañábale, con teas encendidas en la mano, Euriclea, hija de Ops Pisenórida, la de castos pensamientos; á la cual comprara Laertes en otra época, apenas llegada á la pubertad, por el precio de veinte bueyes; y en el palacio la honró como á una casta esposa, pero jamás se acostó con ella á fin de que su mujer no se irritase. Aquélla, pues, alumbraba á Telémaco con teas encendidas, por ser la esclava que más le amaba y la que le había criado desde niño; y, en llegando, abrió la puerta de la habitación sólidamente construída. Telémaco se sentó en la cama, desnudóse la delicada túnica y diósela en las manos á la prudente anciana; la cual, después de componer los pliegues, la colgó de un clavo que había junto al torneado lecho, y de seguida salió de la estancia, entornó la puerta, tirando del anillo de plata, y echó el cerrojo por medio de una correa. Y Telémaco, bien cubierto de un vellón de oveja, pensó toda la noche en el viaje que Minerva le había aconsejado.

Los pretendientes sorprenden á Penélope cuando está destejiendo la finísima tela

CANTO II
ÁGORA DE LOS ITACENSES.—PARTIDA DE TELÉMACO

No bien se descubrió la hija de la mañana, la Aurora de rosáceos dedos, el caro hijo de Ulises se levantó de la cama, vistióse, colgó del hombro la aguda espada, ató á sus nítidos pies hermosas sandalias y, semejante por su aspecto á una deidad, salió del cuarto. En seguida mandó que los heraldos, de voz sonora, llamaran al ágora á los aqueos de larga cabellera. Hízose el pregón y empezaron á reunirse muy prestamente. Y así que hubieron acudido y estuvieron congregados, Telémaco se fué al ágora con la broncínea lanza en la mano y dos perros de ágiles pies que le seguían, adornándolo Minerva con tal gracia divinal que al verle llegar todo el pueblo le contemplaba con asombro, y se sentó en la silla de su padre pues le hicieron lugar los ancianos.

Fué el primero en arengarles el héroe Egiptio, que ya estaba encorvado de vejez y sabía muchísimas cosas. Un hijo suyo muy amado, el belicoso Ántifo, había ido á Ilión, la de hermosos corceles, en las cóncavas naves del divinal Ulises; y el feroz Ciclope lo mató en la excavada gruta é hizo del mismo la última de aquellas cenas. Otros tres tenía el anciano—uno, Eurínomo, hallábase con los pretendientes, y los demás cuidaban los campos de su padre—mas no por eso se había olvidado de Ántifo y por él lloraba y se afligía. Egiptio, pues, les arengó, derramando lágrimas, y les dijo de esta suerte:

«Oíd, itacenses, lo que os voy á decir. Ni una sola vez fué convocada nuestra ágora, ni en ella tuvimos sesión, desde que el divinal Ulises partió en las cóncavas naves. ¿Quién al presente nos reúne? ¿Es joven ó anciano aquél á quien le apremia una necesidad tan grande? ¿Recibió alguna noticia de que el ejército vuelve y desea manifestarnos públicamente lo que supo antes que otros? ¿Ó quiere exponer y decir algo que interesa al pueblo? Paréceme que debe de ser un varón honrado y proficuo. Cúmplale Júpiter, llevándolo á feliz término, lo que en su espíritu revuelve.»

Así les habló. Holgóse del presagio el dilecto hijo de Ulises, que ya no permaneció mucho tiempo sentado: deseoso de arengarles, se levantó en medio del ágora y el heraldo Pisenor, que sabía dar prudentes consejos, le puso el cetro en la mano. Telémaco, dirigiéndose primeramente al viejo, se expresó de esta guisa:

«¡Oh anciano! No está lejos ese hombre y ahora sabrás que quien ha reunido el pueblo soy yo, que me hallo sumamente afligido. Ninguna noticia recibí de la vuelta del ejército, para que pueda manifestaros públicamente lo que haya sabido antes que otros, y tampoco quiero exponer ni decir cosa alguna que interese al pueblo: trátase de un asunto particular mío, de la doble cuita que se entró por mi casa. La una es que perdí á mi excelente progenitor, el cual reinaba sobre vosotros con la suavidad de un padre; la otra, la actual, de más importancia todavía, pronto destruirá mi casa y acabará con toda mi hacienda. Los pretendientes de mi madre, hijos queridos de los varones más señalados de este país, la asedian á pesar suyo y no se atreven á encaminarse á la casa de Icario, su padre, para que la dote y la entregue al que él quiera y á ella le plazca; sino que, viniendo todos los días á nuestra morada, nos degüellan los bueyes, las ovejas y las pingües cabras, celebran banquetes, beben locamente el vino tinto y así se consumen muchas cosas, porque no tenemos un hombre como Ulises, que fuera capaz de librar á nuestra casa de tal ruina. No me encuentro yo en disposición de realizarlo—sin duda he de ser débil y ha de faltarme el valor marcial— que ya arrojaría esta calamidad si tuviera bríos suficientes, porque se han cometido acciones intolerables y mi casa se pierde de la peor manera. Participad vosotros de mi indignación, sentid vergüenza ante los vecinos circunstantes y temed que os persiga la cólera de los dioses, irritados por las malas obras. Os lo ruego por Júpiter Olímpico y por Temis, la cual disuelve y reúne las ágoras de los hombres: no prosigáis, amigos; dejad que padezca á solas la triste pena; á no ser que mi padre, el excelente Ulises, haya querido mal y causado daño á los aqueos de hermosas grebas y vosotros ahora, para vengaros en mí, me queráis mal y me causéis daño, incitando á éstos. Mejor fuera que todos juntos devorarais mis inmuebles y mis rebaños, que si tal hicierais quizás algún día se pagaran, pues iría por la ciudad reconviniéndoos con palabras y reclamándoos los bienes hasta que todos me fuesen devueltos. Mas ahora las penas que á mi corazón inferís son incurables.»

Así dijo encolerizado; y, rezumándole las lágrimas, arrojó el cetro en tierra. Movióse á piedad el pueblo, y todos callaron; sin que nadie se atreviese á contestar á Telémaco con ásperas palabras, salvo Antínoo, que respondió diciendo:

«¡Telémaco altílocuo, incapaz de moderar tus ímpetus! ¿Qué has dicho para ultrajarnos? Tú deseas cubrirnos de baldón. Mas la culpa no la tienen los aqueos que pretenden á tu madre, sino ella, que sabe proceder con gran astucia. Tres años van con éste, y pronto llegará el cuarto, que se fisga del ánimo que los aquivos tienen en su pecho. Á todos les da esperanzas, y á cada uno en particular le hace promesas y le envía mensajes; pero son muy diferentes los pensamientos que en su inteligencia revuelve. Y aún discurrió su espíritu este otro engaño: Se puso á tejer en el palacio una gran tela sutil é interminable, y á la hora nos habló de esta guisa: *¡Jóvenes, pretendientes míos! Ya que ha muerto el divinal Ulises, aguardad, para instar mis bodas, que acabe este lienzo—no sea que se me pierdan inútilmente los hilos,—á fin de que tenga sudario el héroe Laertes en el momento fatal de la aterradora muerte. ¡No se me vaya á indignar alguna de las aqueas del pueblo, si ve enterrar sin mortaja á un hombre que ha poseído tantos bienes!* Así dijo, y nuestro ánimo generoso se dejó persuadir. Desde aquel instante pasaba el día labrando la gran tela, y por la noche, tan luego como se alumbraba con las antorchas, deshacía lo tejido. De esta suerte logró ocultar el engaño y que sus palabras fueran creídas por los aqueos durante un trienio; mas, así que vino el cuarto año y volvieron á sucederse las estaciones, nos lo reveló una de las mujeres, que conocía muy bien lo que pasaba, y sorprendimos á Penélope destejiendo la espléndida tela. Así fué como, mal de su grado, se vió en la necesidad de acabarla. Oye, pues, lo que te responden los pretendientes, para que lo sepa tu espíritu y lo sepan también los aqueos todos. Haz que tu madre vuelva á su casa, y ordénale que tome por esposo á quien su padre le aconseje y á ella le plazca. Y si atormentare largo tiempo á los aqueos, confiando en las dotes que Minerva le otorgó en tal abundancia—ser diestra en labores primorosas, gozar de buen juicio, y valerse de astucias que jamás hemos oído decir que conocieran las anteriores aquivas Tiro, Alcmena y Micene, la de hermosa diadema, pues ninguna concibió pensamientos semejantes á los de Penélope—no se habrá decidido por lo más conveniente, ya que tus bienes y riquezas serán devorados mientras siga con el propósito que los dioses le infundieron en el pecho. Ella ganará ciertamente mucha fama, pero á ti te quedará tan sólo la añoranza de los copiosos bienes que hayas poseído; y nosotros ni tornaremos á nuestros negocios, ni nos llegaremos á otra parte, hasta que Penélope no se haya casado con alguno de los aqueos.»

Contestóle el prudente Telémaco: «¡Antínoo! No es razón que eche de mi casa, contra su voluntad, á la que me dió el ser y me ha criado. Mi padre quizás esté vivo en otra tierra, quizás haya muerto; pero me será gravoso haber de restituir á Icario muchísimas cosas si voluntariamente le envío mi madre. Y entonces no sólo padeceré infortunios á causa de la ausencia de mi padre, sino que los dioses me causarán otros; pues mi madre, al salir de la casa, imprecará las odiosas Furias, y caerá sobre mí la indignación de los hombres. Jamás, por consiguiente, daré yo semejante orden. Si os indigna el ánimo lo que ocurre, salid del palacio, disponed otros festines y comeos vuestros bienes, convidándoos sucesiva y recíprocamente en vuestras casas. Pero si os parece mejor y más acertado destruir impunemente los bienes de un solo hombre, seguid consumiéndolos; que yo invocaré á los sempiternos dioses por si algún día nos concede Júpiter que vuestras obras sean castigadas, y quizás muráis en este palacio sin que nadie os vengue.»

Así habló Telémaco; y el longividente Júpiter envióle dos águilas que echaron á volar desde la cumbre de un monte. Ambas volaban muy juntas, con las alas extendidas, y tan rápidas como el viento; y al hallarse en medio de la ruidosa ágora, giraron velozmente, batiendo las tupidas alas, miráronles á todos á la cabeza como presagio de muerte, desgarráronse con las uñas la cabeza y el cuello, y se lanzaron hacia la derecha por cima de las casas y á través de la ciudad. Quedáronse todos los presentes muy admirados de ver con sus propios ojos las susodichas aves, y meditaban en su espíritu qué fuera lo que tenía que suceder; cuando el anciano héroe Haliterses Mastórida, el único que se señalaba sobre los de su edad en conocer los augurios y explicar las cosas fatales, les arengó con benevolencia diciendo:

«Oíd, itacenses, lo que os voy á decir, aunque he de referirme de un modo especial á los pretendientes. Grande es el infortunio que á éstos les amenaza, porque Ulises no estará mucho tiempo alejado de los suyos, sino que ya quizás se halla cerca y les apareja á todos la muerte y el destino; y también les ha de venir daño á muchos de los que moran en Ítaca, que se ve de lejos. Antes de que así ocurra, pensemos cómo les haríamos cesar de sus demasías, ó cesen espontáneamente, que fuera lo más provechoso para ellos mismos. Pues no lo vaticino sin saberlo, sino muy enterado; y os aseguro que al héroe se le ha cumplido todo lo que yo le declarara, cuando los argivos se embarcaron para Ilión y fuése con ellos el ingenioso Ulises. Díjele entonces que, después de pasar muchos males y de perder sus compañeros, tornaría á su patria en el vigésimo año sin que nadie le conociera; y ahora todo se va cumpliendo.»

Respondióle Eurímaco, hijo de Pólibo: «¡Oh anciano! Vuelve á tu casa y adivínales á tus hijos lo que quieras, á fin de que en lo por venir no padezcan ningún daño; mas en estas cosas sé yo vaticinar harto mejor que tú mismo. Muchas aves se mueven debajo de los rayos del sol, pero no todas son agoreras; Ulises murió lejos de nosotros, y tú debieras haber perecido con él, y así no dirías tantos vaticinios ni incitarías al irritado Telémaco, esperando que mande algún presente á tu casa. Lo que ahora voy á decir se cumplirá: si tú, que conoces muchas cosas antiquísimas, engañares con tus palabras á ese hombre más mozo y le incitares á que permanezca airado, primeramente será mayor su aflicción pues no por las predicciones le será dable proceder de otra suerte; y á ti, oh anciano, te impondremos una multa para que te duela el pagarla y te cause grave pesar. Yo mismo, delante de todos vosotros, daré á Telémaco un consejo: ordene á su madre que torne á la casa paterna y allí le dispondrán las nupcias y le aparejarán una dote tan cuantiosa como debe llevar una hija amada. No creo que hasta entonces desistamos los jóvenes aquivos de nuestra laboriosa pretensión, porque no tememos absolutamente á nadie, ni siquiera á Telémaco á pesar de su facundia; ni nos curamos de la vana profecía que nos haces y por la cual has de sernos aún más odioso. Sus bienes serán devorados de la peor manera, como hasta aquí, sin que jamás se le indemnice, en cuanto Penélope entretenga á los aqueos con diferir la boda. Y nosotros, esperando día tras día, competiremos unos con otros por sus eximias prendas y no nos dirigiremos á otras mujeres que nos pudieran convenir para casarnos.»

Contestóle el prudente Telémaco: «¡Eurímaco y cuantos sois ilustres pretendientes! No os he de suplicar ni arengar más acerca de esto, porque ahora ya están enterados los dioses y los aqueos todos. Mas, ea, proporcionadme una embarcación muy velera y veinte compañeros que me abran camino acá y allá del ponto. Iré á Esparta y á la arenosa Pilos á preguntar por el regreso de mi padre, cuya ausencia se hace ya tan larga; y quizás algún mortal me hablará del mismo ó llegará á mis oídos la fama que procede de Júpiter y es la que más difunde la gloria de los hombres. Si oyere decir que mi padre vive y ha de volver, lo sufriré todo un año más, aunque estoy afligido; pero si me participaren que ha muerto y ya no existe, retornaré sin dilación á la patria, le erigiré un túmulo, le haré las muchas exequias que se le deben, y á mi madre le buscaré un esposo.»

Cuando así hubo hablado, tomó asiento. Entonces levantóse Méntor, el amigo del preclaro Ulises—éste, al embarcarse, le había encomendado su casa entera para que los suyos obedeciesen al anciano y él se lo guardara todo y lo mantuviese en pie—y benévolo les arengó del siguiente modo:

«Oíd, itacenses, lo que os voy á decir. Ningún rey que empuñe cetro, sea benigno, ni blando, ni suave, ni ocupe la mente en cosas justas; antes, al contrario, obre siempre con crueldad y lleve al cabo acciones nefandas; ya que nadie se acuerda del divinal Ulises entre los ciudadanos sobre los cuales reinaba con la suavidad de un padre. Y no aborrezco tanto á los orgullosos pretendientes por la violencia con que proceden, llevados de sus malos propósitos,—pues si devoran la casa de Ulises, ponen á ventura sus cabezas y creen que el héroe ya no ha de volver,—como me indigno contra la restante población, al contemplar que permanecéis sentados y en silencio, sin que intentéis, sin embargo de ser tantos, refrenar con vuestras palabras á los pretendientes que son pocos.»

Respondióle Leócrito Evenórida: «¡Méntor perverso é insensato! ¡Qué dijiste! ¡Incitarles á que nos hagan desistir! Dificultoso les sería y hasta á un número mayor de hombres, luchar con nosotros para privarnos de los banquetes. Pues si el mismo Ulises de Ítaca, viniendo en persona, encontrase á los ilustres pretendientes comiendo en el palacio y resolviera en su corazón echarlos de su casa, no se alegraría su esposa de que hubiese vuelto, aunque mucho lo desea, porque allí mismo recibiría el héroe indigna muerte si osaba combatir con tantos varones. En verdad que no has hablado como debías. Mas, ea, separaos y volved á vuestras ocupaciones. Méntor y Haliterses, que siempre han sido amigos de Telémaco por su padre, le animarán para que emprenda el viaje; pero se me figura que, permaneciendo quieto durante mucho tiempo, oirá en Ítaca las noticias que vengan y jamás realizará su propósito.»

Así dijo, y al punto disolvió el ágora. Dispersáronse todos para volver á sus respectivas casas y los pretendientes enderezaron su camino á la morada del divinal Ulises.

Telémaco se alejó hacia la playa y, después de lavarse las manos en el espumoso mar, oró á Minerva diciendo:

«¡Óyeme, oh numen que ayer viniste á mi casa y me ordenaste que fuése en una nave por el obscuro ponto en busca de noticias del regreso de mi padre, cuya ausencia se hace ya tan larga! Á todo se oponen los aqueos y en especial los en mal hora ensoberbecidos pretendientes.»

Tal fué su plegaria. Acercósele Minerva, que había tomado el aspecto y la voz de Méntor, y le dijo estas aladas palabras:

«¡Telémaco! No serás en lo sucesivo ni cobarde ni imprudente, si has heredado el buen ánimo que tu padre tenía para llevar á su término acciones y palabras; si así fuere, el viaje no te resultará vano, ni quedará por hacer. Mas, si no eres el hijo de aquél y de Penélope, no creo que llegues á realizar lo que anhelas. Contados son los hijos que se asemejan á sus padres, los más salen peores, y tan solamente algunos los aventajan. Pero tú, como no serás en lo futuro ni cobarde ni imprudente, ni te falta del todo la inteligencia de Ulises, puedes concebir la esperanza de dar fin á tales obras. No te preocupes, pues, por lo que resuelvan ó mediten los insensatos pretendientes; que éstos ni tienen cordura ni practican la justicia, y no saben que se les acerca la muerte y el negro hado para que todos acaben en un mismo día. Ese viaje que deseas emprender, no se diferirá largo tiempo: soy tan amigo tuyo por tu padre, que aparejaré una velera nave y me iré contigo. Vuelve á tu casa, mézclate con los pretendientes y ordena que se dispongan provisiones en las oportunas vasijas, echando el vino en ánforas y la harina, que es la sustentación de los hombres, en fuertes pellejos; y mientras tanto juntaré, recorriendo la población, á los que voluntariamente quieran acompañarte. Muchas naves hay, entre nuevas y viejas, en Ítaca, rodeada por el mar: después de ojearlas, elegiré para ti la que sea mejor y luego que esté equipada la botaremos al anchuroso ponto.»

Así habló Minerva, hija de Júpiter; y Telémaco no demoró mucho tiempo después que hubo escuchado la voz de la deidad. Fuése á su casa con el corazón afligido, y halló á los soberbios pretendientes que desollaban cabras y asaban puercos cebones en el recinto del patio. Entonces Antínoo, riéndose, salió al encuentro de Telémaco, le tomó la mano y le dijo estas palabras:

«¡Telémaco altílocuo, incapaz de moderar tus ímpetus! No revuelvas en tu pecho malas acciones ó palabras, y come y bebe conmigo como hasta aquí lo hiciste. Y los aqueos te prepararán todas aquellas cosas, una nave y remeros escogidos, para que muy pronto vayas á la divina Pilos en busca de nuevas de tu ilustre padre.»

Replicóle el prudente Telémaco: «¡Antínoo! No es posible que yo permanezca callado entre vosotros, tan soberbios, y coma y me regocije tranquilamente. ¿Acaso no basta que los pretendientes me hayáis destruído muchas y excelentes cosas, mientras fuí muchacho? Ahora que soy hombre y sé lo que ocurre, escuchando lo que los demás dicen, y crece en mi pecho el ánimo, intentaré daros malas muertes, sea acudiendo á Pilos, sea aquí en esta población. Pasajero me iré—y no será infructuoso el viaje de que hablo—pues no tengo nave ni remadores; que sin duda os pareció más conveniente que así fuera.»

Dijo, y desasió su mano de la de Antínoo. Los pretendientes, que andaban preparando el banquete dentro de la casa, se mofaban de Telémaco y le zaherían con palabras. Y uno de aquellos jóvenes soberbios habló de esta manera:

«Sin duda piensa Telémaco cómo darnos muerte: traerá valedores de la arenosa Pilos ó de Esparta, ¡tan vehemente es su deseo!, ó quizás se proponga ir á la fértil tierra de Éfira para llevarse drogas mortíferas y echarlas luego en la cratera, á fin de acabar con todos nosotros.»

Y otro de los jóvenes soberbios repuso acto continuo: «¿Quién sabe si, después de partir en el cóncavo bajel, morirá lejos de los suyos vagando como Ulises? Mayor fuera entonces nuestro trabajo, pues repartiríamos todos sus bienes y daríamos esta casa á su madre y á quien la desposara para que en común la poseyesen.»

Así decían. Telémaco bajó á la anchurosa y elevada cámara de su padre, donde había montones de oro y de bronce, vestiduras guardadas en arcas y gran copia de odorífero aceite. Allí estaban las tinajas del dulce vino añejo, repletas de bebida pura y divinal, y arrimadas ordenadamente á la pared; por si algún día volviere Ulises á su casa, después de haber padecido multitud de pesares. La puerta tenía dos hojas sólidamente adaptadas y sujetas por la cerradura; y junto á ella hallábase de día y de noche, custodiándolo todo con precavida mente, una despensera: Euriclea, hija de Ops Pisenórida. Entonces Telémaco la llamó á la estancia y le dijo:

«¡Ama! Vamos, ponme en ánforas dulce vino, el que sea más suave después del que guardas para aquel infeliz; esperando siempre que torne Ulises, de jovial linaje, por haberse librado de la muerte y del destino. Llena doce ánforas y ciérralas con sus tapaderas. Aparta también veinte medidas de harina de trigo, y échalas en pellejos bien cosidos. Tú sola lo sepas. Esté todo aparejado y junto, pues vendré á tomarlo al anochecer, así que mi madre se vaya arriba á recogerse. Que quiero hacer un viaje á Esparta y á la arenosa Pilos, por si logro averiguar ú oir algo del regreso de mi padre.»

Así habló. Echóse á llorar su ama Euriclea y, suspirando, díjole estas aladas palabras:

«¡Hijo amado! ¿Cómo te ha venido á las mientes tal propósito? ¿Adónde quieres ir por apartadas tierras, siendo unigénito y tan querido? Ulises, el de jovial linaje, murió lejos de la patria, en un pueblo ignoto. Así que partas, éstos maquinarán cosas inicuas para matarte con algún engaño y repartirse después todo lo tuyo. Quédate aquí, cerca de tus bienes; que nada te obliga á padecer infortunios yendo por el estéril ponto, ni á vagar de una parte á otra.»

Contestóle el prudente Telémaco: «Tranquilízate, ama; que esta resolución no se ha tomado sin que un dios lo quiera. Pero júrame que nada dirás á mi madre hasta que transcurran once ó doce días, ó hasta que la aqueje el deseo de verme ú oiga decir que he partido; para evitar que llore y dañe así su hermoso cuerpo.»

Tal dijo; y la anciana prestó el solemne juramento de los dioses. En acabando de jurar, ella, sin perder un instante, envasó el vino en ánforas y echó la harina en pellejos bien cosidos; y Telémaco volvió á subir y se juntó con los pretendientes.

Entonces Minerva, la deidad de los brillantes ojos, ordenó otra cosa. Tomó la figura de Telémaco, recorrió la ciudad, habló con distintos varones y les encargó que al anochecer se reunieran junto al barco. Pidió también una velera nave al hijo preclaro de Fronio, á Noemón, y éste se la cedió gustoso.

Púsose el sol y las tinieblas ocuparon todos los caminos. En aquel instante la diosa echó al mar la ligera embarcación y colocó en la misma cuantos aparejos llevan las naves de muchos bancos. Condújola después á una extremidad del puerto, juntáronse muchos y excelentes compañeros, y Minerva los alentó á todos.

Entonces Minerva, la deidad de los brillantes ojos, ordenó otra cosa. Fuése al palacio del divinal Ulises, infundióles á los pretendientes dulce sueño, les entorpeció la mente en tanto que bebían, é hizo que las copas les cayeran de las manos. Todos se apresuraron á irse por la ciudad y acostarse, pues no estuvieron mucho tiempo sentados desde que el sueño les cayó sobre los párpados. Y Minerva, la de los brillantes ojos, que había tomado la figura y la voz de Méntor, dijo á Telémaco después de llamarle afuera del cómodo palacio:

«¡Telémaco! Tus compañeros, de hermosas grebas, ya se han sentado en los bancos para remar, y sólo esperan tus órdenes. Vámonos y no tardemos en comenzar el viaje.»

Cuando así hubo hablado, Palas Minerva echó á andar aceleradamente, y Telémaco fué siguiendo las pisadas de la diosa.

Llegaron á la nave y al mar, y hallaron en la orilla á los compañeros de larga cabellera. Y el esforzado y divinal Telémaco les habló diciendo:

Véase también «Venid, amigos, y traigamos los víveres; que ya están dispuestos y apartados en el palacio. Mi madre nada sabe, ni las criadas tampoco; á excepción de una, que es la única persona á quien se lo he dicho.»

Cuando así hubo hablado, se puso en camino y los demás le siguieron. En seguida se lo llevaron todo y lo cargaron en la nave de muchos bancos, como el amado hijo de Ulises lo ordenara. Acto continuo embarcóse Telémaco, precedido por Minerva que tomó asiento en la popa y él á su lado, mientras los compañeros quitaban las amarras y se acomodaban en los bancos. Minerva, la de los brillantes ojos, envióles próspero viento: el fuerte Céfiro, que resonaba por el vinoso ponto. Telémaco exhortó á sus compañeros,

ACOMODÁRONSE EN LA POPA MINERVA Y TELÉMACO, LOS MARINEROS SOLTARON LAS AMARRAS Y EL NAVÍO ECHÓ Á ANDAR AL SOPLO DEL CÉFIRO

(Canto II, versos á .)

mandándoles que aparejasen la jarcia, y su amonestación fué atendida. Izaron el mástil de abeto, lo metieron en el travesaño, lo ataron con sogas, y al instante descogieron la blanca vela con correas bien torcidas. Hinchió el viento la vela, y las purpúreas olas resonaban en torno de la quilla mientras la nave corría siguiendo su rumbo. Así que hubieron atado los aparejos á la veloz nave negra, levantaron crateras rebosantes de vino é hicieron libaciones á los sempiternos inmortales dioses y especialmente á la hija de Júpiter, la de los brillantes ojos. Y la nave continuó su rumbo toda la noche y la siguiente aurora.

Néstor ha reconocido á Minerva, al partir esta diosa, y le ofrece un sacrificio

CANTO III

LO DE PILOS

Ya el sol desamparaba el hermosísimo lago, subiendo al broncíneo cielo para alumbrar á los inmortales dioses y á los mortales hombres sobre la fértil tierra; cuando Telémaco y los suyos llegaron á Pilos, la bien construída ciudad de Neleo, y hallaron en la orilla del mar á los habitantes, que inmolaban toros de negro pelaje al que sacude la tierra, al dios de cerúlea cabellera. Nueve asientos había, y en cada uno estaban sentados quinientos hombres y se sacrificaban nueve toros. Mientras los pilios quemaban los muslos para el dios, después de probar las entrañas, los de Ítaca tomaron puerto, amainaron las velas de la bien proporcionada nave, ancláronla y saltaron en tierra. Telémaco desembarcó, precedido por Minerva. Y la deidad de los brillantes ojos rompió el silencio con estas palabras:

«¡Telémaco! Ya no te cumple mostrar vergüenza en cosa alguna, habiendo atravesado el ponto con el fin de saber noticias de tu padre: cuál tierra lo tiene oculto y qué suerte le ha cabido. Ea, ve directamente á Néstor, domador de caballos, y sepamos qué guarda allá en su pecho. Ruégale tú mismo que sea veraz, y no mentirá porque es muy sensato.»

Repuso el prudente Telémaco: «¡Méntor! ¿Cómo quieres que yo me acerque á él, cómo puedo ir á saludarle? Aún no soy práctico en hablar con discreción y da vergüenza que un joven interrogue á un anciano.»

Díjole Minerva, la deidad de los brillantes ojos: «¡Telémaco! Discurrirás en tu mente algunas cosas y un numen te sugerirá las restantes, pues no creo que tu nacimiento y tu crianza se hayan efectuado contra la voluntad de los dioses.»

Cuando así hubo hablado, Palas Minerva caminó á buen paso y Telémaco fué siguiendo las pisadas de la deidad. Llegaron adonde estaba la junta de los varones pilios en los asientos: allí se había sentado Néstor con sus hijos y á su alrededor los compañeros preparaban el banquete, ya asando carne, ya espetándola en los asadores. Y apenas vieron á los huéspedes, adelantáronse todos juntos, los saludaron con las manos y les invitaron á sentarse. Pisístrato Nestórida fué el primero que se les acercó, y asiéndolos de la mano, los hizo sentar para el convite en unas blandas pieles, sobre la arena del mar, cerca de su hermano Trasimedes y de su propio padre. En seguida dióles parte de las entrañas, echó vino en una copa de oro y, ofreciéndosela á Palas Minerva, hija de Júpiter que lleva la égida, así le dijo:

«¡Forastero! Eleva tus preces al soberano Neptuno, ya que al venir acá os habéis encontrado con el festín que en su honor celebramos. Mas, tan pronto como hicieres la libación y hubieres rogado, como es justo, dale á ése la copa de dulce vino para que lo libe también, pues supongo que ruega asimismo á los dioses; como que todos los hombres están necesitados de las deidades. Pero á causa de ser el más joven—debe de tener mis años—te daré primero á ti la áurea copa.»

En diciendo esto, púsole en la mano la copa de dulce vino. Minerva holgóse de ver la prudencia y la equidad del varón que le daba la copa de oro á ella antes que á Telémaco. Y al punto hizo muchas súplicas al soberano Neptuno:

«¡Óyeme, Neptuno, que circundas la tierra! No te niegues á llevar al cabo lo que ahora te pedimos. Ante todo llena de gloria á Néstor y á sus vástagos; dales á los pilios grata recompensa por tan ínclita hecatombe y concede también que Telémaco y yo no nos vayamos sin realizar aquello por lo cual vinimos en la veloz nave negra.»

Tal fué su ruego, y ella misma cumplió lo que acababa de pedir. Entregó en seguida la hermosa copa doble á Telémaco, y el caro hijo de Ulises oró de semejante manera. Asados ya los cuartos delanteros, retiráronlos, dividiéronlos en partes y celebraron un gran banquete. Y cuando hubieron satisfecho el deseo de comer y de beber, Néstor, el caballero gerenio, comenzó á decirles:

«Ésta es la ocasión más oportuna para interrogar á los huéspedes é inquirir quiénes son, ahora que se han saciado de comida: *¡Forasteros! ¿Quiénes sois? ¿De dónde llegasteis, navegando por los húmedos caminos? ¿Venís por algún negocio ó andáis por el mar, á la ventura, como los piratas que divagan, exponiendo su vida y produciendo daño á los hombres de extrañas tierras?»*

Respondióle el prudente Telémaco, muy alentado, pues la misma Minerva le infundió audacia en el pecho para que preguntara por el ausente padre y adquiriera gloriosa fama entre los hombres:

«¡Néstor Nelida, gloria insigne de los aqueos! Preguntas de dónde somos. Pues yo te lo diré. Venimos de Ítaca, situada al pie del Neyo, y el negocio que nos trae no es público, sino particular. Ando en pos de la gran fama de mi padre, por si oyere hablar del divino y paciente Ulises; el cual, según afirman, destruyó la ciudad troyana, combatiendo contigo. De todos los que guerrearon contra los teucros, sabemos dónde padecieron deplorable muerte; pero el Saturnio ha querido que la de aquél sea ignorada: nadie puede indicarnos claramente dónde pereció, ni si ha sucumbido en el continente, por mano de enemigos, ó en el piélago, entre las ondas de Anfitrite. Por esto he venido á abrazar tus rodillas, por si quisieras contarme la triste muerte de aquél, ora la hayas visto con tus ojos, ora te la haya relatado algún peregrino, que muy sin ventura le parió su madre. Y nada atenúes por respeto ó compasión que me tengas; al contrario, entérame bien de lo que hayas visto. Yo te lo ruego: si mi padre, el noble Ulises, te cumplió algún día la palabra que te hubiese dado; ó llevó á su término una acción que te hubiera prometido, allá en el pueblo de los troyanos donde tantos males padecisteis los aquivos; acuérdate de ello y dime la verdad de lo que te pregunto.»

Respondióle Néstor, el caballero gerenio: «¡Oh amigo! Me traes á la memoria las calamidades que en aquel pueblo sufrimos los aqueos, indomables por el valor, unas veces vagando en las naves por el sombrío ponto hacia donde nos llevara Aquiles en busca de botín y otras combatiendo alrededor de la gran ciudad del rey Príamo. Allí recibieron la muerte los mejores capitanes: allí yace el belicoso Ayax; allí, Aquiles; allí, Patroclo, consejero igual á los dioses; allí, mi amado hijo fuerte y eximio, Antíloco, muy veloz en el correr y buen guerrero. Padecimos, además, muchos infortunios. ¿Cuál de los mortales hombres podría referirlos totalmente? Aunque, deteniéndote aquí cinco ó seis años, te ocuparas en preguntar cuántos males padecieron allá los divinos aqueos, no te fuera posible saberlos todos; sino que, antes de llegar al término, cansado ya, te irías á tu patria tierra. Nueve años estuvimos tramando cosas malas contra ellos y poniendo á su alrededor asechanzas de toda clase, y apenas si entonces puso fin el Saturnio á nuestros trabajos. Allí no hubo nadie que en prudencia quisiese igualarse con el divinal Ulises, con tu padre, que entre todos descollaba por sus ardides de todo género, si verdaderamente eres tú su hijo, pues me he quedado atónito al contemplarte. Semejantes son, asimismo, tus palabras á las suyas y no se creería que un joven pudiera hablar de modo tan parecido. Nunca Ulises y yo estuvimos discordes al arengar en el ágora ó en el consejo; sino que, teniendo el mismo ánimo, aconsejábamos con inteligencia y prudente decisión á los argivos para que todo fuese de la mejor manera. Mas tan pronto como, después de haber destruído la excelsa ciudad de Príamo, nos embarcamos en las naves y una deidad dispersó á los aqueos, Júpiter tramó en su mente que fuera luctuosa la vuelta de los argivos; que no todos habían sido sensatos y justos, y á causa de ello les vino á muchos una funesta suerte por la perniciosa cólera de la deidad de los brillantes ojos, hija del prepotente padre, la cual suscitó entre ambos Atridas gran contienda. Llamaron al ágora á los aquivos, pero temeraria é inoportunamente—fué al ponerse el sol y todos comparecieron cargados de vino,—y expusiéronles la razón de haber congregado al pueblo. Menelao exhortó á todos los aqueos á que pensaran en volver á la patria por el ancho dorso del mar; cosa que desplugo completamente á Agamenón, pues quería detener al pueblo y aplacar con sacras hecatombes la terrible cólera de Minerva. ¡Oh necio! ¡No alcanzaba que no había de convencerla, porque no cambia de súbito la mente de los sempiternos dioses! Así ambos, después de altercar con duras palabras, seguían en pie; y los aqueos, de hermosas grebas, se levantaron, produciéndose un vocerío inmenso, porque uno y otro parecer tenían sus partidarios. Aquella noche la pasamos revolviendo en nuestra inteligencia graves propósitos los unos contra los otros, pues ya Júpiter nos aparejaba funestas calamidades. Al descubrirse la aurora, echamos las naves al mar divino y embarcamos nuestros bienes y las mujeres de estrecha cintura. La mitad del pueblo se quedó allí con el Atrida Agamenón, pastor de hombres; y los restantes nos hicimos á la mar, pues un numen calmó el ponto, que abunda en grandes cetáceos. No bien llegamos á Ténedos, ofrecimos sacrificios á los dioses con el anhelo de tornar á nuestras casas; pero Júpiter aún no tenía ordenada la vuelta y suscitó ¡oh cruel! una nueva y perniciosa disputa. Y los que acompañaban á Ulises, rey prudente y sagaz, se volvieron en los corvos bajeles para complacer nuevamente á Agamenón Atrida. Pero yo, con las naves que juntas me seguían, continué huyendo, porque comprendí que alguna divinidad meditaba causarnos daño. Huyó también el belicoso hijo de Tideo con los suyos, después de incitarlos á que le siguieran, y juntósenos algo más tarde el rubio Menelao, el cual nos encontró en Lesbos mientras deliberábamos acerca de la larga navegación que nos esperaba, á saber, si pasaríamos por cima de la escabrosa Quíos, hacia la isla de Psiria para dejar esta última á la izquierda, ó por debajo de la primera á lo largo del ventoso Mimante. Suplicamos á la divinidad que nos mostrase alguna señal y nos la dió ordenándonos que atravesáramos el piélago hacia la Eubea, á fin de que huyéramos lo antes posible del infortunio venidero. Comenzó á soplar un sonoro viento, y las naves, surcando con gran celeridad el camino abundante en peces, llegaron por la noche á Geresto: allí ofrecimos á Neptuno buen número de muslos de toro por haber hecho la travesía del dilatado piélago. Ya era el cuarto día cuando los compañeros de Diomedes Tidida, domador de caballos, se detuvieron en Argos con sus bien proporcionadas naves; pero yo tomé la rota de Pilos y nunca me faltó el viento desde que un dios lo enviara para que soplase. Así vine, hijo querido, sin saber nada, ignorando cuáles aqueos se salvaron y cuáles perecieron. Mas, cuanto oí referir desde que torné á mi palacio lo sabrás ahora, como es justo; que no debo ocultarte nada. Dicen que han llegado bien los valerosos mirmidones á quienes conducía el hijo ilustre del magnánimo Aquiles; que asimismo aportó con felicidad Filoctetes, hijo preclaro de Peante; y que Idomeneo llevó á Creta todos sus compañeros que escaparon de los combates, sin que el mar le quitara ni uno solo. Del Atrida vosotros mismos habréis oído contar, aunque vivís tan lejos, cómo vino y cómo Egisto le aparejó una deplorable muerte. Pero de lamentable modo hubo de pagarlo. ¡Cuán bueno es para el que muere dejar un hijo! Así Orestes se ha vengado del matador de su padre, del doloso Egisto, que le había muerto á su ilustre progenitor. También tú, amigo, ya que veo que eres gallardo y de elevada estatura, sé fuerte para que los venideros te elogien.»

Contestóle el prudente Telémaco: «¡Néstor Nelida, gloria insigne de los aqueos! Aquél tomó no poca venganza y los aquivos difundirán su excelsa gloria que llegará á conocimiento de los futuros hombres. ¡Hubiéranme concedido los dioses bríos bastantes para castigar la penosa soberbia de los pretendientes, que me insultan maquinando inicuas acciones! Mas los dioses no nos otorgaron tamaña ventura ni á mi padre ni á mí, y ahora es preciso soportarlo todo.»

Respondióle Néstor, el caballero gerenio: «¡Oh amigo! Ya que me recuerdas lo que has contado, afirman que son muchos los que, pretendiendo á tu madre, cometen á despecho tuyo acciones inicuas en el palacio. Dime si te sometes voluntariamente ó te odia quizás la gente del pueblo, á causa de lo revelado por un dios. ¿Quién sabe si algún día castigará esas demasías tu propio padre viniendo solo ó juntamente con todos los aqueos? Ojalá Minerva, la de los brillantes ojos, te quisiera como en otro tiempo se cuidaba del glorioso Ulises en el país troyano, donde los aqueos padecimos tantos males—que nunca oí que los dioses amasen tan manifiestamente á ninguno como á él le asistía Palas Minerva,—pues si de semejante modo la diosa te quisiera y se cuidara de ti en su corazón, alguno de los pretendientes tendría que olvidarse de las nupcias.»

Replicóle el prudente Telémaco: «¡Oh anciano! Ya no creo que tales cosas se cumplan. Es muy grande lo que dijiste y me tienes pasmado, mas no espero que se realice aunque así lo quieran los mismos dioses.»

Díjole Minerva, la deidad de los brillantes ojos: «¡Telémaco! ¡Qué palabras se te escaparon del cerco de los dientes! Fácil le es á una deidad, cuando lo quiere, salvar á un hombre aun desde lejos. Y yo preferiría restituirme á mi casa y ver lucir el día de la vuelta, habiendo pasado muchos males, á perecer tan luego como llegara á mi hogar; como Agamenón, que murió en la celada que le tendieron Egisto y su propia esposa. Mas ni aun los dioses pueden librar de la muerte, igual para todos, á un hombre que les sea caro, después que se ha apoderado del mismo la Parca funesta de la aterradora muerte.»

Contestóle el prudente Telémaco: «¡Méntor! No hablemos más de tales cosas, aunque nos sintamos afligidos. Ya la vuelta de aquél no puede realizarse; pues los inmortales deben de haberle enviado la muerte y el negro destino. Pero ahora quiero interrogar á Néstor y hacerle otra pregunta, ya que en justicia y prudencia sobresale entre todos y dicen que ha reinado durante tres generaciones de hombres; de suerte que, al contemplarlo, me parece un inmortal. ¡Oh Néstor Nelida! Dime la verdad. ¿Cómo murió el poderosísimo Agamenón Atrida? ¿Dónde estaba Menelao? ¿Qué género de muerte fué la que urdió el doloso Egisto, para que pereciera un varón que tanto le aventajaba? ¿Fué quizás el no encontrarse Menelao en Argos, la de Acaya, pues andaría peregrino entre otras gentes, la causa de que Egisto cobrara espíritu y matase á aquel héroe?»

Respondióle Néstor, el caballero gerenio: «Te diré, hijo mío, la verdad pura. Ya puedes imaginar cómo el hecho ocurrió. Si el rubio Menelao Atrida, al volver de Troya, hallara en el palacio á Egisto, vivo aún, ni tan sólo hubiesen cubierto de tierra el cadáver de éste: arrojado á la llanura, lejos de la ciudad, lo despedazaran los perros y las aves de rapiña, sin que le llorase ninguna de las aqueas, porque había cometido una maldad muy grande. Pues mientras nosotros permanecíamos allá, realizando muchas empresas belicosas, él se estaba tranquilo en lo más hondo de Argos, tierra criadora de corceles, y ponía gran empeño en seducir con sus palabras á la esposa de Agamenón. Al principio la divinal Clitemnestra rehusó cometer el hecho infame, porque tenía buenos sentimientos y la acompañaba un aedo á quien el Atrida, al partir para Troya, encargó en gran manera que la guardase. Mas, cuando vino el momento en que, cumpliéndose el hado de los dioses, tenía que sucumbir, Egisto condujo al aedo á una isla inhabitada, donde lo abandonó para que fuese presa y pasto de las aves de rapiña; y llevóse de buen grado á su casa á la mujer, que también lo deseaba, quemando después gran cantidad de muslos en los sacros altares de los dioses y colgando muchas figuras, tejidos y oro, por haber salido con la gran empresa que nunca su ánimo esperara llevar al cabo. Veníamos, pues, de Troya el Atrida y yo, navegando juntos y en buena amistad; pero, así que arribamos al sacro promontorio de Sunio, cerca de Atenas, Febo Apolo mató con sus suaves flechas al piloto de Menelao, á Frontis Onetórida, que entonces tenía en las manos el timón del barco y á todos vencía en el arte de gobernar una embarcación cuando arreciaban las tempestades. Así fué cómo, á pesar de su deseo de proseguir el camino, se vió obligado á detenerse para enterrar al compañero y hacerle las honras funerales. Luego, atravesando el vinoso ponto en las cóncavas naves, pudo llegar á toda prisa al elevado promontorio de Malea, y el longividente Júpiter hízole trabajoso el camino con enviarle vientos de sonoro soplo y olas hinchadas, enormes, que parecían montañas. Entonces el dios dispersó las naves y á algunas las llevó hacia Creta donde habitaban los cidones, junto á las corrientes del Yárdano. Hay en el obscuro ponto una peña escarpada y alta que sale al mar cerca de Gortina: allí el Noto lanza las olas contra el promontorio de la izquierda, contra Festo, y una roca pequeña rompe la grande oleada. En semejante sitio fueron á dar y costóles mucho escapar con vida; pues, habiendo las olas arrojado los bajeles contra los escollos, padecieron naufragio. Menelao, con cinco naves de cerúlea proa, aportó á Egipto, adonde el viento y el mar le habían conducido; y en tanto que con sus galeras iba errante por extraños países, juntando riquezas y mucho oro, Egisto tramó en el palacio aquellas deplorables acciones. Siete años reinó éste en Micenas, rica en oro, y tuvo sojuzgado al pueblo, con posterioridad á la muerte del Atrida. Mas, por su desgracia, en el octavo fué de Atenas el divinal Orestes, quien hizo perecer al matador de su padre, al doloso Egisto, que le había muerto su ilustre progenitor. Después de matarle, Orestes dió á los argivos el banquete fúnebre en las exequias de su odiosa madre y del cobarde Egisto; y aquel día llegó Menelao, valiente en el combate, con muchas riquezas, tantas como los barcos podían llevar. Y tú, amigo, no andes mucho tiempo fuera de tu casa, habiendo dejado en ella las riquezas y unos hombres tan soberbios: no sea que se repartan tus bienes y los devoren y luego el viaje te resulte inútil. Pero yo te exhorto é incito á que endereces tus pasos hacia Menelao; el cual poco ha que volvió de gentes de donde no esperara tornar quien se viera, desviado por las tempestades, en un piélago tal y tan extenso que ni las aves llegarían del mismo en todo un año, pues es dilatadísimo y horrendo. Ve ahora en tu nave y con tus compañeros á encontrarle, y si deseas ir por tierra, aquí tienes carro y corceles, y á mis hijos que te acompañarán hasta la divina Lacedemonia, donde se halla el rubio Menelao, y, en llegando, ruégale tú mismo que sea veraz, y no mentirá porque es muy sensato.»

Así se expresó. Púsose el sol y sobrevino la obscuridad. Y entonces habló Minerva, la diosa de los brillantes ojos:

«¡Oh anciano! Todo lo has referido discretamente. Pero, ea, cortad las lenguas y mezclad vino, para que, después de hacer libación á Neptuno y á los demás inmortales, pensemos en acostarnos, que ya es hora. La luz del sol se fué al ocaso y no conviene permanecer largo tiempo en el banquete de los dioses, pues es preciso recogerse.»

Así habló la hija de Júpiter, y todos la obedecieron. Los heraldos diéronles aguamanos; unos mancebos llenaron las crateras y distribuyeron el vino á los presentes, después de haber ofrecido en copas las primicias; y, una vez arrojadas las lenguas en el fuego, pusiéronse de pie é hicieron libaciones. Ofrecidas éstas y habiendo bebido cuanto desearan, Minerva y el deiforme Telémaco quisieron retirarse á la cóncava nave. Pero Néstor los detuvo, reprendiéndolos con estas palabras:

«Júpiter y los otros dioses inmortales nos libren de que vosotros os vayáis de mi lado para volver á la velera nave, como si os fuerais de junto á un varón que carece de ropa, del lado de un pobre, en cuya casa no hay mantos ni gran cantidad de colchas para que él y sus huéspedes puedan dormir blandamente. Pero á mí no me faltan mantos ni lindas colchas. Y el caro hijo de Ulises no se acostará ciertamente en las tablas de su bajel, mientras yo viva ó queden mis hijos en el palacio para alojar á los huéspedes que á mi casa vengan.»

Díjole Minerva, la deidad de los brillantes ojos: «Bien hablaste, anciano querido, y conviene que Telémaco te obedezca porque es lo mejor que puede hacer. Iráse, pues, contigo para dormir en tu palacio, y yo volveré al negro bajel á fin de animar á los compañeros y ordenarles cuanto sea oportuno. Pues me glorío de ser entre ellos el más anciano; que todos los hombres que vienen con nosotros por amistad son jóvenes y tienen los mismos años que el magnánimo Telémaco. Allí me acostaré en el cóncavo y negro bajel, y al rayar el día, me llegaré á los magnánimos caucones en cuyo país he de cobrar una deuda antigua y no pequeña; y tú, puesto que Telémaco ha venido á tu casa, envíale en compañía de un hijo tuyo, y dale un carro y los corceles que más ligeros sean en el correr y mejores por su fuerza.»

Dicho esto, partió Minerva, la de los brillantes ojos, de igual modo que si fuese un águila; y pasmáronse todos al contemplarlo. Admiróse también el anciano cuando lo vió con sus propios ojos y, asiendo de la mano á Telémaco, pronunció estas palabras:

«¡Amigo! No temo que en lo sucesivo seas cobarde ni débil, ya que de tan joven te acompañan y guían los propios dioses. Pues esa deidad no es otra, de las que poseen olímpicas moradas, que la hija de Júpiter, la gloriosísima Tritogenia, la que también honraba á tu esforzado padre entre los argivos. Mas tú, oh reina, sénos propicia y danos gloria ilustre á mí, y á mis hijos, y á mi venerable consorte; y te sacrificaré una novilla añal de espaciosa frente, que jamás hombre alguno haya domado ni uncido al yugo, inmolándola en tu honor después de verter oro alrededor de sus cuernos.»

Tal fué su plegaria, que oyó Palas Minerva. Néstor, el caballero gerenio, se puso al frente de sus hijos y de sus yernos, y con ellos se encaminó al hermoso palacio. Tan presto como llegaron á la ínclita morada del rey, sentáronse por orden en sillas y sillones. De allí á poco mezclábales el viejo una cratera de dulce vino, el cual había estado once años en una tinaja que abrió la despensera; mezclábalo, pues, el anciano y, haciendo libaciones, rogaba fervientemente á la hija de Júpiter, que lleva la égida.

Hechas las libaciones y habiendo bebido todos cuanto les plugo, fueron á recogerse á sus respectivas casas; pero Néstor, el caballero gerenio, hizo que Telémaco, el caro hijo del divinal Ulises, se acostase allí, en torneado lecho, debajo del sonoro pórtico, y que á su lado durmiese el belicoso Pisístrato, caudillo de los hombres, que era en el palacio el único hijo que se conservaba mozo. Y Néstor durmió, á su vez, en el interior de la excelsa morada, donde se hallaba la cama en que su esposa, la reina, le aderezó el lecho.

Mas, apenas se descubrió la hija de la mañana, la Aurora de rosáceos dedos, levantóse de la cama Néstor, el caballero gerenio, y fué á tomar asiento en unas piedras muy pulidas, blancas, lustrosas por el aceite, que estaban ante el elevado portón y en ellas se sentaba anteriormente Neleo, consejero igual á los dioses; pero ya éste, vencido por la Parca, se hallaba en el Orco, y entonces quien ocupaba aquel sitio era Néstor, el caballero gerenio, el protector de los aquivos, cuya mano empuñaba el cetro. En torno suyo juntáronse los hijos, que iban saliendo de sus habitaciones—Equefrón, Estratio, Perseo, Areto, Trasimedes, igual á un dios, y el héroe Pisístrato que llegó el sexto,—y juntos acompañaron al deiforme Telémaco y le hicieron sentar cabe al anciano. Á la hora comenzó á decirles Néstor, el caballero gerenio:

«¡Hijos amados! Cumplid pronto mi deseo, para que sin tardar me haga propicia á Minerva, la cual acudió visiblemente al opíparo festín que celebramos en honor del dios. Ea, uno de vosotros vaya al campo para que el vaquero traiga con la mayor prontitud una novilla; encamínese otro al negro bajel del magnánimo Telémaco y conduzca aquí todos los compañeros, sin dejar más que dos; y mande otro al orífice Laerces que venga á verter el oro alrededor de los cuernos. Los demás permaneced reunidos y decid á los esclavos que están dentro de la ínclita casa, que preparen un banquete y saquen asientos, leña y agua clara.»

Así habló, y todos se apresuraron á obedecerle. Vino del campo la novilla; llegaron de junto á la velera y bien proporcionada nave los compañeros del magnánimo Telémaco; presentóse el broncista trayendo en la mano las broncíneas herramientas—el yunque, el martillo y las bien construídas tenazas,—instrumentos de su oficio con los cuales trabajaba el oro; compareció Minerva para asistir al sacrificio; y Néstor, el anciano jinete, dió el oro, y el artífice, después de prepararlo, lo vertió alrededor de los cuernos de la novilla para que la diosa se holgase de ver tal adorno. Estratio y el divinal Equefrón trajeron la novilla asiéndola por las astas; Areto salió de su estancia con un lebrillo floreado, lleno de agua para lavarse, en una mano, y una cesta con las molas en la otra; el intrépido Trasimedes empuñaba aguda segur para herir la novilla; Perseo sostenía el vaso para recoger la sangre; y Néstor, el anciano jinete, comenzó á derramar el agua y á esparcir las molas, y, ofreciendo las primicias, oraba con gran fervor á Minerva y arrojaba en el fuego los pelos de la cabeza de la víctima.

Hecha la plegaria y esparcidas las molas, aquel hijo de Néstor, el magnánimo Trasimedes, dió desde cerca un golpe á la novilla y le cortó con la segur los tendones del cuello, dejándola sin fuerzas; y gritaron las hijas y nueras de Néstor, y también su venerable esposa, Eurídice, que era la mayor de las hijas de Clímeno. Seguidamente alzaron de la espaciosa tierra la novilla, sostuviéronla en alto y degollóla Pisístrato, príncipe de hombres. Tan pronto como la novilla se desangró y los huesos quedaron sin vigor, la descuartizaron, cortáronle luego los muslos, haciéndolo según el rito, y, después de pringarlos con gordura por uno y otro lado y de cubrirlos con trozos de carne, el anciano los puso sobre leña encendida y los roció de vino tinto. Cerca de él, unos mancebos tenían en sus manos asadores de cinco puntas. Quemados los muslos, probaron las entrañas; é incontinenti dividieron lo restante en pedazos muy pequeños, lo atravesaron con pinchos y lo asaron, sosteniendo con sus manos las puntiagudas varillas.

En esto lavaba á Telémaco la bella Policasta, hija menor de Néstor Nelida. Después que lo hubo lavado y ungido con pingüe aceite, vistióle un hermoso manto y una túnica; y Telémaco salió del baño, con el cuerpo parecido al de los dioses, y fué á sentarse junto á Néstor, pastor de pueblos.

Asados los cuartos delanteros, retiráronlos de las llamas; y, sentándose todos, celebraron el banquete. Varones excelentes se levantaban á escanciar el vino en áureas copas. Y una vez saciado el deseo de comer y de beber, Néstor, el caballero gerenio, comenzó á decirles:

«Ea, hijos míos, aparejad caballos de hermosas crines y uncidlos al carro, para que Telémaco pueda llevar á término su viaje.»

De tal suerte habló; ellos le escucharon y obedecieron, enganchando prestamente al carro los veloces corceles. La despensera les trajo pan, vino y manjares como los que suelen comer los reyes, alumnos de Jove. Subió Telémaco al magnífico carro y tras él Pisístrato Nestórida, príncipe de hombres, quien tomó con la mano las riendas y azotó á los caballos para que arrancasen. Y éstos volaron gozosos hacia la llanura, dejando atrás la excelsa ciudad de Pilos y no cesando en todo el día de agitar el yugo.

Poníase el sol y las tinieblas empezaban á ocupar los caminos, cuando llegaron á Feras, á la morada de Diocles, hijo de Orsíloco, á quien engendrara Alfeo. Allí durmieron aquella noche, aceptando la hospitalidad que Diocles se apresuró á ofrecerles.

Mas, apenas se descubrió la hija de la mañana, la Aurora de rosáceos dedos, engancharon los bridones, subieron al labrado carro y guiáronlo por el vestíbulo y el pórtico sonoro. Pisístrato azotó á los corceles, para que arrancaran, y éstos volaron gozosos. Y habiendo llegado á una llanura que era un trigal, en seguida terminaron el viaje: ¡con tal rapidez los condujeron los briosos caballos! Y el sol se puso y las tinieblas ocuparon todos los caminos.

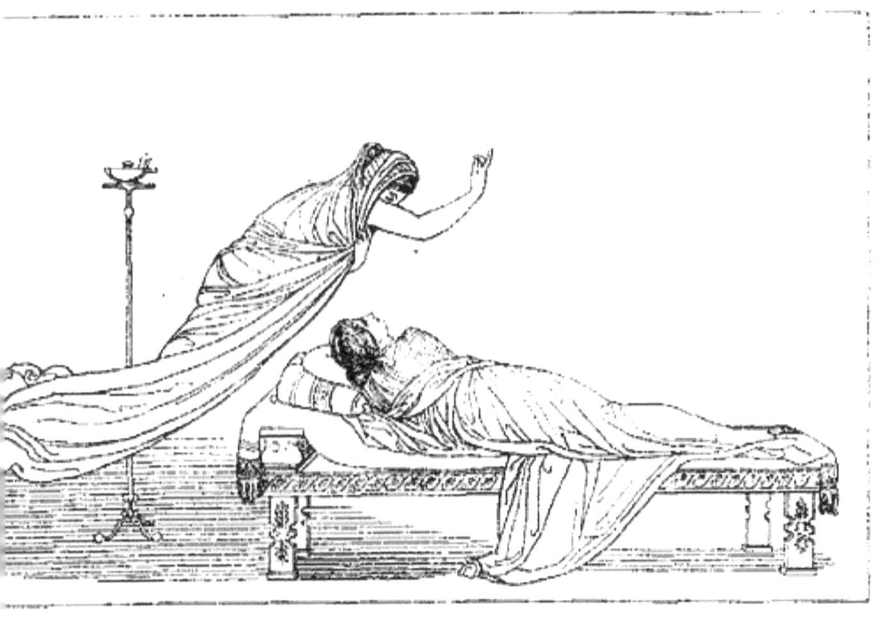

Minerva manda á Penélope un fantasma semejante á Iftima, para decirle que Telémaco volverá sano y salvo

CANTO IV

LO DE LACEDEMONIA

Apenas llegaron á la vasta y cavernosa Lacedemonia, fuéronse derechos á la mansión del glorioso Menelao y halláronle con muchos amigos, celebrando el banquete de la doble boda de su hijo y de su hija ilustre. Á ésta la enviaba al hijo de Aquiles, el desbaratador de escuadrones; pues allá en Troya prestó su asentimiento y prometió entregársela, y los dioses hicieron que por fin las nupcias se llevasen al cabo. Mandábala, pues, con caballos y carros, á la ínclita ciudad de los mirmidones donde aquél reinaba. Y al propio tiempo casaba con una hija de Aléctor, llegada de Esparta, á su hijo, el fuerte Megapentes, que ya en edad madura había procreado en una esclava; pues á Helena no le concedieron las deidades otra prole que la amable Hermione, la cual tenía la belleza de la dorada Venus.

Así se holgaban en celebrar el festín, dentro del gran palacio de elevada techumbre, los vecinos y amigos del glorioso Menelao. Un divinal aedo estábales cantando al son de la cítara y, tan pronto como tocaba el preludio, dos saltadores hacían cabriolas en medio de la muchedumbre.

Entonces fué cuando los dos jóvenes, el héroe Telémaco y el preclaro hijo de Néstor, detuvieron los corceles en el vestíbulo del palacio. Vióles, saliendo del mismo, el noble Eteoneo, diligente servidor del ilustre Menelao, y fuése por la casa á dar la nueva al pastor de hombres. Y, en llegando á su presencia, le dijo estas aladas palabras:

«Dos hombres acaban de llegar, oh Menelao alumno de Júpiter, dos varones que se asemejan á los descendientes del gran Jove. Dime si hemos de desuncir sus veloces corceles ó enviarlos á alguien que les dé amistoso acogimiento.»

Replicóle, poseído de vehemente indignación, el rubio Menelao: «Antes no eras tan simple, Eteoneo Boetida; mas ahora dices tonterías como un muchacho. También nosotros, hasta que logramos volver acá, comimos frecuentemente en la hospitalaria mesa de otros varones; y quiera Júpiter librarnos de la desgracia para en adelante. Desunce los caballos de los forasteros y hazles entrar á fin de que participen del banquete.»

Tal dijo. Eteoneo salió corriendo del palacio y llamó á otros diligentes servidores para que le acompañaran. Al punto desuncieron los corceles, que sudaban debajo del yugo, los ataron á sus pesebres y les echaron espelta, mezclándola con blanca cebada; arrimaron el carro á las relucientes paredes, é introdujeron á los huéspedes en aquella divinal morada. Ellos caminaban absortos viendo el palacio del rey, alumno de Júpiter; pues resplandecía con el brillo del sol ó de la luna la mansión excelsa del glorioso Menelao. Después que se saciaron de contemplarla con sus ojos, fueron á lavarse en unos baños muy pulidos. Y una vez lavados y ungidos con aceite por las esclavas, que les pusieron túnicas y lanosos mantos, acomodáronse en sillas junto al Atrida Menelao. Una esclava dióles aguamanos, que traía en magnífico jarro de oro y vertió en fuente de plata, y colocó delante de ellos una pulimentada mesa. La veneranda despensera trájoles pan y dejó en la mesa buen número de manjares, obsequiándoles con los que tenía reservados. El trinchante sirvióles platos de carne de todas suertes y puso á su alcance áureas copas. Y el rubio Menelao, saludándolos con la mano, les habló de esta manera:

«Tomad manjares, refocilaos; y después que hayáis comido os preguntaremos cuáles sois de los hombres. Pues el linaje de vuestros padres no se ha perdido seguramente en la obscuridad y debéis de ser hijos de reyes, alumnos de Júpiter, que llevan cetro; ya que de unos viles no nacerían semejantes varones.»

Así dijo; y les presentó con sus manos un pingüe lomo de buey asado, que para honrarle le habían servido. Aquéllos echaron mano á las viandas que tenían delante. Y cuando hubieron satisfecho las ganas de comer y de beber, Telémaco habló así al hijo de Néstor, acercando la cabeza para que los demás no se enteraran:

«Observa, oh Nestórida carísimo á mi corazón, el resplandor del bronce en el sonoro palacio; y también el del oro, del electro, de la plata y del marfil. Así debe de ser por dentro la morada de Júpiter Olímpico. ¡Cuántas cosas inenarrables! Me quedo atónito al contemplarlas.»

Y el rubio Menelao, comprendiendo lo que aquél decía, les habló con estas aladas palabras:

«¡Hijos amados! Ningún mortal puede competir con Júpiter, cuyas moradas y posesiones son eternas; mas entre los hombres habrá quien rivalice conmigo y quien no me iguale en las riquezas que traje en mis bajeles, cumplido el año octavo, después de haber padecido y vagado mucho, como que en mis peregrinaciones fuí á Chipre, á Fenicia, á los egipcios, á los etíopes, á los sidonios, á los erembos y á Libia, donde los corderitos echan cuernos muy pronto y las ovejas paren tres veces en un año. Allí nunca les falta, ni al amo ni al pastor, ni queso, ni carnes, ni dulce leche, pues las ovejas están en disposición de ser ordeñadas en cualquier tiempo. Mientras yo andaba perdido por aquellas tierras y juntaba muchos bienes, otro me mató el hermano á escondidas, de súbito, con engaño que hubo de tramar su perniciosa mujer; y por esto vivo ahora sin alegría entre estas riquezas que poseo. Sin duda habréis oído relatar tales cosas á vuestros padres, sean quienes fueren, pues padecí muchísimo y arruiné una magnífica casa, muy buena para ser habitada, que contenía abundantes y preciosos bienes. Ojalá morara en este palacio con sólo la tercia parte de lo que tengo, y se hubiesen salvado los que perecieron en la vasta Troya, lejos de Argos, la criadora de corceles. Mas, si bien lloro y me apesadumbro por todos—muchas veces, sentado en la sala, ya recreo mi ánimo con las lágrimas, ya dejo de hacerlo porque cansa muy pronto el terrible llanto,—por nadie vierto tal copia de lágrimas ni me aflijo de igual suerte como por uno, y en acordándome de él aborrezco el dormir y el comer, porque ningún aqueo padeció lo que Ulises hubo de sufrir y pasar: para él habían de ser los dolores y para mí una pesadumbre continua é inolvidable á causa de su prolongada ausencia y de la ignorancia en que nos hallamos de si vive ó ha muerto. Y seguramente le lloran el viejo Laertes, la discreta Penélope y Telémaco, á quien dejó en su casa recién nacido.»

Así habló, é hizo que Telémaco sintiera el deseo de llorar por su padre: al oir lo de su progenitor, desprendióse de sus ojos una lágrima que cayó en tierra; y entonces, levantando con ambas manos el purpúreo manto, se lo puso ante el rostro. Menelao lo advirtió y estuvo indeciso en su mente y en su corazón entre esperar á que él mismo hiciera mención de su padre, ó interrogarle previamente é irle probando en cada cosa.

Mientras tales pensamientos revolvía en su mente y en su corazón, salió Helena de su perfumada estancia de elevado techo, semejante á Diana, la que lleva arco de oro. Púsole Adrasta un sillón hermosamente construído, sacóle Alcipe un tapete de mórbida lana y trájole Filo el canastillo de plata que le había dado Alcandra, mujer de Pólibo, el cual moraba en Tebas la de Egipto en cuyas casas hay gran riqueza.—Pólibo regaló á Menelao dos argénteas bañeras, dos trípodes y diez talentos de oro; y por separado dió la mujer á Helena estos hermosos presentes: una rueca de oro y un canastillo redondo, de plata, con los bordes de oro.— La esclava dejó, pues, el canastillo repleto de hilo ya devanado; y puso encima la rueca con lana de color violáceo. Sentóse Helena en el sillón, que estaba provisto de un escabel para los pies, y al momento interrogó á su marido con estas palabras:

«¿Sabemos ya, oh Menelao, alumno de Júpiter, quiénes se glorían de ser esos hombres que han venido á nuestra morada? ¿Me engañaré ó será verdad lo que voy á decir? El corazón me ordena hablar. Jamás vi persona alguna, ni hombre, ni mujer, tan parecida á otra—¡me quedo atónita al contemplarlo!—como éste se asemeja al hijo del magnánimo Ulises, á Telémaco, á quien dejara recién nacido en su casa cuando los aqueos fuisteis por mí, cara de perra, á empeñar rudos combates con los troyanos.»

Respondióle el rubio Menelao: «Ya se me había ocurrido, oh mujer, lo que supones; que tales eran los pies de aquél, y las manos, y el mirar de los ojos, y la cabeza, y el pelo que la cubría. Ahora mismo, acordándome de Ulises, les relataba cuantos trabajos sufrió por mi causa, y ése comenzó á verter amargas lágrimas y se puso ante los ojos el purpúreo manto.»

Entonces Pisístrato Nestórida habló diciendo: «¡Menelao Atrida, alumno de Júpiter, príncipe de hombres! En verdad que es hijo de quien dices, pero tiene discreción y no cree decoroso, habiendo llegado por vez primera, decir palabras frívolas delante de ti, cuya voz escuchamos con el mismo placer que si fuese la de alguna deidad. Con él me ha enviado Néstor, el caballero gerenio, para que le acompañe, pues deseaba verte á fin de que le aconsejaras lo que ha de decir ó llevar al cabo; que muchos males padece en su casa el hijo cuyo padre está ausente, si no tiene otras personas que le auxilien como ahora le ocurre á Telémaco: fuése su padre y no hay en todo el pueblo quien pueda librarle del infortunio.»

Respondióle el rubio Menelao: «¡Oh dioses! Ha llegado á mi casa el hijo del caro varón que por mí sostuvo tantas y tan trabajosas luchas y á quien me había propuesto amar, cuando volviese, más que á ningún otro de los argivos, si el longividente Júpiter Olímpico permitía que nos restituyéramos á la patria, atravesando el mar con las veloces naves. Y le asignara una ciudad en Argos, para que la habitase, y le labrara un palacio, trayéndolo de Ítaca á él con sus riquezas y su hijo y todo el pueblo, después de hacer evacuar una sola de las ciudades circunvecinas sobre las cuales se ejerce mi imperio. Y nos hubiésemos tratado frecuentemente y, siempre amigos y dichosos, nada nos habría separado hasta que se extendiera sobre nosotros la nube sombría de la muerte. Mas de esto debió de tener envidia el dios que ha privado á aquel infeliz, á él tan sólo, de tornar á la patria.»

Así dijo, y á todos les excitó el deseo del llanto. Lloraba la argiva Helena, hija de Júpiter; lloraban Telémaco y Menelao Atrida; y el hijo de Néstor no se quedó con los ojos muy enjutos de lágrimas, pues le volvía á la memoria el irreprochable Antíloco á quien matara el hijo ilustre de la resplandeciente Aurora. Y, acordándose del mismo, pronunció estas aladas palabras:

«¡Atrida! Decíanos el anciano Néstor, siempre que en el palacio se hablaba de ti, conversando los unos con los otros, que en prudencia excedes á los demás mortales. Pues ahora pon en práctica, si posible fuere, este mi consejo. Yo no gusto de lamentarme en la cena; pero, cuando apunte la Aurora, hija de la mañana, no llevaré á mal que se llore á aquel que haya muerto en cumplimiento de su destino, porque tan sólo esta honra les queda á los míseros mortales: que los suyos se corten la cabellera y surquen con lágrimas las mejillas. También murió mi hermano, que no era ciertamente el peor de los argivos; y tú le debiste conocer—yo ni estuve allá, ni llegué á verle—y dicen que descollaba entre todos, así en la carrera como en las batallas.»

Respondióle el rubio Menelao: «¡Amigo! Has hablado como lo hiciera un varón sensato que tuviese más edad. De tal padre eres hijo, y por esto te expresas con gran prudencia. Fácil es conocer la prole del varón á quien el Saturnio tiene destinada la dicha desde que se casa ó desde que ha nacido; como ahora concedió á Néstor constantemente, todos los días, que disfrute de placentera vejez en el palacio y que sus hijos sean discretos y sumamente hábiles en manejar la lanza. Pongamos fin al llanto que ahora hicimos, tornemos á acordarnos de la cena, y dennos agua á las manos.»

Así habló. Dióles aguamanos Asfalión, diligente servidor del glorioso Menelao, y acto continuo echaron mano á las viandas que tenían delante.

Entonces Helena, hija de Júpiter, ordenó otra cosa. Echó en el vino que estaban bebiendo una droga contra el llanto y la cólera, que hacía olvidar todos los males. Quien la tomare, después de mezclarla en la cratera, no logrará que en todo el día le caiga una sola lágrima en las mejillas, aunque con sus propios ojos vea morir á su padre y á su madre ó degollar con el bronce á su hermano ó á su mismo hijo. Tan excelentes y bien preparadas drogas guardaba en su poder la hija de Júpiter por habérselas dado la egipcia Polidamna, mujer de Ton, cuya fértil tierra produce muchísimas, y la mezcla de unas es saludable y la de otras nociva. Allí cada individuo es un médico que descuella por su saber entre todos los hombres, porque vienen del linaje de Peón. Y Helena, al punto que hubo echado la droga, mandó escanciar el vino y volvió á hablarles de esta manera:

«¡Atrida Menelao, alumno de Júpiter, y vosotros, hijos de nobles varones! En verdad que el dios Júpiter, como lo puede todo, ya nos manda bienes, ya nos envía males; comed ahora, sentados en esta sala, y deleitaos con la conversación, que yo os diré cosas oportunas. No podría narrar ni referir todos los trabajos del paciente Ulises y contaré tan sólo esto, que el fuerte varón realizó y sufrió en el pueblo troyano donde tantos males padecisteis los aqueos. Infirióse vergonzosas heridas, echóse á la espalda unos viles harapos, como si fuera un siervo, y se entró por la ciudad de anchas calles donde sus enemigos habitaban. Así, encubriendo su ser, transfigurado en otro hombre que parecía un mendigo, quien no era tal ciertamente junto á las naves aqueas, fué como penetró en la ciudad de Troya. Todos se dejaron engañar y yo sola le reconocí é interrogué, pero él con sus mañas se me escabullía. Mas cuando lo hube lavado y ungido con aceite, y le entregué un vestido, y le prometí con firme juramento que á Ulises no se le descubriría á los troyanos hasta que llegara nuevamente á las tiendas y á las veleras naves, entonces me refirió todo lo que tenían proyectado los aqueos. Y después de matar con el bronce de larga punta á buen número de troyanos, volvió á los argivos, llevándose el conocimiento de muchas cosas. Prorrumpieron las troyanas en fuertes sollozos, y á mí el pecho se me llenaba de júbilo porque ya sentía en mi corazón el deseo de volver á mi casa y deploraba el error en que me pusiera Venus cuando me condujo allá, lejos de mi patria, y hube de abandonar á mi hija, el tálamo y un marido que á nadie le cede ni en inteligencia ni en gallardía.»

Respondióle el rubio Menelao: «Sí, mujer, con gran exactitud lo has contado. Conocí el modo de pensar y de sentir de muchos héroes, pues llevo recorrida gran parte de la tierra; pero mis ojos jamás pudieron dar con un hombre que tuviera el corazón de Ulises, de ánimo paciente. ¡Qué no hizo y sufrió aquel fuerte varón en el caballo de pulimentada madera, cuyo interior ocupábamos los mejores argivos para llevar á los troyanos la carnicería y la muerte! Viniste tú en persona—pues debió de moverte algún numen que anhelaba dar gloria á los troyanos—y te seguía Deífobo, semejante á los dioses. Tres veces rodeaste, tocando la hueca emboscada y llamando por su nombre á los mejores argivos de cuyas mujeres remedabas la voz. Yo y el Tidida, que con el divinal Ulises estábamos en el centro, te oímos cuando nos llamaste y queríamos salir ó responder desde dentro; mas Ulises lo impidió y nos contuvo á pesar de nuestro deseo. Entonces todos guardaron silencio y sólo Anticlo deseaba contestar, pero Ulises tapóle la boca con sus robustas manos y salvó á todos los aqueos con sujetarle continuamente hasta que te apartó de allí Palas Minerva.»

Replicóle el prudente Telémaco: «¡Atrida Menelao, alumno de Júpiter, príncipe de hombres! Más doloroso es que sea así, pues ninguna de estas cosas le libró de una muerte deplorable, ni la evitara aunque tuviese un corazón de hierro. Mas, ea, mándanos á la cama para que, acostándonos, nos regalemos con el dulce sueño.»

Dijo. La argiva Helena mandó á las esclavas que pusieran lechos debajo del pórtico, los proveyesen de hermosos cobertores de púrpura, extendiesen por encima colchas, y dejasen en ellos afelpadas túnicas para abrigarse. Las doncellas salieron del palacio con hachas encendidas y aderezaron las camas, y un heraldo acompañó á los huéspedes. Así se acostaron en el vestíbulo de la casa el héroe Telémaco y el ilustre hijo de Néstor; mientras que el Atrida durmió en el interior de la excelsa morada y junto á él Helena, la de largo peplo, la divina sobre todas las mujeres.

Mas, al punto que apareció la hija de la mañana, la Aurora de rosáceos dedos, Menelao, valiente en el combate, se levantó de la cama, púsose sus vestidos, colgóse al hombro la aguda espada, calzó sus blancos pies con hermosas sandalias y, parecido á un dios, salió de la habitación, fué á sentarse junto á Telémaco, llamóle y así le dijo:

«¡Héroe Telémaco! ¿Qué necesidad te ha obligado á venir aquí, á la divina Lacedemonia, por el ancho dorso del mar? ¿Es un asunto del pueblo ó propio tuyo? Dímelo francamente.»

Respondióle el prudente Telémaco: «¡Atrida Menelao, alumno de Júpiter, príncipe de hombres! He venido por si me pudieres dar alguna nueva de mi padre. Consúmese todo lo de mi casa y se pierden las ricas heredades: el palacio está lleno de hombres malévolos que, pretendiendo á mi madre y portándose con gran insolencia, matan continuamente las ovejas de mis copiosos rebaños y los flexípedes bueyes de retorcidos cuernos. Por tal razón vengo á abrazar tus rodillas, por si quisieras contarme la triste muerte de aquél, ora la hayas visto con tus ojos, ora la hayas oído referir á algún peregrino, que muy sin ventura lo parió su madre. Y nada atenúes por respeto ó compasión que me tengas; al contrario, entérame bien de lo que hayas visto. Yo te lo ruego: si mi padre, el noble Ulises, te cumplió algún día su palabra ó llevó al cabo una acción que te hubiese prometido, allá en el pueblo de los troyanos donde tantos males padecisteis los aqueos, acuérdate de la misma y dime la verdad de lo que te pregunto.»

Y el rubio Menelao le contestó indignadísimo: «¡Oh dioses! En verdad que pretenden dormir en la cama de un varón muy esforzado aquellos hombres tan cobardes. Así como una cierva puso sus hijuelos recién nacidos en la guarida de un bravo león y fuése á pacer por los bosques y los herbosos valles, y el león volvió á la madriguera y dió á entrambos cervatillos indigna muerte; de semejante modo también Ulises les ha de dar á aquéllos vergonzosa muerte. Ojalá se mostrase,

¡oh padre Júpiter, Minerva, Apolo!, tal como era cuando en la bien construída Lesbos se levantó contra el Filomelida, en una disputa, y luchó con él, y lo derribó con ímpetu, de lo cual se alegraron todos los aqueos; si, mostrándose tal, se encontrara Ulises con los pretendientes, fuera corta la vida de éstos y las bodas les resultarían muy amargas. Pero en lo que me preguntas y suplicas que te cuente, no querría apartarme de la verdad ni engañarte; y de cuantas cosas me refirió el veraz anciano de los mares, no te callaré ni ocultaré ninguna.

»Los dioses me habían detenido en Egipto, á pesar de mi anhelo de volver acá, por no haberles sacrificado hecatombes perfectas; que las deidades quieren que no se nos vayan de la memoria sus mandamientos. Hay en el alborotado ponto una isla, enfrente del Egipto, que la llaman Faro y se halla tan lejos de él cuanto puede andar en todo el día una cóncava embarcación si la empuja sonoro viento. Tiene la isla un puerto magnífico desde el cual echan al ponto las bien proporcionadas naves, después de hacer aguada en un manantial profundo. Allí me tuvieron los dioses veinte días, sin que se alzaran los vientos favorables que soplan en el mar y conducen los navíos por su ancho dorso. Ya todos los bastimentos se me iban agotando y también menguaba el ánimo de los hombres; pero me salvó una diosa que tuvo piedad de mí: Idotea, hija del fuerte Proteo, el anciano de los mares; la cual, sintiendo conmovérsele el corazón, se me hizo encontradiza mientras vagaba solo y apartado de mis hombres, que andaban continuamente por la isla pescando con corvos anzuelos, pues el hambre les atormentaba el vientre. Paróse Idotea y díjome estas palabras:

«¡Forastero! ¿Eres así, tan simple é inadvertido? ¿Ó te abandonas voluntariamente y te huelgas de pasar dolores, puesto que detenido en la isla, desde largo tiempo, no hallas medio de poner fin á semejante situación á pesar de que ya desfallece el ánimo de tus amigos?»

»Tal habló, y le respondí de este modo: «Te diré, seas cual fueres de las diosas, que no estoy detenido por mi voluntad; sino que debo de haber pecado contra los inmortales que habitan el anchuroso cielo. Mas revélame—ya que los dioses lo saben todo—cuál de los inmortales me detiene y me cierra el camino, y cómo podré llegar á la patria, atravesando el mar en peces abundoso.»

»Así le hablé. Contestóme en el acto la divina entre las diosas: «¡Oh forastero! Voy á informarte con gran sinceridad. Frecuenta este sitio el veraz anciano de los mares, el inmortal Proteo egipcio, que conoce las honduras de todo el mar y es servidor de Neptuno: dicen que es mi padre, que fué él quien me engendró. Si, poniéndote en asechanza, lograres agarrarlo de cualquier manera, te diría el camino que has de seguir, cuál será su duración y cómo podrás restituirte á la patria, atravesando el mar en peces abundoso. Y también te relataría, oh alumno de Júpiter, si deseares saberlo, lo malo ó lo bueno que haya ocurrido en tu casa desde que te ausentaste para hacer este viaje largo y difícil.»

»Tales fueron sus palabras; y le contesté diciendo: «Enséñame tú la asechanza que he de tender al divinal anciano: no sea que me descubra antes de tiempo ó llegue á conocer mi propósito, y se escape; que es muy difícil para un hombre mortal sujetar á un dios.»

»Así le dije, y respondióme la divina entre las diosas: «¡Oh forastero! Voy á instruirte con gran sinceridad. Cuando el sol, siguiendo su curso, llega al centro del cielo, el veraz anciano de los mares, oculto por negras y encrespadas olas, salta en tierra al soplo del Céfiro. En seguida se acuesta en honda gruta y á su alrededor se ponen á dormir, todas juntas, las focas de natátiles pies, hijas de la hermosa Halosidne, que salen del espumoso mar exhalando el acerbo olor del mar profundísimo. Allí he de llevarte, al romper el día, á fin de que te pongas acostado y contigo los tuyos por el debido orden; que para ello escogerás tres compañeros, los mejores que tengas en las naves de muchos bancos. Voy á decirte todas las astucias del anciano. Primero contará las focas, paseándose por entre ellas; y, después de contarlas de cinco en cinco y de mirarlas todas, se acostará en el centro como un pastor en medio del ganado. Tan pronto como le viereis dormido, cuidad de tener fuerza y valor, y sujetadle allí mismo aunque desee é intente escaparse. Entonces probará de convertirse en todos los seres que se arrastran por la tierra, y en agua, y en ardentísimo fuego; pero vosotros tenedle con firmeza y apretadle más. Y cuando te interrogue con palabras, mostrándose tal como lo visteis dormido, abstente de emplear la violencia: deja libre al anciano, oh héroe, y pregúntale cuál de las deidades se te opone y cómo podrás volver á la patria, atravesando el mar en peces abundoso.»

»Cuando esto hubo dicho, sumergióse en el agitado ponto. Yo me encaminé á las naves, que se hallaban sobre las arenas del

SALVÓME UNA DIOSA, IDOTEA, LA CUAL ME SALIÓ AL
ENCUENTRO Y ME DIJO...

litoral, mientras mi corazón revolvía muchos propósitos. Apenas hube llegado á mi bajel y al mar, aparejamos la cena; vino en seguida la divinal noche y nos acostamos en la playa. Y, así que se descubrió la hija de la mañana, la Aurora de rosáceos dedos, me fuí á la orilla del mar, de anchos caminos, haciendo fervientes súplicas á los dioses; y me llevé los tres compañeros en quienes tenía más confianza para cualquier empresa.

»En tanto, la diosa, que se había sumergido en el vasto seno del mar, sacó cuatro pieles de focas recientemente desolladas; pues con ellas pensaba urdir la asechanza contra su padre. Y, habiendo cavado unos hoyos en la arena de la playa, nos aguardaba sentada. No bien llegamos, hizo que nos tendiéramos por orden dentro de los hoyos y nos echó encima sendas pieles de foca. Fué la tal asechanza molesta en extremo, pues el malísimo hedor de las focas, criadas en el mar, nos abrumaba terriblemente. ¿Quién podría acostarse junto á un monstruo marino? Pero ella nos salvó con idear un gran remedio: nos puso en las narices algo de ambrosía, la cual, despidiendo olor suave, quitó el hedor de aquellos monstruos. Toda la mañana estuvimos esperando con ánimo paciente; hasta que al fin las focas salieron juntas del mar y se tendieron por orden en la ribera. Era mediodía cuando vino del mar el anciano: halló las obesas focas, paseóse por entre las mismas y contó su número. La cuenta de los cetáceos la comenzó por nosotros, sin que en su corazón sospechase el engaño; y, luego, acostóse también. Entonces acometímosle con inmensa gritería y todos le echamos mano. No olvidó el viejo sus dolosos artificios: transfiguróse sucesivamente en melenudo león, en dragón, en pantera y en corpulento jabalí; después se nos convirtió en agua líquida y hasta en árbol de excelsa copa. Mas, como lo teníamos reciamente asido, con ánimo firme, aburrióse al cabo aquel astuto viejo y díjome de esta suerte:

«¡Hijo de Atreo! ¿Cuál de los dioses te aconsejó para que me asieras contra mi voluntad, armándome tal asechanza? ¿Qué deseas?»

»Así se expresó; y le contesté diciendo: «Lo sabes, anciano. ¿Por qué hablas de ese modo, con el propósito de engañarme? Sabes que, detenido en la isla desde largo tiempo, no hallo medio de poner fin á tal situación y ya mi ánimo desfallece. Mas revélame—puesto que los dioses lo saben todo—cuál de los inmortales me detiene y me cierra el camino, y cómo podré llegar á la patria atravesando el mar en peces abundoso.»

»Así le dije. Y en seguida me respondió de esta manera: Debieras haber ofrecido, antes de embarcarte, hermosos sacrificios á Júpiter y á los demás dioses para llegar sin dilación á tu patria, navegando por el vinoso ponto. El hado ha dispuesto que no veas á tus amigos, ni vuelvas á tu casa bien construída y á la patria tierra, hasta que tornes á las aguas del Egipto, río que las lluvias celestiales alimentan, y sacrifiques sacras hecatombes á los inmortales dioses que poseen el anchuroso cielo: entonces te permitirán las deidades hacer el camino que apeteces.»

»De esta suerte habló: Se me partía el corazón al considerar que me ordenaba volver á Egipto por el obscuro ponto, viaje largo y difícil. Mas, con todo eso, le contesté diciendo:

«Haré, oh anciano, lo que me mandas. Pero, ea, dime sinceramente, si volvieron salvos en sus galeras los aquivos á quienes Néstor y yo dejamos al partir de Troya, ó si alguno pereció de cruel muerte en su nave ó en brazos de los amigos, después que se acabó la guerra.»

»Así le hablé; y me respondió acto seguido: «¡Atrida! ¿Por qué me preguntas tales cosas? No te cumple á ti conocerlas, ni explorar mi pensamiento; y me figuro que no estarás mucho rato sin llorar tan luego como las sepas todas. Muchos de aquellos sucumbieron y muchos se salvaron. Sólo dos capitanes de los aquivos, de broncíneas lorigas, han perecido en la vuelta; pues en cuanto á las batallas, tú mismo las presenciaste. Uno, vivo aún, se encuentra detenido en el anchuroso ponto. Ayax sucumbió con sus naves de largos remos: primeramente acercóle Neptuno á las grandes rocas llamadas Giras, sacándole incólume del mar; y se librara de la muerte, aunque aborrecido de Minerva, si no hubiese soltado una expresión soberbia que le ocasionó gran daño: dijo que, aun á despecho de los dioses, escaparía del gran abismo del mar. Neptuno oyó sus jactanciosas palabras, y, al instante, agarrando con las robustas manos el tridente, golpeó la roca Girea y partióla en dos: uno de los pedazos quedó allí, y el otro, en el cual hubo de sentarse Ayax anteriormente para recibir gran daño, cayó en el piélago y llevóse el héroe al inmenso y undoso ponto. Y allí murió, después que bebiera la salobre agua del mar. Tu hermano huyó los hados en las cóncavas naves, pues le salvó la veneranda Juno. Mas, cuando iba á llegar al excelso monte de Malea, arrebatóle una tempestad, que le llevó por el ponto abundante en peces, mientras daba grandes gemidos, á una extremidad del campo donde antiguamente tuvo Tiestes la casa que habitaba entonces Egisto Tiestíada. Ya desde allí les pareció la vuelta segura y, como los dioses tornaron á enviarles próspero viento, llegaron por fin á sus casas. Agamenón pisó alegre el suelo de su patria, que tocaba y besaba, y de sus ojos corrían ardientes lágrimas al contemplar con júbilo aquella tierra. Pero vióle desde una eminencia un atalaya, puesto allí por el doloso Egisto que le prometió como gratificación dos talentos de oro, el cual hacía un año que vigilaba—no fuera que Agamenón viniese sin ser advertido y mostrase su impetuoso valor;—y en seguida se fué al palacio á dar la nueva al pastor de hombres. Y Egisto urdió al momento una engañosa trama: escogió de entre el pueblo veinte hombres muy valientes y los puso en emboscada, mientras, por otra parte, ordenaba que se aparejase un banquete. Fuése después á invitar á Agamenón, pastor de hombres, con caballos y carros, revolviendo en su ánimo indignos propósitos. Y se llevó al héroe, que nada sospechaba acerca de la muerte que le habían preparado, dióle de comer y le quitó la vida como se mata á un buey junto al pesebre. No quedó ninguno de los compañeros del Atrida que con él llegaron, ni se escapó ninguno de los de Egisto, sino que todos fueron muertos en el palacio.»

»Tal dijo. Sentí destrozárseme el corazón y, sentado en las arenas, lloraba y no quería vivir ni contemplar ya la lumbre del sol. Mas, cuando me sacié de llorar y de revolcarme por el suelo, hablóme así el veraz anciano de los mares:

«No llores, oh hijo de Atreo, mucho tiempo y sin tomar descanso, que ningún remedio se puede hallar. Pero haz por volver lo antes posible á la patria tierra y hallarás á aquél, vivo aún; y, si Orestes se te adelantara y lo matase, llegarás para el banquete fúnebre.»

»Así se expresó. Regocijéme en mi corazón y en mi ánimo generoso, aunque me sentía afligido, y hablé al anciano con estas aladas palabras:

«Ya sé de éstos. Nómbrame el tercer varón, aquél que, vivo aún, se encuentra detenido en el anchuroso ponto, ó quizás haya muerto. Pues, á pesar de que estoy triste, deseo tener noticias suyas.»

»Así le dije, y me respondió en el acto: «Es el hijo de Laertes, el que tiene en Ítaca su morada. Le vi en una isla y echaba de sus ojos abundantes lágrimas: está en el palacio de la ninfa Calipso, que le detiene por fuerza, y no le es posible llegar á su patria tierra porque no dispone de naves provistas de remos ni de compañeros que le conduzcan por el ancho dorso del mar. Por lo que á ti se refiere, oh Menelao, alumno de Júpiter, el hado no ordena que acabes la vida y cumplas tu destino en Argos, país fértil de corceles, sino que los inmortales te enviarán á los campos Elíseos, al extremo de la tierra, donde se halla el rubio Radamanto—allí se vive dichosamente, allí jamás hay nieve, ni invierno largo, ni lluvia, sino que el Océano manda siempre las brisas del Céfiro, de sonoro soplo, para dar á los hombres más frescura,— porque siendo Helena tu mujer, eres para los dioses el yerno de Júpiter.»

»Cuando esto hubo dicho, sumergióse en el agitado ponto. Yo me encaminé hacia los bajeles, con mis divinales compañeros, y mi corazón revolvía muchos propósitos. Así que hubimos llegado á mi embarcación y al mar, aparejamos la cena; vino muy pronto la divina noche y nos acostamos en la playa. Y al punto que se descubrió la hija de la mañana, la Aurora de rosáceos dedos, echamos las bien proporcionadas naves en el mar divino y les pusimos sus mástiles y velas; después, sentáronse mis compañeros ordenadamente en los bancos y comenzaron á herir con los remos el espumoso mar. Volví á detener las naves en el Egipto, río que las celestiales lluvias alimentan, y sacrifiqué cumplidas hecatombes. Aplacada la ira de los sempiternos dioses, erigí un túmulo á Agamenón para que su gloria fuera inextinguible. En acabando estas cosas, emprendí la vuelta y los inmortales concediéronme próspero viento y trajéronme con gran rapidez á mi querida patria. Mas, ea, quédate en el palacio hasta que llegue la undécima ó duodécima aurora y entonces te despediré, regalándote como espléndidos presentes tres caballos y un carro hermosamente labrado; y también he de darte una magnífica copa para que hagas libaciones á los inmortales dioses y te acuerdes de mí todos los días.»

Respondióle el prudente Telémaco: «¡Atrida! No me detengas mucho tiempo. Yo pasaría un año á tu vera, sin sentir añoranza por mi casa ni por mis padres—pues me deleita muchísimo oir tus palabras y razones;—mas deben de aburrirse mis compañeros en la divina Pilos y hace ya mucho que me detienes. El don que me hagas consista en algo que se pueda guardar. Los corceles no pienso llevarlos á Ítaca, sino que los dejaré para tu ornamento, ya que reinas sobre un gran llano en que hay mucho loto, juncia, trigo, espelta y blanca cebada muy lozana. Ítaca no tiene lugares espaciosos donde se pueda correr, ni prado alguno, que es tierra apta para pacer cabras y más agradable que las que nutren caballos. Las islas, que se inclinan hacia el mar, no son propias para la equitación ni tienen hermosos prados, é Ítaca menos que ninguna.»

Así dijo. Sonrióse Menelao, valiente en la pelea, y, acariciándole con la mano, le habló de esta manera:

«¡Hijo querido! Bien se muestra en lo que hablas la noble sangre de que procedes. Cambiaré el regalo, ya que puedo hacerlo, y de cuantas cosas se guardan en mi palacio voy á darte la más bella y preciosa. Te haré el presente de una cratera labrada, toda de plata con los bordes de oro, que es obra de Vulcano y diómela el héroe Fédimo, rey de los sidonios, cuando me acogió en su casa al volver yo á la mía. Tal es lo que deseo regalarte.»

Así éstos conversaban. Los convidados fueron llegando á la mansión del divino rey: unos traían ovejas, otros confortante vino; y sus esposas, que llevaban hermosas cintas en la cabeza, trajéronles el pan. De tal suerte se ocupaban, dentro del palacio, en preparar la comida.

Mientras tanto solazábanse los pretendientes ante el palacio de Ulises, tirando discos y jabalinas en el labrado pavimento donde acostumbraban ejecutar sus insolentes acciones. Antínoo estaba sentado y también el deiforme Eurímaco, que eran los príncipes de los pretendientes y sobre todos descollaban por su bravura. Y fué á encontrarlos Noemón, hijo de Fronio; el cual, dirigiéndose á Antínoo, interrogóle con estas palabras:

«¡Antínoo! ¿Sabemos, por ventura, cuándo Telémaco volverá de la arenosa Pilos? Se fué en mi nave y ahora la necesito para ir á la vasta Élide, que allí tengo doce yeguas de vientre y sufridos mulos aún sin desbravar, y traería alguno de éstos para domarlo.»

Así les habló; y quedáronse atónitos porque no se figuraban que Telémaco hubiese tomado la rota de Pilos, la ciudad de Neleo; sino que estaba en el campo, viendo las ovejas, ó en la cabaña del porquerizo.

Mas al fin Antínoo, hijo de Eupites, contestóle diciendo: «Habla con sinceridad. ¿Cuándo se fué y qué jóvenes escogidos de Ítaca le siguieron? ¿Ó son quizás hombres asalariados y esclavos suyos? Pues también pudo hacerlo de semejante manera. Refiéreme asimismo la verdad de esto, para que yo me entere: ¿te quitó la negra nave por fuerza y mal de tu grado, ó se la diste voluntariamente cuando fué á hablarte?»

Noemón, hijo de Fronio, le respondió de esta guisa: «Se la di yo mismo y de buen grado. ¿Qué hiciera cualquier otro, pidiéndosela un varón tan ilustre y lleno de cuidados? Difícil hubiese sido negársela. Los mancebos que le acompañan son los que más sobresalen en el pueblo, entre nosotros, y como capitán vi embarcarse á Méntor ó á un dios que en todo le era semejante. Mas, de una cosa estoy asombrado; ayer, cuando apuntaba la aurora, vi aquí al divinal Méntor y entonces se embarcó para ir á Pilos.»

Dicho esto, fuése Noemón á la casa de su padre. Indignáronse en su corazón soberbio Antínoo y Eurímaco; y los demás pretendientes se sentaron con ellos, cesando de jugar. Y ante todos habló Antínoo, hijo de Eupites, que estaba afligido y tenía las negras entrañas llenas de cólera y los ojos parecidos al relumbrante fuego:

«¡Oh dioses! ¡Gran proeza ha realizado orgullosamente Telémaco con ese viaje! ¡Y decíamos que no lo llevaría á efecto! Contra la voluntad de muchos se fué el niño, habiendo logrado botar una nave y elegir á los mejores del pueblo. De aquí adelante comenzará á ser un peligro para nosotros; ojalá que Júpiter le aniquile las fuerzas, antes que llegue á la flor de la juventud. Mas, ea, proporcionadme ligero bajel y veinte compañeros, y le armaré una emboscada cuando vuelva, acechando su retorno en el estrecho que separa á Ítaca de la escabrosa Samos, á fin de que le resulte funestísima la navegación que emprendió por saber noticias de su padre.»

Así les dijo. Todos lo aprobaron, exhortándole á ponerlo por obra; y levantándose, se fueron en seguida al palacio de Ulises.

No tardó Penélope en saber los propósitos que los pretendientes formaban en secreto, porque se lo dijo el heraldo Medonte, que oyó lo que hablaban desde el exterior del patio mientras en éste urdían la trama. Entró, pues, en la casa para contárselo á Penélope; y ésta, al verle en el umbral, le habló diciendo:

«¡Heraldo! ¿Con qué objeto te envían los ilustres pretendientes? ¿Acaso para decir á las esclavas del divino Ulises que suspendan el trabajo y les preparen el festín? Ojalá dejaran de pretenderme y de frecuentar esta morada, celebrando hoy su postrera y última comida. Oh vosotros, los que, reuniéndoos á menudo, consumís los muchos bienes que constituyen la herencia del prudente Telémaco: ¿no oísteis decir á vuestros padres, cuando erais todavía niños, de qué manera los trataba Ulises que á nadie hizo agravio ni profirió en el pueblo palabras ofensivas, como acostumbran hacer los divinales reyes, que aborrecen á unos hombres y aman á otros? Jamás cometió aquél la menor iniquidad contra hombre alguno; y ahora son bien patentes vuestro ánimo y vuestras malvadas acciones, porque ninguna gratitud sentís por los beneficios.»

Entonces le respondió Medonte, que concebía sensatos pensamientos: «Fuera ése, oh reina, el mal mayor. Pero los pretendientes fraguan ahora otro más grande y más grave, que ojalá el Saturnio no lleve á término. Propónense matar á Telémaco con el agudo bronce, al punto que llegue á este palacio; pues ha ido á la sagrada Pilos y á la divina Lacedemonia en busca de noticias de su padre.»

Tal dijo. Penélope sintió desfallecer sus rodillas y su corazón, estuvo un buen rato sin poder hablar, llenáronse de lágrimas sus ojos y la voz sonora se le cortó. Mas, al fin hubo de responder con estas palabras:

«¡Heraldo! ¿Por qué se fué mi hijo? Ninguna necesidad tenía de embarcarse en las naves de ligero curso, que sirven á los hombres como caballos por el mar y atraviesan la grande extensión del agua. ¿Lo hizo acaso para que ni memoria quede de su nombre entre los mortales?»

Le contestó Medonte, que concebía sensatos pensamientos: «Ignoro si le incitó alguna deidad ó fué únicamente su corazón quien le impulsó á ir á Pilos para saber noticias de la vuelta de su padre, y tampoco sé cuál suerte le haya cabido.»

En diciendo esto, fuése por la morada de Ulises. Apoderóse de Penélope el dolor, que destruye los ánimos, y ya no pudo permanecer sentada en la silla, habiendo muchas en la casa; sino que se sentó en el umbral del labrado aposento y lamentábase de tal modo que inspiraba compasión. En torno suyo plañían todas las esclavas del palacio, así las jóvenes como las viejas. Y díjoles Penélope, mientras derramaba abundantes lágrimas: «Oídme, amigas; pues el Olímpico me ha dado más pesares que á ninguna de las que conmigo nacieron y se criaron: anteriormente perdí un egregio esposo que tenía el ánimo de un león y descollaba sobre los dánaos en toda clase de excelencias, varón ilustre cuya fama se difundía por la Hélade y en medio de Argos; y ahora las tempestades se habrán llevado del palacio á mi hijo querido, sin gloria y sin que ni siquiera me enterara de su partida. ¡Crueles! ¡Á ninguna de vosotras le vino á las mientes hacerme levantar de la cama, y supisteis con certeza cuándo aquél se fué á embarcar en la cóncava y negra nave! Pues de llegar á mis oídos que proyectaba ese viaje, quedárase en casa, por deseoso que estuviera de partir, ó me hubiese dejado muerta en el palacio. Vaya alguna á llamar prestamente al anciano Dolio, mi esclavo, el que me dió mi padre cuando vine aquí y cuida de mi huerto poblado de muchos árboles, para que corra á encontrar á Laertes y se lo cuente todo; por si Laertes, ideando algo, sale á quejarse de los ciudadanos que desean exterminarle el linaje, el de Ulises igual á un dios.»

Díjole entonces Euriclea, su nodriza amada: «¡Niña querida! Ya me mates con el cruel bronce, ya me dejes viva en el palacio, nada te quiero ocultar. Yo lo supe todo y di á Telémaco cuanto me ordenara—pan y dulce vino—pero hízome prestar solemne juramento de que no te lo dijese hasta el duodécimo día ó hasta que te aquejara el deseo de verle ú oyeras decir que había partido, á fin de evitar que lloraras, dañando así tu hermoso cuerpo. Mas ahora, sube con tus esclavas á lo alto de la casa, lávate, envuelve tu cuerpo en vestidos puros, ora á Minerva hija de Júpiter, que lleva la égida, y la diosa salvará á tu hijo de la muerte. No angusties más á un anciano afligido, pues yo no creo que el linaje del Arcesíada les sea odioso hasta tal grado á los bienaventurados dioses; sino que siempre quedará alguien que posea la casa de elevada techumbre y los extensos y fértiles campos.»

Así le dijo y calmóle el llanto, consiguiendo que sus ojos dejaran de llorar. Lavóse Penélope, envolvió su cuerpo en vestidos puros, subió con las esclavas á lo alto de la casa, puso las molas en un cestillo, y oró de este modo á la diosa Minerva:

«¡Óyeme, hija de Júpiter que lleva la égida; indómita deidad! Si alguna vez el ingenioso Ulises quemó en tu honor, dentro del palacio, pingües muslos de buey ó de oveja; acuérdate de los mismos, sálvame el hijo amado y aparta á los perversos y ensoberbecidos pretendientes.»

En acabando de hablar dió un grito; y la diosa escuchó la plegaria. Los pretendientes movían alboroto en la obscura sala, y uno de los soberbios jóvenes dijo de esta guisa:

«La reina, á quien tantos pretenden, debe de aparejar el casamiento é ignora que su hijo ya tiene la muerte preparada.»

Así habló; pero no sabían lo que dentro pasaba. Y Antínoo arengóles diciendo:

«¡Desgraciados! Absteneos todos de pronunciar frases insolentes; no sea que alguno vaya á contarlas á Penélope. Mas, ea, levantémonos y pongamos en obra, silenciosamente, el proyecto que á todos nos place.»

Dicho esto, escogió los veinte hombres más esforzados y fuése con ellos á la orilla del mar, donde estaba la velera nao. Ante todo echaron la negra embarcación al mar profundo, después le pusieron el mástil y las velas, luego aparejaron los remos con correas de cuero, haciéndolo como era debido, desplegaron más tarde las blancas velas y sus bravos servidores trajéronles las armas. Anclaron la nave, después de llevarla adentro del mar; saltaron en tierra y se pusieron á comer, aguardando que viniese la tarde.

Mientras tanto, la prudente Penélope yacía en el piso superior y estaba en ayunas, sin haber comido ni bebido, pensando siempre en si su irreprochable hijo escaparía de la muerte ó lo harían sucumbir los orgullosos pretendientes. Y cuantas cosas piensa un león al verse cercado por multitud de hombres que forman á su alrededor insidioso círculo, otras tantas revolvía Penélope en su mente cuando le sobrevino dulce sueño. Durmió recostada, y todos sus miembros se relajaron.

Entonces Minerva, la de los brillantes ojos, ordenó otra cosa. Hizo un fantasma parecido á una mujer, á Iftima, hija del magnánimo Icario, con la cual estaba casado Eumelo, que tenía su casa en Feras; y enviólo á la morada del divinal Ulises, para poner fin de algún modo al llanto y á los gemidos de Penélope, que se lamentaba sollozando. Entró, pues, deslizándose por la correa del cerrojo, se le puso sobre la cabeza y díjole estas palabras:

«¿Duermes, Penélope, con el corazón afligido? Los dioses, que viven felizmente, no te permiten llorar ni angustiarte; pues tu hijo aún ha de volver, que en nada pecó contra las deidades.»

Respondióle la prudente Penélope desde las puertas del sueño, donde estaba muy suavemente dormida: «¡Hermana! ¿Á qué has venido? Hasta ahora no solías frecuentar el palacio, porque se halla muy lejos de tu morada. ¡Mandas que cese mi aflicción y los muchos pesares que me conturban la mente y el ánimo! Anteriormente perdí un egregio esposo que tenía el ánimo de un león y descollaba sobre los dánaos en toda clase de excelencias, varón ilustre cuya fama se difundía por la Hélade y en medio de Argos; y ahora mi hijo amado se fué en cóncavo bajel, niño aún, inexperto en el trabajo y en el habla. Por éste me lamento todavía más que por aquél; por éste tiemblo, y temo que padezca algún mal en el país de aquellos adonde fué, ó en el ponto. Que son muchos los enemigos que están maquinando contra él, deseosos de matarle antes de que llegue á su patria tierra.»

El obscuro fantasma le respondió diciendo: «Cobra ánimo y no sientas en tu pecho excesivo temor. Tu hijo va acompañado por quien desearan muchos hombres que á ellos les protegiese como puede hacerlo, por Palas Minerva, que se compadece de ti y me envía á participarte estas cosas.»

Entonces hablóle de esta manera la prudente Penélope: «Pues si eres diosa y has oído la voz de una deidad, ea, dime si aquél desgraciado vive aún y goza de la lumbre del sol, ó ha muerto y se halla en la morada de Plutón.»

El obscuro fantasma le contestó diciendo: «No te revelaré claramente si vive ó ha muerto, porque es malo hablar de cosas vanas.»

Cuando esto hubo dicho, fuése por la cerradura de la puerta como un soplo de viento. Despertóse la hija de Icario y se le alegró el corazón porque había tenido tan claro ensueño en la obscuridad de la noche.

Ya los pretendientes se habían embarcado y navegaban por la líquida llanura, maquinando en su pecho una muerte cruel para Telémaco. Hay en el mar una isla pedregosa, en medio de Ítaca y de la áspera Same— Ásteris—que no es extensa, pero tiene puertos de doble entrada, excelentes para que fondeen los navíos: allí los aqueos se pusieron en emboscada para aguardar á Telémaco.

Mercurio, enviado por Júpiter, manda á Calipso que deje partir á Ulises

CANTO V

LA BALSA DE ULISES

La Aurora se levantaba del lecho, dejando al ilustre Titón, para llevar la luz á los inmortales y á los mortales, cuando los dioses se reunieron en junta, sin que faltara Júpiter altitonante cuyo poder es grandísimo. Y Minerva, trayendo á la memoria los muchos infortunios de Ulises, los refirió á las deidades; interesándose por el héroe, que se hallaba entonces en el palacio de la ninfa:

«¡Padre Júpiter, bienaventurados y sempiternos dioses! Ningún rey, que empuñe cetro, sea benigno, ni blando, ni suave, ni emplee el entendimiento en cosas justas; antes, por el contrario, obre siempre con crueldad y lleve al cabo acciones nefandas; ya que nadie se acuerda del divino Ulises, entre los ciudadanos sobre los cuales reinaba con la suavidad de un padre. Hállase en una isla atormentado por fuertes pesares: en el palacio de la ninfa Calipso, que le detiene por fuerza; y no le es posible llegar á su patria porque le faltan naves provistas de remos y compañeros que le conduzcan por el ancho dorso del mar. Y ahora quieren matarle el hijo amado así que torne á su casa, pues ha ido á la sagrada Pilos y á la divina Lacedemonia en busca de noticias de su padre.»

Respondióle Júpiter, que amontona las nubes: «¡Hija mía! ¡Qué palabras se te escaparon del cerco de los dientes! ¿No formaste tú misma ese proyecto: que Ulises, al tornar á su tierra, se vengaría de aquéllos? Pues acompaña con discreción á Telémaco, ya que puedes hacerlo, á fin de que se restituya incólume á su patria y los pretendientes que están en la nave tengan que volverse.»

Dijo; y, dirigiéndose á Mercurio, su hijo amado, hablóle de esta suerte: «¡Mercurio! Ya que en lo demás eres tú el mensajero, ve á decir á la ninfa de hermosas trenzas nuestra firme resolución—que Ulises torne á su patria—para que el héroe emprenda el regreso sin ir acompañado ni por los dioses ni por los mortales hombres: navegando en una balsa hecha con gran número de ataduras, llegará en veinte días y padeciendo trabajos á la fértil Esqueria, á la tierra de los feacios, que por su linaje son cercanos á los dioses; y ellos le honrarán cordialmente, como á una deidad, y le enviarán en un bajel á su patria tierra, después de regalarle bronce, oro en abundancia, vestidos, y tantas cosas como jamás sacara de Troya si llegase indemne y habiendo obtenido la parte de botín que le correspondiese. Dispuesto está por el hado que Ulises vea á sus amigos y llegue á su casa de alto techo y á su patria.»

Así habló. El mensajero Argicida no fué desobediente: al punto ató á sus pies los áureos divinos talares, que le llevaban sobre el mar y sobre la tierra inmensa con la rapidez del viento, y tomó la vara con la cual adormece los ojos de los hombres que quiere ó despierta á los que duermen. Teniéndola en las manos, el poderoso Argicida emprendió el vuelo y, al llegar á la Pieria, bajó al ponto y comenzó á volar rápidamente, como la gaviota que, pescando peces en los grandes senos del mar estéril, moja en el agua del mar sus tupidas alas: tal parecía Mercurio mientras volaba por encima del gran oleaje. Cuando hubo arribado á aquella isla tan lejana, salió del violáceo ponto, saltó en tierra, prosiguió su camino hacia la vasta gruta donde moraba la ninfa de hermosas trenzas, y hallóla dentro. Ardía en el hogar un gran fuego y el olor del hendible cedro y de la tuya, que en él se quemaban, difundíase por la isla hasta muy lejos; mientras ella, cantando con voz hermosa, tejía en el interior con lanzadera de oro. Rodeando la gruta, había crecido una verde selva de chopos, álamos y cipreses olorosos, donde anidaban aves de luengas alas: buhos, gavilanes y cornejas marinas, de ancha lengua, que se ocupan en cosas del mar. Allí mismo, junto á la honda cueva, extendíase una viña floreciente, cargada de uvas; y cuatro fuentes manaban, muy cerca la una de la otra, dejando correr en varias direcciones sus aguas cristalinas. Veíanse en contorno verdes y amenos prados de violetas y apio; y, al llegar allí, hasta un inmortal se hubiese admirado, sintiendo que se le alegraba el corazón. Detúvose el Argicida á contemplar aquello; y, después de admirarlo, penetró en la ancha gruta, y fué conocido por Calipso, la divina entre las diosas, desde que á ella se presentara—que los dioses inmortales se conocen, aunque vivan apartados;—pero no halló al magnánimo Ulises, que estaba llorando en la ribera, donde tantas veces, consumiendo su ánimo con lágrimas, suspiros y dolores, fijaba los ojos en el ponto estéril y derramaba copioso llanto. Y Calipso, la divina entre las diosas, hizo sentar á Mercurio en espléndido y magnífico sitial, é interrogóle de esta suerte:

«¿Por qué, oh Mercurio, el de la áurea vara, venerable y caro, vienes á mi morada? Antes no solías frecuentarla. Di qué deseas, pues mi ánimo me impulsa á realizarlo si puedo y es factible. Pero sígueme, á fin de que te ofrezca los dones de la hospitalidad.»

Habiendo hablado de semejante modo, la diosa púsole delante una mesa, que había llenado de ambrosía, y mezcló el rojo néctar. Allí bebió y comió el mensajero Argicida. Y cuando hubo cenado y repuesto su ánimo con la comida, respondió á Calipso con estas palabras:

«Me preguntas, oh diosa, á mí, que soy dios, por qué he venido. Voy á decírtelo con sinceridad, ya que así lo mandas. Júpiter me ordenó que viniese, sin que yo lo deseara: ¿quién pasaría de buen grado tanta agua salada que ni decirse puede, mayormente no habiendo por ahí ninguna ciudad en que los mortales hagan sacrificios á los dioses y les inmolen selectas hecatombes? Mas no le es posible á ningún dios ni transgredir ni dejar sin efecto la voluntad de Júpiter, que lleva la égida. Dice que está contigo un varón, que es el más infortunado de cuantos combatieron alrededor de la ciudad de Príamo durante nueve años y, en el décimo, habiéndola destruído, tornaron á sus casas; pero en la vuelta ofendieron á Minerva y la diosa hizo que se levantara un viento desfavorable é hinchadas olas. En éstas hallaron la muerte sus esforzados compañeros; y á él trajé ronlo acá el viento y el oleaje. Y Júpiter te manda que á tal varón le permitas que se vaya cuanto antes; porque no es su destino morir lejos de los suyos, sino que el hado tiene dispuesto que los vuelva á ver, llegando á su casa de elevada techumbre y á su patria tierra.»

Tal dijo. Estremecióse Calipso, la divina entre las diosas, y respondió con estas aladas palabras: «Sois, oh dioses, malignos y celosos como nadie, pues sentís envidia de las diosas que no se recatan de dormir con el hombre á quien han tomado por esposo. Así, cuando la Aurora de rosáceos dedos arrebató á Orión, le tuvisteis envidia vosotros los dioses, que vivís sin cuidados, hasta que la casta Diana, la de trono de oro, lo mató en Ortigia alcanzándole con sus dulces flechas. Asimismo, cuando Ceres, la de hermosas trenzas, cediendo á los impulsos de su corazón, juntóse en amor y cama con Yasión en una tierra noval labrada tres veces, Júpiter, que no tardó en saberlo, mató al héroe hiriéndole con el ardiente rayo. Y así también me tenéis envidia, oh dioses, porque está conmigo un hombre mortal; á quien salvé cuando bogaba sólo y montado en una quilla, después que Júpiter le hendió la nave, en medio del vinoso ponto, arrojando contra la misma el ardiente rayo. Allí acabaron la vida sus fuertes compañeros; mas á él trajéronlo acá el viento y el oleaje. Y le acogí amigablemente, le mantuve y díjele á menudo que le haría inmortal y libre de la vejez para siempre jamás. Pero, ya que no le es posible á ningún dios ni transgredir ni dejar sin efecto la voluntad de Júpiter, que lleva la égida, váyase aquél por el mar estéril, si ése le incita y se lo manda; que yo no le he de despedir—pues no dispongo de naves provistas de remos, ni puedo darle compañeros que le conduzcan por el ancho dorso del mar,—aunque le aconsejaré de muy buena voluntad, sin ocultarle nada, para que llegue sano y salvo á su patria tierra.»

Replicóle el mensajero Argicida: «Despídele pronto y teme la cólera de Júpiter; no sea que este dios, irritándose, se ensañe contra ti en lo sucesivo.»

En diciendo esto, partió el poderoso Argicida; y la veneranda ninfa, oído el mensaje de Júpiter, fuése á encontrar al magnánimo Ulises. Hallóle sentado en la playa, que allí se estaba, sin que sus ojos se secasen del continuo llanto, y consumía su dulce existencia suspirando por el regreso; pues la ninfa ya no le era grata. Obligado á pernoctar en la profunda cueva, durmiendo con la ninfa que le quería sin que él la quisiese, pasaba el día sentado en las rocas de la ribera del mar y, consumiendo su ánimo en lágrimas, suspiros y dolores, clavaba los ojos en el ponto estéril y derramaba copioso llanto. Y, parándose cerca de él, díjole de esta suerte la divina entre las diosas:

«¡Desdichado! No llores más ni consumas tu vida, pues de muy buen grado dejaré que partas. Ea, corta maderos grandes; y, ensamblándolos con el bronce, forma una extensa balsa y cúbrela con piso de tablas, para que te lleve por el obscuro ponto. Yo pondré en ella pan, agua y el rojo vino, regocijador del ánimo, que te librarán de padecer hambre; te daré vestidos y te mandaré próspero viento, á fin de que llegues sano y salvo á tu patria tierra si así lo quieren los dioses que habitan el anchuroso cielo; los cuales me aventajan lo mismo en formar propósitos que en llevarlos á término.»

Tal dijo. Estremecióse el paciente divinal Ulises y respondió con estas aladas palabras:

«Algo revuelves en tu pensamiento, oh diosa, y no por cierto mi partida, al ordenarme que atraviese en una balsa el gran abismo del mar, tan terrible y peligroso que no lo pasaran fácilmente naves de buenas proporciones, veleras, animadas por un viento favorable que les enviara Jove. Yo no subiría en la balsa, mal de tu grado, si no te resolvieras á prestar firme juramento de que no maquinarás causarme ningún otro pernicioso daño.»

De tal suerte habló. Sonrióse Calipso, la divina entre las diosas; y, acariciándole con la mano, le dijo estas palabras:

«Eres en verdad injusto, aunque no sueles pensar cosas livianas, cuando tales palabras te has atrevido á proferir. Sépanlo la Tierra y desde arriba el anchuroso Cielo y el agua de la Estigia—que es el juramento mayor y más terrible para los bienaventurados dioses:—no maquinaré contra ti ningún pernicioso daño, y pienso y he de aconsejarte cuanto para mí misma discurriera si en tan grande necesidad me viese. Mi intención es justa, y en mi pecho no se encierra un ánimo férreo, sino compasivo.»

Cuando así hubo hablado, la divina entre las diosas echó á andar aceleradamente y Ulises fué siguiendo las pisadas de la deidad. Llegaron á la profunda cueva la diosa y el varón, éste se acomodó en la silla de donde se levantara Mercurio y la ninfa sirvióle toda clase de alimentos, así comestibles como bebidas, de los que se mantienen los mortales hombres. Luego sentóse ella enfrente del divinal Ulises, y sirviéronle las criadas ambrosía y néctar. Cada uno echó mano á las viandas que tenía delante; y, apenas se hubieron

(Canto V, versos y .)

saciado de comer y de beber, Calipso, la divina entre las diosas, rompió el silencio y dijo:

«¡Laertíada, de jovial linaje! ¡Ulises, fecundo en recursos! Así pues ¿deseas irte en seguida á tu casa y á tu patria tierra? Sé, esto no obstante, dichoso. Pero, si tu inteligencia conociese los males que habrás de padecer fatalmente antes de llegar á tu patria, te quedaras conmigo, custodiando esta morada, y fueras inmortal, aunque estés deseoso de ver á tu esposa de la que padeces soledad todos los días. Yo me jacto de no serle inferior ni en el cuerpo ni en el natural, que no pueden las mortales competir con las diosas ni por su cuerpo ni por su belleza.»

Respondióle el ingenioso Ulises: «¡No te enojes conmigo, veneranda deidad! Conozco muy bien que la prudente Penélope te es inferior en belleza y en estatura; siendo ella mortal y tú inmortal y exenta de la vejez. Esto no obstante, deseo y anhelo continuamente irme á mi casa y ver lucir el día de mi vuelta. Y si alguno de los dioses quisiera aniquilarme en el vinoso ponto, lo sufriré con el ánimo que llena mi pecho y tan paciente es para los dolores; pues he padecido muy mucho así en el mar como en la guerra, y venga este mal tras de los otros.»

Así habló. Púsose el sol y sobrevino la obscuridad. Retiráronse entonces á lo más hondo de la profunda cueva; y allí, muy juntos, hallaron en el amor contentamiento.

Mas, no bien se mostró la hija de la mañana, la aurora de rosáceos dedos, vistióse Ulises la túnica y el manto; y ella se puso amplia vestidura, fina y hermosa, ciñó el talle con lindo cinturón de oro, veló su cabeza, y ocupóse en disponer la partida del magnánimo Ulises. Dióle una gran segur que pudiera manejar, de bronce, aguda de entrambas partes, con un hermoso astil de olivo bien ajustado; entrególe después una azuela muy pulimentada; y le llevó á un extremo de la isla, donde habían crecido altos árboles—chopos, álamos y el abeto que sube hasta el cielo—todos los cuales estaban secos desde antiguo y eran muy duros y á propósito para mantenerse á flote sobre las aguas. Y tan presto como le hubo enseñado donde crecieran aquellos grandes árboles, Calipso, la divina entre las diosas, volvió á su morada.

Ulises se puso á cortar troncos y no tardó en dar fin á su trabajo. Derribó veinte, que desbastó con el bronce, pulió con habilidad y enderezó por medio de un nivel. Calipso, la divina entre las diosas, trájole unos barrenos con los cuales taladró el héroe todas las piezas que unió luego, sujetándolas con clavos y clavijas. Cuan ancho es el redondeado fondo de un buen navío de carga, que hábil artífice construyera, tan grande hizo Ulises la balsa. Labró después la cubierta, adaptándola á espesas vigas y dándole remate con un piso de largos tablones; puso en el centro un mástil con su correspondiente entena, y fabricó un timón para regir la balsa. Á ésta la protegió por todas partes con mimbres entretejidos, que fuesen reparo de las olas, y la lastró con abundante madera. Mientras tanto Calipso, la divina entre las diosas, trájole lienzo para las velas; y Ulises las construyó con gran habilidad. Y, atando en la balsa cuerdas, maromas y bolinas, echóla por medio de unos parales al mar divino.

Al cuarto día ya todo estaba terminado, y al quinto despidióle de la isla la divina Calipso, después de lavarlo y de vestirle perfumadas vestiduras. Entrególe la diosa un pellejo de negro vino, otro grande de agua, un saco de provisiones y muchos manjares gratos al ánimo; y mandóle favorable y plácido viento. Gozoso desplegó las velas el divinal Ulises y, sentándose, comenzó á regir hábilmente la balsa con el timón, sin que el sueño cayese en sus párpados, mientras contemplaba las Pléyades, el Bootes, que se pone muy tarde, y la Osa, llamada el Carro por sobrenombre, la cual gira siempre en el mismo lugar, acecha á Orión y es la única que no se baña en el Océano; pues habíale ordenado Calipso, la divina entre las diosas, que tuviera la Osa á la mano izquierda durante la travesía. Diez y siete días navegó, atravesando el mar, y al décimo octavo pudo ver los umbrosos montes del país de los feacios en la parte más cercana, apareciéndosele como un escudo en medio del sombrío ponto.

El poderoso Neptuno, que sacude la tierra, regresaba entonces de Etiopía y vió á Ulises de lejos, desde los montes Solimos, pues se le apareció navegando por el ponto. Encendióse en ira la deidad y, sacudiendo la cabeza, habló entre sí de semejante modo:

«¡Ah! Sin duda cambiaron los dioses sus propósitos con respecto á Ulises, mientras yo me hallaba entre los etíopes. Ya está junto á la tierra de los feacios donde es fatal que se libre del cúmulo de desgracias que le han alcanzado. Creo, no obstante, que aún habrá de sufrir no pocos males.»

Dijo; y, echando mano al tridente, congregó las nubes y turbó el mar; suscitó grandes torbellinos de toda clase de vientos; cubrió de nubes la tierra y el ponto, y la noche cayó del cielo. Soplaron á la vez el Euro, el Noto, el impetuoso Céfiro y el Bóreas que, nacido en el éter, levanta grandes olas. Entonces desfallecieron las rodillas y el corazón de Ulises; y el héroe, gimiendo, á su magnánimo espíritu así le hablaba:

«¡Ay de mí, desdichado! ¿Qué es lo que, por fin, me va á suceder? Temo que resulten verídicas las predicciones de la diosa, la cual me aseguraba que había de pasar grandes trabajos en el ponto antes de volver á la patria tierra, pues ahora todo se está cumpliendo. ¡Con qué nubes ha cerrado Júpiter el anchuroso cielo! Y ha conturbado el mar; y arrecian los torbellinos de toda clase de vientos. Ahora me espera, á buen seguro, una terrible muerte. ¡Oh, una y mil veces dichosos los dánaos que perecieron en la vasta Troya, luchando para complacer á los Atridas! ¡Así hubiese muerto también, cumpliéndose mi destino, el día en que multitud de teucros me arrojaban broncíneas lanzas junto al cadáver del Pelida! Allí obtuviera honras fúnebres y los aqueos ensalzaran mi gloria; pero dispone el hado que yo sucumba con deplorable muerte.»

Mientras esto decía, vino una grande ola que desde lo alto cayó horrendamente sobre Ulises é hizo que la balsa zozobrara. Fué arrojado el héroe lejos de la balsa, sus manos dejaron el timón, llegó un horrible torbellino de mezclados vientos que rompió el mástil por la mitad, y la vela y la entena cayeron en el ponto á gran distancia. Mucho tiempo permaneció Ulises sumergido, que no pudo salir á flote inmediatamente por el gran ímpetu de las olas y porque le apesgaban los vestidos que le había entregado la divinal Calipso. Emergió, por fin, despidiendo de la boca el agua amarga que asimismo le corría de la cabeza en sonoros chorros. Mas, aunque fatigado, no se olvidó de la balsa; sino que, moviéndose con vigor por entre las olas, la asió y sentóse en medio para evitar la muerte. El gran oleaje llevaba la balsa de acá para allá, según la corriente. Del mismo modo que el otoñal Bóreas arrastra por la llanura unos vilanos, que entre sí se entretejen espesos; así los vientos conducían la balsa por el piélago, de acá para allá: unas veces el Noto la arrojaba al Bóreas, para que se la llevase, y en otras ocasiones el Euro la cedía al Céfiro á fin de que éste la persiguiera.

Pero vióle Ino Leucotea, hija de Cadmo, la de pies hermosos, que antes había sido mortal dotada de voz y entonces, residiendo en lo hondo del mar, disfrutaba de honores divinos. Y como se apiadara de Ulises, al contemplarle errabundo y abrumado por la fatiga, transfiguróse en mergo, salió volando del abismo del mar y, posándose en la balsa construída con muchas ataduras, díjole estas palabras:

«¡Desdichado! ¿Por qué Neptuno, que sacude la tierra, se airó tan fieramente contigo y te está suscitando numerosos males? No logrará anonadarte por mucho que lo anhele. Haz lo que voy á decir, pues me figuro que no te falta prudencia: quítate esos vestidos, deja la balsa para que los vientos se la lleven y, nadando con las manos, procura llegar á la tierra de los feacios, donde el hado ha dispuesto que te salves. Toma, extiende este velo inmortal debajo de tu pecho y no temas padecer, ni morir tampoco. Y así que toques con tus manos la tierra firme, quítatelo y arrójalo en el vinoso ponto, volviéndote á otro lado.»

Dichas estas palabras, la diosa le entregó el velo y, transfigurada en mergo, tornó á sumergirse en el undoso ponto y las negruzcas olas la cubrieron. Mas el paciente divinal Ulises estaba indeciso y, gimiendo, habló de esta guisa á su corazón magnánimo:

«¡Ay de mí! No sea que alguno de los inmortales me tienda un lazo, cuando me da la orden de que desampare la balsa. No obedeceré todavía, que con mis ojos veo que está muy lejana la tierra donde, según afirman, he de hallar refugio; antes procederé de esta suerte por ser, á mi juicio, lo mejor: mientras los maderos estén sujetados por las clavijas, seguiré aquí y sufriré los males que haya de padecer, y luego que las olas deshagan la balsa me pondré á nadar; pues no se me ocurre nada más provechoso.»

Tales cosas revolvía en su mente y en su corazón, cuando Neptuno, que sacude la tierra, alzó una oleada tremenda, difícil de resistir, alta como un techo, y llevóla contra el héroe. De la suerte que impetuoso viento revuelve un montón de pajas secas, dispersándolas por este y por el otro lado; de la misma manera desbarató la ola los grandes leños de la balsa. Pero Ulises asió uno de los tablones y se puso á caballo en él; desnudóse los vestidos que la divinal Calipso le entregara, extendió prestamente el velo debajo de su pecho y se dejó caer en el agua boca abajo, con los brazos abiertos, deseoso de nadar. Vióle el poderoso dios que sacude la tierra y, moviendo la cabeza, habló entre sí de semejante modo:

«Ahora, que has padecido tantos males, vaga por el ponto hasta que llegues á juntarte con esos hombres, alumnos de Júpiter. Se me figura que ni aun así te parecerán pocas tus desgracias.»

Dicho esto, picó con el látigo á los corceles y se fué á Egas, donde posee ínclita morada.

Entonces Minerva, hija de Júpiter, ordenó otra cosa. Cerró el camino á los vientos, y les mandó que se sosegaran y durmieran; y, haciendo soplar el rápido Bóreas, quebró las olas hasta que Ulises, de jovial linaje, librándose de la muerte y de las Parcas, llegase á los feacios, amantes de manejar los remos.

Dos días con sus noches anduvo errante el héroe sobre las densas olas, y su corazón presagióle la muerte en repetidos casos. Mas, tan luego como la Aurora, de hermosas trenzas, dió principio al tercer día, cesó el vendaval, reinó sosegada calma y Ulises pudo ver, desde lo alto de una ingente ola y aguzando mucho la vista, que la tierra se hallaba cerca. Cuan grata se les presenta á los hijos la vida de un padre que estaba postrado por la enfermedad y padecía graves dolores, consumiéndose desde largo tiempo á causa de la persecución de infesto numen, si los dioses le libran felizmente del mal; tan agradable apareció para Ulises la tierra y el bosque. Nadaba, pues, esforzándose por asentar el pie en tierra firme; mas, así que estuvo tan cercano á la orilla que hasta ella hubiesen llegado sus gritos, oyó el estrépito con que en las peñas se rompía el mar. Bramaban las inmensas olas, azotando horrendamente la árida costa, y todo estaba cubierto de salada espuma; pues allí no había puertos, donde las naves se acogiesen, ni siquiera ensenadas, sino orillas abruptas, rocas y escollos. Entonces desfallecieron las rodillas y el corazón de Ulises; y el héroe, gimiendo, á su magnánimo espíritu así le hablaba:

«¡Ay de mí! Después que Júpiter me concedió que viese inesperada tierra, y acabé de surcar este abismo, ningún paraje descubro por donde consiga salir del albo mar. Por defuera hay agudos peñascos á cuyo alrededor braman las olas impetuosamente, y la roca se levanta lisa; y aquí es el mar tan hondo que no puedo afirmar los pies para librarme del mal. No sea que, cuando me disponga á salir, ingente ola me arrebate y dé conmigo en el pétreo peñasco; y resulte inútil mi intento. Mas, si voy nadando, en busca de una playa ó de un puerto de mar, temo que nuevamente me arrebate la tempestad y me lleve al ponto, abundante en peces, haciéndome proferir hondos suspiros; ó que una deidad incite contra mí algún monstruo marino, como los que cría en gran abundancia la ilustre Anfitrite; pues sé que el ínclito dios que bate la tierra está enojado conmigo.»

Mientras tales pensamientos revolvía en su mente y en su corazón, una oleada lo llevó á la áspera ribera. Allí se habría desgarrado la piel y roto los huesos, si Minerva, la deidad de los brillantes ojos, no le hubiese sugerido en el ánimo lo que llevó á efecto: lanzóse á la roca, la asió con ambas manos y, gimiendo, permaneció adherido

VAGA POR EL PONTO, LE DIJO NEPTUNO, HASTA QUE LLEGUES Á JUNTARTE CON ESOS HOMBRES ALUMNOS DE JÚPITER

(Canto V, versos y .)

á la misma hasta que la enorme ola hubo pasado. De esta suerte la evitó; mas, al refluir, dióle tal acometida, que lo echó en el ponto y bien adentro. Así como el pulpo, cuando lo sacan de su escondrijo, lleva pegadas á los tentáculos muchas pedrezuelas; así, la piel de las fornidas manos de Ulises se desgarró y quedó en las rocas, mientras le cubría inmensa ola. Y allí acabara el infeliz Ulises, contra lo dispuesto por el hado, si Minerva, la deidad de los brillantes ojos, no le inspirara prudencia. Salió á flote y, apartándose de las olas que se rompen con estrépito en la ribera, nadó á lo largo de la orilla, mirando á la tierra, por si hallaba alguna playa ó un puerto de mar. Mas, como llegase, nadando, á la boca de un río de hermosa corriente, el lugar parecióle óptimo por carecer de rocas y formar un reparo contra el viento. Y conociendo que era un río que desembocaba, suplicóle así en su corazón:

«¡Óyeme, oh soberano, quienquiera que seas! Vengo á ti, tan deseado, huyendo del ponto y de las amenazas de Neptuno. Es digno de respeto aun para los inmortales dioses el hombre que se presenta errabundo, como llego ahora á tu corriente y á tus rodillas después de pasar muchos trabajos. ¡Oh rey, apiádate de mí, ya que me glorío de ser tu suplicante!»

Tales fueron sus palabras. En seguida suspendió el río su corriente, apaciguó las olas, hizo reinar la calma delante de sí y salvó á Ulises en la desembocadura. El héroe dobló entonces las rodillas y los fuertes brazos, pues su corazón estaba fatigado de luchar con el ponto. Tenía Ulises todo el cuerpo hinchado, de su boca y de su nariz manaba en abundancia el agua del mar; y, falto de aliento y de voz, quedóse tendido y sin fuerzas porque el terrible cansancio le abrumaba. Cuando ya respiró y volvió en su acuerdo, desató el velo de la diosa y arrojólo en el río, que corría hacia el mar: llevóse el velo una ola grande en la dirección de la corriente y pronto Ino lo tuvo en sus manos. Ulises se apartó del río, echóse al pie de unos juncos, besó la fértil tierra y, gimiendo, á su magnánimo espíritu así le hablaba:

«¡Ay de mí! ¿Qué no padezco? ¿Qué es lo que al fin me va á suceder? Si paso la molesta noche junto al río, quizás la dañosa helada y el fresco rocío me acaben; pues estoy tan débil que apenas puedo respirar, y una brisa glacial viene del río antes de rayar el alba. Y si subo al collado y me duermo entre los espesos arbustos de la selva umbría, como me dejen el frío y el cansancio y me venga dulce sueño, temo ser presa y pasto de las fieras.»

Después de meditarlo, se le ofreció como mejor el último partido. Fuése, pues, á la selva que halló cerca del agua, en un altozano, y metióse debajo de dos arbustos que habían nacido en un mismo lugar y eran un acebuche y un olivo. Ni el húmedo soplo de los vientos pasaba á través de ambos, ni el resplandeciente sol los hería con sus rayos, ni la lluvia los penetraba del todo: tan espesos y entrelazados habían crecido. Debajo de ellos se introdujo Ulises y al instante aparejóse con sus manos ancha cama, pues había tal abundancia de hojas secas que bastaran para abrigar á dos ó tres hombres en lo más fuerte del invierno por riguroso que fuese. Mucho holgó de verlas el paciente divinal Ulises, que se acostó en medio y se cubrió con multitud de las mismas. Así como el que vive en remoto campo y no tiene vecinos, esconde un tizón en la negra ceniza para conservar el fuego y no tener que ir á encenderlo á otra parte; de esta suerte se cubrió Ulises con la hojarasca. Y Minerva infundióle en los ojos dulce sueño y le cerró los párpados para que cuanto antes se librara del penoso cansancio.

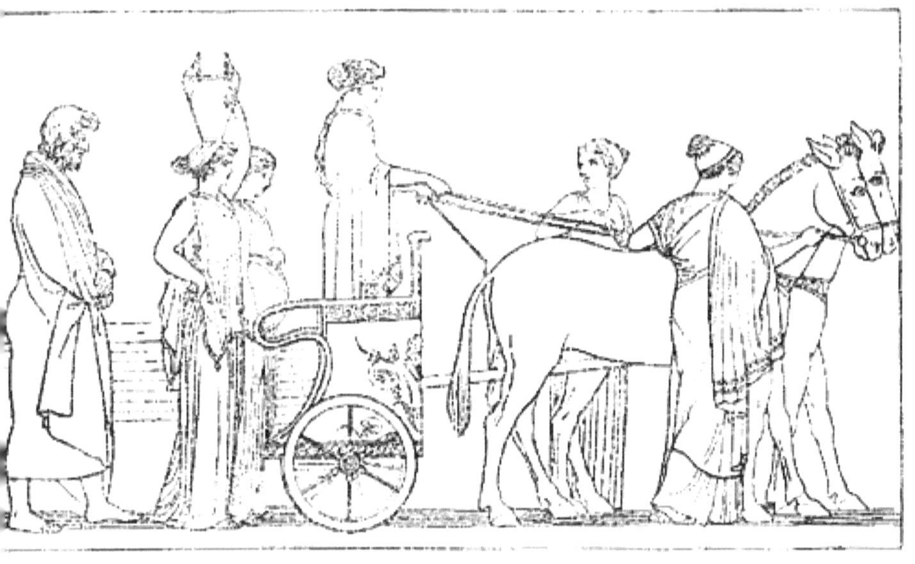

Nausícaa guía á Ulises, que se le ha presentado cerca del río, al palacio de Alcínoo

CANTO VI

LLEGADA DE ULISES AL PAÍS DE LOS FEACIOS

Mientras así dormía el paciente y divinal Ulises, rendido del sueño y del cansancio, Minerva se fué al pueblo y á la ciudad de los feacios, los cuales habitaron antiguamente en la espaciosa Hiperea, junto á los Ciclopes, varones soberbios que les causaban daño porque eran más fuertes y robustos. De allí los sacó Nausítoo, semejante á un dios: condújolos á Esqueria, lejos de los hombres industriosos, donde se establecieron; construyó un muro alrededor de la ciudad, edificó casas, erigió templos á las divinidades y repartió los campos. Mas ya entonces, vencido por la Parca, había bajado al Orco y reinaba Alcínoo, cuyos consejos eran inspirados por los propios dioses; y al palacio de éste enderezó Minerva, la deidad de los brillantes ojos, pensando en la vuelta del magnánimo Ulises. Penetró la diosa en la estancia labrada con gran primor en que dormía una doncella parecida á las inmortales por su natural y por su hermosura: Nausícaa, hija del magnánimo Alcínoo; cabe á la misma, á uno y otro lado de la entrada, hallábanse dos esclavas á quienes las Gracias habían dotado de belleza, y las magníficas hojas de la puerta estaban entornadas. Minerva se lanzó, como un soplo de viento, á la cama de la joven; púsose sobre su cabeza y empezó á hablarle, tomando el aspecto de la hija de Dimante, el célebre marino, que tenía la edad de Nausícaa y érale muy grata. De tal suerte transfigurada, dijo Minerva, la de los brillantes ojos:

«¡Nausícaa! ¿Por qué tu madre te parió tan floja? Tienes descuidadas las espléndidas vestiduras y está cercano tu casamiento, en el cual has de llevar lindas ropas, proporcionándoselas también á los que te conduzcan; que así se consigue gran fama entre los hombres y se huelgan el padre y la veneranda madre. Vayamos, pues, á lavar tan luego como despunte la aurora, y te acompañaré y ayudaré para que en seguida lo tengas aparejado todo; que no ha de prolongarse mucho tu doncellez, puesto que ya te pretenden los mejores de todos los feacios, cuyo linaje es también el tuyo. Ea, insta á tu ilustre padre para que mande prevenir antes de rayar el alba las mulas y el carro en que llevarás los cíngulos, los peplos y los espléndidos cobertores. Para ti misma es mejor ir de este modo que no á pie, pues los lavaderos se hallan á gran distancia de la ciudad.»

Cuando así hubo hablado, Minerva, la de los brillantes ojos, fuése al Olimpo, donde dicen que está la mansión perenne y segura de las deidades; á la cual ni la agitan los vientos, ni la lluvia la moja, ni la nieve la cubre—pues el tiempo es constantemente sereno y sin nubes,— y en cambio la envuelve esplendorosa claridad: en ella disfrutan perdurable dicha los bienaventurados dioses. Allí se encaminó, pues, la de los brillantes ojos tan luego como hubo aconsejado á la doncella.

Pronto vino la Aurora, de hermoso trono, y despertó á Nausícaa, la del lindo peplo; y la doncella, admirada del sueño, se fué por el palacio á contárselo á sus progenitores, al padre querido y á la madre, y á entrambos los halló dentro: á ésta, sentada junto al fuego, con las siervas, hilando lana de color purpúreo; y á aquél, cuando iba á salir para reunirse en consejo con los ilustres príncipes, pues los más nobles feacios le habían llamado. Detúvose Nausícaa muy cerca de su padre y así le dijo:

«¡Padre querido! ¿No querrías aparejarme un carro alto, de fuertes ruedas, en el cual transporte al río, para lavarlos, los hermosos vestidos que tengo sucios? Á ti mismo te conviene llevar vestiduras limpias, cuando con los varones más principales deliberas en el consejo. Tienes, además, cinco hijos en el palacio: dos ya casados, y tres que son mancebos florecientes y cuantas veces van al baile quieren llevar vestidos limpios; y tales cosas están á mi cuidado.»

Así dijo; pues dióle vergüenza mentar las florecientes nupcias á su padre. Mas él, comprendiéndolo todo, le respondió de esta suerte:

«No te negaré, oh hija, ni las mulas ni cosa alguna. Ve, y los esclavos te aparejarán un carro alto, de fuertes ruedas, provisto de tablado.»

Dichas tales palabras, dió la orden á los esclavos, que al punto le obedecieron. Aparejaron fuera de la casa un carro de fuertes ruedas, propio para mulas; y, conduciendo á éstas, unciéronlas al yugo. Mientras tanto, la doncella sacaba de la habitación los espléndidos vestidos y los colocaba en el pulido carro. Su madre púsole en una cesta toda clase de gratos manjares y viandas; echóle vino en un cuero de cabra; y cuando aquélla subió al carro, entrególe líquido aceite en una ampolla de oro á fin de que se ungiese con sus esclavas. Nausícaa tomó el látigo y, asiendo las lustrosas riendas, azotó las mulas para que corrieran. Arrancaron éstas con estrépito y trotaron ágilmente, llevando los vestidos y á la doncella que no iba sola, sino acompañada de sus criadas.

Tan pronto como llegaron á la bellísima corriente del río, donde había unos lavaderos perennes con agua abundante y cristalina para lavar hasta lo más sucio, desuncieron las mulas y echáronlas hacia el vorticoso río á pacer la dulce grama. Tomaron del carro los vestidos, lleváronlos al agua profunda y los pisotearon en las pilas, compitiendo unas con otras en hacerlo con presteza. Después que los hubieron limpiado, quitándoles toda la inmundicia, tendiéronlos con orden en los guijarros de la costa, que el mar lavaba con gran frecuencia. Acto continuo se bañaron, se ungieron con pingüe aceite y se pusieron á comer en la orilla del río, mientras las vestiduras se secaban á los rayos del sol. Apenas las esclavas y Nausícaa se hubieron saciado de comida, quitáronse los velos y jugaron á la pelota; y entre ellas Nausícaa, la de los níveos brazos, comenzó á cantar. Cual Diana, que se complace en tirar flechas, va por el altísimo monte Taigeto ó por el Erimanto, donde se deleita en perseguir á los jabalíes ó á los veloces ciervos, y en sus juegos tienen parte las ninfas agrestes, hijas de Júpiter que lleva la égida, holgándose Latona de contemplarlo; y aquélla levanta su cabeza y su frente por encima de las demás y es fácil distinguirla, aunque todas son hermosas: de igual suerte la doncella, libre aún, sobresalía entre las esclavas.

Mas cuando ya estaba á punto de volver á su morada unciendo las mulas y plegando los hermosos vestidos, Minerva, la de los brillantes ojos, ordenó otra cosa para que Ulises recordara del sueño y viese á aquella doncella de lindos ojos, que debía llevarlo á la ciudad de los feacios. La princesa arrojó la pelota á una de las esclavas y erró el tiro, echándola en un hondo remolino; y todas gritaron muy fuertemente. Despertó con esto el divinal Ulises y, sentándose, revolvía en su mente y en su corazón estos pensamientos:

«¡Ay de mí! ¿Qué hombres deben de habitar esta tierra á que he llegado? ¿Serán violentos, salvajes é injustos, ú hospitalarios y temerosos de los dioses? Desde aquí se oyó la femenil gritería de jóvenes ninfas que residen en las altas cumbres de las montañas, en las fuentes de los ríos y en lugares pantanosos cubiertos de hierba. ¿Me encuentro, por ventura, cerca de hombres de voz articulada? Ea, yo mismo probaré de salir é intentaré verlo.»

Hablando así, el divinal Ulises salió de entre los arbustos y en la poblada selva desgajó con su fornida mano una rama frondosa con que pudiera cubrirse las partes verendas. Púsose en marcha de igual manera que un montaraz león, confiado de sus fuerzas, sigue andando á pesar de la lluvia ó del viento, y le arden los ojos, y se echa sobre los bueyes, las ovejas ó las agrestes ciervas, pues el vientre le incita á que vaya á una sólida casa é intente acometer al ganado; de tal modo había de presentarse Ulises á las doncellas de hermosas trenzas, aunque estaba desnudo, pues la necesidad le obligaba. Y se les apareció horrible, afeado por el sarro del mar; y todas huyeron, dispersándose por las orillas prominentes. Pero se quedó sola é inmóvil la hija de Alcínoo, porque Minerva dióle ánimo y libró del temor á sus miembros. Siguió, pues, delante del héroe sin huir; y Ulises meditaba si convendría rogar á la doncella de lindos ojos, abrazándola por las rodillas, ó suplicarle, desde lejos y con dulces palabras, que le mostrara la ciudad y le diera con que vestirse. Pensándolo bien, le pareció que lo mejor sería rogarle desde lejos con suaves frases: no fuese á irritarse la doncella si le abrazaba las rodillas. Y á la hora pronunció estas dulces é insinuantes palabras:

«¡Yo te imploro, oh reina, seas diosa ó mortal! Si eres una de las deidades que poseen el anchuroso cielo, te hallo muy parecida á Diana, hija del gran Júpiter, por tu hermosura, por tu grandeza y por tu aire; y si naciste de los hombres que moran en la tierra, dichosos mil veces tu padre, tu veneranda madre y tus hermanos, pues su espíritu debe de alegrarse intensamente cuando ven á tal retoño salir á las danzas. Y dichosísimo en su corazón, más que otro alguno, quien consiga, descollando por la esplendidez de sus donaciones nupciales, llevarte á su casa por esposa. Que nunca se ofreció á mis ojos un mortal semejante, ni hombre ni mujer, y me he quedado atónito al contemplarte. Solamente una vez vi algo que se te pudiera comparar en un joven retoño de palmera, que creció en Delos, junto al ara de Apolo (estuve allá con numeroso pueblo, en aquel viaje del cual habían de seguírseme funestos males): de la suerte que á la vista del retoño quedéme estupefacto mucho tiempo, pues jamás había brotado de la tierra un tallo como aquél; de la misma manera te contemplo con admiración, oh mujer, y me tienes absorto y me infunde miedo abrazar tus rodillas, aunque estoy abrumado por un pesar muy grande. Ayer pude salir del vinoso ponto, después de veinte días de permanencia en el mar, en el cual me vi á merced de las olas y de los veloces torbellinos desde que desamparé la isla Ogigia; y algún numen me ha echado acá, para que padezca nuevas desgracias, que no espero que éstas se hayan acabado, antes los dioses deben de prepararme otras muchas todavía. Pero tú, oh reina, apiádate de mí, ya que eres la primer persona á quien me acerco después de soportar tantos males y me son desconocidos los hombres que viven en la ciudad y en esta comarca. Muéstrame la población y dame un trapo para atármelo alrededor del cuerpo, si al venir trajiste alguno para envolver la ropa. Y los dioses te concedan cuanto en tu corazón anheles: marido, familia y feliz concordia: pues no hay nada mejor ni más útil que el que gobiernen en casa el marido y la mujer con ánimo concorde, lo cual produce gran pena á sus enemigos y alegría á los que los quieren, y son ellos los que más aprecian sus ventajas.»

Respondió Nausícaa, la de los níveos brazos: «¡Forastero! Ya que no me pareces ni vil ni insensato, sabe que el mismo Júpiter distribuye la felicidad á los buenos y á los malos, y si te envió esas penas debes sufrirlas pacientemente; mas ahora, que has llegado á nuestra ciudad y á nuestro país, no carecerás de vestido ni de ninguna de las cosas que por decoro debe obtener un mísero suplicante. Te mostraré la población y diréte el nombre de sus habitantes: los feacios poseen la ciudad y la comarca, y yo soy la hija del magnánimo Alcínoo, cuyo es el imperio y el poder en este pueblo.»

Dijo; y dió esta orden á las esclavas, de hermosas trenzas:

¡YO TE IMPLORO, OH REINA, SEAS DIOSA Ó MORTAL!

(Canto VI, verso .)

«¡Deteneos, esclavas! ¿Á dónde huis, por ver á un hombre? ¿Pensáis acaso que sea un enemigo? No existe ni existirá nunca un mortal terrible que venga á hostilizar la tierra de los feacios, pues á éstos los quieren mucho los inmortales. Vivimos separadamente y nos circunda el mar alborotado; somos los últimos de los hombres, y ningún otro mortal tiene comercio con nosotros. Éste es un infeliz que viene perdido y es necesario socorrerle, pues todos los forasteros y pobres son de Júpiter y un exiguo don que se les haga les es grato. Así pues, esclavas, dadle de comer y de beber y lavadle en el río, en un lugar que esté resguardado del viento.»

De tal suerte habló. Detuviéronse las esclavas y, animándose mutuamente, hicieron sentar á Ulises en un lugar abrigado, conforme á lo dispuesto por Nausícaa, hija del magnánimo Alcínoo; dejaron cerca de él un manto y una túnica para que se vistiera; entregáronle, en ampolla de oro, líquido aceite, y le invitaron á lavarse en la corriente del río. Y entonces el divinal Ulises les habló diciendo:

«¡Esclavas! Alejaos un poco á fin de que lave de mis hombros el sarro del mar y me unja después con el aceite, del cual mucho ha que mi cuerpo se ve privado. Yo no puedo tomar el baño ante vosotras, pues haríaseme vergüenza desnudarme entre jóvenes de hermosas trenzas.»

Así se expresó. Ellas se apartaron y fueron á contárselo á Nausícaa. Entretanto el divinal Ulises se lavaba en el río, quitando de su cuerpo el sarro del mar que le cubría la espalda y los anchurosos hombros, y se limpiaba la cabeza de la espuma que en ella dejara el mar estéril. Mas después que, ya lavado, se ungió con el pingüe aceite y se puso los vestidos que la doncella, libre aún, le entregara, Minerva, hija de Júpiter, hizo que apareciese más alto y más grueso, y que de su cabeza colgaran ensortijados cabellos que á flores de jacinto semejaban. Y así como el hombre experto, á quien Vulcano y Palas Minerva han enseñado artes de toda especie, cerca de oro la plata y hace lindos trabajos, de semejante modo Minerva difundió la gracia por la cabeza y por los hombros de Ulises. Éste, apartándose un poco, se sentó en la ribera del mar y resplandecía por su gracia y hermosura. Admiróse la doncella y dijo á las esclavas de hermosas trenzas:

«Oíd, esclavas de níveos brazos, lo que os voy á decir: no sin la voluntad de los dioses que habitan el Olimpo, viene ese hombre á los deiformes feacios. Al principio se me ofreció como un ser despreciable, pero ahora se asemeja á los dioses que poseen el anchuroso cielo. ¡Ojalá á tal varón pudiera llamársele mi marido, viviendo acá; ojalá le pluguiera quedarse con nosotros! Mas, oh esclavas, dadle de comer y de beber al forastero.»

Así habló. Ellas la escucharon y obedecieron, llevando al héroe alimentos y bebida. Y el paciente divinal Ulises bebió y comió ávidamente, pues hacía mucho tiempo que estaba en ayunas.

Entonces Nausícaa, la de los níveos brazos, ordenó otras cosas: puso en el hermoso carro la ropa bien plegada, unció las mulas de fuertes cascos, montó ella misma y, llamando á Ulises, exhortóle de semejante modo:

«Levántate ya, oh forastero, y partamos para la población; á fin de que te guíe á la casa de mi discreto padre, donde te puedo asegurar que verás á los más ilustres de todos los feacios. Pero obra de esta manera, ya que no me pareces falto de juicio: mientras vayamos por el campo, por terrenos cultivados por el hombre, anda ligeramente con las esclavas detrás del carro y yo te enseñaré el camino por donde se sube á la ciudad, que está cercada por alto y torreado muro y tiene á uno y otro lado un hermoso puerto de boca estrecha adonde son conducidas las corvas embarcaciones, pues hay estancias seguras para todas. Cabe á un magnífico templo de Neptuno se halla el ágora, labrada con piedras de acarreo profundamente hundidas: allí guardan los aparejos de las negras naves, las gúmenas y los cables, y aguzan los remos; pues los feacios no se cuidan de arcos ni de aljabas, sino de mástiles y de remos y de navíos bien proporcionados con los cuales atraviesan alegres el espumoso mar. Ahora quiero evitar sus amargos dichos; no sea que alguien me censure después—que hay en la población hombres insolentísimos—ú otro peor hable así al encontrarnos: «¿Quién es ese forastero tan alto y tan hermoso que sigue á Nausícaa? ¿Dónde lo halló? Debe de ser su esposo. Quizás haya recogido á un hombre de lejanas tierras que iría errante por haberse extraviado de su nave, puesto que no los hay en estos contornos; ó por ventura es un dios que, accediendo á sus múltiples instancias, descendió del cielo y lo tendrá consigo todos los días. Tanto mejor si ella fué á buscar marido en otra parte y menosprecia el pueblo de los feacios, en el cual la pretenden muchos é ilustres varones.» Así dirán y tendré que sufrir tamaños ultrajes. Y también yo me indignaría contra la que tal hiciera; contra la que, á despecho de su padre y de su madre todavía vivos, se juntara con hombres antes de haber contraído público matrimonio. Oh forastero, entiende bien lo que voy á decir, para que pronto obtengas de mi padre que te dé compañeros y te haga conducir á tu patria. Hallarás junto al camino un hermoso bosque de álamos, consagrado á Minerva, en el cual mana una fuente y á su alrededor se extiende un prado: allí tiene mi padre un campo y una viña floreciente, tan cerca de la ciudad que puede oirse el grito que en ésta se dé. Siéntate en aquel lugar y aguarda que nosotras, entrando en la población, lleguemos al palacio de mi padre. Y cuando juzgues que ya habremos de estar en casa, encamínate también á la ciudad y pregunta por la morada de mi padre, del magnánimo Alcínoo; la cual es fácil de conocer y á ella te conduciría hasta un niño, pues las demás casas de los feacios son muy diferentes de la del héroe Alcínoo. Después que entrares en el palacio y en el patio del mismo, atraviesa la sala rápidamente hasta que llegues adonde mi madre, sentada al resplandor del fuego del hogar, de espaldas á una columna, hila lana purpúrea, cosa admirable de ver, y tiene detrás de ella á las esclavas. Allí, arrimado á la misma columna, se levanta el trono en que mi padre se sienta y bebe vino como un inmortal. Pasa por delante de él y tiende los brazos á las rodillas de mi madre, para que pronto amanezca el alegre día de tu regreso á la patria, por lejos que ésta se halle. Pues si mi madre te fuere benévola, puedes concebir la esperanza de ver á tus amigos y de llegar á tu casa bien labrada y á tu patria tierra.»

Diciendo así, hirió con el lustroso azote las mulas, que dejaron al punto la corriente del río, pues trotaban muy bien y alargaban el paso en la carrera. Nausícaa tenía las riendas, para que pudiesen seguirla á pie las esclavas y Ulises, y aguijaba con gran discreción á las mulas. Poníase el sol cuando llegaron al magnífico bosque consagrado á Minerva. Ulises se sentó en él y acto seguido suplicó de esta manera á la hija del gran Júpiter:

«¡Óyeme, hija de Júpiter, que lleva la égida! ¡Indómita deidad! Atiéndeme ahora ya que nunca lo hiciste cuando me maltrataba el ínclito dios que bate la tierra. Concédeme que, al llegar á los feacios, me reciban éstos como amigo y de mí se apiaden.»

Tal fué su plegaria que oyó Palas Minerva. Pero la diosa no se le apareció aún, porque temía á su tío paterno, quien estuvo vivamente irritado contra Ulises, mientras el héroe no arribó á su patria.

Refiere Ulises cómo partió de la isla Ogigia y llegó al país de los feacios

CANTO VII

ENTRADA DE ULISES EN EL PALACIO DE ALCÍNOO

Mientras así rogaba el paciente divinal Ulises, la doncella era conducida á la ciudad por las vigorosas mulas. Apenas hubo llegado á la ínclita morada de su padre, paró en el umbral; sus hermanos, que se asemejaban á los dioses, pusiéronse á su alrededor, desengancharon las mulas y llevaron los vestidos adentro de la casa; y ella se encaminó á su habitación donde encendía fuego la anciana Eurimedusa de Apira, su camarera, á quien en otro tiempo habían traído de allá en las corvas naves y elegido para ofrecérsela como regalo á Alcínoo, que reinaba sobre todos los feacios y era escuchado por el pueblo cual si fuese un dios. Ésta fué la que crió á Nausícaa en el palacio; y entonces le encendía fuego y le aparejaba la cena.

En aquel punto levantábase Ulises, para ir á la ciudad; y Minerva, que le quería bien, envolvióle en copiosa nube: no fuera que alguno de los magnánimos feacios, saliéndole al camino, le zahiriese con palabras y le preguntase quién era. Mas, al entrar el héroe en la agradable población, se le hizo encontradiza Minerva, la deidad de los brillantes ojos, transfigurada en joven doncella que llevaba un cántaro, y se detuvo ante él. Y el divinal Ulises le dirigió esta pregunta:

«¡Oh hija! ¿No podrías llevarme al palacio de Alcínoo, que reina sobre estos hombres? Soy un infeliz forastero que, después de padecer mucho, he llegado acá, viniendo de lejos, de una tierra apartada; y no conozco á ninguno de los que habitan en la ciudad ni de los que moran en el campo.»

Respondióle Minerva, la deidad de los brillantes ojos: «Yo te mostraré, oh forastero venerable, el palacio de que hablas, pues está cerca de la mansión de mi eximio padre. Anda sin desplegar los labios, y te guiaré en el camino; pero no mires á los hombres ni les hagas preguntas, que ni son muy tolerantes con los forasteros ni acogen amistosamente al que viene de otro país. Aquéllos, fiando en sus rápidos bajeles, atraviesan el gran abismo del mar por concesión de Neptuno, que sacude la tierra; y sus embarcaciones son tan ligeras como las alas ó el pensamiento.»

Cuando así hubo dicho, Palas Minerva caminó á buen paso y Ulises fué siguiendo las pisadas de la diosa. Y los feacios, ínclitos navegantes, no se percataron de que anduviese por la ciudad y entre ellos porque no lo permitió Minerva, la terrible deidad de hermosas trenzas, la cual, usando de benevolencia, cubrióle con una niebla divina. Atónito contemplaba Ulises los puertos, las naves bien proporcionadas, las ágoras de aquellos héroes y los muros grandes, altos, provistos de empalizadas, que era cosa admirable de ver. Pero, no bien llegaron al magnífico palacio del rey, Minerva, la deidad de los brillantes ojos, comenzó á hablarle de esta guisa:

«Éste es, oh forastero venerable, el palacio que me ordenaste te mostrara: encontrarás en él á los reyes, alumnos de Júpiter, celebrando un banquete; pero vete adentro y no se turbe tu ánimo, que el hombre, si es audaz, es más afortunado en lo que emprende, aunque haya venido de otra tierra. Ya en la sala, hallarás primero á la reina, cuyo nombre es Arete y procede de los mismos ascendientes que engendraron al rey Alcínoo. En un principio, engendraron á Nausítoo el dios Neptuno, que sacude la tierra, y Peribea, la más hermosa de las mujeres, hija menor del magnánimo Eurimedonte, el cual había reinado en otro tiempo sobre los orgullosos Gigantes. Pero éste perdió á su pueblo malvado y pereció él mismo; y Neptuno hubo en aquélla un hijo, el magnánimo Nausítoo, que luego im

AL ENTRAR ULISES EN LA POBLACIÓN, SE LE HIZO
ENCONTRADIZA MINERVA, TRANSFIGURADA EN UNA
DONCELLA, Y SE DETUVO ANTE ÉL

peró sobre los feacios. Nausítoo engendró á Rexénor y á Alcínoo: mas, estando el primero recién casado y sin hijos varones, fué muerto por Apolo, el del arco de plata, y dejó en el palacio una sola hija, Arete, á quien Alcínoo tomó por consorte y se ve honrada por él como ninguna de las mujeres de la tierra que gobiernan una casa y viven sometidas á sus esposos. Así, tan cordialmente, ha sido y es honrada de sus hijos, del mismo Alcínoo y de los ciudadanos, que la contemplan como á una diosa y la saludan con cariñosas palabras cuando anda por la ciudad. No carece de buen entendimiento y dirime los litigios de las mujeres por las que siente benevolencia, y aun los de los hombres. Si ella te fuere benévola, ten esperanza de ver á tus amigos y de llegar á tu casa de elevado techo y á tu patria tierra.»

Cuando Minerva, la de los brillantes ojos, hubo dicho esto, se fué por cima del mar; y, saliendo de la encantadora Esqueria, llegó á Maratón y á Atenas, la de anchas calles, y entróse en la tan sólidamente construída morada de Erecteo. Ya Ulises enderezaba sus pasos á la ínclita casa de Alcínoo y, al llegar frente al broncíneo umbral, meditó en su ánimo muchas cosas; pues la mansión excelsa del magnánimo Alcínoo resplandecía con el brillo del sol ó de la luna. Á derecha é izquierda corrían sendos muros de bronce desde el umbral al fondo; en lo alto de los mismos extendíase una cornisa de lapislázuli; puertas de oro cerraban por dentro la casa sólidamente construída; las dos jambas eran de plata y arrancaban del broncíneo umbral; apoyábase en ellas argénteo dintel, y el anillo de la puerta era de oro. Estaban á entrambos lados unos perros de plata y de oro, inmortales y exentos para siempre de la vejez, que Vulcano había fabricado con sabia inteligencia para que guardaran la casa del magnánimo Alcínoo. Había sillones arrimados á la una y á la otra de las paredes, cuya serie llegaba sin interrupción desde el umbral á lo más hondo, y cubríanlos delicados tapices hábilmente tejidos, obra de las mujeres. Sentábanse allí los príncipes feacios á beber y á comer, pues de continuo celebraban banquetes. Sobre pedestales muy bien hechos hallábanse de pie unos niños de oro, los cuales alumbraban de noche, con hachas encendidas en las manos, á los convidados que hubiera en la casa. Cincuenta esclavas tiene Alcínoo en su palacio: unas quebrantan con la muela el rubio trigo; otras tejen telas y, sentadas, hacen girar los husos, moviendo las manos cual si fuesen hojas de excelso plátano, y las bien labradas telas relucen como si destilaran aceite líquido. Cuanto los feacios son expertos sobre todos los hombres en conducir una velera nave por el ponto, así sobresalen grandemente las mujeres en fabricar lienzos, pues Minerva les ha concedido que sepan hacer bellísimas labores y posean excelente ingenio. En el exterior del patio, cabe á las puertas, hay un gran jardín de cuatro yugadas, y alrededor del mismo se extiende un seto por entrambos lados. Allí han crecido grandes y florecientes árboles: perales, granados, manzanos de espléndidas pomas, dulces higueras y verdes olivos. Los frutos de estos árboles no se pierden ni faltan, ni en invierno ni en verano: son perennes; y el Céfiro, soplando constantemente, á un tiempo mismo produce unos y madura otros. La pera envejece sobre la pera, la manzana sobre la manzana, la uva sobre la uva y el higo sobre el higo. Allí han plantado una viña muy fructífera y parte de sus uvas se secan al sol en un lugar abrigado y llano, á otras las vendimian, á otras las pisan, y están delante las verdes, que dejan caer la flor, y las que empiezan á negrear. Allí, en el fondo del huerto, crecían liños de legumbres de toda clase, siempre lozanas. Hay en él dos fuentes: una corre por todo el huerto; la otra va hacia la excelsa morada y sale debajo del umbral, adonde acuden por agua los ciudadanos. Tales eran los espléndidos presentes de los dioses en el palacio de Alcínoo.

Detúvose el paciente divinal Ulises á contemplar todo aquello; y, después de admirarlo, pasó con ligereza el umbral, entró en la casa y halló á los caudillos y príncipes de los feacios ofreciendo con las copas libaciones al vigilante Argicida, que era el último á quien las hacían cuando ya determinaban acostarse; mas el paciente divinal Ulises anduvo por el palacio, envuelto en la espesa nube con que lo cubrió Minerva, hasta llegar adonde estaban Arete y el rey Alcínoo. Entonces tendió Ulises sus brazos á las rodillas de Arete, disipóse la divinal niebla, enmudecieron todos los de la casa al percatarse de aquel hombre á quien contemplaban admirados, y Ulises comenzó su ruego de esta manera:

«¡Arete, hija de Rexénor, que parecía un dios! Después de sufrir mucho, vengo á tu esposo, á tus rodillas y á estos convidados, á quienes permitan los dioses vivir felizmente y legar sus bienes á los hijos que dejen en sus palacios así como también los honores que el pueblo les haya conferido. Mas, apresuraos á darme hombres que me conduzcan, para que muy pronto vuelva á la patria; pues hace mucho tiempo que ando lejos de los amigos, padeciendo infortunios.»

Dicho esto, sentóse junto á la lumbre del hogar, en la ceniza; y todos enmudecieron y quedaron silenciosos. Pero, al fin, el anciano héroe Equeneo que era el de más edad entre los varones feacios y descollaba por su elocuencia, sabiendo muchas y muy antiguas cosas, les arengó benévolamente y les dijo:

«¡Alcínoo! No es bueno ni decoroso para ti, que el huésped esté sentado en tierra, sobre la ceniza del hogar; y éstos se hallan cohibidos, esperando que hables. Ea, pues, levántale, hazle sentar en una silla de clavazón de plata, y manda á los heraldos que mezclen vino para ofrecer libaciones á Júpiter, que se huelga con el rayo, dios que acompaña á los venerandos suplicantes. Y tráigale de cenar la despensera, de aquellas cosas que allá dentro se guardan.»

Cuando esto oyó la sacra potestad de Alcínoo, asiendo por la mano al prudente y sagaz Ulises, alzóle de junto al fuego é hízolo sentar en una silla espléndida, mandando que se la cediese un hijo suyo, el valeroso Laodamante, que se sentaba á su lado y érale muy querido. Una esclava dióle aguamanos, que traía en magnífico jarro de oro y vertió en fuente de plata, y puso delante de Ulises una pulimentada mesa. La veneranda despensera trájole pan y dejó en la mesa buen número de manjares, obsequiándole con los que tenía reservados. El paciente divinal Ulises comenzó á beber y á comer; y entonces el poderoso Alcínoo dijo al heraldo:

«¡Pontónoo! Mezcla vino en la cratera y distribúyelo á cuantos se encuentren en el palacio, á fin de que hagamos libaciones á Júpiter, que se huelga con el rayo, dios que acompaña á los venerandos suplicantes.»

Así se expresó. Pontónoo mezcló el dulce vino y lo distribuyó á todos los presentes, después de haber ofrecido en copas las primicias. Y cuando hubieron hecho la libación y bebido cuanto plugo á su ánimo, Alcínoo les arengó diciéndoles de esta suerte:

«¡Oíd, caudillos y príncipes de los feacios, y os diré lo que en el pecho mi corazón me dicta! Ahora, que habéis cenado, idos á acostar en vuestras casas: mañana, así que rompa el día, llamaremos á un número mayor de ancianos, trataremos al forastero como huésped en el palacio, ofreceremos á las deidades hermosos sacrificios, y hablaremos de la conducción de aquél para que pueda, sin fatigas ni molestias y acompañándole nosotros, llegar rápida y alegremente á su patria tierra, aunque esté muy lejos, y no haya de padecer mal ni daño alguno antes de tornar á su país; que, ya en su casa, padecerá lo que el hado y las graves Parcas dispusieron al hilar el hilo cuando su madre le dió ser. Y si fuere uno de los inmortales, que ha bajado del cielo, algo nos preparan los dioses; pues hasta aquí, siempre se nos han aparecido claramente cuando les ofrecemos magníficas hecatombes, y comen, sentados con nosotros, donde comemos los demás. Y si algún solitario caminante se encuentra con ellos, no se le ocultan; porque somos tan cercanos á los mismos por nuestro linaje como los Ciclopes y la salvaje raza de los Gigantes.»

Respondióle el ingenioso Ulises: «¡Alcínoo! Piensa otra cosa, pues no soy semejante ni en cuerpo ni en natural á los inmortales que poseen el anchuroso cielo, sino á los mortales hombres: puedo equipararme por mis penas á los varones de quienes sepáis que han soportado más desgracias y contaría males aún mayores que los suyos, si os dijese cuantos he padecido por la voluntad de los dioses. Mas dejadme cenar, aunque me siento angustiado; que no hay cosa tan importuna como el vientre, que nos obliga á pensar en él, aun hallándonos muy afligidos ó con el ánimo lleno de pesares como me encuentro ahora, nos incita siempre á comer y á beber, y en la actualidad me hace echar en olvido todos mis trabajos, mandándome que lo sacie. Y vosotros daos prisa, así que se muestre la Aurora, y haced que yo, oh desgraciado, vuelva á mi patria, no obstante lo mucho que he padecido. No se me acabe la vida sin ver nuevamente mis posesiones, mis esclavos y mi gran casa de elevado techo.»

Así dijo. Todos aprobaron sus palabras y aconsejaron que al huésped se le llevase á la patria, ya que era razonable cuanto decía. Hechas las libaciones y habiendo bebido todos cuanto les plugo, fueron á recogerse en sus respectivas moradas; pero el divinal Ulises se quedó en el palacio y á par de él sentáronse Arete y el deiforme Alcínoo, mientras las esclavas retiraban lo que había servido para el banquete. Arete, la de los níveos brazos, fué la primera en hablar, pues, contemplando los hermosos vestidos de Ulises, reconoció el manto y la túnica que labrara con sus siervas. Y en seguida habló al héroe con estas aladas palabras:

«¡Huésped! Ante todo quiero preguntarte yo misma: ¿Quién eres y de qué país procedes? ¿Quién te dió esos vestidos? ¿No dices que llegaste vagando por el ponto?»

Respondióle el ingenioso Ulises: «Difícil sería, oh reina, contar menudamente mis infortunios, pues me los enviaron en gran abundancia los dioses celestiales; mas te hablaré de aquello acerca de lo cual me preguntas é interrogas. Hay en el mar una isla lejana, Ogigia, donde mora la hija de Atlante, la dolosa Calipso, de lindas trenzas, deidad poderosa que no se comunica con ninguno de los dioses ni de los mortales hombres; pero á mí, oh desdichado, me llevó á su hogar algún numen, después que Jove hendiera mi veloz nave en medio del vinoso ponto, arrojando contra la misma el ardiente rayo. Perecieron mis esforzados compañeros, mas yo me abracé á la quilla del corvo bajel, fuí errante nueve días y en la décima y obscura noche lleváronme los dioses á la isla Ogigia donde mora Calipso, de lindas trenzas, terrible diosa: ésta me recogió, me trató solícita y amorosamente, me mantuvo y díjome á menudo que me haría inmortal y exento de la senectud para siempre, sin que jamás lograra llevar la persuasión á mi ánimo. Allí estuve detenido siete años, y regué incesantemente con lágrimas las divinales vestiduras que me dió Calipso. Pero cuando vino el año octavo, me exhortó y me invitó á partir; sea á causa de algún mensaje de Júpiter, sea porque su mismo pensamiento hubiese cambiado. Envióme en una balsa hecha con buen número de ataduras, me dió abundante pan y dulce vino, me puso vestidos divinales y me mandó favorable y plácido viento. Diez y siete días navegué, atravesando el mar; al décimoctavo pude ver los umbrosos montes de vuestra tierra y á mí, oh infeliz, se me alegró el corazón. Mas, aún había de encontrarme con grandes trabajos que me suscitaría Neptuno, que sacude la tierra: el dios levantó vientos contrarios, impidiéndome el camino, y conmovió el mar inmenso; de suerte que las olas no me permitían á mí, que daba profundos suspiros, ir en la balsa, y ésta fué desbaratada muy pronto por la tempestad. Entonces nadé, atravesando el abismo, hasta que el viento y el agua me acercaron á vuestro país. Al salir del mar, la ola me hubiese estrellado contra la tierra firme, arrojándome á unos peñascos y á un lugar funesto; pero retrocedí nadando y llegué á un río, cual paraje parecióme óptimo por carecer de rocas y formar como un reparo contra los vientos. Me dejé caer sobre la tierra, cobrando aliento; pero sobrevino la divinal noche y me alejé del río, que las celestiales lluvias alimentan, me eché á dormir entre unos arbustos, después de haber amontonado hojas á mi alrededor, é infundióme un dios profundísimo sueño. Allí, entre las hojas y con el corazón triste, dormí toda la noche, toda la mañana y el mediodía; y al ponerse el sol dejóme el dulce sueño. Vi entonces á las siervas de tu hija jugando en la playa junto con ella que parecía una diosa. La imploré y no le faltó buen juicio, como no se esperaría que demostrase en sus actos una persona joven que se hallara en tal trance, porque los mozos siempre se portan inconsideradamente. Dióme abundante pan y vino tinto, mandó que me lavaran en el río y me entregó estas vestiduras. Tal es lo que, aunque angustiado, deseaba contarte, conforme á la verdad de lo ocurrido.»

Respondióle Alcínoo diciendo: «¡Huésped! En verdad que mi hija no tomó el acuerdo más conveniente; ya que no te trajo á nuestro palacio, con las esclavas, habiendo sido la primer persona á quien suplicaste.»

Contestóle el ingenioso Ulises: «¡Oh héroe! No por eso reprendas á tan eximia doncella, que ya me invitó á seguirla con las esclavas; mas yo no quise por temor y respeto: no fuera que mi vista te irritara, pues somos muy suspicaces los hombres que vivimos en la tierra.»

Respondióle Alcínoo diciendo: «¡Huésped! No hay en mi pecho un corazón de tal índole que se irrite sin motivo, y lo mejor es siempre lo más justo. Ojalá, ¡por el padre Júpiter, Minerva y Apolo!, que siendo cual eres y pensando como yo pienso, tomases á mi hija por mujer y fueras llamado yerno mío, permaneciendo con nosotros. Diérate casa y riquezas, si de buen grado te quedaras; que contra tu voluntad ningún feacio te ha de detener, pues esto disgustaría al padre Júpiter. Y desde ahora decido, para que lo sepas bien, que tu conducción se haga mañana: mientras dormirás, vencido del sueño, los compañeros remarán por el mar en calma hasta que llegues á tu patria y á tu casa, ó á donde te fuere grato, aunque esté mucho más lejos que Eubea; la cual dicen que se halla lejísima los ciudadanos que la vieron cuando llevaron al rubio Radamanto á visitar á Ticio, hijo de la Tierra: fueron allá y en un solo día y sin cansarse terminaron el viaje y se restituyeron á sus casas. Tú mismo apreciarás cuán excelentes son mis naves y cuán hábiles los jóvenes en quebrantar el mar con los remos.»

Tal dijo. Alegróse el paciente divinal Ulises y, orando, habló de esta manera:

«¡Padre Júpiter! Ojalá que Alcínoo lleve á cumplimiento cuanto ha dicho; que su gloria jamás se extinga sobre la fértil tierra y que logre yo tornar á mi patria.»

Así éstos conversaban. Arete, la de los níveos brazos, mandó á las esclavas que pusieran un lecho debajo del pórtico, lo proveyesen de hermosos cobertores de púrpura, extendiesen por encima tapetes, y dejasen afelpadas túnicas para abrigarse. Las doncellas salieron del palacio con hachas encendidas y, en acabando de hacer diligentemente la cama, presentáronse á Ulises y le llamaron con estas palabras:

«Levántate, huésped, y vete á acostar, que ya está hecha la cama.» Así dijeron, y le pareció grato dormir. De este modo el paciente divinal Ulises durmió allí, en torneado lecho, debajo del sonoro pórtico. Y

Alcínoo se acostó en el interior de la excelsa mansión, y á su lado la reina, después de aparejarle lecho y cama.

Ulises se entristece y derrama lágrimas al oirle cantar á Demódoco la toma de Troya

CANTO VIII

PRESENTACIÓN DE ULISES Á LOS FEACIOS

Al punto que se descubrió la hija de la mañana, la Aurora de rosáceos dedos, levantáronse de la cama la sacra potestad de Alcínoo y Ulises, el de jovial linaje, asolador de ciudades. La sacra potestad de Alcínoo se puso al frente de los demás, y juntos se encaminaron al ágora, que los feacios habían construído cerca de las naves. Tan luego como llegaron, sentáronse en unas piedras pulidas, los unos al lado de los otros; mientras Palas Minerva, transfigurada en heraldo del prudente Alcínoo, recorría la ciudad y pensaba en la vuelta del magnánimo Ulises á su patria. Y la diosa, allegándose á cada varón, dirigíales estas palabras:

«¡Ea, caudillos y príncipes de los feacios! Id al ágora para que oigáis hablar del forastero que no ha mucho llegó á la casa del prudente

Alcínoo, después de ir errante por el ponto, y es un varón que se asemeja por su cuerpo á los inmortales.»

Diciendo así, movíales el corazón y el ánimo. El ágora y los asientos llenáronse bien presto de varones que se iban juntando, y eran en gran número los que contemplaban con admiración al pruente hijo de Laertes, pues Minerva difundió la gracia por la cabeza y los hombros de Ulises é hizo que pareciese más alto y más grueso para que á todos los feacios les fuera grato, temible y venerable, y llevara á término los muchos juegos con que éstos habían de probarlo. Y no bien acudieron los ciudadanos, una vez reunidos todos, Alcínoo les arengó de esta manera:

«¡Oídme, caudillos y príncipes de los feacios, y os diré lo que en el pecho mi corazón me dicta! Este forastero, que no sé quién es, llegó errante á mi palacio—ya venga de los hombres de Oriente, ya de los de Occidente—y nos suplica con mucha insistencia que tomemos la firme resolución de llevarlo á su patria. Apresurémonos, pues, á conducirle, como anteriormente lo hicimos con tantos otros; ya que ninguno de los que vinieron á mi casa, hubo de estar largo tiempo suspirando por la vuelta. Ea, pues, botemos al mar divino una negra nave sin estrenar y escójanse de entre el pueblo los cincuenta y dos mancebos que hasta aquí hayan sido los más excelentes. Y, atando bien los remos á los bancos, salgan de la embarcación y aparejen en seguida un convite en mi palacio; que á todos lo he de dar muy abundante. Esto mando á los jóvenes; pero vosotros, reyes portadores de cetro, venid á mi hermosa mansión para que festejemos en la sala á nuestro huésped. Nadie se me niegue. Y llamad á Demódoco, el divino aedo á quien los númenes otorgaron gran maestría en el canto para deleitar á los hombres, siempre que á cantar le incita su ánimo.»

Cuando así hubo hablado, se puso en marcha; siguiéronle los reyes, portadores de cetro, y el heraldo fué á llamar al divinal aedo. Los cincuenta y dos jóvenes elegidos, cumpliendo la orden del rey, enderezaron á la ribera del estéril mar; y, en llegando á do estaba la negra embarcación, echáronla al mar profundo, pusieron el mástil y el velamen, y ataron los remos con correas, haciéndolo todo de conveniente manera. Extendieron después las blancas velas, anclaron la nave donde el agua era profunda, y acto continuo se fueron á la gran casa del prudente Alcínoo. Llenáronse los pórticos, el recinto de los patios y las salas con los hombres que allí se congregaron; pues eran muchos, entre jóvenes y ancianos. Para ellos inmoló Alcínoo doce ovejas, ocho puercos de albos dientes y dos flexípedes bueyes: todos fueron desollados y preparados, y aparejóse una agradable comida.

Compareció el heraldo con el amable aedo á quien la Musa quería extremadamente y le había dado un bien y un mal: privóle de la vista y concedióle el dulce canto. Pontónoo le puso en medio de los convidados una silla de clavazón de plata, arrimándola á excelsa columna; y el heraldo le colgó de un clavo la sonora cítara, más arriba de la cabeza, enseñóle á tomarla con las manos y le acercó un canastillo, una pulcra mesa y una copa de vino para que bebiese siempre que su ánimo se lo aconsejara. Todos echaron mano á las viandas que tenían delante. Y apenas saciado el deseo de comer y de beber, la Musa excitó al aedo á que celebrase la gloria de los guerreros con un cantar cuya fama llegaba entonces al anchuroso cielo: la disputa de Ulises y del Pelida Aquiles, quienes en el espléndido banquete en honor de los dioses contendieron con horribles palabras, mientras el rey de hombres Agamenón se regocijaba en su ánimo al ver que reñían los mejores de los aqueos; pues Febo Apolo se lo había pronosticado en la divina Pito, cuando el héroe pasó el umbral de piedra y fué á consultarle, diciéndole que desde aquel punto comenzaría á revolverse la calamidad entre teucros y dánaos por la decisión del gran Jove.

Tal era lo que cantaba el ínclito aedo. Ulises tomó con sus robustas manos el gran manto de color de púrpura y se lo echó por encima de la cabeza, cubriendo su faz hermosa, pues dábale vergüenza que brotaran lágrimas de sus ojos delante de los feacios; y así que el divinal aedo dejó de cantar, enjugóse las lágrimas, se quitó el manto de la cabeza y, asiendo una copa doble, hizo libaciones á las deidades. Pero, cuando aquél volvió á comenzar—habiéndole pedido los más nobles feacios que cantase, porque se deleitaban con sus relatos—Ulises se cubrió nuevamente la cabeza y tornó á llorar. Á todos les pasó inadvertido que derramara lágrimas menos á Alcínoo; el cual, sentado junto á él, lo advirtió y notó, oyendo asimismo que suspiraba profundamente. Y entonces dijo el rey á los feacios, amantes de manejar los remos:

«¡Oídme, caudillos y príncipes de los feacios! Como ya hemos gozado del común banquete y de la cítara, que es la compañera del festín espléndido, salgamos á probar toda clase de juegos; para que el huésped participe á sus amigos, después que se haya restituído á la patria, cuánto superamos á los demás hombres en el pugilato, la lucha, el salto y la carrera.»

Cuando así hubo hablado se puso en marcha, y los demás le siguieron. El heraldo colgó del clavo la sonora cítara y, asiendo de la mano á Demódoco, lo sacó de la casa y le fué guiando por el mismo camino por donde iban los nobles feacios á admirar los juegos. Encamináronse todos al ágora, seguidos de una turba numerosa, inmensa; y allí se pusieron en pie muchos y vigorosos jóvenes. Levantáronse Acróneo, Ocíalo, Elatreo, Nauteo, Primneo, Anquíalo, Eretmeo, Ponteo, Proreo, Toón, Anabesíneo y Anfíalo, hijo de Políneo Tectónida; levantóse también Euríalo, igual á Marte, funesto á los mortales, y Naubólides, el más excelente en cuerpo y hermosura de todos los feacios después del intachable Laodamante; y alzáronse, por fin, los tres hijos del egregio Alcínoo: Laodamante, Halio y Clitoneo, parecido á un dios. Empezaron por probarse en la carrera. Partieron simultáneamente de la raya, y volaban ligeros y levantando polvo por la llanura. Entre ellos descollaba mucho en el correr el eximio Clitoneo, y cuan largo es el surco que abren dos mulas en campo noval, tanto se adelantó á los demás que le seguían rezagados. Probáronse otros en la fatigosa lucha, y Euríalo venció á cuantos en ella sobresalían. En el salto fué Anfíalo superior á los demás; en arrojar el disco señalóse Elatreo sobre todos; y en el pugilato, Laodamante, el buen hijo de Alcínoo. Y cuando todos hubieron recreado su ánimo con los juegos, Laodamante, hijo de Alcínoo, hablóles de esta suerte:

«Venid, amigos, y preguntemos al huésped si conoce ó ha aprendido algún juego. Que no tiene mala presencia á juzgar por su desarrollo, por sus muslos, piernas y brazos, por su robusta cerviz y por su gran vigor; ni le ha desamparado todavía la juventud; aunque está quebrantado por muchos males, pues no creo que haya cosa alguna que pueda compararse con el mar para abatir á un hombre por fuerte que sea.»

Euríalo le contestó en seguida. «¡Laodamante! Muy oportunas son tus razones. Ve tú mismo y provócale repitiéndoselas.»

Apenas lo oyó, adelantóse el buen hijo de Alcínoo, púsose en medio de todos y dijo á Ulises:

«Ea, padre huésped, ven tú también á probarte en los juegos, si aprendiste alguno; y debes de conocerlos, que no hay gloria más ilustre para el varón en esta vida, que la de campear por las obras de sus pies ó de sus manos. Ea, pues, ven á probarte y echa del alma las penas, pues tu viaje no se diferirá mucho: ya la nave ha sido botada y los que te han de acompañar están prestos.»

Respondióle el ingenioso Ulises: «¡Laodamante! ¿Por qué me ordenáis tales cosas para hacerme burla? Más que en los juegos ocúpase mi alma en sus penas, que son muchísimas las que he padecido y soportado. Y ahora me asiento en vuestra ágora, anhelando volver á la patria, con el fin de suplicar al rey y á todo el pueblo.»

Mas Euríalo le contestó, echándole á la cara este reproche: «¡Huésped! No creo, en verdad, que seas un varón instruído en los muchos juegos que se usan entre los hombres; antes pareces un capitán de marineros traficantes, que permaneciera asiduamente en la nave de muchos bancos para acordarse de la carga y vigilar las mercancías y el lucro debido á las rapiñas. No, no te asemejas á un atleta.»

Mirándole con torva faz, le repuso el ingenioso Ulises: «¡Huésped! Mal hablaste y me pareces un insensato. Los dioses no han repartido de igual modo á todos los hombres sus amables presentes: hermosura, ingenio y elocuencia. Un hombre, inferior por su aspecto, recibe de una deidad el adorno de la facundia y ya todos se complacen en mirarlo, cuando los arenga con firme voz y suave modestia, y le contemplan como á un numen si por la ciudad anda; mientras que, por el contrario, otro se parece á los inmortales por su exterior y no tiene gracia alguna en sus dichos. Así tu aspecto es irreprochable y un dios no te habría configurado de otra suerte; mas tu inteligencia es ruda. Me has movido el ánimo en el pecho con decirme cosas inconvenientes. No soy ignorante en los juegos, como tú afirmas, antes pienso que me podían contar entre los primeros mientras tuve confianza en mi juventud y en mis manos. Ahora me encuentro agobiado por la desgracia y las fatigas, pues he tenido que sufrir mucho, ya combatiendo con los hombres, ya surcando las temibles olas. Pero aun así, habiendo padecido gran copia de males, me probaré en los juegos: tus palabras fueron mordaces y me incitaste al proferirlas.»

Dijo; y, levantándose impetuosamente sin dejar el manto, tomó un disco mayor, más grueso y mucho más pesado que el que solían tirar los feacios. Hízole dar algunas vueltas, despidiólo del robusto brazo, y la piedra partió silbando y con tal ímpetu que los feacios, ilustres navegantes que usan largos remos, se inclinaron al suelo. El disco, corriendo veloz desde que lo soltara la mano, pasó las señales de todos los tiros. Y Minerva, transfigurada en varón, puso la conveniente señal y así les dijo:

«Hasta un ciego, oh huésped, distinguiría á tientas la señal de tu golpe, porque no está mezclada con la multitud de las otras, sino mucho más allá. En este juego puedes estar tranquilo, que ninguno de los feacios llegará á tu golpe y mucho menos logrará pasarlo.»

Así habló. Regocijóse el divinal Ulises, holgándose de encontrar, dentro del circo, un compañero benévolo. Y entonces dijo á los feacios, con voz ya más suave:

«Llegad á esta señal, oh jóvenes, y espero que pronto enviaré otro disco ó tan lejos ó más aún. Y en los restantes juegos, aquél á quien le impulse el corazón y el ánimo á probarse conmigo, venga acá—ya que me habéis encolerizado fuertemente—pues en el pugilato, la lucha ó la carrera, á nadie recuso de entre todos los feacios á excepción del mismo Laodamante, que es mi huésped: ¿quién lucharía con el que le acoge amistosamente? Insensato y miserable es el que provoca en los juegos al que le ha recibido como huésped en tierra extraña, pues con ello á sí mismo se perjudica. De los demás á ninguno rechazo ni desprecio; sino que me propongo conocerlos y probarme con todos frente á frente; pues no soy completamente inepto para cuantos juegos se hallan en uso entre los hombres. Sé manejar bien el pulido arco, y sería quien primero hiriese á un hombre, si lo disparara contra una turba de enemigos, aunque un gran número de compañeros estuviesen á mi lado, tirándoles flechas. El único que lograba vencerme, cuando los aqueos nos servíamos del arco allá en el pueblo de los troyanos, era Filoctetes; mas yo os aseguro que les llevo gran ventaja á todos los demás, á cuantos mortales viven actualmente y comen pan en el mundo, pues no me atreviera á competir con los antiguos varones—ni con Hércules, ni con Eurito ecaliense—que hasta con los inmortales contendían. Por ello murió el gran Eurito en edad temprana y no pudo llegar á viejo en su palacio: lo mató Apolo, irritado de que le desafiase á tirar con el arco. Con la lanza llego adonde otro no tirará una flecha. Tan sólo en el correr temería que alguno de los feacios me superara, pues me quebrantaron de deplorable manera muchísimas olas, no siempre tuve provisiones en la nave, y mis miembros están desfallecidos.»

Así se expresó. Todos enmudecieron y quedaron silenciosos. Y solamente Alcínoo le habló de esta manera:

«¡Huésped! No nos desplacieron tus palabras ya que con ellas te propusiste mostrar el valor que tienes, enojado de que ese hombre te increpase dentro del circo, siendo así que ningún mortal que pensara razonablemente pondría reproche á tu bravura. Mas ahora, presta atención á mis palabras para que, cuando estés en tu casa y, comiendo con tu esposa y tus hijos, te acuerdes de nuestra destreza, puedas referir á algún héroe qué obras nos asignó Júpiter desde nuestros antepasados. No somos irreprensibles púgiles ni luchadores, sino muy ligeros en el correr y excelentes en gobernar las naves; y siempre nos placen los convites, la cítara, los bailes, las vestiduras limpias, los baños calientes y la cama. Pero, ea, danzadores feacios, salid los más hábiles á bailar; para que el huésped diga á sus amigos, al volver á su morada, cuánto sobrepujamos á los demás hombres en la navegación, la carrera, el baile y el canto. Y vaya alguno en busca de la cítara, que quedó en nuestro palacio, y tráigala presto á Demódoco.»

Tal dijo el deiforme Alcínoo. Levantóse el heraldo y fué á traer del palacio del rey la hueca cítara. Alzáronse también nueve jueces, que habían sido elegidos entre los ciudadanos y cuidaban de todo lo referente á los juegos; y al instante allanaron el piso y formaron un ancho y hermoso corro. Volvió el heraldo y trajo la melodiosa cítara á Demódoco; éste se puso en medio y los adolescentes hábiles en la danza, habiéndose colocado á su alrededor, hirieron con los pies el divinal circo. Y Ulises contemplaba con gran admiración las rápidas mudanzas que con los pies hacían.

Mas el aedo, pulsando la cítara, empezó á cantar hermosamente los amores de Marte y Venus, la de bella corona: cómo se unieron á hurto y por vez primera en casa de Vulcano, y cómo aquél hizo muchos regalos é infamó el lecho marital del soberano dios. El Sol, que vió el amoroso ayuntamiento, fué en seguida á contárselo á Vulcano; y éste, al oir la punzante nueva, se encaminó á su fragua, agitando en lo íntimo de su alma propósitos siniestros, puso encima del tajo el enorme yunque, y fabricó unos lazos irrompibles para que permanecieran firmes donde los dejara. Después que, poseído de cólera contra Marte, construyó este engaño, fuése á la habitación en que tenía el lecho y extendió los lazos en círculo y por todas partes alrededor de los pies de la cama y colgando de las vigas; como tenues hilos de araña que nadie hubiese podido ver, aunque fuera alguno de los bienaventurados dioses, por haberlos labrado aquél con gran artificio. Y no bien acabó de sujetar el engaño en torno de la cama, fingió que se encaminaba á Lemnos, ciudad bien construída, que es para él la más agradable de todas las tierras. No en balde estaba al acecho Marte, que usa áureas riendas; y cuando vió que Vulcano, el ilustre artífice, se alejaba, fuése al palacio de este ínclito dios, ávido del amor de Citerea, la de hermosa corona. Venus, recién venida de junto á su padre, el prepotente Saturnio, se hallaba sentada; y Marte, entrando en la casa, tomóla de la mano y así le dijo:

«Ven al lecho, amada mía, y acostémonos; que ya Vulcano no está entre nosotros, pues partió sin duda hacia Lemnos y los sinties de bárbaro lenguaje.»

Así se expresó; y á ella parecióle grato acostarse. Metiéronse ambos en la cama, y se extendieron á su alrededor los lazos artificiosos del prudente Vulcano, de tal suerte que aquéllos no podían mover ni levantar ninguno de sus miembros; y entonces comprendieron que no había medio de escapar. No tardó en presentárseles el ínclito Cojo de ambos pies, que se volvió antes de llegar á la tierra de Lemnos, porque el Sol estaba en acecho y fué á avisarle. Encaminóse á su casa con el corazón triste, detúvose en el umbral y, poseído de feroz cólera, gritó de un modo tan horrible que le oyeron todos los dioses:

«¡Padre Júpiter, bienaventurados y sempiternos dioses! Venid á presenciar estas cosas ridículas é intolerables: Venus, hija de Júpiter, me infama de continuo, á mí, que soy cojo, queriendo al pernicioso Marte porque es gallardo y tiene los pies sanos, mientras que yo nací débil; mas de ello nadie tiene la culpa sino mis padres que no debieron haberme engendrado. Veréis cómo se han acostado en mi lecho y duermen, amorosamente unidos, y yo me angustio al contemplarlo. Mas no espero que les dure el yacer de este modo ni siquiera breves instantes, aunque mucho se amen: pronto querrán entrambos no dormir, pero los engañosos lazos los sujetarán hasta que el padre me restituya íntegra la dote que le entregué por su hija desvergonzada. Que ésta es hermosa, pero no sabe contenerse.»

Tal dijo; y los dioses se juntaron en la morada de pavimento de bronce. Compareció Neptuno, que ciñe la tierra; presentóse también el benéfico Mercurio; llegó asimismo el soberano flechador Apolo. Las diosas quedáronse, por pudor, cada una en su casa. Detuviéronse los dioses, dadores de los bienes, en el umbral; y una risa inextinguible se alzó entre los bienaventurados númenes al ver el artificio del ingenioso Vulcano. Y uno de ellos dijo al que tenía más cerca:

«No prosperan las malas acciones y el más tardo alcanza al más ágil; como ahora Vulcano, que es cojo y lento, aprisionó con su artificio á Marte, el más veloz de los dioses que poseen el Olimpo; quien tendrá que pagarle la multa del adulterio.»

Así éstos conversaban. Mas el soberano Apolo, hijo de Júpiter, habló á Mercurio de esta manera:

«¡Mercurio, hijo de Júpiter, mensajero, dador de bienes! ¿Querrías, preso en fuertes lazos, dormir en la cama con la dorada Venus?»

Respondióle el mensajero Argicida: «¡Ojalá sucediera lo que has dicho, oh soberano flechador Apolo! ¡Envolviéranme triple número de inextricables lazos, y vosotros los dioses y aun las diosas todas me estuvierais mirando, con tal que yo durmiese con la dorada Venus!»

Así se expresó; y alzóse nueva risa entre los inmortales dioses. Pero Neptuno no se reía, sino que suplicaba continuamente á Vulcano, el ilustre artífice, que pusiera en libertad al dios Marte. Y, hablándole, estas aladas palabras le decía:

«Desátale, que yo te prometo que pagará, como lo mandas, cuanto sea justo entre los inmortales dioses.»

Replicóle entonces el ínclito Cojo de ambos pies: «No me ordenes semejante cosa, oh Neptuno que ciñes la tierra, pues es mala la caución que por los malos se presta. ¿Cómo te podría apremiar yo ante los inmortales dioses, si Marte se fuera suelto y, libre ya de los lazos, rehusara satisfacer la deuda?»

Contestóle Neptuno, que sacude la tierra: «Si Marte huyere, rehusando satisfacer la deuda, seré yo quien te la pague.»

Respondióle el ínclito Cojo de ambos pies: «No es posible ni sería conveniente negarte lo que pides.»

Dicho esto, la fuerza de Vulcano les quitó los lazos. Ellos, al verse libres de los mismos, que tan recios eran, se levantaron sin tardanza y fuéronse él á Tracia y la risueña Venus á Chipre y Pafos, donde tiene un bosque y un perfumado altar: allí las Gracias la lavaron, la ungieron con el aceite divino que hermosea á los sempiternos dioses y le pusieron lindas vestiduras que dejaban admirado á quien las contemplaba.

Tal era lo que cantaba el ínclito aedo, y holgábanse de oirlo Ulises y los feacios, que usan largos remos y son ilustres navegantes.

Alcínoo mandó entonces que Halio y Laodamante bailaran solos, pues con ellos no competía nadie. Al momento tomaron en sus manos una linda pelota de color de púrpura, que les hiciera el habilidoso Pólibo; y el uno, echándose hacia atrás, la arrojaba á las sombrías nubes, y el otro, dando un salto, la cogía fácilmente antes de volver á tocar con sus pies el suelo. Tan pronto como se probaron en tirar la pelota rectamente, pusiéronse á bailar en la fértil tierra, alternando con frecuencia. Aplaudieron los demás jóvenes que estaban en el circo, y se promovió una fuerte gritería. Y entonces el divinal Ulises habló á Alcínoo de esta manera:

«¡Rey Alcínoo, el más esclarecido de todos los ciudadanos! Prometiste demostrar que vuestros danzadores son excelentes y lo has cumplido. Atónito me quedo al contemplarlos.»

Tal dijo. Alegróse la sacra potestad de Alcínoo y al punto habló así á los feacios, amantes de manejar los remos:

«¡Oíd, caudillos y príncipes de los feacios! Paréceme el huésped muy sensato. Ea, pues, ofrezcámosle los dones de la hospitalidad, que esto es lo que procede. Doce preclaros reyes gobernáis como príncipes la población y yo soy el treceno: traiga cada uno un manto bien lavado, una túnica y un talento de precioso oro; y vayamos todos juntos á llevárselo al huésped para que, al verlo en sus manos, asista á la cena con el corazón alegre. Y apacígüelo Euríalo con palabras y un regalo, porque no habló de conveniente modo.»

Así les arengó. Todos lo aplaudieron y, poniéndolo por obra, enviaron á sus respectivos heraldos para que les trajeran los presentes. Y Euríalo respondió de esta suerte:

«¡Rey Alcínoo, el más esclarecido de todos los ciudadanos! Yo apaciguaré al huésped, como lo mandas, y le daré esta espada de bronce, que tiene la empuñadura de plata y en torno suyo una vaina de marfil recién cortado. Será un presente muy digno de tal persona.»

Diciendo así, puso en las manos de Ulises la espada guarnecida de argénteos clavos y pronunció estas aladas palabras:

«¡Salud, padre huésped! Si alguna de mis palabras te ha molestado, llévensela cuanto antes los impetuosos torbellinos. Y las deidades te permitan ver nuevamente á tu esposa y llegar á tu patria, ya que hace tanto tiempo que padeces trabajos lejos de los tuyos.»

Respondióle el ingenioso Ulises: «¡Muchas saludes te doy también, amigo! Los dioses te concedan felicidades y ojalá que nunca eches de menos esta espada de que me haces presente, después de apaciguarme con tus palabras.»

Dijo; y echóse al hombro aquella espada guarnecida de argénteos clavos. Al ponerse el sol, ya Ulises tenía delante de sí los hermosos presentes. Introdujéronlos en la casa de Alcínoo los conspicuos heraldos é hiciéronse cargo de ellos los vástagos del ilustre rey, quienes transportaron los bellísimos regalos adonde estaba su veneranda madre. Volvieron todos al palacio, precedidos por la sacra potestad de Alcínoo, y sentáronse en elevadas sillas. Y entonces la potestad de Alcínoo dijo á Arete:

«Trae, mujer, un arca muy hermosa, la que mejor sea; y mete en la misma un manto bien lavado y una túnica. Poned al fuego una caldera de bronce y calentad agua para que el huésped se lave y viendo colocados por orden cuantos presentes acaban de traerle los eximios feacios, se regocije con el banquete y el canto del aedo. Y yo le daré mi hermosísima copa de oro, á fin de que se acuerde de mí todos los días al ofrecer en su casa libaciones á Júpiter y á los restantes dioses.»

Así dijo. Arete mandó á las esclavas que pusiesen incontinenti un gran trípode al fuego. Ellas llevaron al ardiente fuego un trípode que servía para los baños, echaron agua en la caldera y, recogiendo leña, encendiéronla debajo. Las llamas rodearon el vientre de la caldera y calentóse el agua. Entretanto sacó Arete de su habitación un arca muy hermosa y puso en la misma los bellos dones—vestiduras y oro—que habían traído los feacios, y además un manto y una elegante túnica. Y seguidamente habló al héroe con estas aladas palabras:

«Examina tú mismo la tapa y échale pronto un nudo: no sea que te hurten alguna cosa en el camino, cuando en la negra nave estés entregado al dulce sueño.»

Apenas oyó estas palabras el paciente divinal Ulises, encajó la tapa y le echó un complicado nudo que le enseñara á hacer la veneranda Circe. Acto seguido invitóle la despensera á bañarse en una pila; y Ulises vió con agrado el baño caliente, porque no cuidaba de su persona desde que partió de la casa de Calipso, la de los hermosos cabellos; que en ella estuvo siempre atendido como un dios. Y lavado ya y ungido con aceite por las esclavas, que le pusieron una túnica y un hermoso manto, salió y fuése hacia los hombres, bebedores de vino, que allí se encontraban; pero Nausícaa, á quien las deidades habían dotado de belleza, paróse ante la columna que sostenía el techo sólidamente construído, se admiró al clavar los ojos en Ulises y le dijo estas aladas palabras:

«Salve, huésped, para que en alguna ocasión, cuando estés de vuelta en tu patria, te acuerdes de mí; que me debes antes que á nadie el rescate de tu vida.»

Respondióle el ingenioso Ulises: «¡Nausícaa, hija del magnánimo Alcínoo! Concédame Júpiter, el tonante esposo de Juno, que llegue á mi casa y vea el día de mi regreso; que allí te invocaré todos los días, como á una diosa, porque fuiste tú, oh doncella, quien me salvó la vida.»

Dijo, y fué á sentarse junto al rey Alcínoo, cuando ya se distribuían las porciones y se mezclaba el vino. Compareció el heraldo con el amable aedo Demódoco, tan honrado por la gente, y le hizo sentar en medio de los convidados, arrimándolo á excelsa columna. Y entonces el ingenioso Ulises, cortando una tajada del espinazo de un puerco de blancos dientes, del cual quedaba aún la mayor parte y estaba cubierto de abundante grasa, habló al heraldo de esta manera:

«¡Heraldo! Llévale esta carne á Demódoco para que coma y así le obsequiaré, aunque estoy afligido; que á los aedos por doquier les tributan honor y reverencia los hombres terrestres, porque la Musa les ha enseñado el canto y los ama á todos.»

Así dijo; y el heraldo puso la carne en las manos del héroe Demódoco, quien, al recibirla, sintió que se le alegraba el alma. Todos echaron mano á las viandas que tenían delante. Y cuando hubieron satisfecho las ganas de comer y de beber, el ingenioso Ulises habló á Demódoco de esta manera:

«¡Demódoco! Yo te alabo más que á otro mortal cualquiera, pues deben de haberte enseñado la Musa, hija de Júpiter, ó el mismo Apolo, á juzgar por lo primorosamente que cantas el azar de los aquivos y todo lo que llevaron al cabo, padecieron y soportaron, como si tú en persona lo hubieras visto ó se lo hubieses oído referir á alguno de ellos. Mas, ea, pasa á otro asunto y canta cómo estaba dispuesto el caballo de madera construído por Epeo con la ayuda de Minerva; máquina engañosa que el divinal Ulises llevó á la acrópolis, después de llenarla con los guerreros que arruinaron á Troya. Si esto lo cuentas como se debe, yo diré á todos los hombres que una deidad benévola te concedió el divino canto.»

 Así habló; y el aedo, movido por divinal impulso, entonó un canto cuyo comienzo era que los argivos diéronse á la mar en sus naves de muchos bancos, después de haber incendiado el campamento, mientras algunos ya se hallaban con el celebérrimo Ulises en el ágora de los teucros, ocultos por el caballo que estos mismos llevaron arrastrando hasta la acrópolis. El caballo estaba en pie y los teucros, sentados á su alrededor, decían muy confusas razones y vacilaban en la adopción de uno de estos tres pareceres: hender el vacío leño con el cruel bronce, subirlo á una altura y despeñarlo,

DEMÓDOCO DEJE DE TOCAR LA MELODIOSA CÍTARA, DIJO
EL REY, PUES QUIZÁS
LO QUE CANTA NO LES SEA GRATO Á TODOS LOS OYENTES

ó dejar el gran simulacro como ofrenda propiciatoria á los dioses; esta última resolución debía prevalecer, porque era fatal que la ciudad se arruinase cuando tuviera dentro aquel enorme caballo de madera donde estaban los más valientes argivos que llevaron á los teucros el estrago y la muerte. Cantó cómo los aqueos, saliendo del caballo y dejando la hueca emboscada, asolaron la ciudad; cantó asimismo cómo, dispersos unos por un lado y otros por otro, iban devastando la excelsa urbe, mientras que Ulises, cual si fuese Marte, tomaba el camino de la casa de Deífobo, juntamente con el deiforme Menelao. Y refirió cómo aquél había osado sostener un terrible combate, del cual alcanzó victoria por el favor de la magnánima Minerva.

Tal fué lo que cantó el eximio aedo; y en tanto consumíase Ulises, y las lágrimas manaban de sus párpados y le regaban las mejillas. De la suerte que una mujer llora, abrazada á su marido que cayó delante de su población y de su gente para que se libraran del día cruel la ciudad y los hijos—al verlo moribundo y palpitante se le echa encima y profiere agudos gritos, los contrarios la golpean con las picas en el dorso y en las espaldas trayéndole la esclavitud á fin de que padezca trabajos é infortunios, y el dolor miserando deshace sus mejillas;—de semejante manera Ulises derramaba de sus ojos tantas lágrimas que movía á compasión. Á todos les pasó inadvertido que vertiera lágrimas menos á Alcínoo; el cual, sentado junto á él, lo advirtió y notó, oyendo asimismo que suspiraba profundamente. Y en seguida dijo á los feacios, amantes de manejar los remos:

«¡Oídme, caudillos y príncipes de los feacios! Cese Demódoco de tocar la melodiosa cítara, pues quizás lo que canta no les sea grato á todos los oyentes. Desde que empezamos la cena y se levantó el divinal aedo, el huésped no ha dejado de verter doloroso llanto: sin duda le vino al alma algún pesar. Mas, ea, cese aquél para que nos regocijemos todos, así los albergadores del huésped como el huésped mismo; que es lo mejor que se puede hacer, ya que por el venerable huésped se han preparado estas cosas, su conducción y los dones que le hemos hecho en demostración de aprecio. Como á un hermano debe tratar al huésped y al suplicante, quien tenga un poco de sensatez. Y así, no has de ocultar tampoco con astuto designio lo que voy á preguntarte, sino que será mucho mejor que lo manifiestes. Dime el nombre con que en tu población te llamaban tu padre y tu madre, los habitantes de la ciudad y los vecinos de los alrededores; que ningún hombre bueno ó malo deja de tener el suyo desde que ha nacido, porque los padres lo imponen á cuantos engendran. Nómbrame también tu país, tu pueblo y tu ciudad, para que nuestros bajeles, proponiéndose cumplir tu propósito con su inteligencia, te conduzcan allá; pues entre los feacios no hay pilotos, ni sus naves están provistas de timones como los restantes barcos, sino que ya saben ellas los pensamientos y el querer de los hombres, conocen las ciudades y los fértiles campos de todos los países, atraviesan rápidamente el abismo del mar, aunque cualquier vapor ó niebla las cubra, y no sienten temor alguno de recibir daño ó de perderse; si bien oí decir á mi padre Nausítoo que Neptuno nos mira con malos ojos porque conducimos sin recibir daño á todos los hombres, y afirmaba que el dios haría naufragar en el obscuro ponto un bien construído bajel de los feacios, al volver de conducir á alguien, y cubriría la vista de la ciudad con una gran montaña. Así se expresaba el anciano; mas el dios lo cumplirá ó no, según le plegue. Ea, habla y cuéntame sinceramente por dónde anduviste perdido y á qué regiones llegaste, especificando qué gentes y qué ciudades bien pobladas había en ellas; así como también cuáles hombres eran crueles, salvajes é injustos y cuáles hospitalarios y temerosos de los dioses. Dime por qué lloras y te lamentas en tu ánimo cuando oyes referir el azar de los argivos, de los dánaos y de Ilión. Diéronselo las deidades, que decretaron la muerte de aquellos hombres para que sirvieran á los venideros de asunto para sus cantos. ¿Acaso perdiste delante de Ilión algún deudo como tu yerno ilustre ó tu suegro, que son las personas más queridas después de las ligadas con nosotros por la sangre y el linaje? ¿Ó fué, por ventura, un esforzado y agradable compañero; ya que no es inferior á un hermano el compañero dotado de prudencia?»

Ulises embriaga al ciclope Polifemo

CANTO IX

RELATOS Á ALCÍNOO.—CICLOPEA

Respondióle el ingenioso Ulises: «¡Rey Alcínoo, el más esclarecido de todos los ciudadanos! En verdad que es hermoso oir á un aedo como éste, cuya voz se asemeja á la de un numen. No creo que haya cosa tan agradable como ver que la alegría reina en el pueblo y que los convidados, sentados ordenadamente en el palacio ante las mesas abastecidas de pan y de carnes, escuchan al aedo, mientras el escanciador saca vino de la cratera y lo va echando en las copas. Tal espectáculo me parece bellísimo. Pero te movió el ánimo á desear que te cuente mis luctuosos infortunios, para que llore aún más y prorrumpa en gemidos. ¿Cuál cosa relataré en primer término, cuál en último lugar, siendo tantos los infortunios que me enviaron los celestiales dioses? Ante todo, quiero deciros mi nombre para que lo sepáis y en adelante, después que me haya librado del día cruel, sea yo vuestro huésped, á pesar de vivir en una casa que está muy lejos. Soy Ulises Laertíada, tan conocido de los hombres por mis astucias de toda clase; y mi gloria llega hasta el cielo. Habito en Ítaca, que se ve á distancia: en ella está el monte Nérito, frondoso y espléndido, y en contorno hay muchas islas cercanas entre sí como Duliquio, Same y la selvosa Zacinto. Ítaca no se eleva mucho sobre el mar, está situada la más remota hacia el Occidente—las restantes, algo apartadas, se inclinan hacia el Oriente y el Mediodía,—es áspera, pero buena criadora de mancebos; y yo no puedo hallar cosa alguna que sea más dulce que mi patria. Calipso, la divina entre las deidades, me detuvo allá, en huecas grutas, anhelando que fuese su esposo; y de la misma suerte la dolosa Circe de Eea me acogió anteriormente en su palacio, deseando también tomarme por marido; ni aquélla ni ésta consiguieron llevar la persuasión á mi ánimo. No hay cosa más dulce que la patria y los padres, aunque se habite en una casa opulenta pero lejana, en país extraño, apartada de aquéllos. Pero voy á contarte mi vuelta, llena de trabajos, la cual me ordenó Júpiter desde que salí de Troya.

»Habiendo partido de Ilión, llevóme el viento al país de los cícones, á Ismaro: entré á saco la ciudad, maté á sus hombres y, tomando las mujeres y las abundantes riquezas, nos lo repartimos todo para que nadie se fuera sin su parte de botín. Exhorté á mi gente á que nos retiráramos con pie ligero, y los muy simples no se dejaron persuadir. Bebieron mucho y, mientras degollaban en la playa gran número de ovejas y de flexípedes bueyes, de retorcidos cuernos, los cícones fueron á llamar á otros cícones vecinos suyos; los cuales eran más numerosos y más fuertes, habitaban el interior del país y sabían pelear á caballo con los hombres y aun á pie donde fuese preciso. Vinieron por la mañana tantos, cuantas son las hojas y flores que en la primavera nacen; y ya se nos presentó á nosotros, ¡oh infelices!, el funesto destino que nos ordenara Júpiter á fin de que padeciéramos multitud de males. Formáronse, nos presentaron batalla junto á las veloces naves, y nos heríamos recíprocamente con las broncíneas lanzas. Mientras duró la mañana y fué aumentando la luz del sagrado día, pudimos resistir su ataque, aunque eran en superior número. Mas luego, cuando el sol se encaminó al ocaso, los cícones derrotaron á los aquivos, poniéndolos en fuga. Perecieron seis compañeros, de hermosas grebas, de cada embarcación y los restantes nos libramos de la muerte y del destino.

»Desde allí seguimos adelante con el corazón triste, escapando gustosos de la muerte aunque perdimos algunos compañeros. Mas Bóreas no comenzaron á moverse los corvos bajeles hasta haber llamado tres veces á cada uno de los míseros compañeros que acabaron su vida en el llano, heridos por los cícones. Júpiter, que amontona las nubes, suscitó contra los barcos el viento Bóreas y una tempestad deshecha cubrió de nubes la tierra y el ponto, y la noche cayó del cielo. Las naves iban de través, cabeceando; y el impetuoso viento rasgó las velas en tres ó cuatro pedazos. Entonces amainamos éstas, pues temíamos nuestra perdición; y apresuradamente, á fuerza de remos, llevamos aquéllas á tierra firme. Allí permanecimos echados dos días con sus noches, royéndonos el ánimo la fatiga y los pesares. Mas, al punto que la Aurora, de lindas trenzas, nos trajo el día tercero, izamos los mástiles, descogimos las blancas velas y nos sentamos en las naves, que eran conducidas por el viento y los pilotos. Y hubiese llegado incólume á la tierra patria, si la corriente de las olas y el Bóreas, que me desviaron al doblar el cabo de Malea, no me hubieran obligado á vagar lejos de Citera.

»Desde allí dañosos vientos lleváronme nueve días por el ponto, abundante en peces; y al décimo arribamos á la tierra de los lotófagos, que se alimentan con un florido manjar. Saltamos en tierra, hicimos aguada, y pronto los compañeros empezaron á comer junto á las veleras naves. Y después que hubimos gustado los alimentos y la bebida, envié algunos compañeros—dos varones á quienes escogí é hice acompañar por un tercero que fué un heraldo—para que averiguaran cuáles hombres comían el pan en aquella tierra. Fuéronse pronto y juntáronse con los lotófagos, que no tramaron ciertamente la perdición de nuestros amigos; pero les dieron á comer loto, y cuantos probaban el fruto del mismo, dulce como la miel, ya no querían llevar noticias ni volverse; antes deseaban permanecer con los lotófagos, comiendo loto, sin acordarse de tornar á la patria. Mas yo los llevé por fuerza á las cóncavas naves y, aunque lloraban, los arrastré é hice atar debajo de los bancos. Y mandé que los restantes fieles compañeros se apresuraran á entrar en las veloces embarcaciones: no fuera que alguno comiese loto y no pensara en la vuelta. Hiciéronlo en seguida y, sentándose por orden en los bancos, comenzaron á herir con los remos el espumoso mar.

»Desde allí continuamos la navegación con ánimo afligido, y llegamos á la tierra de los Ciclopes soberbios y sin ley; quienes, confiados en los dioses inmortales, no plantan árboles, ni labran los campos, sino que todo les nace sin semilla y sin arada—trigo, cebada y vides, que producen vino de unos grandes racimos—y se lo hace crecer la lluvia enviada por Júpiter. No tienen ágoras donde se reúnan para deliberar, ni leyes tampoco, sino que viven en las cumbres de los altos montes, dentro de excavadas cuevas; cada cual impera sobre sus hijos y mujeres, y no se cuidan los unos de los otros.

»Delante del puerto, no muy cercana ni á gran distancia tampoco de la región de los Ciclopes, hay una isleta poblada de bosque, con una infinidad de cabras monteses, pues no las ahuyenta el paso de hombre alguno ni van allá los cazadores, que se fatigan recorriendo las selvas en las cumbres de las montañas. No se ven en ella ni rebaños ni labradíos, sino que el terreno está siempre sin sembrar y sin arar, carece de hombres, y cría bastantes cabras. Pues los Ciclopes no tienen naves de rojas proas, ni cuentan con artífices que se las construyan de muchos bancos—como las que transportan mercancías á distintas poblaciones en los frecuentes viajes que los hombres efectúan por mar, yendo los unos á encontrar á los otros,—las cuales hubieran podido hacer que fuese muy poblada aquella isla, que no es mala y daría á su tiempo frutos de toda especie, porque tiene junto al espumoso mar prados húmedos y tiernos y allí la vid jamás se perdiera. La parte interior es llana y labradera; y podrían segarse en la estación oportuna, mieses altísimas por ser el suelo muy pingüe. Posee la isla un cómodo puerto, donde no se requieren amarras, ni es preciso echar áncoras, ni atar cuerdas; pues, en abordando allí, se está á salvo cuanto se quiere, hasta que el ánimo de los marineros les incita á partir y el viento sopla. En lo alto del puerto mana una fuente de agua límpida, debajo de una cueva á cuyo alrededor han crecido álamos. Allá, pues, nos llevaron las naves y algún dios debió de guiarnos en aquella noche obscura en la que nada distinguíamos, pues la niebla era copiosa alrededor de los bajeles y la luna no brillaba en el cielo, que cubrían los nubarrones. Nadie vió con sus ojos la isla ni las ingentes olas que se quebraban en la tierra, hasta que las naves de muchos bancos hubieron abordado. Entonces amainamos todas las velas, saltamos á la orilla del mar y, entregándonos al sueño, aguardamos que apareciera la divinal Aurora.

»No bien se descubrió la hija de la mañana, la Aurora de rosáceos dedos, anduvimos por la isla muy admirados. En esto las ninfas, prole de Júpiter que lleva la égida, levantaron montaraces cabras para que comieran mis compañeros. Al instante tomamos de los bajeles los corvos arcos y los venablos de larga punta, nos distribuimos en tres grupos, tiramos, y muy presto una deidad nos proporcionó abundante caza. Doce eran las naves que me seguían y á cada una le correspondieron nueve cabras, apartándose diez para mí solo. Y ya todo el día, hasta la puesta del sol, estuvimos sentados, comiendo carne en abundancia y bebiendo dulce vino; que el rojo licor aún no faltaba en las naves, pues habíamos hecho gran provisión en ánforas al tomar la sagrada ciudad de los cícones. Estando allí echábamos la vista á la tierra de los Ciclopes, que se hallaban cerca, y divisábamos el humo y oíamos las voces que ellos daban, y los balidos de las ovejas y de las cabras. Cuando el sol se puso y sobrevino la noche, nos acostamos en la orilla del mar. Mas, así que se descubrió la hija de la mañana, la Aurora de rosáceos dedos, los llamé á junta y les dije estas razones:

«Quedaos aquí, mis fieles amigos, y yo con mi nave y mis compañeros iré allá y probaré de averiguar qué hombres son aquéllos: si son violentos, salvajes é injustos, ú hospitalarios y temerosos de las deidades.»

»Cuando así hube hablado, subí á la nave y ordené á los compañeros que me siguieran y desataran las amarras. Ellos se embarcaron al instante y, sentándose por orden en los bancos, comenzaron á herir con los remos el espumoso mar. Y tan luego como llegamos á dicha tierra, que estaba próxima, vimos en uno de los extremos y casi tocando al mar una excelsa gruta, á la cual daban sombra algunos laureles: en ella reposaban muchos hatos de ovejas y de cabras, y en contorno había una alta cerca labrada con piedras profundamente hundidas, grandes pinos y encinas de elevada copa. Allí moraba un varón gigantesco, solitario, que entendía en apacentar rebaños lejos de los demás hombres, sin tratarse con nadie; y, apartado de todos, ocupaba su ánimo en cosas inicuas. Era un monstruo horrible y no se asemejaba á los hombres que viven de pan, sino á una selvosa cima que entre altos montes se presentase aislada de las demás cumbres.

»Entonces ordené á mis fieles compañeros que se quedasen á guardar la nave; escogí los doce mejores y juntos echamos á andar, con un pellejo de negro y dulce vino que me había dado Marón, vástago de Evantes y sacerdote de Apolo, el dios tutelar de Ismaro; porque, respetándole, lo salvamos con su mujer é hijos que vivían en un espeso bosque consagrado á Febo Apolo. Hízome Marón espléndidos dones, pues me regaló siete talentos de oro bien labrado, una cratera de plata y doce ánforas de un vino dulce y puro, bebida de dioses, que no conocían sus siervos ni sus esclavas sino tan sólo él, su esposa y una despensera. Cuando bebían este rojo licor, dulce como la miel, echaban una copa del mismo en veinte de agua; y de la cratera salía un olor tan suave y divinal, que no sin pena se hubiese renunciado á saborearlo. De este vino llevaba un gran odre completamente lleno y además viandas en un zurrón; pues ya desde el primer instante se figuró mi ánimo generoso que se nos presentaría un hombre dotado de extraordinaria fuerza, salvaje, y desconocedor de la justicia y de las leyes.

»Pronto llegamos á la gruta; mas no dimos con él, porque estaba apacentando las pingües ovejas. Entramos y nos pusimos á contemplar con admiración y una por una todas las cosas: había zarzos cargados de quesos; los establos rebosaban de corderos y cabritos, hallándose encerrados separadamente los mayores, los medianos y los recentales; y goteaba el suero de todas las vasijas, tarros y barreños, de que se servía para ordeñar. Los compañeros empezaron á suplicarme que nos apoderásemos de algunos quesos y nos fuéramos; y que luego, sacando prestamente de los establos los cabritos y los corderos, y conduciéndolos á la velera nave, surcáramos de nuevo el salobre mar. Mas yo no me dejé persuadir—mucho mejor hubiera sido adoptar su consejo—con el propósito de ver á aquél y probar si me ofrecería los dones de la hospitalidad. Pero su aparición no había de serles grata á mis compañeros.

»Encendimos fuego, ofrecimos un sacrificio á los dioses, tomamos algunos quesos, comimos, y le aguardamos, sentados en la gruta, hasta que volvió con el ganado. Traía una gran carga de leña seca para preparar su comida y descargóla dentro de la cueva con tal estruendo que nosotros, llenos de temor, nos refugiamos apresuradamente en lo más hondo de la misma. Luego metió en el espacioso antro todas las pingües ovejas que tenía que ordeñar, dejando á la puerta, dentro del recinto de altas paredes, los carneros y los bucos. Después cerró la puerta con un pedrejón grande y pesado que llevó á pulso y que no hubiesen podido mover del suelo veintidós sólidos carros de cuatro ruedas. ¡Tan inmenso era el peñasco que colocó en la entrada! Sentóse en seguida, ordeñó las ovejas y las baladoras cabras, todo como debe hacerse, y á cada una le puso su hijito. Á la hora, haciendo cuajar la mitad de la blanca leche, la amontonó en canastillos de mimbre, y vertió la restante en unos vasos para bebérsela cuando cenar quisiese. Acabadas con prontitud tales faenas, encendió fuego y, al vernos, nos hizo estas preguntas:

«¡Forasteros! ¿Quiénes sois? ¿De dónde llegasteis navegando por húmedos caminos? ¿Venís por algún negocio ó andáis por el mar, á la ventura, como los piratas que divagan, exponiendo su vida y produciendo daño á los hombres de extrañas tierras?»

»Así dijo. Nos quebraba el corazón el temor que nos produjo su voz grave y su aspecto monstruoso. Mas, con todo eso, le respondí de esta manera:

«Somos aqueos á quienes extraviaron, al salir de Troya, vientos de toda clase que nos llevan por el gran abismo del mar: deseosos de volver á nuestra patria, llegamos aquí por otros caminos porque de tal suerte debió de ordenarlo Júpiter. Nos preciamos de ser guerreros de Agamenón Atrida cuya gloria es inmensa debajo del cielo—¡tan grande ciudad ha destruído y á tantos hombres ha hecho perecer!—y venimos á abrazar tus rodillas por si quisieras presentarnos los dones de la hospitalidad ó hacernos algún otro regalo como es costumbre entre los huéspedes. Respeta, pues, á los dioses, varón excelente; que nosotros somos ahora tus suplicantes. Y á suplicantes y forasteros los venga Júpiter hospitalario, el cual acompaña á los venerandos huéspedes.»

»Así le hablé; y respondióme en seguida con ánimo cruel: «¡Forastero! Eres un simple ó vienes de lejas tierras cuando me exhortas á temer á los dioses y á guardarme de su cólera; que los Ciclopes no se cuidan de Júpiter, que lleva la égida, ni de los bienaventurados númenes, porque aún les ganan en ser poderosos; y yo no te perdonaría ni á ti ni á tus compañeros por temor á la enemistad de Júpiter, si mi ánimo no me lo ordenase. Pero dime en qué sitio, al venir, dejaste la bien construída embarcación: si fué, por ventura en lo más apartado de la playa ó en un paraje cercano, á fin de que yo lo sepa.»

»Así dijo para tentarme. Pero su intención no me pasó inadvertida á mí, que sé tanto, y de nuevo le hablé con engañosas palabras:

«Neptuno, que sacude la tierra, rompió mi nave llevándola á un promontorio y estrellándola contra las rocas, en los confines de vuestra tierra; el viento que soplaba del ponto se la llevó y pude librarme, junto con éstos, de una muerte terrible.»

»Así le dije. El Ciclope, con ánimo cruel, no me dió respuesta; pero, levantándose de súbito, echó mano á los compañeros, agarró á dos y, cual si fuesen cachorrillos, arrojólos en tierra con tamaña violencia que el encéfalo fluyó al suelo y mojó el piso. Seguidamente despedazó los miembros, se aparejó una cena y se puso á comer como montaraz león, no dejando ni los intestinos, ni la carne, ni los medulosos huesos. Nosotros contemplábamos aquel horrible espectáculo con lágrimas en los ojos, alzando nuestras manos á Júpiter; pues la desesperación se había señoreado de nuestro ánimo. El Ciclope, tan luego como hubo llenado su enorme vientre, devorando carne humana y bebiendo encima leche sola, se acostó en la gruta tendiéndose en medio de las ovejas. Entonces formé en mi magnánimo corazón el propósito de acercarme á él y, sacando la aguda espada que colgaba de mi muslo, herirle el pecho donde las entrañas rodean el hígado, palpándolo previamente; mas otra consideración me contuvo. Habríamos, en efecto, perecido allí de espantosa muerte, á causa de no poder apartar con nuestras manos el grave pedrejón que el Ciclope colocó en la alta entrada. Y así, dando suspiros, aguardamos que apareciera la divinal Aurora.

»Cuando se descubrió la hija de la mañana, la Aurora de rosáceos dedos, el Ciclope encendió fuego y ordeñó las gordas ovejas, todo como debe hacerse, y á cada una le puso su hijito. Acabadas con prontitud tales faenas, echó mano á otros dos de los míos, y con ellos se aparejó el almuerzo. En acabando de comer, sacó de la cueva los pingües ganados, removiendo con facilidad el enorme pedrejón de la puerta; pero al instante lo volvió á colocar, del mismo modo que si á un carcaj le pusiera su tapa. Mientras el Ciclope aguijaba con gran estrépito sus pingües rebaños hacia el monte, yo me quedé meditando siniestros propósitos, por si de algún modo pudiese vengarme y Minerva me otorgara la victoria. Al fin parecióme que la mejor resolución sería la siguiente. Echada en el suelo del establo veíase una gran clava de olivo verde, que el Ciclope había cortado para llevarla cuando se secase. Nosotros, al contemplarla, la comparábamos con el mástil de un negro y ancho bajel de transporte que tiene veinte remos y atraviesa el dilatado abismo del mar: tan larga y tan gruesa se nos presentó á la vista. Acerquéme á ella y corté una estaca como de una braza, que di á los compañeros mandándoles que la puliesen. No bien la dejaron lisa, agucé uno de sus cabos, la endurecí, pasándola por el ardiente fuego, y la oculté cuidadosamente debajo del abundante estiércol esparcido por la gruta. Ordené entonces que se eligieran por suerte los que, uniéndose conmigo, deberían atreverse á levantar la estaca y clavarla en el ojo del Ciclope cuando el dulce sueño le rindiese. Cayóles la suerte á los cuatro que yo mismo hubiera escogido en tal ocasión, y me junté con ellos formando el quinto. Por la tarde volvió el Ciclope con el rebaño de hermoso vellón, que venía de pacer, é hizo entrar en la espaciosa gruta á todas las pingües reses, sin dejar á ninguna dentro del recinto; ya porque sospechase algo, ya porque algún dios así se lo ordenara. Cerró la puerta con el pedrejón, que llevó á pulso; sentóse, ordeñó las ovejas y las baladoras cabras, todo como debe hacerse, y á cada una le puso su hijito. Acabadas con prontitud tales cosas, agarró á otros dos de mis amigos y con ellos se aparejó la cena. Á la hora lleguéme al Ciclope y, teniendo en la mano una copa de negro vino, le hablé de esta manera:

«Toma, Ciclope, bebe vino, ya que comiste carne humana, á fin de que sepas qué bebida se guardaba en nuestro buque. Te lo traía para ofrecer una libación en el caso de que te apiadases de mí y me enviaras á mi casa, pero tú te enfureces de intolerable modo. ¡Cruel! ¿Cómo vendrá en lo sucesivo ninguno de los muchos hombres que existen, si no te portas como debieras?»

»Así le dije. Tomó el vino y bebióselo. Y gustóle tanto el dulce licor que me pidió más:

«Dame de buen grado más vino y hazme saber inmediatamente tu nombre para que te ofrezca un don hospitalario con el cual te huelgues. Pues también á los Ciclopes la fértil tierra les proporciona vino en gruesos racimos, que crecen con la lluvia enviada por Júpiter; mas esto se compone de ambrosía y néctar.»

»De tal suerte habló, y volví á servirle el negro vino: tres veces se lo presenté y tres veces bebió incautamente. Y cuando los vapores del vino envolvieron la mente del Ciclope, díjele con suaves palabras: «¡Ciclope! Preguntas cuál es mi nombre ilustre, y voy á decírtelo; pero dame el presente de hospitalidad que me has prometido. Mi nombre es *Nadie*; y *Nadie* me llaman mi madre, mi padre y mis compañeros todos.»

»Así le hablé; y en seguida me respondió, con ánimo cruel: «Á *Nadie* me lo comeré el último, después de sus compañeros, y á todos los demás antes que á él: tal será el don hospitalario que te ofrezca.»

»Dijo, tiróse hacia atrás y cayó de espaldas. Así echado, dobló la gruesa cerviz y vencióle el sueño, que todo lo rinde: Salíale de la garganta el vino con pedazos de carne humana, y eructaba por estar cargado de bebida. Entonces metí la estaca debajo del abundante rescoldo, para calentarla, y animé con mis palabras á todos los compañeros: no fuera que alguno, poseído de miedo, se retirase. Mas cuando la estaca de olivo, con ser verde, estaba á punto de arder y relumbraba intensamente, fuí y la saqué del fuego; rodeáronme mis compañeros, y una deidad nos infundió gran audacia. Ellos, tomando la estaca de olivo, hincáronla por la aguzada punta en el ojo del Ciclope; y yo, alzándome, hacíala girar por arriba. De la suerte que cuando un hombre taladra con el barreno el mástil de un navío, otros lo mueven por debajo con una correa, que asen por ambas extremidades, y aquél da vueltas continuamente: así nosotros, asiendo la estaca de ígnea punta, la hacíamos girar en el ojo del Ciclope y la sangre brotaba alrededor del caliente palo. Quemóle el ardoroso vapor párpados y cejas, en cuanto la pupila estaba ardiendo y sus raíces crepitaban por la acción del fuego. Así como el broncista, para dar el temple que es la fuerza del hierro, sumerge en agua fría una gran segur ó un hacha que rechina grandemente: de igual manera rechinaba el ojo del Ciclope en torno de la estaca de olivo. Dió el Ciclope un fuerte y horrendo gemido, retumbó la roca y nosotros, amedrentados, huímos prestamente; mas él se arrancó la estaca, toda manchada de sangre, arrojóla furioso lejos de sí y se puso á llamar con altos gritos á los Ciclopes que habitaban á su alrededor, dentro de cuevas, en los ventosos promontorios. En oyendo sus voces acudieron muchos, quien por un lado y quien por otro, y parándose junto á la cueva, le preguntaron qué le angustiaba:

«¿Por qué tan enojado, oh Polifemo, gritas de semejante modo en la divina noche, despertándonos á todos? ¿Acaso algún hombre se lleva tus ovejas mal de tu grado? ¿Ó, por ventura, te matan con engaño ó con fuerza?»

»Respondióles desde la cueva el robusto Polifemo: «¡Oh amigos! *Nadie* me mata con engaño, no con fuerza.»

»Y ellos le contestaron con estas aladas palabras: «Pues si nadie te hace fuerza, ya que estás solo, no es posible evitar la enfermedad que envía el gran Júpiter; pero, ruega á tu padre, el soberano Neptuno.»

»Apenas acabaron de hablar, se fueron todos; y yo me reí en mi corazón de cómo mi nombre y mi excelente artificio les había engañado. El Ciclope, gimiendo por los grandes dolores que padecía, anduvo á tientas, quitó el peñasco de la puerta y se sentó en la entrada, tendiendo los brazos por si lograba echar mano á alguien que saliera con las ovejas: ¡tan mentecato esperaba que yo fuese! Mas yo meditaba cómo pudiera aquel lance acabar mejor, y si hallaría algún recurso para librar de la muerte á mis compañeros y á mí mismo. Revolví toda clase de engaños y de artificios, como que se trataba de la vida y un gran mal era inminente, y al fin parecióme la mejor resolución la que voy á decir. Había unos carneros bien alimentados, hermosos, grandes, de espesa y obscura lana; y, sin desplegar los labios, los até de tres en tres, entrelazando mimbres de aquellos sobre los cuales dormía el monstruoso é injusto Ciclope: y así el del centro llevaba á un hombre y los otros dos iban á entrambos lados para que salvaran á mis compañeros. Tres carneros llevaban, por tanto, á cada varón; mas yo, viendo que había otro carnero que sobresalía entre todas las reses, lo asgo por la espalda, me deslizo al vedijudo vientre y me quedo agarrado con ambos manos á la abundantísima lana, manteniéndome en esta postura con ánimo paciente. Así, profiriendo suspiros, aguardamos la aparición de la divinal Aurora.

»Cuando se descubrió la hija de la mañana, la Aurora de rosáceos dedos, los machos salieron presurosos á pacer y las hembras, como no se las había ordeñado, balaban en el corral con las tetas retesadas. Su amo, afligido por los dolores, palpaba el lomo á todas las reses, que estaban de pie, y el simple no advirtió que mis compañeros iban atados á los pechos de los vedijudos animales. El último en tomar el camino de la puerta fué mi carnero, cargado de su lana y de mí mismo que pensaba en muchas cosas. Y el robusto Polifemo lo palpó y así le dijo:

«¡Carnero querido! ¿Por qué sales de la gruta el postrero del rebaño? Nunca te quedaste detrás de las ovejas, sino que, andando á buen paso, pacías el primero las tiernas flores de la hierba, llegabas el primero á las corrientes de los ríos y eras quien primero deseaba tornar al establo al caer de la tarde; mas ahora vienes, por el contrario, el último de todos. Sin duda echarás de menos el ojo de tu señor, á quien cegó un hombre malvado con sus perniciosos compañeros, perturbándole las mientes con el vino, *Nadie*, pero me figuro que aún no se ha librado de una terrible muerte. ¡Si tuvieras mis sentimientos y pudieses hablar, para indicarme dónde evita mi furor! Pronto su cerebro, molido á golpes, se esparciría acá y allá por el suelo de la gruta, y mi corazón se aliviaría de los daños que me ha causado ese despreciable *Nadie*.»

»Diciendo así, dejó el carnero y lo echó afuera. Cuando estuvimos algo apartados de la cueva y del corral, soltéme del carnero y desaté á los amigos. Al punto antecogimos aquellas gordas reses de gráciles piernas y, dando muchos rodeos, llegamos por fin á la nave. Nuestros compañeros se alegraron de vernos á nosotros, que nos

EL CICLOPE ARRANCÓ LA CUMBRE DE UNA MONTAÑA Y LA ARROJÓ DELANTE
DE NUESTRA EMBARCACIÓN

(Canto IX, versos y .)

habíamos librado de la muerte, y empezaron á gemir y á sollozar por los demás. Pero yo, haciéndoles una señal con las cejas, les prohibí el llanto y les mandé que cargaran presto en la nave muchas de aquellas reses de hermoso vellón y volviéramos á surcar el agua salobre. Embarcáronse en seguida y, sentándose por orden en los bancos, tornaron á herir con los remos el espumoso mar. Y, al estar tan lejos cuanto se deja oir un hombre que grita, hablé al Ciclope con estas mordaces palabras:

«¡Ciclope! No debías emplear tu gran fuerza para comerte en la honda gruta á los amigos de un varón indefenso. Las consecuencias de tus malas acciones habían de alcanzarte, oh cruel, ya que no temiste devorar á tus huéspedes en tu misma morada: por esto Júpiter y los demás dioses te han castigado.»

»Así le dije; y él, airándose más en su corazón, arrancó la cumbre de una gran montaña, arrojóla delante de nuestra embarcación de azulada proa, y poco faltó para que no diese en la extremidad del gobernalle. Agitóse el mar por la caída del peñasco y las olas, al refluir desde el ponto, empujaron la nave hacia el continente y la llevaron á tierra firme. Pero yo, asiendo con ambas manos un larguísimo botador, echéla al mar y ordené á mis compañeros, haciéndoles con la cabeza silenciosa señal, que apretaran con los remos á fin de librarnos de aquel peligro. Encorváronse todos y empezaron á remar. Mas, al hallarnos dentro del mar, á una distancia doble de la de antes, hablé al Ciclope, no embargante que mis compañeros me rodeaban y pretendían disuadirme con suaves palabras unos por un lado y otros por el opuesto:

«¡Desgraciado! ¿Por qué quieres irritar á ese hombre feroz que con lo que tiró al ponto hizo tornar la nave á tierra firme donde creímos encontrar la muerte? Si oyera que alguien da voces ó habla, nos aplastaría la cabeza y el maderamen del barco, arrojándonos áspero bloque. ¡Tan lejos llegan sus tiros!»

»Así se expresaban. Mas no lograron quebrantar la firmeza de mi ánimo; y, con el corazón irritado, le hablé otra vez con estas palabras:

«¡Ciclope! Si alguno de los mortales hombres te pregunta la causa de tu vergonzosa ceguera, dile que quien te privó del ojo fué Ulises, el asolador de ciudades, hijo de Laertes, que tiene su casa en Ítaca.»

»Tal dije; y él, dando un suspiro, respondió: «¡Oh dioses! Cumpliéronse los antiguos pronósticos. Hubo aquí un adivino excelente y grande, Télemo Eurímida, el cual descollaba en el arte adivinatoria y llegó á la senectud profetizando entre los Ciclopes: éste, pues, me vaticinó lo que hoy sucede: que sería privado de la vista por mano de Ulises. Mas esperaba yo que llegase un varón de gran estatura, gallardo, de mucha fuerza; y es un hombre pequeño, despreciable y menguado quien me cegó el ojo, subyugándome con el vino. Pero, ea, vuelve Ulises, para que te ofrezca los dones de la hospitalidad y exhorte al ínclito dios que bate la tierra, á que te conduzca á la patria; que soy su hijo y él se gloría de ser mi padre. Y será él, si le place, quien me curará y no otro alguno de los bienaventurados dioses ni de los mortales hombres.»

»Habló, pues, de esta suerte; y le contesté diciendo: «¡Así pudiera quitarte el alma y la vida, y enviarte á la morada de Plutón, como ni el mismo dios que sacude la tierra te curará el ojo!»

»Dije. Y el Ciclope oró en seguida al soberano Neptuno, alzando las manos al estrellado cielo:

«¡Óyeme, Neptuno, que ciñes la tierra, dios de cerúlea cabellera! Si en verdad soy tuyo y tú te glorías de ser mi padre, concédeme que Ulises, el asolador de ciudades, hijo de Laertes, que tiene su casa en Ítaca, no vuelva nunca á su palacio. Mas si le está destinado que ha de ver á los suyos y tornar á su bien construída casa y á su patria, sea tarde y mal, en nave ajena, después de perder todos los compañeros, y encuentre nuevas cuitas en su morada.»

»Tal fué su plegaria y la oyó el dios de cerúlea cabellera. Acto seguido tomó el Ciclope un peñasco mucho mayor que el de antes, lo despidió, haciéndolo voltear con fuerza inmensa, arrojólo detrás de nuestro bajel de azulada proa, y poco faltó para que no diese en la extremidad del gobernalle. Agitóse el mar por la caída del peñasco y las olas, llevando la embarcación hacia adelante, hiciéronla llegar á tierra firme.

»Así que arribamos á la isla donde estaban los restantes navíos, de muchos bancos, y en su contorno los compañeros que nos aguardaban llorando, saltamos á la orilla del mar y sacamos la nave á la arena. Y, tomando de la cóncava embarcación las reses del Ciclope, nos las repartimos de modo que ninguno se quedara sin su parte. En esta partición que se hizo del ganado, mis compañeros, de hermosas grebas, asignáronme el carnero además de lo que me correspondía; y yo lo sacrifiqué en la playa á Júpiter Saurnio, que amontona las nubes y sobre todos reina, quemando en su obsequio ambos muslos. Pero el dios, sin hacer caso del sacrificio, meditaba cómo podrían llegar á perderse todas mis naves, de muchos bancos, con los fieles compañeros. Y ya todo el día, hasta la puesta del sol, estuvimos sentados, comiendo carne en abundancia y bebiendo dulce vino. Cuando el sol se puso y llegó la noche, nos acostamos en la orilla del mar. Pero, apenas se descubrió la hija de la mañana, la Aurora de rosáceos dedos, ordené á mis compañeros que subieran á la nave y desataran las amarras. Embarcáronse prestamente y, sentándose por orden en los bancos, tornaron á herir con los remos el espumoso mar.

»Desde allí seguimos adelante, con el corazón triste, escapando gustosos de la muerte aunque perdimos algunos compañeros.

Ulises, compadeciéndose de la suerte de sus compañeros, suplica á
Circe que les torne su
anterior figura

CANTO X

LO RELATIVO Á ÉOLO, Á LOS LESTRIGONES Y Á CIRCE

»Llegamos á la isla Eolia, donde moraba Éolo Hipótada, caro á los inmortales dioses; isla natátil, á la cual cerca broncíneo é irrompible muro, levantándose en el interior una escarpada roca. Á Éolo naciéronle doce vástagos en el palacio: seis hijas y seis hijos florecientes; y dió aquéllas á éstos para que fuesen sus esposas. Todos juntos, á la vera de su padre querido y de su madre veneranda, disfrutan de un continuo banquete en el que se les sirven muchísimos manjares. Durante el día percíbese en la casa el olor del asado y resuena toda con la flauta; y por la noche duerme cada uno con su púdica mujer sobre tapetes, en torneado lecho. Llegamos, pues, á su ciudad y á sus magníficas viviendas, y Éolo tratóme como á un amigo por espacio de un mes y me hizo preguntas sobre muchas cosas—sobre Ilión, sobre las naves de los argivos, sobre la vuelta de los aqueos—de todo lo cual le informé debidamente. Cuando quise partir y le rogué que me despidiera, no se negó y preparó mi viaje. Dióme entonces, encerrados en un cuero de un buey de nueve años que antes desollara, los soplos de los mugidores vientos; pues el Saturnio habíale hecho árbitro de los mismos, con facultad de aquietar ó de excitar al que quisiera. Y ató dicho pellejo en la cóncava nave con un reluciente hilo de plata, de manera que no saliese ni el menor soplo; enviándome el Céfiro para que, soplando, llevara nuestras naves y á nosotros en ellas. Mas, en vez de suceder así, había de perdernos nuestra propia imprudencia.

»Navegamos seguidamente por espacio de nueve días con sus noches. Y en el décimo se nos mostró la tierra patria, donde vimos á los }}que encendían fuego cerca del mar. Entonces me sentí fatigado y me rindió el dulce sueño; pues había gobernado continuamente el timón de la nave, que no quise confiar á ninguno de los amigos para que llegáramos más pronto. Los compañeros hablaban los unos con los otros de lo que yo llevaba á mi palacio, figurándose que era oro y plata, recibidos como dádiva del magnánimo Éolo Hipótada. Y alguno de ellos dijo de esta suerte al que tenía más cercano:

«¡Oh dioses! ¡Cuán querido y honrado es este varón, de cuantos hombres habitan en las ciudades y tierras adonde llega! Muchos y valiosos objetos se ha llevado del botín de Troya; mientras que los demás, con haber hecho el mismo viaje, volveremos á casa con las manos vacías. Y ahora Éolo, obsequiándole como á un amigo, acaba de darle estas cosas. Ea, veamos pronto lo que son y cuánto oro y plata hay en el cuero.»

»Así razonaban. Prevaleció aquel mal consejo y, desatando mis amigos el odre, escapáronse con gran ímpetu todos los vientos. En seguida arrebató las naves una tempestad y llevólas al ponto: ellos lloraban, al verse lejos de la patria; y yo, recordando, medité en mi irreprochable espíritu si debía tirarme del bajel y morir en el ponto, ó sufrirlo todo en silencio y permanecer entre los vivos. Lo sufrí, quedéme en el barco y, cubriéndome, me acosté de nuevo. Las naves tornaron á ser llevadas á la isla Eolia por la funesta tempestad que promovió el viento, mientras gemían cuantos me acompañaban.

»Llegados allá, saltamos en tierra, hicimos aguada, y á la hora empezamos á comer junto á las veleras naves. Mas, así que hubimos gustado la comida y la bebida, tomé un heraldo y un compañero y, encaminándonos al ínclito palacio de Éolo, hallamos á éste, que celebraba un banquete con su esposa y sus hijos. Ya en la casa, nos sentamos al umbral, cerca de las jambas; y ellos se pasmaron al vernos y nos hicieron estas preguntas:

«¿Cómo aquí, Ulises? ¿Qué funesto numen te persigue? Nosotros te enviamos con gran recaudo para que llegases á tu patria y á tu casa, ó á cualquier sitio que te pluguiera.»

»Así hablaron. Y yo, con el corazón afligido, les dije: «Mis imprudentes compañeros y un sueño pernicioso causáronme este daño; pero remediadlo vosotros, oh amigos, ya que podéis hacerlo.»

»En tales términos me expresé, halagándoles con suaves palabras. Todos enmudecieron y, por fin, el padre me respondió:

«¡Sal de la isla y muy pronto, malvado más que ninguno de los que hoy viven! No me es permitido tomar á mi cuidado y asegurarle la vuelta á un varón que se ha hecho odioso á los bienaventurados dioses. Vete noramala; pues si viniste ahora, es porque los inmortales te aborrecen.»

»Hablando de esta manera me despidió del palacio, á mí, que profería hondos suspiros. Luego seguimos adelante, con el corazón angustiado. Y ya iba agotando el ánimo de los hombres aquel molesto remar, que á nuestra necedad debíamos; pues no se presentaba medio alguno de volver á la patria.

»Navegamos sin interrupción durante seis días con sus noches, y al séptimo llegamos á Telépilo de Lamos, la excelsa ciudad de la Lestrigonia, donde el pastor, al recoger su rebaño, llama á otro que sale en seguida con el suyo. Allí un hombre que no durmiese, podría ganar dos salarios: uno, guardando bueyes; y otro, apacentando blancas ovejas. ¡Tan inmediatamente sucede al pasto del día el de la noche! Apenas arribamos al magnífico puerto, el cual estaba rodeado de ambas partes por escarpadas rocas y tenía en sus extremos riberas prominentes y opuestas que dejaban un estrecho paso, todos llevaron á éste las corvas naves y las amarraron en el cóncavo puerto, muy juntas, porque allí no se levantan olas ni grandes ni pequeñas y una plácida calma reina en derredor; mas yo dejé mi negra embarcación fuera del puerto, cabe á uno de sus extremos é hice atar las amarras á un peñasco. Subí luego á una áspera atalaya y desde ella no columbré labores de bueyes ni de hombres, sino tan sólo el humo que se alzaba de la tierra. Quise enviar algunos compañeros para que averiguaran cuáles hombres comían el pan en aquella comarca; y designé á dos, haciéndoles acompañar por un tercero que fué un heraldo. Fuéronse y, siguiendo un camino llano por donde las carretas llevaban la leña de los altos montes á la ciudad, poco antes de llegar á la población encontraron una doncella, la eximia hija del lestrigón Antífates, que bajaba á la fuente Artacia, de hermosa corriente, pues allá iban á proveerse de agua los ciudadanos. Detuviéronse y hablaron á la joven, preguntándole quién era el rey y sobre quiénes reinaba; y ella les mostró en seguida la elevada casa de su padre. Llegáronse entonces á la magnífica morada, hallaron dentro á la esposa, que era alta como la cumbre de un monte, y cobráronle no poco miedo. La mujer llamó del ágora á su marido el preclaro Antífates, y éste maquinó contra mis compañeros cruda muerte: agarrando prestamente á uno, aparejóse con el mismo la cena, mientras los otros dos tornaban á los barcos en precipitada fuga. Antífates gritó por la ciudad y, al oirle, acudieron de todos lados muchos y fuertes lestrigones, que no parecían hombres sino gigantes, y desde las peñas tiraron pedruscos muy pesados: pronto se alzó en las naves un deplorable estruendo causado á la vez por los gritos de los que morían y por la rotura de los barcos; y los lestrigones, atravesando á los hombres como si fueran peces, se los llevaban para celebrar nefando festín. Mientras así los mataban en el hondísimo puerto, saqué la aguda espada que llevaba junto al muslo y corté las amarras de mi bajel de azulada proa. Acto continuo exhorté á mis amigos, mandándoles que batieran los remos para librarnos de aquel peligro; y todos azotaron el mar por temor á la muerte. Con satisfacción huímos en mi nave desde las rocas prominentes al ponto; mas las restantes se perdieron en aquel sitio, todas juntas.

»Desde allí seguimos adelante, con el corazón triste, escapando gustosos de la muerte aunque perdimos algunos compañeros. Llegamos luego á la isla Eea, donde moraba Circe, la de lindas trenzas, deidad poderosa, dotada de voz, hermana carnal del terrible Eetes; pues ambos fueron engendrados por el Sol, que alumbra á los mortales, y tienen por madre á Perse, hija del Océano. Acercamos silenciosamente el navío á la ribera, haciéndolo entrar en un amplio puerto, y alguna divinidad debió de conducirnos. Saltamos en tierra, permanecimos echados dos días con sus noches, y nos roían el ánimo el cansancio y los pesares. Mas, al punto que la Aurora, de lindas trenzas, nos trajo el día tercero, tomé mi lanza y mi aguda espada y me fuí prestamente desde la nave á una atalaya, por si conseguía ver labores de hombres mortales ó percibir la voz de los mismos. Y, habiendo subido á una altura muy escarpada, me paré y aparecióseme el humo que se alzaba de la espaciosa tierra, en el palacio de Circe, entre un espeso encinar y una selva. Á la hora que divisé el negro humo, se me ocurrió en la mente y en el ánimo ir yo mismo á enterarme; mas, considerándolo bien, parecióme mejor tornar á la orilla, donde se hallaba la velera nao, disponer que comiesen mis compañeros y enviar á algunos para que se informaran. Emprendí la vuelta, y ya estaba á poca distancia del corvo bajel, cuando algún dios me tuvo compasión al verme solo, y me hizo salir al camino un gran ciervo de altos cuernos; que desde el pasto de la selva bajaba al río para beber, pues el calor del sol le había entrado. Apenas se presentó, acertéle con la lanza en el espinazo, en medio de la espalda, de tal manera que el bronce lo atravesó completamente. Cayó el ciervo, quedando tendido en el polvo, y perdió la vida. Lleguéme á él y saquéle la broncínea lanza, poniéndola en el suelo; arranqué después varitas y mimbres, y formé una soga como de una braza, bien torcida de ambas partes, con la cual pude atar juntos los pies de la enorme bestia. Me la colgué al cuello y enderecé mis pasos á la negra nave, apoyándome en la pica; ya que no hubiera podido sostenerla en la espalda con sólo la otra mano, por ser tan grande aquella pieza. Por fin la dejé en tierra, junto á la embarcación; y comencé á animar á mis compañeros, acercándome á los mismos y hablándoles con dulces palabras:

«¡Amigos! No descenderemos á la morada de Plutón, aunque nos sintamos afligidos, hasta que nos llegue el día fatal. Mas, ea, en cuanto haya víveres y bebida en la embarcación, pensemos en comer y no nos dejemos consumir por el hambre.»

»Así les dije; y, obedeciendo al instante mis palabras, quitáronse la ropa con que se habían tapado allí, en la playa del mar estéril, y admiraron el ciervo, pues era grandísima aquella pieza. Después que se hubieron deleitado en contemplarlo con sus propios ojos, laváronse las manos y aparejaron un banquete espléndido. Y ya todo el día, hasta la puesta del sol, estuvimos sentados, comiendo carne en abundancia y bebiendo dulce vino. Cuando el sol se puso y llegó la noche, nos acostamos en la orilla del mar. Pero, no bien se descubrió la hija de la mañana, la Aurora de rosáceos dedos, reuní en junta á mis amigos y les hablé de esta manera:

«Oíd mis palabras, compañeros, aunque padezcáis tantos males. ¡Oh amigos! Ya que ignoramos dónde está el poniente y el sitio en que aparece la Aurora, por dónde el Sol, que alumbra á los mortales, desciende debajo de la tierra, y por dónde vuelve á salir; examinemos prestamente si nos será posible tomar alguna resolución, aunque yo no lo espero; mas, desde escarpada altura contemplé esta isla, que es baja y á su alrededor forma una corona el ponto inmenso, y con mis propios ojos vi salir humo de en medio de la misma, á través de los espesos encinares y de la selva.»

»Tal dije. Á todos se les quebraba el corazón, acordándose de los hechos del lestrigón Antífates y de las violencias del feroz Ciclope, que se comía á los hombres, y se echaron á llorar ruidosamente, vertiendo abundantes lágrimas; aunque para nada les sirvió su llanto.

»Formé con mis compañeros de hermosas grebas dos secciones, á las que di sendos capitanes; pues yo me puse al frente de una y el deiforme Euríloco mandaba la otra. Echamos suertes en broncíneo yelmo y, como saliera la del magnánimo Euríloco, partió con veintidós compañeros que lloraban; y nos dejaron á nosotros, que también sollozábamos. Dentro de un valle y en lugar visible descubrieron el palacio de Circe, construído de piedra pulimentada. En torno suyo encontrábanse lobos montaraces y leones, á los que Circe había encantado, dándoles funestas drogas; pero estos animales no acometieron á mis hombres, sino que, levantándose, fueron á halagarles con sus colas larguísimas. Como los perros halagan á su amo siempre que vuelve del festín, porque les trae algo que satisface su apetito; de tal manera los lobos, de uñas fuertes, y los leones fueron á halagar á mis compañeros, que se asustaron de ver tan espantosos monstruos. En llegando á la mansión de la diosa de lindas trenzas, detuviéronse en el vestíbulo y oyeron á Circe que con voz pulcra cantaba en el interior, mientras labraba una tela grande, divinal y tan fina, elegante y espléndida, como son las labores de las diosas. Y Polites, caudillo de hombres, que era para mí el más caro y respetable de los compañeros, empezó á hablarles de esta manera:

«¡Oh amigos! En el interior está cantando hermosamente alguna diosa ó mujer que labra una gran tela, y hace resonar todo el pavimento. Llamémosla cuanto antes.»

»Así les dijo; y ellos la llamaron á voces. Circe se alzó en seguida, abrió la magnífica puerta, los llamó y siguiéronla todos imprudentemente; á excepción de Euríloco, que se quedó fuera por temor de algún engaño. Cuando los tuvo dentro, los hizo sentar en sillas y sillones, confeccionó un potaje de queso, harina y miel fresca con vino de Pramnio, y echó en él drogas perniciosas para que los míos olvidaran por completo la tierra patria. Dióselo, bebieron, y, seguidamente, los tocó con una varita y los encerró en pocilgas.

CIRCE, TOCÁNDOLOS CON SU VARITA, LOS CONVIRTIÓ EN
CERDOS Y LOS ENCERRÓ EN POCILGAS

Y tenían la cabeza, la voz, las cerdas y el cuerpo como los puercos, pero sus mientes quedaron tan enteras como antes. Así fueron encerrados y todos lloraban; y Circe les echó para comer, fabucos, bellotas y el fruto del cornejo, que es lo que comen los puercos, que se echan en la tierra.

»Euríloco volvió sin dilación al ligero y negro bajel, para enterarnos de la aciaga suerte que les había cabido á los compañeros. Mas no le era posible proferir una sola palabra, no obstante su deseo, por tener el corazón sumido en grave dolor; los ojos se le llenaron de lágrimas y su ánimo únicamente en sollozar pensaba. Todos le contemplábamos con asombro y le hacíamos preguntas, hasta que por fin nos contó la pérdida de los demás compañeros:

«Nos alejamos á través del encinar como mandaste, preclaro Ulises, y dentro de un valle y en lugar visible descubrimos un hermoso palacio, hecho de piedra pulimentada. Allí, alguna diosa ó mujer cantaba con voz sonora, labrando una gran tela. Llamáronla á voces. Alzóse en seguida, abrió la magnífica puerta, nos llamó, y siguiéronla todos imprudentemente; pero yo me quedé fuera, temiendo que hubiese algún engaño. Todos á una desaparecieron y ninguno ha vuelto á presentarse, aunque he permanecido acechándolos un buen rato.»

»De tal manera se expresó. Yo entonces, colgándome del hombro la grande broncínea espada, de clavazón de plata, y tomando el arco, le mandé que sin pérdida de tiempo me llevara por el camino que habían seguido. Mas él comenzó á suplicarme, abrazando con entrambas manos mis rodillas; y entre lamentos decíame estas aladas palabras:

«¡Oh alumno de Júpiter! No me lleves allá, mal de mi grado; déjame aquí; pues sé que no volverás ni traerás á ninguno de tus compañeros. Huyamos en seguida con los presentes, que aún nos podremos librar del día cruel.»

»Así me habló; y le contesté diciendo: «¡Euríloco! Quédate tú en este lugar, á comer y beber junto á la cóncava y negra embarcación; mas yo iré, que la dura necesidad me lo exige.»

»Dicho esto, alejéme de la nave y del mar. Pero cuando, yendo por el sacro valle, estaba á punto de llegar al gran palacio de Circe, la conocedora de muchas drogas, y ya enderezaba mis pasos al mismo, salióme al encuentro Mercurio, el de la áurea vara, en figura de un mancebo á quien comienza á salir el bozo y está graciosísimo en la flor de la juventud. Y, tomándome la mano, me habló diciendo:

«¡Ah infeliz! ¿Adónde vas por estos altozanos, solo y sin conocer la comarca? Tus amigos han sido encerrados en el palacio de Circe, como puercos, y se hallan en pocilgas sólidamente labradas. ¿Vienes quizás á libertarlos? Pues no creo que vuelvas, antes te quedarás donde están los otros. Ea, quiero preservarte de todo mal, quiero salvarte: toma este excelente remedio, que apartará de tu cabeza el día cruel, y ve á la morada de Circe cuyos malos propósitos he de referirte íntegramente. Te preparará una mixtura y te echará drogas en el manjar; mas, con todo eso, no podrá encantarte porque lo impedirá el excelente remedio que vas á recibir. Te diré ahora lo que ocurrirá después. Cuando Circe te hiriere con su larguísima vara, tira de la aguda espada que llevas cabe al muslo, y acométela como si desearas matarla. Entonces, cobrándote algún temor, te invitará á que yazgas con ella: tú no te niegues á compartir el lecho de la diosa, para que libre á tus amigos y te acoja benignamente, pero hazle prestar el solemne juramento de los bienaventurados dioses de que no maquinará contra ti ningún otro funesto daño: no sea que, cuando te desnudes de las armas, te prive de tu valor y de tu fuerza.»

»Cuando así hubo dicho, el Argicida me dió el remedio, arrancando una planta cuya naturaleza me enseñó. Tenía negra la raíz y era blanca como la leche su flor, llámanla moly los dioses, y es muy difícil de arrancar para un mortal; pero las deidades lo pueden todo.

»Mercurio se fué al vasto Olimpo, á través de la selvosa isla; y yo me encaminé á la morada de Circe, revolviendo en mi corazón muchos propósitos. Llegado al palacio de la diosa de lindas trenzas, paréme en el umbral y empecé á dar gritos; la deidad oyó mi voz y, alzándose al punto, abrió la magnífica puerta y me llamó; y yo, con el corazón angustiado, me fuí tras ella. Cuando me hubo introducido, hízome sentar en una silla de argénteos clavos, hermosa, labrada, con un escabel para los pies; y en copa de oro preparóme la mixtura para que bebiese, echando en la misma cierta droga y maquinando en su mente cosas perversas. Mas, tan luego como me la dió y bebí, sin que lograra encantarme, tocóme con la vara mientras me decía estas palabras:

«Ve ahora á la pocilga y échate con tus compañeros.» Así habló. Desenvainé entonces la aguda espada que llevaba cerca del muslo y arremetí contra Circe, como deseando matarla. Ella profirió agudos gritos, se echó al suelo, me abrazó por las rodillas y me dirigió entre sollozos estas aladas palabras:

«¿Quién eres y de qué país procedes? ¿Dónde se hallan tu ciudad y tus padres? Me tiene suspensa que hayas bebido estas drogas sin quedar encantado, pues ningún otro pudo resistirlas, tan luego como las tomó y pasaron el cerco de sus dientes. Hay en tu pecho un ánimo indomable. Eres sin duda aquel Ulises de multiforme ingenio, de quien me hablaba siempre el Argicida, que lleva áurea vara, asegurándome que vendrías cuando volvieses de Troya en la negra y velera nave. Mas, ea, envaina la espada y vámonos á la cama para que, unidos por el lecho y el amor, crezca entre nosotros la confianza.»

»Así se expresó; y le repliqué diciendo: «¡Oh Circe! ¿Cómo me pides que te sea benévolo, después que en este mismo palacio convertiste á mis compañeros en cerdos y ahora me detienes á mí, maquinas engaños y me ordenas que entre en tu habitación y suba á tu lecho á fin de privarme del valor y de la fuerza, apenas deje las armas? Yo no querría subir á la cama, si no te atrevieras, oh diosa, á prestar solemne juramento de que no maquinarás contra mí ningún otro pernicioso daño.»

»Así le dije. Juró al instante, como se lo mandaba. Y en seguida que hubo prestado el juramento, subí al magnífico lecho de Circe.

»Aderezaban el palacio cuatro siervas, que son las criadas de Circe y han nacido de las fuentes, de los bosques, ó de los sagrados ríos que corren hacia el mar. Ocupábase una en cubrir los sillones con hermosos tapetes de púrpura, dejando á los pies un lienzo; colocaba otra argénteas mesas delante de los asientos, poniendo encima canastillos de oro; mezclaba la tercera el dulce y suave vino en una cratera de plata y lo distribuía en áureas copas; y la cuarta traía agua y encendía un gran fuego debajo del trípode donde aquélla se calentaba. Y cuando el agua hirvió dentro del reluciente bronce, llevóme á la bañera y allí me lavó, echándome la deliciosa agua del gran trípode á la cabeza y á los hombros hasta quitarme de los miembros la fatiga que roe el ánimo. Después que me hubo lavado y ungido con pingüe aceite, vistióme un hermoso manto y una túnica, y me condujo, para que me sentase, á una silla de argénteos clavos, hermosa, labrada y provista de un escabel para los pies. Una esclava dióme aguamanos que traía en magnífico jarro de oro y vertió en fuente de plata y me puso delante una pulimentada mesa. La veneranda despensera trajo pan, y dejó en la mesa buen número de manjares, obsequiándome con los que tenía reservados. Circe invitóme á comer, pero no le plugo á mi ánimo y seguí quieto, pensando en otras cosas, pues mi corazón presagiaba desgracias.

»Cuando Circe notó que yo seguía quieto, sin echar mano á los manjares, y abrumado por fuerte pesar, se vino á mi lado y me habló con estas aladas palabras:

«¿Por qué, Ulises, permaneces así, como un mudo, y consumes tu ánimo, sin tocar la comida ni la bebida? Sospechas que haya algún engaño y has de desechar todo temor, pues ya te presté solemne juramento.»

»Así se expresó; y le repuse diciendo: «¡Oh Circe! ¿Cuál varón, que fuese razonable, osara probar la comida y la bebida antes de libertar á los compañeros y contemplarlos con sus propios ojos? Si me invitas de buen grado á beber y á comer, suelta mis fieles amigos para que con mis ojos pueda verlos.»

»De tal suerte hablé. Circe salió del palacio con la vara en la mano, abrió las puertas de la pocilga y sacó á mis compañeros en figura de puercos de nueve años. Colocáronse delante y ella anduvo por entre los mismos, untándolos con una nueva droga: en el acto cayeron de los miembros las cerdas que antes les hizo crecer la perniciosa droga suministrada por la veneranda Circe, y mis amigos tornaron á ser hombres, pero más jóvenes aún y mucho más hermosos y más altos. Conociéronme y uno por uno me estrecharon la mano. Alzóse entre todos un dulce llanto, la casa resonaba fuertemente y la misma deidad hubo de apiadarse. Y deteniéndose junto á mí, dijo de esta suerte la divina entre las diosas:

«¡Laertíada, de jovial linaje! ¡Ulises, fecundo en recursos! Ve ahora adonde tienes la velera nave en la orilla del mar y ante todo sacadla á tierra firme; llevad á las grutas las riquezas y los aparejos todos, y trae en seguida tus fieles compañeros.»

»Tales fueron sus palabras y mi ánimo generoso se dejó persuadir. Enderecé el camino á la velera nave y la orilla del mar, y hallé junto á aquélla á mis fieles compañeros, que se lamentaban tristemente y derramaban abundantes lágrimas. Así como las terneras que tienen su cuadra en el campo, saltan y van juntas al encuentro de las gregales vacas que vuelven al aprisco después de saciarse de hierba; y ya los cercados no las detienen, sino que, mugiendo sin cesar, corren en torno de las madres: así aquéllos, al verme con sus propios ojos, me rodearon llorando, pues á su ánimo les produjo casi el mismo efecto que si hubiesen llegado á su patria y á su ciudad, á la áspera Ítaca donde nacieron y se criaron. Y, sollozando, estas aladas palabras me decían:

«Tu vuelta, oh alumno de Júpiter, nos alegra tanto como si hubiésemos llegado á Ítaca, nuestra patria tierra. Mas, ea, cuéntanos la pérdida de los demás compañeros.»

»De tal suerte se expresaron. Entonces les dije con suaves palabras: «Primeramente saquemos la nave á tierra firme y llevemos á las grutas nuestras riquezas y los aparejos todos; y después apresuraos á seguirme juntos para que veáis cómo los amigos beben y comen en la sagrada mansión de Circe, pues todo lo tienen en gran abundancia.»

»Así les hablé; y al instante obedecieron mi mandato. Euríloco fué el único que intentó detener á los compañeros, diciéndoles estas aladas palabras:

«¡Ah infelices! ¿Adónde vamos? ¿Por qué buscáis vuestro daño, yendo al palacio de Circe que á todos nos transformará en puercos, lobos ó leones para que le guardemos, mal de nuestro grado, su espaciosa mansión? Se repetirá lo que ocurrió con el Ciclope cuando los nuestros llegaron á su cueva con el audaz Ulises y perecieron por la loca temeridad del mismo.»

»De tal modo habló. Yo revolvía en mi pensamiento desenvainar la espada de larga punta, que llevaba á un lado del vigoroso muslo y de un golpe echarle la cabeza al suelo, aunque Euríloco era deudo mío muy cercano; pero me contuvieron los amigos, unos por un lado y otros por el opuesto, diciéndome con dulces palabras:

«¡Alumno de Júpiter! Á éste lo dejaremos aquí, si tú lo mandas, y se quedará á guardar la nave; pero á nosotros llévanos á la sagrada mansión de Circe.»

»Hablando así, alejáronse de la nave y del mar. Y Euríloco no se quedó cerca del cóncavo bajel; pues fué siguiéndonos, amedrentado por mi terrible amenaza.

»En tanto Circe lavó cuidadosamente en su morada á los demás compañeros, los ungió con pingüe aceite, les puso lanosos mantos y túnicas; y ya los hallamos celebrando alegre banquete en el palacio. Después que se vieron los unos á los otros y contaron lo ocurrido, comenzaron á sollozar y la casa resonaba en torno suyo. La divina entre las diosas se detuvo entonces á mi lado y me habló de esta manera:

«¡Laertíada, de jovial linaje! ¡Ulises, fecundo en recursos! Ahora dad tregua al copioso llanto: sé yo también cuántas fatigas habéis soportado en el ponto, abundante en peces, y cuántos hombres enemigos os dañaron en la tierra. Mas, ea, comed viandas y bebed vino hasta que recobréis el ánimo que teníais en el pecho cuando dejasteis vuestra patria, la escabrosa Ítaca. Actualmente estáis flacos y desmayados, trayendo de continuo á la memoria la peregrinación molesta, y no cabe en vuestro ánimo la alegría por lo mucho que habéis padecido.»

»Tales fueron sus palabras y nuestro ánimo generoso se dejó persuadir. Allí nos quedamos día tras día un año entero y siempre tuvimos en los banquetes carne en abundancia y dulce vino. Mas cuando se acabó el año y volvieron á sucederse las estaciones, después de transcurrir los meses y de pasar muchos días, llamáronme los fieles compañeros y me hablaron de este modo:

«¡Ilustre! Acuérdate ya de la patria tierra, si el destino ha decretado que te salves y llegues á tu casa, de alta techumbre, y á la patria tierra.»

»Así dijeron y mi ánimo generoso se dejó persuadir. Y todo aquel día hasta la puesta del sol, estuvimos sentados, comiendo carne en abundancia y bebiendo dulce vino. Cuando el sol se puso y sobrevino la noche, acostáronse los compañeros en las obscuras salas.

»Mas yo subí á la magnífica cama de Circe y empecé á suplicar á la deidad, que oyó mi voz y á la cual abracé las rodillas. Y, hablándole, estas aladas palabras le decía:

«¡Oh Circe! Cúmpleme tu promesa de mandarme á mi casa. Ya mi ánimo me incita á partir y también el de los compañeros, quienes aquejan mi corazón, rodeándome llorosos, cuando tú estás lejos.»

»Así le hablé. Y la divina entre las diosas contestóme acto seguido: «¡Laertíada, de jovial linaje! ¡Ulises, fecundo en recursos! No os quedéis por más tiempo en esta casa, mal de vuestro grado. Pero ante todo habéis de emprender un viaje á la morada de Plutón y de la veneranda Proserpina, para consultar el alma del tebano Tiresias, adivino ciego, cuyas mientes se conservan íntegras. Á él tan sólo, después de muerto, dióle Proserpina inteligencia y saber; pues los demás revolotean como sombras.»

»Tal dijo. Sentí que se me quebraba el corazón y, sentado en el lecho, lloraba y no quería vivir ni ver más la lumbre del sol. Pero cuando me sacié de llorar y de revolcarme por la cama, le contesté con estas palabras:

«¡Oh Circe! ¿Quién nos guiará en ese viaje, ya que ningún hombre ha llegado jamás al Orco en negro navío?»

»Así le hablé. Respondióme en el acto la divina entre las diosas: «¡Laertíada, de jovial linaje! ¡Ulises, fecundo en recursos! No te preocupe el deseo de tener quien guíe el negro bajel: iza el mástil, descoge las blancas velas y quédate sentado, que el soplo del Bóreas conducirá la nave. Y cuando hayas atravesado el Océano y llegues adonde hay una playa estrecha y bosques consagrados á Proserpina y elevados álamos y estériles sauces, detén la nave en el Océano, de profundos remolinos, y encamínate á la tenebrosa morada de Plutón. Allí el Piriflegetón y el Cocito, que es un arroyo del agua de la Estigia, llevan sus aguas al Aqueronte; y hay una roca en el lugar donde confluyen aquellos sonorosos ríos. Acercándote, pues, á este paraje, como te lo mando, oh héroe, abre un hoyo que tenga un codo por cada lado; haz alrededor del mismo una libación á todos los muertos, primeramente con aguamiel, luego con dulce vino y á la tercera vez con agua; y polvoréalo de blanca harina. Eleva después muchas súplicas á las inanes cabezas de los muertos y vota que, en llegando á Ítaca, les sacrificarás en el palacio una vaca no paridera, la mejor que haya, y llenarás la pira de cosas excelentes, en su obsequio; y también que á Tiresias le inmolarás aparte un carnero completamente negro que descuelle entre vuestros rebaños. Así que hayas invocado con tus preces al ínclito pueblo de los difuntos, sacrifica un carnero y una oveja negra, volviendo el rostro al Érebo, y apártate un poco hacia la corriente del río: allí acudirán muchas almas de los que murieron. Exhorta en seguida á los compañeros y mándales que desuellen las reses, tomándolas del suelo donde yacerán degolladas por el cruel bronce, y las quemen prestamente, haciendo votos al poderoso Plutón y á la veneranda Proserpina; y tú desenvaina la espada que llevas cabe al muslo, siéntate y no permitas que las inanes cabezas de los muertos se acerquen á la sangre hasta que hayas interrogado á Tiresias. Pronto comparecerá el adivino, príncipe de hombres, y te dirá el camino que has de seguir, cuál será su duración y cómo podrás volver á la patria, atravesando el mar en peces abundoso.»

»Tal dijo, y al momento llegó la Aurora, de áureo trono. Circe me vistió un manto y una túnica; y se puso amplia vestidura blanca, fina y hermosa, ciñó el talle con lindo cinturón de oro y veló su cabeza. Yo anduve por la casa y amonesté á los compañeros, acercándome á los mismos y hablándoles con dulces palabras:

«No permanezcáis acostados, disfrutando del dulce sueño. Partamos ya, pues la veneranda Circe me lo aconseja.»

»Así les dije; y su ánimo generoso se dejó persuadir. Mas ni de allí pude llevarme indemnes todos los compañeros. Un tal Elpénor, el más joven de todos, que ni era muy valiente en los combates, ni estaba muy en juicio, yendo á buscar la frescura después que se cargara de vino, habíase acostado separadamente de sus compañeros en la sagrada mansión de Circe; y al oir el vocerío y estrépito de los camaradas que empezaban á moverse, se levantó de súbito, olvidósele volver atrás á fin de bajar por la larga escalera, cayó desde el techo, se le rompieron las vértebras del cuello y su alma descendió al Orco.

»Cuando ya todos se hubieron reunido, les dije estas palabras: «Creéis sin duda que vamos á casa, á nuestra querida patria tierra; pues bien, Circe nos ha indicado que hemos de hacer un viaje á la morada de Plutón y de la veneranda Proserpina para consultar el alma del tebano Tiresias.»

»Así les hablé. Á todos se les quebraba el corazón y, sentándose allí mismo, lloraban y se mesaban los cabellos. Mas, ningún provecho sacaron de sus lamentaciones.

»Tan luego como nos encaminamos, afligidos, á la velera nave y á la orilla del mar, vertiendo copiosas lágrimas, acudió Circe y ató al obscuro bajel un carnero y una oveja negra. Y al hacerlo logró pasar inadvertida muy fácilmente, ¿pues quién podrá ver con sus propios ojos á una deidad que va ó viene, si á ella no le place?

Ulises desciende al Orco, por consejo de Circe, á fin de consultar el alma de Tiresias

CANTO XI

EVOCACIÓN DE LOS MUERTOS

»En llegando á la nave y al divino mar, echamos en el agua la negra embarcación, izamos el mástil y descogimos el velamen; cargamos luego las reses, y por fin nos embarcamos nosotros, muy tristes y vertiendo copiosas lágrimas. Por detrás de la nave de azulada proa soplaba favorable viento, que hinchaba las velas; buen compañero que nos mandó Circe, la de lindas trenzas, deidad poderosa, dotada de voz. Colocados cada uno de los aparejos en su sitio, nos sentamos en la nave. Á ésta conducíanla el viento y el piloto, y durante el día fué andando á velas desplegadas, hasta que se puso el sol y las tinieblas ocuparon todos los caminos.

»Entonces arribamos á los confines del Océano, de profunda corriente. Allí están el pueblo y la ciudad de los Cimerios entre nieblas y nubes, sin que jamás el Sol resplandeciente los ilumine con sus rayos, ni cuando sube al cielo estrellado, ni cuando vuelve del cielo á la tierra, pues una noche perniciosa se extiende sobre los míseros mortales. Á tal paraje fué nuestro bajel, que sacamos á la playa; y nosotros, asiendo las ovejas, anduvimos á lo largo de la corriente del Océano hasta llegar al sitio que nos indicara Circe.

»Allí Perimedes y Euríloco sostuvieron las víctimas y yo, desenvainando la aguda espada que cabe al muslo llevaba, abrí un hoyo de un codo por lado; hice alrededor del mismo una libación á todos los muertos, primeramente con aguamiel, luego con dulce vino y á la tercera vez con agua; y lo polvoreé todo de blanca harina. Acto seguido supliqué con fervor á las inanes cabezas de los muertos, y voté que, cuando llegara á Ítaca, les sacrificaría en el palacio una vaca no paridera, la mejor que hubiese, y que en su obsequio llenaría la pira de cosas excelentes, y también que á Tiresias le inmolaría aparte un carnero completamente negro que descollase entre nuestros rebaños. Después de haber rogado con votos y súplicas al pueblo de los difuntos, tomé las reses, las degollé encima del hoyo, corrió la negra sangre y al instante se congregaron, saliendo del Érebo, las almas de los fallecidos: mujeres jóvenes, mancebos, ancianos que en otro tiempo padecieron muchos males, tiernas doncellas con el ánimo angustiado por reciente pesar, y muchos varones que habían muerto en la guerra, heridos por broncíneas lanzas, y mostraban ensangrentadas armaduras: agitábanse todas con grandísimo clamoreo alrededor del hoyo, unas por un lado y otras por otro; y, al verlas, enseñoreóse de mí el pálido terror. Incontinenti exhorté á los compañeros y les di orden de que desollaran las reses, tomándolas del suelo donde yacían degolladas por el cruel bronce, y las quemaran inmediatamente, haciendo votos al poderoso Plutón y á la veneranda Proserpina; y yo, desenvainando la aguda espada que cabe al muslo llevaba, me senté y no permití que las inanes cabezas de los muertos se acercaran á la sangre antes que hubiese interrogado á Tiresias.

»La primer alma que vino fué la de Elpénor, el cual aún no había recibido sepultura en la tierra inmensa; que dejamos su cuerpo en la mansión de Circe sin enterrarlo ni llorarlo porque nos apremiaban otros trabajos. Al verlo lloré, le compadecí en mi corazón, y, hablándole, le dije estas aladas palabras:

«¡Oh Elpénor! ¿Cómo viniste á estas tinieblas caliginosas? Tú has llegado á pie, antes que yo en la negra nave.»

»Así le hablé; y él, dando un suspiro, me respondió con estas palabras: «¡Laertíada, de jovial linaje! ¡Ulises, fecundo en recursos! Dañáronme la mala voluntad de algún dios y el exceso de vino. Habiéndome acostado en la mansión de Circe, no pensé en volver atrás, á fin de bajar por la larga escalera, y caí desde el techo; se me rompieron las vértebras del cuello, y mi alma descendió al Orco. Ahora te suplico en nombre de los que se quedaron en tu casa y no están presentes,—de tu esposa, de tu padre, que te crió cuando eras niño, y de Telémaco, el único vástago que dejaste en el palacio:—sé que, partiendo de acá, de la morada de Plutón, detendrás la bien construída nave en la isla Eea; pues yo te ruego, oh rey, que al llegar á la misma te acuerdes de mí. No te vayas, dejando mi cuerpo sin llorarle ni enterrarle, á fin de que no excite contra ti la cólera de los dioses; por el contrario, quema mi cadáver con las armas de que me servía y erígeme un túmulo en la ribera del espumoso mar, para que de este hombre desgraciado tengan noticia los venideros. Hazlo así y clava en el túmulo aquel remo con que, estando vivo, bogaba yo con mis compañeros.»

»Tales fueron sus palabras; y le respondí diciendo: «Todo lo haré, oh infeliz, todo te lo llevaré á cumplimiento.»

»De tal suerte, sentados ambos, nos decíamos estas tristes razones: yo tenía la espada levantada sobre la sangre; y mi compañero, desde la parte opuesta, hablaba largamente.

»Vino luego el alma de mi difunta madre Anticlea, hija del magnánimo Autólico; á la cual dejara yo viva cuando partí para la sagrada Ilión. Lloré al verla, compadeciéndola en mi corazón; mas con todo eso, á pesar de sentirme muy afligido, no permití que se acercara á la sangre antes de interrogar á Tiresias.

»Vino después el alma de Tiresias, el tebano, que empuñaba áureo cetro. Conocióme, y me habló de esta manera:

«¡Laertíada, de jovial linaje! ¡Ulises, fecundo en recursos! ¿Por qué, oh infeliz, has dejado la luz del sol y vienes á ver á los muertos y esta región desapacible? Apártate del hoyo y retira la aguda espada, para que, bebiendo sangre, te revele la verdad de lo que quieras.»

»Tal dijo. Me aparté y metí en la vaina la espada guarnecida de argénteos clavos. El eximio vate bebió la negra sangre, y hablóme al punto con estas palabras:

«Buscas la dulce vuelta, preclaro Ulises, y un dios te la hará difícil; pues no creo que le pases inadvertido al que sacude la tierra, quien te guarda rencor en su corazón, porque se irritó cuando le cegaste el hijo. Pero aún llegaríais á la patria, después de padecer trabajos, si quisieras contener tu ánimo y el de tus compañeros así que ancles la bien construída embarcación en la isla Trinacria, escapando del violáceo ponto, y halléis paciendo las vacas y las

¿POR QUÉ, OH INFELIZ, DEJASTE LA LUZ DEL SOL Y VIENES Á VER Á LOS MUERTOS Y ESTA REGIÓN DESAPACIBLE?

(Canto XI, versos y .)

pingües ovejas del sol, que todo lo ve y todo lo oye. Si las dejares indemnes, ocupándote tan sólo en preparar tu vuelta, aún llegaríais á Ítaca, después de soportar muchas fatigas; pero, si les causares daño, desde ahora te anuncio la perdición de la nave y la de tus amigos. Y aunque tú te libres, llegarás tarde y mal, habiendo perdido todos los compañeros, en nave ajena, y hallarás en tu palacio otra plaga: unos hombres soberbios, que se comen tus bienes y pretenden á tu divinal consorte, á la cual ofrecen regalos de bodas. Tú, en llegando, vengarás sus demasías. Mas, luego que en tu mansión hayas dado muerte á los pretendientes, ya con astucia, ya cara á cara con el agudo bronce, toma un manejable remo y anda hasta que llegues á aquellos hombres que nunca vieron el mar, ni comen manjares sazonados con sal, ni conocen las naves de encarnadas proas, ni tienen noticia de los manejables remos que son como las alas de los buques. Para ello te diré una señal muy manifiesta, que no te pasará inadvertida. Cuando encontrares otro caminante y te dijere que llevas un aventador sobre el gallardo hombro, clava en tierra el manejable remo, haz al soberano Neptuno hermosos sacrificios de un carnero, un toro y un verraco, y vuelve á tu casa, donde sacrificarás sagradas hecatombes á las deidades que poseen el anchuroso cielo, á todas por su orden. Te vendrá más adelante y lejos del mar, una muy suave muerte, que te quitará la vida cuando ya estés abrumado por placentera vejez; y á tu alrededor los ciudadanos serán dichosos. Cuanto te digo es cierto.»

»Así se expresó; y yo le respondí: «¡Tiresias! Esas cosas decretáronlas sin duda los propios dioses. Mas, ea, habla y responde sinceramente. Veo el alma de mi difunta madre, que está silenciosa junto á la sangre, sin que se atreva á mirar frente á frente á su hijo ni á dirigirle la voz. Dime, oh rey, cómo podrá reconocerme.»

»Así le hablé; y al punto me contestó diciendo: «Con unas sencillas palabras que pronuncie te lo haré entender. Aquel de los difuntos á quien permitieres que se acerque á la sangre, te dará noticias ciertas; aquel á quien se lo negares, se volverá en seguida.»

»Diciendo así, el alma del rey Tiresias se fué á la morada de Plutón apenas hubo proferido los oráculos. Mas yo me estuve quedo hasta que vino mi madre y bebió la negra sangre. Reconocióme en el acto y díjome entre sollozos estas aladas palabras:

«¡Hijo mío! ¿Cómo has bajado en vida á esta obscuridad tenebrosa? Difícil es que los vivientes puedan contemplar estos lugares, separados como están por grandes ríos, por impetuosas corrientes y, antes que todo, por el Océano, que no se puede atravesar á pie sino en una nave bien construída. ¿Vienes acaso de Troya, después de vagar mucho tiempo con la nave y los amigos? ¿Aún no llegaste á Ítaca, ni viste á tu mujer en el palacio?»

»Tal dijo; y yo le respondí de esta suerte: «¡Madre mía! La necesidad me trajo á la morada de Plutón, á consultar el alma de Tiresias el tebano; pero aún no me acerqué á la Acaya, ni entré en mi tierra, pues voy errante y padeciendo desgracias desde el punto que seguí al divino

Agamenón hasta Ilión, la de hermosos corceles, para combatir con los troyanos. Mas, ea, habla y responde sinceramente: ¿Qué hado de la aterradora muerte te hizo sucumbir? ¿Fué una larga enfermedad, ó Diana, que se complace en tirar flechas, te mató con sus suaves tiros? Háblame de mi padre y del hijo que dejé, y cuéntame si mi dignidad real la conservan ellos ó la tiene algún otro varón, porque se figuran que ya no he de volver. Revélame también la voluntad y el pensamiento de mi legítima esposa: si vive con mi hijo y todo lo guarda y mantiene en pie, ó ya se casó con el mejor de los aqueos.»

»Así le hablé; y respondióme en seguida mi veneranda madre: «Aquélla continúa en tu palacio, con el ánimo afligido, y pasa los días y las noches tristemente, llorando sin cesar. Nadie posee aún tu hermosa autoridad real: Telémaco cultiva en paz tus heredades y asiste á decorosos banquetes, como debe hacerlo el varón que administra justicia, pues todos le convidan. Tu padre se queda en el campo, sin bajar á la ciudad, y no tiene lecho, ni cama, ni mantas, ni colchas espléndidas: sino que en el invierno duerme entre los esclavos de la casa, en la ceniza, junto al hogar, llevando miserables vestiduras; y, no bien llega el verano y el fructífero otoño, se le ponen por todas partes, en la fértil viña humildes lechos de hojas secas, donde yace afligido y acrecienta sus penas deplorando tu suerte, además de sufrir las molestias de la senectud á que ha llegado. Así morí yo también, cumpliendo mi destino: ni la que con certera vista se complace en arrojar saetas, me hirió con sus suaves tiros en el palacio, ni me acometió enfermedad alguna de las que se llevan el vigor de los miembros por una odiosa consunción; antes bien la soledad que de ti sentía y el recuerdo de tus cuidados y de tu ternura, preclaro Ulises, me privaron de la dulce vida.»

»De tal modo se expresó. Quise entonces realizar el propósito, que formara en mi espíritu, de abrazar el alma de mi difunta madre. Tres veces me acerqué á ella, pues el ánimo incitábame á abrazarla; tres veces se me fué volando de entre las manos como una sombra ó un sueño. Entonces sentí en mi corazón un dolor que iba en aumento, y dije á mi madre estas aladas palabras:

«¡Madre mía! ¿Por qué huyes cuando á ti me acerco, ansioso de asirte, á fin de que en la misma morada de Plutón nos echemos en brazos el uno del otro y nos saciemos de triste llanto? ¿Por ventura envióme esta vana imagen la ilustre Proserpina, para que se acrecienten mis lamentos y suspiros?»

»Así le dije; y al momento me contestó la veneranda madre: «¡Ay de mí, hijo mío, el más desgraciado de todos los hombres! No te engaña Proserpina, hija de Júpiter, sino que esta es la condición de los mortales cuando fallecen: los nervios ya no mantienen unidos la carne y los huesos, pues los consume la viva fuerza de las ardientes llamas tan pronto como la vida desampara la blanca osamenta; y el alma se va volando, como un sueño. Mas, procura volver lo antes posible á la luz y sabe todas estas cosas para que luego las refieras á tu consorte.»

»Mientras así conversábamos, vinieron—enviadas por la ilustre Proserpina—cuantas mujeres fueron esposas ó hijas de eximios varones. Reuniéronse en tropel alrededor de la negra sangre, y yo pensaba de qué modo podría interrogarlas por separado. Al fin parecióme que la mejor resolución sería la siguiente: desenvainé la espada de larga punta que llevaba al lado del muslo y no permití que bebieran á un tiempo la denegrida sangre. Entonces se fueron acercando sucesivamente, me declararon su respectivo linaje, y á todas les hice preguntas.

»La primera que vi fué Tiro, de ilustre nacimiento, la cual manifestó que era hija del insigne Salmoneo y esposa de Creteo Eólida. Habíase enamorado de un río que es el más bello de los que discurren por el orbe, el divinal Enipeo, y frecuentaba los sitios próximos á su hermosa corriente; pero Neptuno, que ciñe y bate la tierra, tomando la figura de Enipeo, se acostó con ella en la desembocadura del vorticoso río. La ola purpúrea, grande como una montaña, se encorvó alrededor de entrambos, y ocultó al dios y á la mujer mortal. Neptuno desatóle á la doncella el virgíneo cinto y le infundió sueño. Mas, tan pronto como hubo realizado sus amorosos deseos, le tomó la mano y le dijo estas palabras: «Huélgate, mujer, con este amor. En el transcurso del año parirás hijos ilustres, que nunca son estériles las uniones de los inmortales. Cuídalos y críalos. Ahora vuelve á tu casa y abstente de nombrarme, pues sólo para ti soy Neptuno, que sacude la tierra.» Cuando esto hubo dicho, sumergióse en el agitado ponto. Tiro quedó encinta y parió á Pelias y á Neleo, que habían de ser esforzados servidores del gran Júpiter; y vivieron Pelias, rico en ganado, en la extensa Yaolco, y Neleo, en la arenosa Pilos. Además, la reina de las mujeres tuvo de Creteo otros hijos: Esón, Feres y Amitaón, que combatía en carro.

»Después vi á Antíope, hija de Asopo, que se gloriaba de haber dormido en brazos de Júpiter. Parió dos hijos—Anfión y Zeto—los primeros que fundaron y torrearon á Tebas, la de las siete puertas; pues no hubiesen podido habitar aquella vasta ciudad desguarnecida de torres, no obstante ser ellos muy esforzados.

»Después vi á Alcmena, esposa de Anfitrión, la cual del abrazo de Júpiter tuvo al fornido Hércules, de corazón de león; y luego parió á Megara, hija del animoso Creonte, que fué la mujer del Anfitriónida, de valor indómito.

»Vi también á la madre de Edipo, la bella Epicasta, que cometió inconscientemente una gran falta, casándose con su hijo; pues éste, luego de matar á su propio padre, la tomó por esposa. No tardaron los dioses en revelar á los hombres lo que había ocurrido: y, con todo, Edipo siguió reinando sobre los cadmeos en la agradable Tebas, por los funestos designios de las deidades; mas ella, abrumada por el dolor, descendió á la morada de Plutón, de sólidas puertas, atando un lazo al elevado techo, y dejóle tantos dolores como causan las Furias de una madre.

»Vi igualmente á la bellísima Cloris—á quien por su hermosura tomara Neleo por esposa, constituyéndole una dote inmensa—hija menor de Anfión Yásida, el que imperaba en Orcómeno Minieo: ésta reinó en Pilos y tuvo de Neleo hijos ilustres: Néstor, Cromio y el arrogante Periclímeno. Parió después á la ilustre Pero, encanto de los mortales, que fué pretendida por todos sus vecinos; mas Neleo se empeñó en no darla sino al que le trajese de Fílace las vacas de retorcidos cuernos y espaciosa frente del robusto Ificlo; empresa difícil de llevar al cabo. Tan sólo un eximio vate prometió traérselas; pero el hado funesto de los dioses, juntamente con unas fuertes cadenas y los boyeros del campo, se lo impidieron. Mas, después que pasaron días y meses y, transcurrido el año, volvieron á sucederse las estaciones, el robusto Ificlo soltó al adivino, que le había revelado todos los oráculos, y cumplióse entonces la voluntad de Júpiter.

»Vi también á Leda, la esposa de Tíndaro, que le parió dos hijos de ánimo esforzado: Cástor, domador de caballos, y Pólux, excelente púgil. Á éstos los mantiene vivos la alma tierra, y son honrados por Júpiter debajo de la misma; de suerte que viven y mueren alternativamente, pues el día que vive el uno muere el otro y viceversa. Ambos disfrutan de los mismos honores que los númenes.

»Después vi á Ifimedia, esposa de Aloeo, la cual se preciaba de haberse ayuntado con Neptuno. Había dado á luz dos hijos de corta vida: Oto, igual á un dios, y el celebérrimo Efialtes; que fueron los mayores hombres que criara la fértil tierra y los más gallardos, si se exceptúa el ínclito Orión, pues á los nueve años tenían nueve codos de ancho y nueve brazas de estatura. Oto y Efialtes amenazaron á los inmortales del Olimpo con llevarles el tumulto de la impetuosa guerra. Quisieron poner el Osa sobre el Olimpo, y encima del Osa el frondoso Pelión, para que el cielo les fuese accesible. Y dieran fin á su propósito, si hubiesen llegado á la flor de la juventud; pero el hijo de Júpiter, á quien parió Latona, la de hermosa cabellera, exterminólos á entrambos antes que el vello floreciese debajo de sus sienes y su barba se cubriera de suaves pelos.

»Vi á Fedra, á Procris y á la hermosa Ariadna, hija del prudente Minos, que Teseo se llevó de Creta al feraz territorio de la sagrada Atenas; mas no pudo lograrla, porque Diana la mató en Día, situada en medio de las olas, por la acusación de Baco.

»Vi á Mera, á Clímene y á la odiosa Erifile que aceptó el preciado oro para traicionar á su marido. Y no pudiera decir ni nombrar todas las mujeres é hijas de héroes que vi después, porque antes llegara á su término la divinal noche. Mas ya es hora de dormir, sea yendo á la velera nave donde están los compañeros, sea permaneciendo aquí. Y cuidarán de acompañarme á mi patria los dioses, y también vosotros.»

Tal fué lo que contó Ulises. Enmudecieron los oyentes en el obscuro palacio, y quedaron silenciosos, arrobados por el placer de oirle. Pero Arete, la de los níveos brazos, rompió el silencio y les dijo:

«¡Feacios! ¿Qué os parece este hombre por su aspecto, estatura y sereno juicio? Es mi huésped, pero de semejante honra participáis todos. Por tanto, no apresuréis su partida; ni le escatiméis las dádivas, ya que se halla en la necesidad y existen en vuestros palacios tamañas riquezas, por la voluntad de los dioses.»

Entonces el anciano héroe Equeneo, que era el de más edad de los feacios, hablóles de esta suerte:

«¡Amigos! Nada nos ha dicho la sensata reina que no sea á propósito y conveniente. Obedecedla, pues; aunque Alcínoo es quien puede, con sus palabras y obras, dar el ejemplo.»

Alcínoo le contestó de esta manera: «Se cumplirá lo que decís en cuanto yo viva y reine sobre los feacios, amantes de manejar los remos. El huésped, mas que esté deseoso de volver á su patria, resígnese á permanecer aquí hasta mañana, á fin de que le prepare todos los regalos. Y de su partida se cuidarán todos los varones y principalmente yo, cuyo es el mando en este pueblo.»

El ingenioso Ulises respondióle diciendo: «¡Rey Alcínoo, el más esclarecido de todos los ciudadanos! Si me mandarais permanecer aquí un año entero y durante el mismo dispusierais mi vuelta y me hicierais espléndidos presentes, me quedaría de muy buena gana; pues fuera mejor llegar á la patria con las manos llenas y verme así más honrado y querido de cuantos hombres presenciasen mi tornada á Ítaca.»

Entonces Alcínoo le contestó, hablándole de esta guisa: «¡Oh Ulises! Al verte no sospechamos que seas un impostor ni un embustero, como otros muchos que cría la obscura tierra; los cuales, dispersos por doquier, forjan mentiras que nadie lograra descubrir: tú das belleza á las palabras, tienes excelente ingenio é hiciste la narración con tanta habilidad como un aedo, contándonos los deplorables trabajos de todos los argivos y de ti mismo. Mas, ea, habla y dime sinceramente si viste á algunos de los deiformes amigos que te acompañaron á Ilión y allí recibieron la fatal muerte. La noche es muy larga, inmensa, y aún no llegó la hora de recogerse en el palacio. Cuéntame, pues, esas hazañas admirables; que yo me quedaría hasta la divinal aurora, si te decidieras á referirme en esta sala tus desventuras.»

Respondióle el ingenioso Ulises: «¡Rey Alcínoo, el más esclarecido de todos los ciudadanos! Hay horas oportunas para largos relatos y horas destinadas al sueño; mas si tienes todavía voluntad de escucharme, no me niego á referirte otros hechos aún más miserandos: los infortunios de mis compañeros que, después de haber escapado de la luctuosa guerra de los teucros, murieron al volver á su patria porque así lo quiso una mujer perversa.

»Después que la casta Proserpina hubo dispersado acá y allá las almas de las mujeres, presentóse muy angustiada la de Agamenón Atrida; á cuyo alrededor se congregaban las de cuantos en la mansión de Egisto perecieron con el héroe, cumpliendo su destino. Reconocióme así que bebió la negra sangre y al punto comenzó á llorar ruidosamente: derramaba copiosas lágrimas y me tendía las manos con el deseo de abrazarme; mas ya no disfrutaba del firme vigor, ni de la fortaleza que antes tenía en los flexibles miembros. Al verlo lloré, y, compadeciéndole en mi corazón, le dije estas aladas palabras:

«¡Atrida gloriosísimo, rey de hombres Agamenón! ¿Qué fatal especie de la aterradora muerte te ha hecho sucumbir? ¿Acaso Neptuno te mató en tus naves, desencadenando el fuerte soplo de terribles vientos, ó unos hombres enemigos acabaron contigo en la tierra firme, porque te llevabas sus bueyes y sus hermosos rebaños de ovejas ó porque combatías para apoderarte de su ciudad y de sus mujeres?»

»Así le dije; y me respondió en seguida: «¡Laertíada de jovial linaje! ¡Ulises, fecundo en recursos! Ni Neptuno me mató en las naves, desencadenando el fuerte soplo de terribles vientos, ni hombres enemigos acabaron conmigo en la tierra firme; fué Egisto quien me preparó la muerte y el hado, pues, de acuerdo con mi funesta esposa, me llamó á su casa, me dió de comer y me quitó la vida como se mata á un buey junto al pesebre. Morí de este modo, padeciendo deplorable muerte; y á mi alrededor fueron asesinados mis compañeros, unos en pos de otros, como en la casa de un hombre rico y poderosísimo son degollados los puercos de albos dientes para una comida de bodas, un festín á escote, ó un banquete espléndido. Ya has presenciado la matanza de un tropel de hombres que son muertos aisladamente en el duro combate; pero hubieras sentido la mayor compasión al contemplar aquel espectáculo, al ver cómo yacíamos en la sala alrededor de la cratera y de las mesas llenas, y cómo el suelo manaba sangre por todos lados. Oí la misérrima voz de Casandra, hija de Príamo, á la cual estaba matando, junto á mí, la dolosa Clitemnestra; y yo, en tierra y moribundo, alzaba los brazos para asirle la espada. Mas la sin vergüenza fuése luego, sin que se dignara bajarme los párpados ni cerrarme la boca, aunque me veía descender á la morada de Plutón. Así es que nada hay tan horrible é impudente como la mujer que concibe en su espíritu propósitos como el de aquélla, que cometió la inicua acción de tramar la muerte contra su esposo legítimo. Figurábame que, al tornar á mi casa, se alegrarían de verme mis hijos y mis esclavos; pero aquélla, hábil más que otra alguna en cometer maldades, cubrióse de infamia á sí misma y hasta á las mujeres que han de nacer, por virtuosas que fueren.»

»Así se expresó; y le contesté diciendo: «¡Oh dioses! En verdad que el longividente Júpiter aborreció de extraordinaria manera la estirpe de Atreo, ya desde sus orígenes, á causa de la perfidia de las mujeres: por Helena nos perdimos muchos, y Clitemnestra te preparó una celada mientras te hallabas ausente.»

»Así le hablé; y en seguida me respondió: «Por tanto, jamás seas benévolo con tu mujer ni le descubras todo lo que pienses; antes bien, participale unas cosas y ocúltale otras. Mas á ti, oh Ulises, no te vendrá la muerte por culpa de tu mujer, porque la prudente Penélope, hija de Icario, es muy sensata y sus propósitos son razonables. La dejamos recién casada al partir para la guerra y daba el pecho á su hijo, infante todavía; el cual debe de contarse ahora, feliz y dichoso, en el número de los hombres. Y su padre, volviendo á la patria, le verá; y él abrazará á su padre, como es justo. Pero mi esposa no dejó que me saciara contemplando con estos ojos al mío, ya que previno con darme la muerte. Otra cosa voy á decir que pondrás en tu corazón: al tomar puerto en la patria tierra, hazlo ocultamente y no á la descubierta, pues ya no hay que fiar en las mujeres. Mas, ea, habla y dime sinceramente si oíste que mi hijo vive en Orcómeno, ó en la arenosa Pilos ó quizás con Menelao en la extensa Esparta; pues el divinal Orestes aún no ha desaparecido de la tierra.»

»De esta suerte habló; y le respondí diciendo: «¡Oh Atrida! ¿Por qué me haces tal pregunta? Ignoro si aquél vive ó ha muerto, y es malo hablar inútilmente.»

»Mientras nosotros estábamos afligidos, diciéndonos tan tristes razones y derramando copiosas lágrimas, vinieron las almas de Aquiles, hijo de Peleo, de Patroclo, del irreprochable Antíloco y de Ayax, que fué el más excelente de todos los dánaos en cuerpo y hermosura, después del eximio Pelida. Reconocióme el alma del Eácida, el de los pies ligeros, y lamentándose me dijo estas aladas palabras:

«¡Laertíada, de jovial linaje! ¡Ulises, fecundo en recursos! ¡Desdichado! ¿Qué otra empresa mayor que las pasadas revuelves en tu espíritu? ¿Cómo te atreves á bajar al Orco donde residen los muertos, que están privados de sentido y son imágenes de los hombres que ya fallecieron?»

»Así se expresó; y le respondí diciendo: «¡Oh Aquiles, hijo de Peleo, el más valiente de los aquivos! Vine por el oráculo de Tiresias, por si me diese algún consejo para llegar á la escabrosa Ítaca; que aún no me acerqué á la Acaya, ni entré en mi tierra, sino que padezco infortunios continuamente. Pero tú, oh Aquiles, eres el más dichoso de todos los hombres que nacieron y han de nacer, puesto que antes, cuando vivías, los argivos te honrábamos como á una deidad, y ahora, estando aquí, imperas poderosamente sobre los difuntos. Por lo cual, oh Aquiles, no has de entristecerte porque estés muerto.»

»Así le dije; y me contestó en seguida: «No intentes consolarme de la muerte, esclarecido Ulises: preferiría ser labrador y servir á otro, á un hombre indigente que tuviera pocos recursos para mantenerse, á reinar sobre todos los muertos. Mas, ea, háblame de mi ilustre hijo: dime si fué á la guerra para ser el primero en las batallas, ó se quedó en casa. Cuéntame también si oíste algo del eximio Peleo y si conserva la dignidad real entre los numerosos mirmidones, ó le menosprecian en la Hélade y en Ptía porque la senectud debilitó sus pies y sus manos. ¡Así pudiera valerle, á los rayos del sol, siendo yo cual era en la vasta Troya, cuando mataba guerreros muy fuertes, combatiendo por los argivos! Si, siendo tal, volviese, aunque por breve tiempo, á la casa de mi padre, daríales terrible prueba de mi valor y de mis invictas manos á cuantos le hagan violencia ó intenten quitarle la dignidad regia.»

»Así habló; y le contesté diciendo: «Nada ciertamente he sabido del irreprochable Peleo; mas de tu hijo Neoptólemo te diré toda la verdad, como lo mandas, pues yo mismo lo llevé, en una cóncava y bien proporcionada nave, desde Esciro al campamento de los aqueos, de hermosas grebas. Cuando teníamos consejo en los alrededores de la ciudad de Troya, hablaba siempre antes que ninguno y sin errar; y de ordinario tan sólo el divino Néstor y yo le aventajábamos. Mas, cuando peleábamos con las broncíneas armas en la llanura de los troyanos, nunca se quedaba entre muchos guerreros ni en la turba; sino que se adelantaba á toda prisa un buen espacio, no cediendo á nadie en valor, y mataba á gran número de hombres en el terrible combate. Yo no pudiera decir ni nombrar á cuantos guerreros dió muerte, luchando por los argivos; pero referiré que mató con el bronce á un varón como el héroe Eurípilo Teléfida, en torno del cual fueron muertos muchos de sus compañeros ceteos á causa de los presentes que se habían enviado á una mujer. Aún no he conseguido ver un hombre más gallardo, fuera del divinal Memnón. Y cuando los más valientes argivos penetramos en el caballo que fabricó Epeo y á mí se me confió todo (así el abrir como el cerrar la sólida emboscada), los caudillos y príncipes de los dánaos se enjugaban las lágrimas y les temblaban los miembros; pero nunca vi con estos ojos que á él se le mudara el color de la linda faz, ni que se secara las lágrimas de las mejillas: sino que me suplicaba con insistencia que le dejase salir del caballo, y acariciaba el puño de la espada y la lanza que el bronce hacía ponderosa, meditando males contra los teucros. Y así que devastamos la excelsa ciudad de Príamo y hubo recibido su parte de botín y además una señalada recompensa, embarcóse sano y salvo, sin que le hubiesen herido con el agudo bronce ni de cerca ni de lejos, como ocurre frecuentemente en las batallas, pues Marte se enfurece contra todos sin distinción alguna.»

»Así le dije; y el alma del Eácida, el de pies ligeros, se fué á buen paso por la pradera de asfódelos, gozosa de que le hubiese participado que su hijo era insigne.

»Las otras almas de los muertos se quedaron aún y nos refirieron, muy tristes, sus respectivas cuitas. Sólo el alma de Ayax Telamonio permanecía algo distante, enojada porque le vencí en el juicio que se celebrara cerca de las naves para adjudicar las armas de Aquiles; juicio propuesto por la veneranda madre del héroe y fallado por los teucros y por Palas Minerva. ¡Ojalá no le hubiese vencido en el mismo! Por tales armas guarda la tierra en su seno una cabeza cual la de Ayax; quien, por su gallardía y sus proezas, descollaba entre los dánaos después del irreprochable Pelida. Mas entonces le dije con suaves palabras:

«¡Oh Ayax, hijo del egregio Telamón! ¿No debías, ni aun después de muerto, deponer la cólera que contra mí concebiste con motivo de las perniciosas armas? Los dioses las convirtieron en una plaga contra los argivos, ya que pereciste tú que tal baluarte eras para todos. Á los aqueos nos ha dejado tu muerte constantemente afligidos, tanto como la del Pelida Aquiles. Mas nadie tuvo culpa sino Júpiter que, en su grande odio contra los belicosos dánaos, te impuso semejante destino. Ea, ven aquí, oh rey, á escuchar mis palabras; y reprime tu ira y tu corazón valeroso.»

»Así le hablé; pero nada me respondió y se fué hacia el Érebo á juntarse con las otras almas de los difuntos. Desde allí quizás me hubiese dicho algo, aunque estaba irritado, ó por lo menos yo á él, pero en mi pecho incitábame el corazón á ver las almas de los demás muertos.

»Allí vi á Minos, ilustre vástago de Jove, sentado y empuñando áureo cetro, pues administraba justicia á los difuntos. Éstos, unos sentados y otros en pie á su alrededor, exponían sus causas al soberano en la morada, de anchas puertas, de Plutón.

»Vi después al gigantesco Orión, el cual perseguía por la pradera de asfódelos las fieras que antes matara en las solitarias montañas, manejando irrompible clava toda de bronce.

»Vi también á Ticio, el hijo de la augusta Tierra, echado en el suelo, donde ocupaba nueve yugadas. Dos buitres, uno á cada lado, le roían el hígado, penetrando con el pico en sus entrañas, sin que pudiera rechazarlos con las manos; porque intentó hacer fuerza á Latona, la gloriosa consorte de Júpiter, que se encaminaba á Pito á través de la amena Panopeo.

»Vi asimismo á Tántalo, el cual padecía crueles tormentos, de pie en un lago cuya agua le llegaba á la barba. Tenía sed y no conseguía tomar el agua y beber: cuantas veces se bajaba el anciano con la intención de beber, otras tantas desaparecía el agua absorbida por la tierra; la cual se mostraba negruzca en torno á sus pies y un dios la secaba. Encima de él colgaban las frutas de altos árboles,—perales, manzanos de espléndidas pomas, higueras y verdes olivos;—y cuando el viejo levantaba los brazos para cogerlas, el viento se las llevaba á las sombrías nubes.

»Vi de igual modo á Sísifo, el cual padecía duros trabajos empujando con entrambas manos una enorme piedra. Forcejaba con los pies y las manos é iba conduciendo la piedra hacia la cumbre de un monte; pero, cuando ya le faltaba poco para doblarla, una fuerza poderosa hacía retroceder la insolente piedra que caía rodando á la llanura. Tornaba entonces á empujarla, haciendo fuerza, y el sudor le corría de los miembros y el polvo se levantaba sobre su cabeza.

»Vi después al fornido Hércules ó, por mejor decir, su imagen; pues él está con los inmortales dioses, se deleita en sus banquetes, y tiene por esposa á Hebe, la de los pies hermosos, hija de Júpiter y de Juno, la de las áureas sandalias. En contorno suyo dejábase oir la gritería de los muertos—cual si fueran aves—que huían espantados á todas partes; y Hércules, semejante á tenebrosa noche, llevaba desnudo el arco con la flecha sobre la cuerda, y volvía los ojos atrozmente como si fuese á disparar. Llevaba alrededor del pecho un tahalí de oro, de horrenda vista, en el cual se habían labrado obras admirables: osos, agrestes jabalíes, leones de relucientes ojos, luchas, combates, matanzas y homicidios. Ni el mismo que con su arte construyó aquel tahalí, hubiera podido hacer otro igual. Reconocióme Hércules, apenas me vió con sus ojos, y lamentándose me dijo estas aladas palabras:

«¡Laertíada, de jovial linaje! ¡Ulises, fecundo en recursos! ¡Ah mísero! Sin duda te persigue algún hado funesto, como el que yo sufría mientras me alumbraban los rayos del sol. Aunque era hijo de Júpiter Saturnio, hube de padecer males sin cuento por encontrarme sometido á un hombre muy inferior que me ordenaba penosos trabajos. Una vez me envió aquí para que sacara el can, figurándose que ningún otro trabajo sería más difícil; y yo me lo llevé y lo saqué del Orco, guiado por Mercurio y por Minerva, la de los brillantes ojos.»

»Cuando así hubo dicho, volvió á internarse en la morada de Plutón; y yo me quedé inmóvil, por si viniera algún héroe de los que murieron anteriormente. Y hubiese visto á los hombres antiguos á quienes deseaba conocer (á Teseo y á Pirítoo, hijos gloriosos de las deidades); pero congregóse, antes que llegaran, un sinnúmero de difuntos con gritería inmensa y el pálido terror se apoderó de mí, temiendo que la ilustre Proserpina no me enviase del Orco la cabeza de la Gorgona, horrendo monstruo. Volví en seguida al bajel y ordené á mis compañeros que subieran al mismo y desatasen las amarras. Embarcáronse acto continuo y se sentaron en los bancos. Y la onda de la corriente llevaba nuestra embarcación por el río Océano, empujada al principio por el remo y más tarde por próspero viento.

Circe con alguna de sus criadas va á la orilla del mar al encuentro de Ulises

CANTO XII

LAS SIRENAS, ESCILA, CARIBDIS, LAS VACAS DEL SOL

»Tan luego como la nave, dejando la corriente del río Océano, llegó á las olas del vasto mar y á la isla Eea—donde están la mansión y las danzas de la Aurora, hija de la mañana, y el orto del Sol;—la sacamos á la arena, después de saltar á la playa, nos entregamos al sueño, y aguardamos la aparición de la divinal Aurora.

»Cuando se descubrió la hija de la mañana, la Aurora de rosáceos dedos, envié algunos compañeros á la morada de Circe para que trajesen el cadáver del difunto Elpénor. Seguidamente cortamos troncos y, afligidos y vertiendo lágrimas, celebramos las exequias en el lugar más eminente de la orilla. Y no bien hubimos quemado el cadáver y las armas del difunto, le erigimos un túmulo, con su correspondiente cipo, y clavamos en la parte más alta el manejable remo.

»Mientras en tales cosas nos ocupábamos, no se le encubrió á Circe nuestra llegada del Orco, y se atavió y vino muy presto con criadas que traían pan, mucha carne y vino rojo, de color de fuego. Y puesta en medio de nosotros, dijo así la divina entre las diosas:

«¡Oh desdichados, que, viviendo aún, bajasteis á la morada de Plutón, y habréis muerto dos veces cuando los demás hombres mueren una sola! Ea, quedaos aquí, y comed manjares y bebed vino, todo el día de hoy; pues así que despunte la aurora volveréis á navegar, y yo os mostraré el camino y os indicaré cuanto sea preciso para que no padezcáis, á causa de una maquinación funesta, ningún infortunio ni en el mar ni en la tierra firme.»

»Tales fueron sus palabras, y nuestro ánimo generoso se dejó persuadir. Y ya todo el día, hasta la puesta del sol, estuvimos sentados, comiendo carne en abundancia y bebiendo dulce vino. Apenas el sol se puso y sobrevino la noche, los demás se acostaron cabe á las amarras del buque. Pero á mí, Circe me tomó por la mano, me hizo sentar separadamente de los compañeros y, acomodándose á mi vera, me preguntó cuanto me había ocurrido; y yo se lo conté por su orden. Entonces me dijo estas palabras la veneranda Circe:

«Así, pues, se han llevado á cumplimiento todas estas cosas. Oye ahora lo que voy á decir y un dios en persona te lo recordará más tarde. Llegarás primero á las Sirenas, que encantan á cuantos hombres van á encontrarlas. Aquél que imprudentemente se acerca á las mismas y oye su voz, ya no vuelve á ver á su esposa ni á sus hijos pequeñuelos rodeándole, llenos de júbilo, cuando torna á sus hogares; sino que le hechizan las Sirenas con el sonoro canto, sentadas en una pradera y teniendo á su alrededor enorme montón de huesos de hombres putrefactos cuya piel se va consumiendo. Pasa de largo y tapa las orejas de tus compañeros con cera blanda, previamente adelgazada, á fin de que ninguno las oiga; mas si tú deseares oirlas, haz que te aten en la velera embarcación de pies y manos, derecho y arrimado á la parte inferior del mástil y que las sogas se liguen al mismo; y así podrás deleitarte escuchando á las Sirenas. Y en el caso de que supliques ó mandes á los compañeros que te suelten, átente con más lazos todavía.

»Después que tus compañeros hayan conseguido llevaros más allá de las Sirenas, no te indicaré con precisión cuál de dos caminos te cumple recorrer; considéralo en tu ánimo, pues voy á decir lo que hay á entrambas partes. Á un lado se alzan peñas prominentes, contra las cuales rugen las inmensas olas de la ojizarca Anfitrite: llámanlas Erráticas los bienaventurados dioses. Por allí no pasan las aves sin peligro, ni aun las tímidas palomas que llevan la ambrosía al padre Júpiter; pues cada vez la lisa peña arrebata alguna y el padre manda otra para completar el número. Ninguna embarcación, en llegando allá, pudo escapar salva; pues las olas del mar y las tempestades, cargadas de pernicioso fuego, se llevan juntamente las tablas del barco y los cuerpos de los hombres. Tan sólo logró doblar aquellas rocas una nave, surcadora del ponto, Argos, por todos tan celebrada, al volver del país de Eetes; y también á ésta habríala estrellado el oleaje contra las grandes peñas, si Juno no la hubiese hecho pasar, por su afecto á Jasón.

»Al lado opuesto hay dos escollos. El uno alcanza al anchuroso cielo con su pico agudo, coronado por el pardo nubarrón que jamás le abandona; de suerte que la cima no aparece despejada nunca, ni siquiera en verano, ni en otoño. Ningún hombre mortal, aunque tuviese veinte manos é igual número de pies, podría subir al tal escollo ni bajar del mismo, pues la roca es tan lisa que parece pulimentada. En medio del escollo hay un antro sombrío que mira al ocaso, hacia el Érebo, y á él enderezaréis el rumbo de la cóncava nave, preclaro Ulises. Ni un hombre joven, que disparara el arco desde la cóncava nave, podría llegar con sus tiros á la profunda cueva. Allí mora Escila, que aúlla terriblemente, con voz semejante á la de una perra recién nacida, y es un monstruo perverso á quien nadie se alegrará de ver, aunque fuese un dios el que con ella se encontrase. Tiene doce pies, todos deformes, y seis cuellos larguísimos, cada cual con una horrible cabeza en cuya boca hay tres filas de abundantes y apretados dientes, llenos de negra muerte. Está sumida hasta la mitad del cuerpo en la honda gruta, saca las cabezas fuera de aquel horrendo báratro y, registrando alrededor del escollo, pesca delfines, perros de mar, y también, si puede cogerlo, alguno de los monstruos mayores que cría en cantidad inmensa la ruidosa Anfitrite. Por allí jamás pasó una embarcación cuyos marineros pudieran gloriarse de haber escapado indemnes; pues Escila les arrebata con sus cabezas sendos hombres de la nave de azulada proa.

»El otro escollo es más bajo y lo verás, Ulises, cerca del primero; pues hállase á tiro de flecha. Hay allí un cabrahigo grande y frondoso, y á su pie la divinal Caribdis sorbe la turbia agua. Tres veces al día la echa afuera y otras tantas vuelve á sorberla de un modo horrible. No te encuentres allí cuando la sorbe, pues ni Neptuno, que sacude la tierra, podría librarte de la perdición. Debes, por el contrario, acercarte mucho al escollo de Escila y hacer que tu nave pase rápidamente; pues mejor es que eches de menos á seis compañeros que no á todos juntos.»

»Así se expresó; y le contesté diciendo: «Ea, oh diosa, háblame sinceramente: Si por algún medio lograse escapar de la funesta Caribdis, ¿podré rechazar á Escila cuando quiera dañar á mis compañeros?»

»Así le dije, y al punto me respondió la divina entre las diosas: «¡Oh infeliz! ¿Aún piensas en obras y trabajos bélicos, y no has de ceder ni ante los inmortales dioses? Escila no es mortal, sino una plaga imperecedera, grave, terrible, cruel é ineluctable. Contra la misma no hay defensa: huir de su lado es lo mejor. Si, armándote, demorares junto al peñasco, temo que se lanzará otra vez y te arrebatará con sus cabezas sendos varones. Debes hacer, por tanto, que tu navío pase ligero é invocar, dando gritos, á Crateis, madre de Escila, que les parió tal plaga á los mortales; y ésta la contendrá, para que no os acometa nuevamente.

»Llegarás más tarde á la isla de Trinacria, donde pacen las muchas vacas y pingües ovejas del Sol. Siete son las vacadas, otras tantas las hermosas greyes de ovejas, y cada una está formada por cincuenta cabezas. Dicho ganado no se reproduce ni muere, y son sus pastoras dos deidades, dos ninfas de hermosas trenzas: Faetusa y Lampetia; las cuales concibió del Sol Hiperión la divina Neera. La veneranda madre, después que las dió á luz y las hubo criado, llevólas á la isla de Trinacria, allá muy lejos, para que guardaran las ovejas de su padre y las vacas de retorcidos cuernos. Si á éstas las dejares indemnes, ocupándote tan sólo en preparar tu regreso, aún llegaríais á Ítaca, después de pasar muchos trabajos; pero, si les causares daño, desde ahora te anuncio la perdición de la nave y la de tus amigos. Y aunque tú escapes, llegarás tarde y mal á la patria, después de perder todos los compañeros.»

«Así dijo; y al punto apareció la Aurora, de trono de oro. La divina entre las diosas se internó en la isla, y yo, encaminándome al bajel, ordené á mis compañeros que subieran á la nave y desataran las amarras. Embarcáronse acto continuo y, sentándose por orden en los bancos, comenzaron á herir con los remos el espumoso mar. Por detrás de la nave de azulada proa soplaba próspero viento que henchía las velas; buen compañero que nos mandó Circe, la de lindas trenzas, deidad poderosa, dotada de voz. Colocados los aparejos cada uno en su sitio, nos sentamos en la nave, que era conducida por el viento y el piloto. Entonces dirigí la palabra á mis compañeros, con el corazón triste, y les hablé de este modo:

«¡Oh amigos! No conviene que sean únicamente uno ó dos quienes conozcan los vaticinios que me reveló Circe, la divina entre las diosas; y os los voy á referir para que, sabedores de los mismos, ó muramos ó nos salvemos, librándonos de la muerte y del destino. Nos ordena ante todo rehuir la voz de las divinales Sirenas y el florido prado en que éstas se hallan. Manifestóme que tan sólo yo debo oirlas; pero atadme con fuertes lazos, de pie y arrimado á la parte inferior del mástil—para que me esté allí sin moverme—y las sogas líguense al mismo. Y en el caso de que os ruegue ó mande que me soltéis, atadme con más lazos todavía.»

»Mientras hablaba, declarando estas cosas á mis compañeros, la nave bien construída llegó muy presto á la isla de las Sirenas, pues la empujaba favorable viento. Desde aquel instante echóse el viento, reinó sosegada calma y algún numen adormeció las olas. Levantáronse mis compañeros, amainaron las velas y pusiéronlas en la cóncava nave; y, habiéndose sentado nuevamente en los bancos, emblanquecían el agua, agitándola con los remos de pulimentado abeto. Tomé al instante un gran pan de cera y lo partí con el agudo bronce en pedacitos, que me puse luego á apretar con mis robustas manos. Pronto se calentó la cera, porque hubo de ceder á la gran fuerza y á los rayos del soberano Sol

Hiperiónida, y fuí tapando con ella los oídos de todos los compañeros. Atáronme éstos en la nave, de pies y manos, derecho y arrimado á la parte inferior del mástil; ligaron las sogas al mismo; y, sentándose en los bancos, tornaron á herir con los remos el espumoso mar. Hicimos andar la nave muy rápidamente, y, al hallarnos tan cerca de la orilla que allá hubiesen llegado nuestras voces, no se les encubrió á las Sirenas que la ligera embarcación navegaba á poca distancia y empezaron un sonoro canto:

«¡Ea, célebre Ulises, gloria insigne de los aqueos! Acércate y detén la nave para que oigas nuestra voz. Nadie ha pasado en su negro bajel sin que oyera la suave voz que fluye de nuestra boca; sino que se van todos después de recrearse con ella y de aprender mucho; pues sabemos cuantas fatigas padecieron en la vasta Troya argivos y teucros, por la voluntad de los dioses, y conocemos también todo cuanto ocurre en la fértil tierra.»

»Esto dijeron con su hermosa voz. Sintióse mi corazón con ganas de oirlas, y moví las cejas, mandando á los compañeros que me desatasen; pero todos se inclinaron y se pusieron á remar. Y, levantándose al punto Perimedes y Euríloco, atáronme con nuevos lazos, que me sujetaban más reciamente. Cuando dejamos atrás las Sirenas y ni su voz ni su canto se oían ya, quitáronse mis fieles compañeros la cera con que tapara sus oídos y me soltaron las ligaduras.

»Al poco rato de haber dejado atrás la isla de las Sirenas, vi humo é ingentes olas y percibí fuerte estruendo. Los míos, amedrentados, hicieron volar los remos que cayeron con gran fragor en la corriente; y la nave se detuvo porque ya las manos no batían los largos remos. Á la hora anduve por la embarcación y amonesté á los compañeros, acercándome á los mismos y hablándoles con dulces palabras:

«¡Amigos! No somos novatos en padecer desgracias y la que se nos presenta no es mayor que la sufrida cuando el Ciclope, valiéndose de su poderosa fuerza, nos encerró en la excavada gruta. Pero de allí nos escapamos también por mi valor, decisión y prudencia, como me figuro que todos recordaréis. Ea, hagamos todos lo que voy á decir. Vosotros, sentados en los bancos, batid con los remos las grandes olas del mar; por si Júpiter nos concede que escapemos de ésta, librándonos de la muerte. Y á ti, piloto, voy á darte una orden que fijarás en tu memoria, puesto que gobiernas el timón de la cóncava nave. Apártala de ese humo y de esas olas, y procura acercarla al escollo: no sea que la nave se lance allá, sin que tú lo adviertas, y á todos nos lleves á la ruina.»

»Así les dije, y obedecieron sin tardanza mi mandato. No les hablé de Escila, plaga inevitable, para que los compañeros no dejaran de remar, escondiéndose dentro del navío. Olvidé entonces la penosa recomendación de Circe de que no me armase en ningún modo; y, poniéndome la magnífica armadura, tomé dos grandes lanzas y subí al tablado de proa, lugar desde donde esperaba ver primeramente á la pétrea Escila que iba á producir tal estrago en mis compañeros. Mas, no pude verla en parte alguna y mis ojos se cansaron de mirar á todos los sitios, registrando la obscura peña.

»Pasábamos el estrecho llorando, pues á un lado estaba Escila y al otro Caribdis, que sorbía de horrible manera la salobre agua del mar. Al vomitarla dejaba oir sordo murmurio, revolviéndose toda como una caldera que está sobre un gran fuego, y la espuma caía sobre las cumbres de ambos escollos. Mas, apenas sorbía la salobre agua del mar, mostrábase agitada interiormente, el peñasco sonaba alrededor con espantoso ruido y en lo hondo se descubría la tierra mezclada con cerúlea arena. El pálido temor se enseñoreó de los míos, y mientras contemplábamos á Caribdis, temerosos de la muerte, Escila me arrebató de la cóncava embarcación los seis compañeros que más sobresalían por sus manos y por su fuerza. Cuando quise volver los ojos á la velera nave y á los amigos, ya vi en el aire los pies y las manos de los que eran arrebatados á lo alto y me llamaban con el corazón afligido, pronunciando mi nombre por la vez postrera. De la suerte que el pescador, al echar desde un promontorio el cebo á los pececillos valiéndose de la luenga caña, arroja al ponto el cuerno de un toro montaraz y así que coge un pez lo saca palpitante; de esta manera, mis compañeros, palpitantes también, eran llevados á las rocas y allí, en la entrada de la cueva, devorábalos Escila mientras gritaban y me tendían los brazos en aquella lucha horrible. De todo lo que padecí, peregrinando por el mar, fué este espectáculo el más lastimoso que vieron mis ojos.

»Después que nos hubimos escapado de aquellas rocas, de la horrenda Caribdis y de Escila, llegamos muy pronto á la irreprochable isla del dios, donde estaban las hermosas vacas de ancha frente, y muchas pingües ovejas del Sol, hijo de Hiperión. Desde el mar, en la negra nave, oí el mugido de las vacas encerradas en los establos y el balido de las ovejas, y me acordé de las palabras del vate ciego Tiresias el tebano, y de Circe de Eea, la cual me encargó muy mucho que huyese de la isla del Sol, que alegra á los mortales. Y entonces, con el corazón afligido, dije á los compañeros:

«Oíd mis palabras, amigos, aunque padezcáis tantos males, para que os revele los oráculos de Tiresias y de Circe de Eea; la cual me recomendó en extremo que huyese de la isla del Sol, que alegra á los mortales, diciendo que allí nos aguarda el más terrible de los infortunios. Por tanto, encaminad el negro bajel por fuera de la isla.»

»Así les dije. Á todos se les quebraba el corazón y Euríloco me respondió en seguida con estas odiosas palabras:

«Eres cruel, oh Ulises, disfrutas de vigor grandísimo, y tus miembros no se cansan, y debes de ser de hierro, ya que no permites á los tuyos, molidos de la fatiga y del sueño, tomar tierra en esa isla azotada por las olas, donde aparejaríamos una agradable cena; sino que les mandas que se alejen y durante la rápida noche vaguen á la ventura por el sombrío ponto. Por la noche se levantan fuertes vientos, azotes de las naves. ¿Adónde iremos, para librarnos de una muerte cruel, si de súbito viene una borrasca suscitada por el Noto ó por el impetuoso Céfiro, que son los primeros en destruir una embarcación hasta contra la voluntad de los soberanos dioses? Obedezcamos ahora á la obscura noche y aparejemos la comida junto á la velera nave; y al amanecer nos embarcaremos nuevamente para lanzarnos al dilatado ponto.»

»Tales razones profirió Euríloco y los demás compañeros las aprobaron. Conocí entonces que algún dios meditaba causarnos daño y, dirigiéndome á aquél, le dije estas aladas palabras:

«¡Euríloco! Gran fuerza me hacéis, porque estoy solo. Mas, ea, prometed todos con firme juramento que si encontráremos una manada de vacas ó una hermosa grey de ovejas, ninguno de vosotros matará, cediendo á funesta locura, ni una vaca tan sólo, ni una oveja; sino que comeréis tranquilos los manjares que nos dió la inmortal Circe.»

»Así les hablé; y en seguida juraron, como se lo mandaba. Tan pronto como hubieron acabado de prestar el juramento, detuvimos la bien construída nave en el hondo puerto, cabe á una fuente de agua dulce; y los compañeros desembarcaron, y luego aparejaron muy hábilmente la comida. Ya satisfecho el deseo de comer y de beber, lloraron, acordándose de los amigos á quienes devoró Escila después de arrebatarlos de la cóncava embarcación; y mientras lloraban les sobrevino dulce sueño. Cuando la noche hubo llegado á su último tercio y ya los astros declinaban, Júpiter, que amontona las nubes, suscitó un viento impetuoso y una tempestad deshecha, cubrió de nubes la tierra y el ponto, y la noche cayó del cielo. Apenas se descubrió la hija de la mañana, la Aurora de rosáceos dedos, pusimos la nave en seguridad, llevándola á una profunda cueva, donde las Ninfas tenían asientos y hermosos lugares para las danzas. Acto continuo los reuní á todos en junta y les hablé de esta manera:

«¡Oh amigos! Puesto que hay en la velera nave alimentos y bebida, abstengámonos de tocar esas vacas, á fin de que no nos venga ningún mal, porque tanto las vacas como las pingües ovejas son de un dios terrible, del Sol, que todo lo ve y todo lo oye.»

»Así les dije y su ánimo generoso se dejó persuadir. Durante un mes entero sopló incesantemente el Noto, sin que se levantaran otros vientos que el Euro y el Noto; y mientras no les faltó pan y rojo vino, abstuviéronse de tocar las vacas por el deseo de conservar la vida. Pero tan pronto como agotados todos los víveres de la nave, viéronse obligados á ir errantes tras de alguna presa—peces ó aves, cuanto les viniese á las manos,—pescando con corvos anzuelos, porque el hambre les atormentaba el vientre; yo me interné en la isla con el fin de orar á los dioses y ver si alguno me mostraba el camino para llegar á la patria. Después que, andando por la isla, estuve lejos de los míos, me lavé las manos en un lugar resguardado del viento y oré á todos los dioses que habitan el Olimpo, los cuales infundieron en mis párpados dulce sueño. Y en tanto, Euríloco comenzó á hablar con los amigos, para darles este pernicioso consejo:

«Oíd mis palabras, compañeros, aunque padezcáis tantos infortunios. Todas las muertes son odiosas á los infelices mortales, pero ninguna es tan mísera como morir de hambre y cumplir de esta suerte el propio destino. Ea, tomemos las más excelentes de las vacas del Sol y ofrezcamos un sacrificio á los dioses que poseen el anchuroso cielo. Si consiguiésemos tornar á Ítaca, la patria tierra, erigiríamos un rico templo al Sol, hijo de Hiperión, poniendo en él muchos y valiosos simulacros. Y si, irritado á causa de las vacas de erguidos cuernos, quisiera el Sol perder nuestra nave y lo consintiesen los restantes dioses, prefiero morir de una vez, tragando el agua de las olas, á consumirme con lentitud, en una isla inhabitada.»

»Tales palabras profirió Euríloco y los demás compañeros las aprobaron. Seguidamente, habiendo echado mano á las más excelentes de entre las vacas del Sol, que estaban allí cerca—pues las hermosas vacas de retorcidos cuernos y ancha frente pacían á poca distancia de la nave de azulada proa—se pusieron á su alrededor y oraron á los dioses, después de arrancar tiernas hojas de una alta encina porque ya no tenían blanca cebada en la nave de muchos bancos. Terminada la plegaria, degollaron y desollaron las reses; luego cortaron los muslos, los pringaron con gordura por uno y otro lado y los cubrieron de trozos de carne; y, como carecían de vino que pudiesen verter en el fuego sacro, hicieron libaciones con agua mientras asaban los intestinos. Quemados los muslos, probaron las entrañas; y, dividiendo lo restante en pedazos muy pequeños, lo espetaron en los asadores.

»Entonces huyó de mis párpados el dulce sueño y emprendí el regreso á la velera nave y á la orilla del mar. Al acercarme al corvo bajel, llegó hasta mí el suave olor de la grasa quemada y, dando un suspiro, clamé de este modo á los inmortales dioses:

«¡Padre Júpiter, bienaventurados y sempiternos dioses! Para mi daño, sin duda, me adormecisteis con el cruel sueño; y mientras tanto los compañeros, quedándose aquí, han consumado un gran delito.»

»Lampetia, la del ancho peplo, fué como mensajera veloz á decirle al Sol, hijo de Hiperión, que habíamos dado muerte á sus

LAMPETIA FUÉ Á DECIRLE AL SOL QUE HABÍAMOS DADO
MUERTE Á SUS VACAS

vacas. Inmediatamente el Sol, con el corazón airado, habló de esta guisa á los inmortales:

«¡Padre Júpiter, bienaventurados y sempiternos dioses! Castigad á los compañeros de Ulises Laertíada, pues, ensoberbeciéndose, han matado mis vacas; y yo me holgaba de verlas así al subir al estelífero cielo, como al tornar nuevamente del cielo á la tierra. Que si no se me diere la condigna compensación por estas vacas, descenderé á la morada de Plutón y alumbraré á los muertos.»

»Y Júpiter, que amontona las nubes, le respondió diciendo: «¡Oh Sol! Sigue alumbrando á los inmortales y á los mortales hombres que viven en la fértil tierra; pues yo despediré el ardiente rayo contra su velera nave, y la haré pedazos en el vinoso ponto.»

»Esto me lo refirió Calipso, la de hermosa cabellera, y afirmaba que se lo había oído contar á Mercurio, el mensajero.

»Llegado que hube á la nave y al mar, reprendí á mis compañeros— acercándome ora á éste, ora á aquél,—mas no pudimos hallar remedio alguno, porque ya las vacas estaban muertas. Pronto los dioses les mostraron varios prodigios: los cueros serpeaban, las carnes asadas y las crudas mugían en los asadores, y dejábanse oir voces como de vacas.

»Durante seis días mis fieles compañeros celebraron banquetes, para los cuales echaban mano á las mejores vacas del Sol; mas, así que Júpiter Saturnio nos trajo el séptimo día, cesó la violencia del vendaval que causaba la tempestad y nos embarcamos, lanzando la nave al vasto ponto después de izar el mástil y de descoger las blancas velas.

»Cuando hubimos dejado atrás aquella isla y ya no se divisaba tierra alguna, sino tan solamente el cielo y el mar, Júpiter colocó por cima de la cóncava nave una parda nube debajo de la cual se obscureció el ponto. No anduvo la embarcación largo rato, pues sopló en seguida el estridente Céfiro y, desencadenándose, produjo gran tempestad: un torbellino rompió los dos cables del mástil, que se vino hacia atrás, y todos los aparejos se juntaron en la sentina. El mástil, al caer en la popa, hirió la cabeza del piloto, aplastándole todos los huesos; cayó el piloto desde el tablado, como salta un buzo, y su alma generosa se separó de los miembros. Júpiter despidió un trueno y simultáneamente arrojó un rayo en nuestra nave: ésta se estremeció, al ser herida por el rayo de Júpiter, llenándose del olor del azufre; y mis hombres cayeron en el agua. Llevábalos el oleaje alrededor del negro bajel y un dios les privó de la vuelta á la patria.

»Seguí andando por la nave, hasta que el ímpetu del mar separó los flancos de la quilla, la cual flotó sola en el agua; y el mástil se rompió en su unión con la misma. Sobre el mástil hallábase una soga hecha del cuero de un buey: até con ella mástil y quilla y, sentándome en ambos, dejéme llevar por los perniciosos vientos.

»Pronto cesó el soplo violento del Céfiro, que causaba la tempestad, y de repente sobrevino el Noto, el cual me afligió el ánimo con llevarme de nuevo hacia la perniciosa Caribdis. Toda la noche anduve á merced de las olas, y al salir el sol llegué al escollo de Escila y á la horrenda Caribdis que estaba sorbiendo la salobre agua del mar; pero yo me lancé al cabrahigo y me agarré como un murciélago, sin que pudiera afirmar los pies en sitio alguno ni tampoco encaramarme en el árbol, porque estaban lejos las raíces y á gran altura los largos y gruesos ramos que daban sombra á Caribdis. Me mantuve, pues, reciamente asido, esperando que Caribdis devolviera el mástil y la quilla; y éstos aparecieron por fin, cumpliéndose mi deseo. Á la hora en que el juez se levanta en el ágora, después de haber fallado muchas causas de jóvenes litigantes, dejáronse ver los maderos fuera ya de Caribdis. Soltéme de pies y manos y caí con gran estrépito en medio del agua, junto á los larguísimos maderos; y, sentándome encima, me puse á remar con los brazos. Y no permitió el padre de los hombres y de los dioses que Escila me viese; pues no me hubiera librado de una terrible muerte.

»Desde aquel lugar fuí errante nueve días y en la noche del décimo lleváronme los dioses á la isla Ogigia donde vive Calipso, la de lindas trenzas, deidad poderosa, dotada de voz; la cual me acogió amistosamente y me prodigó sus cuidados. Mas, ¿á qué contar el resto?

Os lo referí ayer en esta casa á ti y á tu ilustre esposa, y me es enojoso repetir lo que se ha explicado claramente.»

Los feacios dejan en la playa de Ítaca á Ulises dormido

CANTO XIII

PARTIDA DE ULISES DEL PAÍS DE LOS FEACIOS Y SU LLEGADA Á ÍTACA

Tal fué lo que Ulises contó. Enmudecieron los oyentes y, arrobados por el placer de escucharle, se quedaron silenciosos en el obscuro palacio. Mas Alcínoo le respondió diciendo:

«¡Oh Ulises! Pues llegaste á mi mansión de pavimento de bronce y elevada techumbre, creo que tornarás á tu patria sin tener que vagar más, aunque sean en tan gran número los males que hasta ahora has padecido. Y dirigiéndome á vosotros todos, los que siempre bebéis en mi palacio el negro vino de honor y oís al aedo, he aquí lo que os encargo: ya tiene el huésped en pulimentada arca vestiduras y oro labrado y los demás presentes que los consejeros feacios le han traído; ea, démosle sendos trípodes grandes y calderos; y reunámonos después para hacer una colecta por la población, porque nos sería difícil á cada uno de nosotros obsequiarle con tal regalo, valiéndonos exclusivamente de nuestros recursos.»

De tal suerte les exhortó Alcínoo, y á todos les plugo cuanto dijo. Salieron entonces para acostarse en sus respectivas casas; y así que se descubrió la hija de la mañana, la Aurora de rosáceos dedos, encamináronse diligentemente hacia la nave, llevando á ella el varonil bronce. La sacra potestad de Alcínoo fué también, y él mismo colocó los presentes debajo de los bancos: no fuera que se dañara alguno de los hombres cuando, para mover la embarcación, apretasen con los remos. Acto continuo trasladáronse al palacio de Alcínoo y se ocuparon en aparejar el banquete.

Para ellos la sacra potestad de Alcínoo sacrificó un buey al Saturnio Jove, el dios de las sombrías nubes, que reina sobre todos. Quemados los muslos, celebraron espléndido festín, y cantó el divinal aedo, Demódoco, tan honrado por el pueblo. Mas Ulises volvía á menudo la cabeza hacia el sol resplandeciente, con gran afán de que se pusiera, pues ya anhelaba irse á su patria. Como el labrador apetece la cena después de pasar el día rompiendo con la yunta de negros bueyes y el sólido arado una tierra noval, se le pone el sol muy á su gusto para ir á comer, y, al andar, siente el cansancio en las rodillas; así, tan agradablemente, vió Ulises que se ponía el sol. Y al momento, dirigiéndose á los feacios, amantes de manejar los remos, y especialmente á Alcínoo, les habló de esta manera:

«¡Rey Alcínoo, el más esclarecido de todos los ciudadanos! Ofreced las libaciones, despedidme sano y salvo, y vosotros quedad con alegría. Ya se ha cumplido cuanto mi ánimo deseaba: mi conducción y las amistosas dádivas; hagan los dioses que éstas sean para mi dicha y que halle en mi palacio á mi irreprochable consorte é incólumes á los amigos. Y vosotros, que os quedáis, sed el gozo de vuestras legítimas mujeres y de vuestros hijos; los dioses os concedan toda clase de bienes, y jamás á esta población le sobrevenga mal alguno.»

Así se expresó. Todos aplaudieron sus palabras y aconsejaron que se llevase al huésped á su patria puesto que hablaba razonablemente. Y entonces la potestad de Alcínoo dijo al heraldo:

«¡Pontónoo! Mezcla el vino en la cratera y distribúyelo á cuantos se hallan en la sala, á fin de que, después de orar al padre Júpiter, enviemos al huésped á su patria tierra.»

Así habló. Pontónoo mezcló el vino dulce como la miel y lo sirvió á todos, ofreciéndoselo sucesivamente: ellos lo libaban, desde sus mismos asientos, á los bienaventurados dioses que poseen el anchuroso cielo; y el divinal Ulises, levantándose, puso en las manos de Arete una copa doble, mientras le decía estas aladas palabras:

«Sé constantemente dichosa, oh reina, hasta que vengan la senectud y la muerte, de las cuales no se libran los humanos. Yo me voy. Tú continúa holgándote en esta casa con tus hijos, el pueblo y el rey Alcínoo.»

Dicho esto, el divino Ulises traspuso el umbral. La potestad de Alcínoo le hizo acompañar por un heraldo que lo condujese á la velera nave, á la orilla del mar. Y Arete le envió también algunas esclavas: cual le llevaba un manto muy limpio y una túnica; cual, una sólida arca; y cual otra, pan y rojo vino.

Cuando hubieron llegado á la nave y al mar, los ilustres marineros, tomando tales cosas juntamente con la bebida y los víveres, lo colocaron todo en la cóncava embarcación y tendieron una colcha y una tela de lino sobre las tablas de la popa á fin de que Ulises pudiese dormir profundamente. Subió éste y acostóse en silencio. Los otros se sentaron por orden en sus bancos, desataron de la piedra agujereada la amarra del barco é inclinándose, azotaron el mar con los remos; mientras caía en los párpados de Ulises un sueño profundo, suave, dulcísimo, muy semejante á la muerte. Del modo que los caballos de una cuadriga se lanzan á correr en un campo, á los golpes del látigo y, levantándose sobre sus pies, terminan prontamente la carrera; así se alzaba la popa del navío y dejaba tras sí muy agitadas las olas purpúreas del estruendoso mar. Corría el bajel con un andar seguro é igual, y ni el gavilán, que es el ave más ligera, lo hubiese acompañado: así, corriendo con tal rapidez, cortaba las olas del mar y llevaba un varón que en el consejo se parecía á los dioses; el cual tuvo el ánimo acongojado muchas veces, ya combatiendo con los hombres, ya surcando las temibles ondas, pero entonces dormía plácidamente, olvidado de cuanto padeciera.

Cuando salía la más rutilante estrella, la que de modo especial anuncia la luz de la Aurora, hija de la mañana, entonces la nave, surcadora del ponto, llegó á la isla.

Hay en el país de Ítaca el puerto de Forcis, el anciano del mar, formado por dos orillas prominentes y escarpadas que convergen hacia las puntas y protegen exteriormente las grandes olas contra los vientos de funesto soplo; y en el interior las corvas naves, de muchos bancos, permanecen sin amarras así que llegan al fondeadero. Al cabo del puerto está un olivo de largas hojas y muy cerca una gruta agradable, sombría, consagrada á las ninfas que Náyades se llaman. Allí existen crateras y ánforas de piedra donde las abejas fabrican los panales. Allí pueden verse unos telares también de piedra, muy largos, donde tejen las ninfas mantos de color de púrpura. Allí el agua constantemente nace. Dos puertas tiene el antro: la una mira al Bóreas y es accesible á los hombres; la otra, situada frente al Noto, es más divina, pues por ella no entran los humanos, siendo el camino de los inmortales.

Á este sitio, que ya con anterioridad conocían, fueron á llegarse; y la embarcación andaba velozmente y varó en la playa, saliendo del agua hasta la mitad. ¡Tales eran los remeros por cuyas manos era conducida! Apenas hubieron saltado de la nave de hermosos bancos en tierra firme, comenzaron por sacar del cóncavo bajel á Ulises con la colcha espléndida y la tela de lino, y lo pusieron en la arena, entregado todavía al sueño; y seguidamente, desembarcando las riquezas que los feacios le habían dado al volver á su patria, gracias á la magnánima Minerva, las amontonaron todas al pie del olivo, algo apartadas del camino: no fuera que algún viandante se acercara á las mismas en tanto que Ulises dormía y le hurtara algo. Después de esto, volviéronse los feacios á su país. Pero Neptuno, que sacude la tierra, no olvidó las amenazas que desde un principio hiciera á Ulises, semejante á un dios, y quiso explorar la voluntad de Júpiter:

«¡Padre Júpiter! Ya no seré honrado nunca entre los inmortales dioses, puesto que no me honran en lo más mínimo ni tan siquiera los mortales, los feacios, que son de mi propia estirpe. No dejaba de figurarme que Ulises tornaría á su patria, aunque padeciendo multitud de infortunios, pues nunca le quité del todo que volviese por considerar que con tu asentimiento se lo habías prometido; mas los feacios, llevándole por el ponto en velera nave, lo han dejado en Ítaca, dormido, después de hacerle innumerables regalos: bronce, oro en abundancia, vestiduras tejidas, y tantas cosas como nunca sacara de Troya si volviese indemne y habiendo obtenido la parte que del botín le correspondiera.»

Respondióle Júpiter, que amontona las nubes: «¡Ah, poderoso dios que bates la tierra! ¡Qué dijiste! No te desprecian los dioses, que sería difícil herir con el desprecio al más antiguo y más ilustre. Pero si deja de honrarte alguno de los hombres, por confiar en sus fuerzas y en su poder, está en tu mano tomar venganza. Obra, pues, como quieras y á tu ánimo le agrade.»

Contestóle Neptuno, que sacude la tierra: «Ya hubiera obrado como me aconsejas, oh dios de las sombrías nubes, pero me espanta tu cólera y procuro evitarla. Ahora quiero hacer naufragar en el obscuro ponto la bellísima nave de los feacios que vuelve de conducir á aquél—con el fin de que en adelante se abstengan y cesen de llevar á los hombres—y cubrir luego la vista de la ciudad con una gran montaña.»

Repuso Júpiter, que amontona las nubes: «¡Oh querido! Tengo para mí que lo mejor será que, cuando todos los ciudadanos estén mirando desde la población como el barco llega, lo tornes un peñasco, junto á la costa, de suerte que guarde la semejanza de una velera nave para que todos los hombres se maravillen, y cubras luego la vista de la ciudad con una gran montaña.»

Apenas lo oyó Neptuno, que sacude la tierra, fuese á Esqueria donde viven los feacios, y allí se detuvo. La nave, surcadora del ponto, se acercó con rápido impulso y el dios que sacude la tierra, saliéndole al encuentro, la tornó un peñasco y con un golpe de su mano inclinada hizo que echara raíces en el suelo, después de lo cual fuése á otra parte.

Mientras tanto los feacios, que usan largos remos y son ilustres navegantes, hablaban entre sí con aladas palabras. Y uno de ellos se expresó de esta suerte, dirigiéndose á su vecino:

«¡Ay! ¿Quién encadenó en el ponto la velera nave que tornaba á la patria y ya se descubría toda?»

Tales fueron sus palabras, pues ignoraban lo que había pasado. Entonces Alcínoo les arengó de esta manera:

«¡Oh dioses! Cumpliéronse las antiguas predicciones de mi padre, el cual decía que Neptuno nos miraba con malos ojos porque conducíamos sin recibir daño á todos los hombres; y aseguraba que el dios haría naufragar en el obscuro ponto una hermosísima nave de los feacios, al volver de llevar á alguien, y cubriría la vista de la ciudad con una gran montaña. Así lo afirmaba el anciano y ahora todo se va cumpliendo. Ea, hagamos lo que voy á decir. Absteneos de conducir los mortales que lleguen á nuestra población y sacrifiquemos doce toros escogidos á Neptuno, para ver si se apiada de nosotros y no nos cubre la vista de la ciudad con la enorme montaña.»

Así habló. Entróles el miedo y aparejaron los toros. Y mientras los caudillos y príncipes del pueblo feacio oraban al soberano Neptuno, permaneciendo de pie en torno de su altar, Ulises recordó de su sueño en la tierra patria, de la cual había estado ausente mucho tiempo, y no pudo reconocerla porque una diosa—Palas Minerva, la hija de Júpiter—le cercó de una nube con el fin de hacerle incognoscible y enterarle de todo: no fuese que su esposa, los ciudadanos y los amigos lo reconocieran antes que los pretendientes pagaran por completo sus demasías. Por esta causa todo se le presentaba al rey en otra forma, así los largos caminos, como los puertos cómodos para fondear, las rocas escarpadas y los árboles florecientes. El héroe se puso en pie y contempló la patria tierra; pero en seguida gimió y, bajando los brazos, golpeóse los muslos mientras suspiraba y decía de esta suerte:

«¡Ay de mí! ¿Qué hombres deben de habitar esta tierra á que he llegado? ¿Serán violentos, salvajes é injustos, ú hospitalarios y temerosos de los dioses? ¿Adónde podré llevar tantas riquezas? ¿Adónde iré perdido? Ojalá me hubiese quedado allí, con los feacios, pues entonces me llegara á otro de los magnánimos reyes, que, recibiéndome amistosamente, me hubiera enviado á mi patria. Ahora ni sé dónde poner estas cosas, ni he de dejarlas aquí: no vayan á ser presa de otros hombres. ¡Oh dioses! No eran, pues, enteramente sensatos ni justos los caudillos y príncipes feacios, ya que me traen á estotra tierra; dijeron que me conducirían á Ítaca, que se ve de lejos, y no lo han cumplido. Castíguelos Júpiter, el dios de los suplicantes, que vigila á los hombres é impone castigos á cuantos pecan. Mas, ea, contaré y examinaré estas riquezas: no se hayan llevado alguna cosa en la cóncava nave cuando de aquí partieron.»

Hablando así, contó los bellísimos trípodes, los calderos, el oro y las hermosas vestiduras tejidas; y, aunque nada echó de menos, lloraba por su patria tierra, arrastrándose en la orilla del estruendoso mar y suspirando mucho. Acercósele entonces Minerva en la figura de un joven pastor de ovejas, tan delicado como el hijo de un rey; que llevaba en los hombros un manto doble, hermosamente hecho; en los nítidos pies, sandalias; y en la mano, una jabalina. Ulises se holgó de verla, salió á su encuentro y le dijo estas aladas palabras:

«¡Amigo! Ya que eres el primer hombre á quien encuentro en este lugar, ¡salud!, y ojalá no vengas con mala intención para conmigo; antes bien, salva estas cosas y sálvame á mí mismo, que yo te lo ruego como á un dios y me postro á tus rodillas. Mas dime con verdad para que yo me entere: ¿Qué tierra es ésta? ¿Qué pueblo? ¿Qué hombres hay en la comarca? ¿Estoy en una isla que se ve á distancia ó en la ribera de un fértil continente que hacia el mar se inclina?»

Minerva, la deidad de los brillantes ojos, le respondió diciendo: «¡Forastero! Eres un simple ó vienes de lejos cuando me preguntas por esta tierra, cuyo nombre no es tan obscuro, ya que la conocen muchísimos así de los que viven hacia el lado por donde salen la Aurora y el Sol, como de los que moran en la otra parte, hacia el tenebroso ocaso. Es, en verdad, áspera é impropia para la equitación; pero no completamente estéril, aunque pequeña, pues produce trigo en abundancia y también vino; nunca le falta ni la lluvia ni el fecundo rocío; es muy á propósito para apacentar cabras y bueyes; cría bosques de todas clases, y tiene abrevaderos que jamás se agotan. Por lo cual, oh forastero, el nombre de Ítaca llegó hasta Troya, que, según dicen, está muy apartada de la tierra aquiva.»

De esta suerte habló. Alegróse el paciente divinal Ulises, holgándose de su patria que le nombraba Palas Minerva, hija de Júpiter que lleva la égida; y pronunció en seguida estas aladas palabras, ocultándole la verdad con hacerle un relato fingido, pues siempre revolvía en su pecho ideas muy astutas:

«Oí hablar de Ítaca allá en la espaciosa Troya, muy lejos, al otro lado del ponto, y he llegado ahora con estas riquezas. Otras tantas dejé á mis hijos y voy huyendo porque maté al hijo querido de Idomeneo, á Orsíloco, el de los pies ligeros, que aventajaba en la ligereza de sus pies á los hombres industriosos de la vasta Creta; el cual deseó privarme del botín de Troya por el que tantas fatigas padeciera, ya combatiendo con los hombres, ya surcando las temibles ondas, á causa de no haberme prestado á complacer á su padre, sirviéndole en el pueblo de los troyanos, donde yo era caudillo de otros compañeros. Como en cierta ocasión aquél tornara del campo, envaséle la broncínea lanza, habiéndole acechado con un amigo junto á la senda: obscurísima noche cubría el cielo, ningún hombre fijó su atención en nosotros y así quedó oculto que le hubiese dado muerte. Después que lo maté con el agudo bronce, fuíme hacia la nave de unos ilustres fenicios á quienes supliqué y pedí, dándoles buena parte del botín, que me llevasen á Pilos ó á la divina Élide, donde ejercen su dominio los epeos. Mas la fuerza del viento extraviólos, mal de su grado, pues no querían engañarme; y, errabundos, llegamos acá por la noche. Con mucha fatiga pudimos entrar en el puerto á fuerza de remos; y, aunque muy necesitados de tomar alimento, nadie pensó en la cena: desembarcamos todos y nos echamos en la playa. Entonces me vino á mí, que estaba cansadísimo, un dulce sueño; sacaron aquellos de la cóncava nave mis riquezas, las dejaron en la arena donde me hallaba tendido y volvieron á embarcarse para ir á la populosa Sidón; y yo me quedé aquí con el corazón triste.»

Así se expresó. Sonrióse Minerva, la deidad de los brillantes ojos, le halagó con la mano y, transfigurándose en una mujer hermosa, alta y diestra en eximias labores, le dijo estas aladas palabras:

«Astuto y falaz habría de ser quien te aventajara en cualquier clase de engaños, aunque fuese un dios el que te saliera al encuentro. ¡Temerario, artero, incansable en el dolo! ¿Ni aun en tu patria habías de renunciar á los fraudes y á las palabras engañosas, que siempre fueron de tu gusto? Mas, ea, no se hable más de ello, que ambos somos peritos en las astucias; pues si tú sobresales mucho entre los hombres por tu consejo y tus palabras, yo soy celebrada entre todas las deidades por mi prudencia y mis astucias. Pero aún no has reconocido en mí á Palas Minerva, hija de Júpiter, que siempre te asisto y protejo en tus cuitas é hice que les fueras agradable á todos los feacios. Vengo ahora á forjar contigo algún plan, á esconder cuantas riquezas te dieron los ilustres feacios por mi voluntad é inspiración cuando viniste á la patria, y á revelarte todos los trabajos que has de soportar fatalmente en tu morada bien construída: toléralos, ya que es preciso, y no digas á ninguno de los hombres ni de las mujeres que llegaste peregrinando; antes bien sufre en silencio los muchos pesares y aguanta las violencias que te hicieren los hombres.»

Respondióle el ingenioso Ulises: «Difícil es, oh diosa, que un mortal al encontrarse contigo logre conocerte, aunque fuere muy sabio, porque tomas la figura que te place. Bien sé que me fuiste propicia mientras los aqueos peleamos en Troya; pero después que arruinamos la excelsa ciudad de Príamo, partimos en las naves y un dios dispersó á los aqueos, nunca te he visto, oh hija de Júpiter, ni he advertido que subieras en mi bajel para ahorrarme ningún pesar. Por el contrario, anduve errante constantemente, teniendo en mi pecho el corazón atravesado de dolor, hasta que los dioses me libraron del infortunio; y tú, en el rico pueblo de los feacios, me confortaste con tus palabras y me condujiste á la población. Ahora por tu padre te lo suplico—pues no creo haber arribado á Ítaca, que se ve de lejos, sino que estoy en otra tierra y que hablas de burlas para engañarme:—dime si en verdad he llegado á mi querida tierra.»

Contestóle Minerva, la deidad de los brillantes ojos: «Siempre guardas en tu pecho la misma cordura, y no puedo desampararte en la desgracia porque eres afable, perspicaz y sensato. Cualquiera que volviese después de vagar tanto, deseara ver en su palacio á los hijos y á la esposa; mas á ti no te place saber de ellos ni preguntar por los mismos hasta que hayas probado á tu mujer, la cual permanece en tu morada y consume los días y las noches tristemente, pues de continuo está llorando. Yo jamás puse en duda, pues me constaba con certeza, que volverías á tu patria después de perder todos los compañeros; mas no quise luchar con Neptuno, mi tío paterno, cuyo ánimo se encolerizó é irritó contigo porque le cegaste su caro hijo. Pero, ea, voy á mostrarte el suelo de Ítaca para que te convenzas. Éste es el puerto de Forcis, el anciano del mar; aquél, el olivo de largas hojas que existe al cabo del puerto; cerca del mismo se halla la gruta deliciosa, sombría, consagrada á las ninfas que Náyades se llaman: aquí tienes la abovedada cueva donde sacrificabas á las ninfas gran número de perfectas hecatombes; y allá puedes ver el Nérito, el frondoso monte.»

Cuando así hubo hablado, la deidad disipó la nube, apareció el país y el paciente divinal Ulises se alegró, holgándose de su tierra, y besó el fértil suelo. Y acto continuo oró á las ninfas, con las manos levantadas:

«¡Ninfas Náyades, hijas de Júpiter! Ya me figuraba que no os vería más. Ahora os saludo con dulces votos y os haremos ofrendas, como antes, si la hija de Júpiter, la que impera en las batallas, permite benévola que yo viva y vea crecer á mi hijo.»

Díjole entonces Minerva, la deidad de los brillantes ojos: «Cobra ánimo y no te preocupes por esto. Pero metamos ahora mismo las riquezas en lo más hondo del divino antro á fin de que las tengas seguras, y deliberemos para que todo se haga de la mejor manera.»

Cuando así hubo hablado, penetró la diosa en la sombría cueva y fué en busca de los escondrijos; y Ulises le llevó todas las cosas—el oro, el duro bronce y las vestiduras bien hechas—que le regalaran los feacios. Así que estuvieron colocadas del modo más conveniente, Minerva, hija de Júpiter que lleva la égida, obstruyó la entrada con una piedra. Sentáronse después en las raíces del sagrado olivo y deliberaron acerca del exterminio de los orgullosos pretendientes. Minerva, la deidad de los brillantes ojos, fué quien rompió el silencio pronunciando estas palabras:

LA DEIDAD DISIPÓ LA NUBE Y ULISES, HOLGÁNDOSE DE
RECONOCER SU PATRIA, BESÓ EL FÉRTIL SUELO

(Canto XIII, versos á .)

«¡Laertíada, de jovial linaje! ¡Ulises, fecundo en recursos! Piensa cómo pondrás las manos en los desvergonzados pretendientes, que tres años ha mandan en tu palacio y solicitan á tu divinal consorte á la que ofrecen regalos de boda; mas ella, suspirando en su ánimo por tu regreso, si bien á todos les da esperanzas y á cada uno le hace promesas, enviándole mensajes, revuelve en su espíritu muy distintos pensamientos.»

El ingenioso Ulises le respondió diciendo: «¡Oh númenes! Sin duda iba á perecer en el palacio, con el mismo hado funesto de Agamenón Atrida, si tú, oh diosa, no me hubieses instruído convenientemente acerca de estas cosas. Mas, ea, traza un plan para que los castigue y ponte á mi lado, infundiéndome fortaleza y audacia, como en aquel tiempo en que destruíamos las lucientes almenas de la ciudad de Troya. Si con el mismo ardor de entonces me acompañares, oh deidad de los brillantes ojos, yo combatiría contra trescientos hombres; pero con tu ayuda, veneranda diosa, siempre que benévola me socorrieres.»

Contestóle Minerva, la deidad de los brillantes ojos: «Te asistiré ciertamente, sin que me pases inadvertido cuando en tales cosas nos ocupemos, y creo que alguno de los pretendientes que devoran tus bienes manchará con su sangre y sus sesos el extensísimo pavimento. Mas, ea, voy á hacerte incognoscible para todos los mortales: arrugaré el hermoso cutis de tus ágiles miembros, raeré de tu cabeza los blondos cabellos, te pondré unos harapos que causen horror al que te vea y haré sarnosos tus ojos, antes tan lindos, para que les parezcas un ser despreciable á todos los pretendientes y á la esposa y al hijo que dejaste en tu palacio. Llégate ante todo al porquerizo, al guardián de tus puercos, que te quiere bien y adora á tu hijo y á la prudente Penélope. Lo hallarás sentado entre los puercos, los cuales pacen junto á la roca del Cuervo, en la fuente de Aretusa, comiendo abundantes bellotas y bebiendo aguas turbias, cosas ambas que hacen crecer en los mismos la floreciente grosura. Quédate allí de asiento é interrógale sobre cuanto deseares, mientras yo voy á Esparta, la de hermosas mujeres, y llamo á Telémaco, tu hijo, oh Ulises, que se fué junto á Menelao, en la vasta Lacedemonia, para saber por la fama si aún estabas vivo en alguna parte.»

Respondióle el ingenioso Ulises: «¿Y por qué no se lo dijiste, ya que tu mente todo lo sabía? ¿Acaso para que también pase trabajos, vagando por el estéril ponto, y los demás se le coman los bienes?»

Contestóle Minerva, la deidad de los brillantes ojos: «Muy poco has de inquietarte por él. Yo misma le llevé para que, con ir allá, adquiriese ilustre fama; y no sufre trabajo alguno, sino que se está muy tranquilo en el palacio del Atrida, teniéndolo todo en gran abundancia. Cierto que los jóvenes le acechan, embarcados en negro bajel, y quieren matarle cuando vuelva al patrio suelo; pero me parece que no sucederá así y que antes la tierra tendrá en su seno á alguno de los pretendientes que devoran lo tuyo.»

Dicho esto, tocóle Minerva con una varita. La diosa le arrugó el hermoso cutis en los ágiles miembros, le rayó de la cabeza los blondos cabellos, púsole la piel de todo el cuerpo de tal forma que parecía la de un anciano, hízole sarnosos los ojos, antes tan bellos; vistióle unos harapos y una túnica, que estaban rotos, sucios y manchados feamente por el humo; le echó encima el cuero grande, sin pelambre ya, de una veloz cierva; y le entregó un palo y un astroso zurrón lleno de agujeros, con su correa retorcida.

Después de deliberar así, se separaron, yéndose Minerva á la divinal Lacedemonia donde se hallaba el hijo de Ulises.

Ulises, transfigurado en un anciano, conversa con el porquerizo Eumeo

CANTO XIV

CONVERSACIÓN DE ULISES CON EUMEO

Ulises, dejando el puerto, empezó áspero camino por lugares selvosos, entre unas eminencias, hacia donde le indicara Minerva que hallaría al porquerizo; el cual era, entre todos los criados adquiridos por el divinal Ulises, quien con mayor solicitud le cuidaba los bienes.

Hallóle sentado en el vestíbulo de la majada excelsa, hermosa y grande, construída en lugar descubierto, que se andaba toda ella en rededor; la cual labrara el porquerizo para los cerdos del ausente rey, sin ayuda de su señora ni del anciano Laertes, empleando piedras de acarreo y cercándola con un seto espinoso. Puso fuera de la majada, acá y allá, una larga serie de espesas estacas, que había cortado del corazón de unas encinas; y construyó dentro doce pocilgas muy juntas en que se echaban los puercos. En cada una tenía encerradas cincuenta hembras paridas de puercos, que se acuestan en el suelo; y los machos pasaban la noche fuera, siendo su número mucho menor porque los pretendientes, iguales á los dioses, los disminuían comiéndose siempre el mejor de los puercos grasos, que les enviaba el porquerizo. Eran los cerdos trescientos sesenta. Junto á los mismos hallábanse constantemente cuatro perros, semejantes á fieras, que había criado el porquerizo, mayoral de los pastores. Éste cortaba entonces un cuero de buey de color vivo y hacía unas sandalias, ajustándolas á sus pies; y de los otros pastores, tres se habían encaminado á diferentes lugares con las piaras de los cerdos y el cuarto había sido enviado á la ciudad por Eumeo á llevarles á los orgullosos pretendientes el obligado puerco que inmolarían para saciar con la carne su apetito.

De súbito los perros ladradores vieron á Ulises y, ladrando, corrieron á encontrarle; mas el héroe se sentó astutamente y dejó caer el garrote que llevaba en la mano. Entonces quizás hubiera padecido vergonzoso infortunio cabe á sus propios establos; pero el porquerizo siguió en seguida y con ágil pie á los canes y, atravesando apresuradamente el umbral donde se le cayó de la mano aquel cuero, les dió voces, los echó á pedradas á cada uno por su lado, y habló al rey de esta manera:

«¡Oh anciano! Poco faltó para que los perros te despedazaran súbitamente, con lo cual me habrías causado gran oprobio. Ya los dioses me tienen dolorido y me hacen gemir por una causa bien distinta; pues mientras lloro y me angustio, pensando en mi señor, igual á un dios, he de criar estos puercos grasos para que otros se los coman; y quizás él esté hambriento y ande peregrino por pueblos y ciudades de gente de extraño lenguaje, si aún vive y contempla la lumbre del sol. Pero ven, anciano, sígueme á la cabaña, para que, después de saciarte de manjares y de vino conforme á tu deseo, me digas dónde naciste y cuántos infortunios has sufrido.»

Diciendo así, el divinal porquerizo guióle á la cabaña, introdújole en ella, é hízole sentar, después de esparcir por el suelo muchas ramas secas, las cuales cubrió con la piel de una cabra montés, grande, vellosa y tupida, que le servía de lecho. Holgóse Ulises del recibimiento que le hacía Eumeo, y le habló de esta suerte:

«¡Júpiter y los inmortales dioses te concedan, oh huésped, lo que más anheles; ya que con tal benevolencia me has acogido!»

Y tú le contestaste así, porquerizo Eumeo: «¡Oh forastero! No me es lícito despreciar al huésped que se presente, aunque sea más miserable que tú, pues todos los forasteros y pobres son de Júpiter. Cualquier donación nuestra les es grata, no embargante que haya de ser exigua; que así suelen hacerlas los siervos, siempre temerosos cuando mandan amos jóvenes. Pues las deidades atajaron sin duda la vuelta del mío, el cual, amándome sobre todo extremo, me hubiese proporcionado una posesión, una casa, un peculio y una mujer hermosa; todo lo cual da un amo benévolo á su siervo, cuando ha trabajado mucho para él y las deidades hacen prosperar su obra como hicieron prosperar ésta en que me ocupo. Grandemente me ayudara mi señor, si aquí envejeciese; pero murió ya: ¡así hubiera perecido completamente la estirpe de Helena, por la cual á tantos hombres les quebraron las rodillas! Que aquél fué á Troya, la de hermosos corceles, para honrar á Agamenón combatiendo contra los teucros.»

Diciendo así, en un instante se sujetó la túnica con el cinturón, se fué á las pocilgas donde estaban las piaras de los puercos, volvió con dos, y á entrambos los sacrificó, los chamuscó y, después de descuartizarlos, los espetó en los asadores. Cuando la carne estuvo asada, se la llevó á Ulises, caliente aún y en los mismos asadores, polvoreándola de blanca harina; echó en una copa de yedra vino dulce como la miel, sentóse enfrente de Ulises, é, invitándole, hablóle de esta suerte:

«Come, oh huésped, esta carne de puerco, que es la que está á la disposición de los esclavos; pues los pretendientes devoran los cerdos más gordos, sin pensar en la venganza de las deidades, ni sentir piedad alguna. Pero los bienaventurados númenes no se agradan de las obras perversas, sino que honran la justicia y las acciones sensatas de los varones. Y aun los varones malévolos y enemigos que invaden el país ajeno y, permitiéndoles Júpiter que recojan botín, vuelven á la patria con las naves repletas; aun éstos sienten que un fuerte temor de la venganza divina les oprime el corazón. Mas los pretendientes algo deben de saber de la deplorable muerte de aquél, por la voz de alguna deidad que han oído, cuando no quieren pedir de justo modo el casamiento, ni restituirse á sus casas; antes muy tranquilos consumen los bienes orgullosa é inmoderadamente. En ninguno de los días ni de las noches, que proceden de Júpiter, se contentan con sacrificar una víctima, ni dos tan sólo; y agotan el vino, bebiéndolo sin tasa alguna. Pues la hacienda de mi amo era cuantiosísima, tanto como la de ninguno de los héroes que viven en el negro continente ó en la propia Ítaca y ni juntando veinte hombres la suya pudiera igualarla. Te la voy á especificar. Doce vacadas hay en el continente; y otras tantas greyes de ovejas, otras

AL LLEGAR ULISES Á LA MAJADA, LOS CANES LADRARON Y
CORRIERON Á ENCONTRARLE

(Canto XIV, versos y .)

tantas piaras de cerdos, y otras tantas copiosas manadas de cabras apacientan allá sus pastores y gente asalariada. Aquí pacen once hatos numerosos de cabras en la extremidad del campo, y los vigilan buenos pastores, cada uno de los cuales lleva todos los días á los pretendientes una res, aquella de las bien nutridas cabras que le parece mejor. Y yo guardo y protejo estas marranas y, separando siempre el mejor de los puercos, se lo envío también.»

Así habló. Ulises, sin desplegar los labios, se apresuraba á comer la vianda y bebía vino con avidez, maquinando males contra los pretendientes. Después que hubo cenado y repuesto el ánimo con la comida, dióle Eumeo la copa que usaba para beber, llena de vino. Aceptóla el héroe y, alegrándose en su corazón, pronunció estas aladas palabras:

«¡Oh amigo! ¿Quién fué el que te compró con sus bienes y era tan opulento y poderoso, según cuentas? Decías que pereció por causa de la honra de Agamenón. Nómbramelo por si en alguna parte hubiese conocido á tal hombre. Júpiter y los dioses inmortales saben si lo he visto y podré darte alguna nueva, pues anduve perdido por muchos pueblos.»

Respondióle el porquerizo, mayoral de los pastores: «¡Oh viejo! Á ningún vagabundo que llegue con noticias de mi amo, le darán crédito ni la mujer de éste ni su hijo; pues los que van errantes y necesitan socorro mienten sin reparo y se niegan á hablar sinceramente. Todo aquel que, peregrinando, llega al pueblo de Ítaca, va á referirle patrañas á mi señora; y ésta le acoge amistosamente, le hace preguntas sobre cada punto, y al momento solloza y destila lágrimas de sus párpados, como es costumbre de la mujer cuyo marido ha muerto en otra tierra. Tú mismo, oh anciano, inventarías muy pronto cualquier relación, si te diesen un manto y una túnica con que vestirte. Mas ya los perros y las veloces aves han debido de separarle la piel de los huesos, y el alma le habrá dejado; ó quizás los peces lo devoraron en el ponto y sus huesos yacen en la playa, dentro de un gran montón de arena. De tal suerte murió aquél y nos ha dejado pesares á todos sus amigos y especialmente á mí, que ya no hallaré un amo tan benévolo en ningún lugar á que me encamine, ni aun si me fuere á la casa de mi padre y de mi madre donde nací y ellos me criaron. Y lloro no tanto por los mismos, aunque deseara verlos con mis ojos en la patria tierra, como porque me aqueja el deseo del ausente Ulises; á quien, oh huésped, temo nombrar, no hallándose acá, pues me amaba mucho y se preocupaba por mí en su corazón, y yo le llamo hermano del alma por más que esté lejos.»

Háblóle entonces el paciente divinal Ulises: «¡Oh amigo! Ya que á todo te niegas, asegurando que aquél no ha de volver, y tu ánimo permanece incrédulo; no sólo quiero repetirte sino hasta jurarte que Ulises volverá. Por albricias de la buena nueva revestidme de un manto y una túnica, que sean hermosas vestiduras, tan presto como aquél llegue á su palacio; pues antes nada aceptaría, no obstante la gran necesidad en que me encuentro. Me es tan odioso como las puertas del Orco, aquél que, cediendo á la miseria, refiere embustes. *Sean testigos primeramente Júpiter entre los dioses y luego la mesa hospitalaria y el hogar del irreprochable Ulises á que he llegado, de que todo se cumplirá como lo digo: Ulises vendrá aquí este mismo año; al terminar el corriente mes y comenzar el otro volverá á su casa, y se vengará de quien ultraje á su mujer y á su preclaro hijo.*»

Y tú le contestaste así, porquerizo Eumeo: «¡Oh anciano! Ni tendré que pagar albricias por la buena nueva, ni Ulises tornará á su casa; pero bebe tranquilo, cambiemos de conversación y no me traigas tal asunto á la memoria; que el ánimo se me aflige en el pecho cada vez que oigo mentar á mi venerable señor. Prescindamos, pues, del juramento y preséntese Ulises, como yo quisiera y también Penélope, el anciano Laertes y Telémaco, semejante á los dioses. Por este niño me lamento ahora sin cesar, por Telémaco, á quien engendró Ulises: como las deidades le criaran lo mismo que un pimpollo, pensé que más adelante no sería entre los hombres inferior á su padre, sino tan digno de admiración por su cuerpo y su gentileza; mas, habiéndole trastornado alguno de los inmortales ó de los hombres el buen juicio de que disfrutaba, se ha ido á la divina Pilos en busca de noticias de su progenitor, y los ilustres pretendientes le preparan asechanzas para cuando torne, á fin de que desaparezca de Ítaca sin gloria alguna el linaje de Arcesio, semejante á los dioses. Pero dejémoslo, ora sea capturado, ora logre escapar porque el Saturnio extienda su brazo encima del mismo. Ea, anciano, refiéreme tus cuitas, y dime la verdad de esto para que yo me entere: ¿Quién eres y de qué país procedes? ¿Dónde se hallan tu ciudad y tus padres? ¿En cuál embarcación llegaste? ¿Cómo los marineros te trajeron á Ítaca? ¿Quiénes se precian de ser? Pues no me figuro que hayas venido andando.»

Respondióle el ingenioso Ulises: «De todo esto voy á informarte circunstanciadamente. Si tuviéramos comida y dulce vino para mucho tiempo, y nos quedásemos á celebrar festines en esta cabaña mientras los demás fueran al trabajo, no me sería fácil referirte en todo el año cuantos pesares ha sufrido mi espíritu por la voluntad de los dioses.

»Por mi linaje, me precio de ser natural de la espaciosa Creta, donde tuve por padre un varón opulento. Otros muchos hijos le nacieron también y se criaron en el palacio, todos legítimos, de su esposa, mientras que á mí me parió una mujer comprada que fué su concubina; pero guardábame igual consideración que á sus hijos legítimos Cástor Hilácida, cuyo vástago me glorío de ser, y á quien honraban los cretenses como á un dios por su felicidad, por sus riquezas y por su gloriosa prole. Cuando las mortales Parcas se lo llevaron á la morada de Plutón, sus hijos magnánimos partieron entre sí las riquezas, echando suertes sobre las mismas, y me dieron muy poco, asignándome una casa. Tomé una mujer de gente muy rica, por solo mi valor; que no era yo despreciable, ni tímido en la guerra. Ahora ya todo lo he perdido; esto no obstante, viendo la paja conocerás la mies, aunque me tiene abrumado un gran infortunio. Diéronme Marte y Minerva audacia y valor para destruir las huestes de los contrarios, y en ninguna de las veces que hube de elegir los hombres de más bríos y llevarlos á una emboscada, maquinando males contra los enemigos, mi ánimo generoso me puso la muerte ante los ojos; sino que, arrojándome á la lucha mucho antes que nadie, era quien primero mataba con la lanza al enemigo que no me aventajase en la ligereza de sus pies. De tal modo me conducía en la guerra. No me gustaban las labores campestres, ni el cuidado de la casa que cría hijos ilustres, sino tan solamente las naves con sus remos, los combates, los pulidos dardos y las saetas; cosas tristes y horrendas para los demás y gratas para mí, por haberme dado algún dios tal inclinación; que no todos hallamos deleite en las mismas acciones. Ya antes que los aqueos pusieran el pie en Troya, había capitaneado nueve veces hombres y navíos de ligero andar contra extranjeras gentes, y todas las cosas llegaban á mis manos en gran abundancia. De ellas me reservaba las más agradables y luego me tocaban muchas por suerte; de manera que, creciendo mi casa con rapidez, fuí poderoso y respetado entre los cretenses. Mas cuando dispuso el longivivente Júpiter aquella expedición odiosa, en la cual á tantos varones les quebraron las rodillas, se nos mandó á mí y al perínclito Idomeneo que fuéramos capitanes de los bajeles que iban á Ilión, y no hubo medio de negarse por el temor de adquirir mala fama entre el pueblo. Allá peleamos los aqueos nueve años y al décimo, asolada por nosotros la ciudad de Príamo, partimos en las naves hacia nuestras casas; pero un dios dispersó á los aqueos. Y el próvido Júpiter meditó males contra mí, desgraciado, que estuve holgando un mes tan sólo con mis hijos, mi legítima esposa y mis riquezas; pues luego llevóme el ánimo á navegar hacia Egipto, preparando debidamente los bajeles con los compañeros iguales á los dioses. Equipé nueve barcos y pronto se reunió la gente necesaria.

»Seis días pasaron mis fieles compañeros celebrando banquetes, y yo les proporcioné muchas víctimas para los sacrificios y para su propia comida. Al séptimo subimos á los barcos y, partiendo de la espaciosa Creta, navegamos al soplo de un próspero y fuerte Bóreas, con igual facilidad que si nos llevara la corriente. Ninguna de las naves recibió daño y todos estábamos en ellas sanos y salvos, pues el viento y los pilotos las conducían. En cinco días llegamos al río Egipto, de hermosa corriente, en el cual detuve las corvas galeras. Entonces, después de mandar á los fieles compañeros que se quedasen á custodiar las embarcaciones, envié espías á los lugares oportunos para explorar la comarca. Pero los míos, cediendo á la insolencia por seguir su propio impulso, empezaron á devastar los hermosos campos de los egipcios; y se llevaban las mujeres y los niños, y daban muerte á los varones. No tardó el clamoreo en llegar á la ciudad. Sus habitantes, habiendo oído los gritos, vinieron al amanecer: el campo se llenó de infantería, de jinetes y de reluciente bronce; Júpiter, que se huelga con el rayo, envió á mis compañeros la perniciosa fuga; y ya, desde aquel momento nadie se atrevió á resistir, pues los males nos cercaban por todas partes. Allí nos mataron con el agudo bronce muchos hombres, y á otros se los llevaron para obligarles á trabajar en pro de los ciudadanos. Á mí el mismo Júpiter púsome en el alma esta resolución—ojalá me hubiese muerto entonces y se hubiera cumplido mi hado allí, en Egipto, pues la desgracia tenía que perseguirme aún:—al instante me quité de la cabeza el bien labrado yelmo y de los hombros el escudo, arrojé la lanza lejos de las manos y me fuí hacia los corceles del rey á quien abracé por las rodillas, besándoselas. El rey me protegió y salvó; pues, haciéndome subir al carro en que iba montado, me condujo á su casa mientras mis ojos despedían lágrimas. Acometiéronme muchísimos con sus lanzas de fresno é intentaron matarme, porque estaban muy irritados; pero aquél los apartó, temiendo la cólera de Júpiter hospitalario, el cual se indigna en gran manera por las malas acciones. Allí me detuve siete años y junté muchas riquezas entre los egipcios, pues todos me daban alguna cosa. Mas, cuando llegó el octavo, presentóse un fenicio muy trapacero y falaz, que ya había causado á otros hombres multitud de males; y, persuadiéndome con su ingenio, llevóme á Fenicia donde se hallaban su casa y sus bienes. Estuve con él un año entero; y tan pronto como, transcurriendo el año, los meses y los días del mismo se acabaron y las estaciones volvieron á sucederse, urdió otros engaños y me llevó á la Libia en su nave, surcadora del ponto, con el aparente fin de que le ayudase á conducir sus mercancías; pero en realidad, para venderme allí por un precio cuantioso. Tuve que seguirle, aunque ya sospechaba algo, y me embarqué en su bajel. Corría éste por el mar al soplo de un próspero y fuerte Bóreas, á la altura de Creta; y en tanto meditaba Júpiter cómo á la perdición lo llevaría.

»Cuando hubimos dejado á Creta y ya no se divisaba tierra alguna, sino tan solamente el cielo y el mar, Júpiter colocó por cima de la cóncava embarcación una parda nube, debajo de la cual se obscureció el ponto, despidió un trueno y simultáneamente arrojó un rayo en nuestra nave: ésta se estremeció al ser herida por el rayo de Júpiter, llenándose del olor del azufre; y mis hombres cayeron en el agua. Llevábalos el oleaje alrededor del negro bajel y un dios les privó de la vuelta á la patria. Pero á mí, aunque afligido en el ánimo, el propio Júpiter echóme en las manos el mástil larguísimo de la nave de azulada proa, para que aun entonces escapase de la desgracia. Abrazado con él fuí juguete de los perniciosos vientos durante nueve días; y al décimo, en una noche obscura, ingente ola me arrojó á la tierra de los tesprotos. Allí el héroe Fidón, rey de los tesprotos, acogióme graciosamente; pues habiéndose presentado su hijo donde yo me encontraba, me llevó á la mansión del padre, cuando ya me rendían el frío y el cansancio, y me entregó un manto y una túnica para que me vistiera.

»Allí me hablaron de Ulises: participóme el rey que le estaba dando amistoso acogimiento y que ya el héroe iba á volver á su patria tierra; y me mostró todas las riquezas que Ulises había juntado en bronce, oro y labrado hierro, con las cuales pudieran mantenerse un hombre y sus descendientes hasta la décima generación: ¡tantos objetos preciosos tenía en el palacio de aquel monarca! Añadió que Ulises se hallaba en Dodona para saber por la alta encina la voluntad de Júpiter sobre si convendría que volviese manifiesta ó encubiertamente al rico país de Ítaca, del cual habíase ausentado hacía mucho tiempo. Y juró en mi presencia, ofreciendo libaciones en su casa, que ya habían botado al mar la nave y estaban á punto los compañeros para conducirlo á su patria tierra. Pero antes despidióme á mí, porque se ofreció casualmente una nave de marineros tesprotos que iba á Duliquio, la abundosa en trigo. Mandóles que me llevasen con toda solicitud al rey Acasto; mas á ellos les plugo tomar una perversa resolución, para que aún me cayeran encima toda suerte de desgracias é infortunios. Así que la nave surcadora del ponto, estuvo muy distante de la tierra, decidieron que hubiese llegado para mí el día de la esclavitud; y, desnudándome del manto y de la túnica que llevaba puestos, vistiéronme estos miserables harapos y esta túnica, llenos de agujeros, que ahora contemplas con tus ojos. Por la tarde vinimos á los campos de Ítaca, que se ve de lejos; en llegando, atáronme fuertemente á la nave de muchos bancos con una soga retorcida, y acto continuo saltaron en tierra y tomaron la cena á orillas del mar. Pero los propios dioses desligáronme fácilmente las ataduras; y entonces, liándome yo los harapos á la cabeza, me deslicé por el pulido timón, di á la mar el pecho, nadé con ambas manos, y muy pronto me hallé alejado de aquellos y fuera de su alcance. Salí del mar adonde hay un bosque de florecientes encinas y me quedé echado en tierra; ellos no cesaban de agitarse y de proferir hondos suspiros, pero al fin no les pareció ventajoso continuar la busca y tornaron á la cóncava nave; y los dioses me encubrieron con facilidad y me trajeron á la majada de un varón prudente porque quiere el hado que mi vida sea más larga.»

Y tú le respondiste así, porquerizo Eumeo: «¡Ah, huésped sin ventura! Me has conmovido hondamente el ánimo al relatarme tan en particular cuanto padeciste y cuanto erraste de una parte á otra. Pero no me parece que hayas hablado como debieras en lo referente á Ulises, ni me convencerás con tus palabras. ¿Qué es lo que te obliga, siendo cual eres, á mentir inútilmente? Sé muy bien á qué atenerme con respecto á la vuelta de mi señor, el cual debió de serles muy odioso á todas las deidades cuando éstas no quisieron que acabara sus días entre los teucros, ni en brazos de sus amigos después que terminó la guerra; pues entonces todos los aqueos le habrían erigido un túmulo y hubiese legado á su hijo una gloria inmensa. Ahora desapareció sin fama, arrebatado por las Harpías. Mas yo vivo apartado, cabe á los puercos, y sólo voy á la ciudad cuando la prudente Penélope me llama porque le traen de alguna parte cualquier noticia: sentados los de allá junto al recién venido, hácenle toda suerte de preguntas, así los que se entristecen por la prolongada ausencia del rey, como los que de ella se regocijan porque devoran impunemente sus bienes; pero á mí no me place escudriñar ni preguntar cosa alguna desde que me engañó con sus palabras un hombre etolo, el cual, habiendo vagado por muchas regiones á causa de un homicidio, llegó á mi morada y le traté afectuosamente. Aseguró que había visto á Ulises en Creta, junto á Idomeneo, donde reparaba el daño que en sus embarcaciones causaran las tempestades; y dijo que llegaría hacia el verano ó el otoño con muchas riquezas, y juntamente con los compañeros iguales á los dioses. Y tú, oh viejo que tantos males padeciste, ya que un dios te ha traído á mi casa, no quieras congraciarte ni halagarme con embustes; que no te respetaré ni te querré por esto, sino por el temor de Júpiter hospitalario y por la compasión que me inspiras.»

Respondióle el ingenioso Ulises: «Muy incrédulo es, en verdad, el ánimo que en tu pecho se encierra, cuando ni con el juramento he podido lograr que de mí te fiases y creyeses cuanto te dije. Mas, ea, hagamos un convenio y por cima de nosotros sean testigos los dioses, que en el Olimpo tienen su morada. Si tu señor volviere á esta casa, me darás un manto y una túnica para vestirme y me enviarás á Duliquio, que es el lugar adonde á mi ánimo le place ir; y si no volviere como te he dicho, incita contra mí á tus criados, y arrójenme de elevada peña, á fin de que los demás pordioseros se abstengan de engañarte.»

Respondióle el divinal porquerizo: «¡Oh huésped! Buena fama y opinión de virtud ganara entre los hombres ahora y en lo sucesivo, si, después de traerte á mi cabaña y de presentarte los dones de la hospitalidad, te fuera á matar, privándote de la existencia. ¡Con qué disposición rogaría al Saturnio Jove! Pero ya es hora de cenar: ojalá viniesen pronto los compañeros, para que aparejáramos dentro de la cabaña una agradable cena.»

Así éstos conversaban. Entretanto acercáronse los puercos con sus pastores, quienes encerraron las marranas en las pocilgas, para que durmiesen; y un gruñido inmenso se dejó oir mientras los puercos se acomodaban en los establos. Entonces el divinal porquerizo dió esta orden á sus compañeros:

«Traed el mejor de los puercos para que lo sacrifique en honra de este forastero venido de lejas tierras y nos sirva de provecho á nosotros que ha mucho tiempo que nos fatigamos por los cerdos de blanca dentadura y otros se comen impunemente el fruto de nuestros afanes.»

Diciendo así, cortó leña con el despiadado bronce, mientras los pastores introducían un gordísimo puerco de cinco años que dejaron junto al hogar; y el porquerizo no se olvidó de los inmortales, pues tenía buenos sentimientos: ofrecióles las primicias, arrojando en el fuego algunas cerdas de la cabeza del puerco de blanca dentadura, y pidió á todos los dioses que el prudente Ulises tornara á su casa. Después alzó el brazo y con un tronco de encina que dejara al cortar leña hirió al puerco, que cayó exánime. Ellos lo degollaron, lo chamuscaron y seguidamente lo partieron en pedazos. El porquerizo empezó por tomar una parte de cada miembro del animal, envolvió en pingüe grasa los trozos crudos y, polvoreándolos de blanca harina, los echó en el fuego. Dividieron lo restante en pedazos más chicos que espetaron en los asadores, los asaron cuidadosamente y, retirándolos del fuego, los colocaron todos juntos encima de la mesa. Levantóse á hacer partes el porquerizo, cuya mente tanto apreciaba la justicia, y, dividiendo los trozos, formó siete porciones: ofreció una á las Ninfas y á Mercurio, hijo de Maya, á quienes dirigió votos, y distribuyó las demás á los comensales, honrando á Ulises con el ancho lomo del puerco de blanca dentadura, cual obsequio alegróle el espíritu á su señor. En seguida el ingenioso Ulises le habló diciendo:

«¡Ojalá seas, oh Eumeo, tan caro al padre Júpiter como á mí mismo, pues, aun estando como estoy, me honras con excelentes dones!»

Y tú le respondiste así, porquerizo Eumeo: «Come, oh el más infortunado de los huéspedes, y disfruta de lo que tienes delante; pues la divinidad te dará esto y te rehusará aquello, según le plegue á su ánimo, puesto que es todopoderosa.»

Dijo, sacrificó las primicias á los sempiternos númenes y, libando el negro vino, puso la copa en manos de Ulises, asolador de ciudades, que junto á su porción estaba sentado. Repartióles el pan Mesaulio, á quien el porquerizo había adquirido por sí solo, en la ausencia de su amo y sin ayuda de su señora ni del anciano Laertes, comprándolo á unos tafios con sus propios bienes. Todos echaron mano á las viandas que tenían delante. Y así que hubieron satisfecho el deseo de comer y de beber, Mesaulio quitó el pan y ellos, hartos de pan y de carne, fuéronse sin dilación á la cama.

Sobrevino una noche mala y sin luna, en la cual Júpiter llovió sin cesar, y el lluvioso Céfiro sopló constantemente y con gran furia. Y Ulises habló del siguiente modo, tentando al porquerizo á fin de ver si se quitaría el manto para dárselo ó exhortaría á alguno de los compañeros á que así lo hiciese, ya que tan gran cuidado por él se tomaba:

«¡Oídme ahora, Eumeo y demás compañeros! Voy á proferir algunas palabras para gloriarme, que á ello me impulsa el perturbador vino; pues hasta al más sensato le hace cantar y reir blandamente, le incita á bailar y le mueve á revelar cosas que más conviniera tener calladas. Pero, ya que empecé á hablar, no callaré lo que me resta decir. ¡Ojalá fuese tan joven y mis fuerzas tan robustas, como cuando guiábamos al pie del muro de Troya la emboscada previamente dispuesta! Eran sus capitanes Ulises y Menelao Atrida, y yo iba como tercer jefe, pues ellos mismos me lo ordenaron. Tan pronto como llegamos cerca de la ciudad y de su alto muro, nos tendimos en unos espesos matorrales, entre las cañas de un pantano, acurrucándonos debajo de las armas. Sobrevino una noche mala, glacial; porque soplaba el Bóreas, caía de lo alto una nieve menuda y fría, como escarcha, y condensábase el hielo en torno de los escudos. Los demás, que tenían mantos y túnicas, estaban durmiendo tranquilamente con las espaldas cubiertas por los escudos; pero yo, al partir, cometí la necedad de entregar el manto á mis compañeros, porque no pensaba que hubiera de padecer tanto frío, y me puse en marcha con solo el escudo y una espléndida cota. Mas, tan luego como la noche hubo llegado á su último tercio y ya los astros declinaban, toqué con el codo á Ulises, que estaba cerca y me atendió muy pronto, y díjele de esta guisa:

«¡Laertíada, de jovial linaje! ¡Ulises, fecundo en recursos! Ya no me contarán en el número de los vivientes, porque el frío me rinde. No tengo manto. Engañóme algún dios, cuando partí con la sola túnica y ahora no hallo medio alguno para escapar con vida.»

»Así me expresé. Pronto se le ofreció á su ánimo un recurso, siendo como era tan señalado en aconsejar como en combatir; y, hablándome quedo, pronunció estas palabras: «¡Calla! No sea que te oiga alguno de los aqueos.» Dijo; y, estribando sobre el codo, levantó la cabeza y comenzó á hablar de esta manera:

«¡Oídme, amigos! Un sueño divinal se me presentó mientras dormía. Como estamos tan lejos de las naves, vaya alguno á decir

EUMEO FUÉ Á ACOSTARSE EN LA CONCAVIDAD DE UNA
PEÑA, DONDE DORMÍAN LOS PUERCOS AL ABRIGO DEL
BÓREAS

al Atrida Agamenón, pastor de hombres, si nos enviará más guerreros de junto á los barcos.»

»Tal dijo; y levantándose con presteza Toante, hijo de Andremón, arrojó el purpúreo manto y se fué corriendo hacia las naves. Me envolví en su vestido, me acosté alegremente y en seguida apareció la Aurora, de áureo trono.

»Ojalá fuese tan joven y mis fuerzas se hallaran tan robustas como entonces, pues alguno de los porquerizos de esta cuadra me daría su manto por amistad y por respeto á un valiente; mas ahora me desprecian porque cubren mi cuerpo miserables vestidos.»

Y tú le respondiste así, porquerizo Eumeo: «¡Oh viejo! El relato que acabas de hacer es irreprochable, y nada has dicho que sea inútil ó inconveniente: por esto no carecerás ni de vestido ni de cosa alguna que deba obtener el infeliz suplicante que nos sale al encuentro; mas, apenas amanezca tornarás á sacudir tus harapos, pues aquí no tenemos mantos y túnicas para mudarnos, sino que cada cual lleva puestos los suyos. Y cuando venga el caro hijo de Ulises, te dará un manto y una túnica para vestirte y te conducirá adonde tu corazón y tu ánimo deseen.»

Dichas estas palabras, se levantó, puso cerca del fuego una cama para el huésped y la llenó de pieles de ovejas y de cabras. Ulises se tendió en ella y Eumeo echóle un manto muy tupido y amplio que guardaba para mudarse siempre que alguna recia tempestad le sorprendía.

De tal modo se acostó Ulises y á su vera los jóvenes pastores; mas al porquerizo no le plugo tener allá su cama y dormir apartado de los puercos; sino que se armó y se dispuso á salir, y holgóse Ulises al ver con qué solicitud le cuidaba los bienes durante su ausencia. Eumeo empezó por colgar de sus robustos hombros la aguda espada; vistióse después un manto muy grueso, reparo contra el viento; tomó en seguida la piel de una cabra grande y bien nutrida; y, finalmente, asió un agudo dardo para defenderse de los canes y de los hombres. Y se fué á acostar en la concavidad de una elevada peña, donde los puercos de blanca dentadura dormían al abrigo del Bóreas.

230

Cuando en la isla Siria, envejecen los individuos de una generación, Apolo y Diana los
matan con suaves flechas

CANTO XV

LLEGADA DE TELÉMACO Á LA MAJADA DE EUMEO

Mientras tanto encaminóse Palas Minerva á la vasta Lacedemonia, para traerle á las mientes la idea del regreso al hijo ilustre del magnánimo Ulises é incitarle á que volviera á su morada. Halló á Telémaco y al preclaro hijo de Néstor acostados en el vestíbulo de la casa del glorioso Menelao: el Nestórida estaba vencido del blando sueño; mas no se habían señoreado de Telémaco las dulzuras del mismo, porque durante la noche inmortal desvelábale el cuidado por la suerte que á su padre le hubiese cabido. Y, parándose á su lado, dijo Minerva, la de los brillantes ojos:

«¡Telémaco! No es bueno que demores fuera de tu casa, habiendo dejado en ella las riquezas y unos hombres tan soberbios: no sea que se repartan tus bienes y se los coman, y luego el viaje te resulte inútil. Solicita con instancia y lo antes posible de Menelao, valiente en la pelea, que te deje partir, á fin de que halles aún en tu palacio á tu eximia madre; pues ya su padre y sus hermanos le exhortan á que contraiga matrimonio con Eurímaco, el cual sobrepuja en las dádivas á todos los pretendientes y va aumentando la ofrecida dote: no sea que, á pesar tuyo, se lleven de tu morada algún valioso objeto. Bien sabes qué ánimo tiene en su pecho la mujer: desea hacer prosperar la casa de quien la ha tomado por esposa; y ni de los hijos primeros, ni del marido difunto con quien se casó virgen, se acuerda más ni por ellos pregunta. Mas tú, volviendo allá, encarga lo tuyo á aquella de tus criadas que tengas por mejor, hasta que las deidades te den ilustre consorte. Otra cosa te diré, que pondrás en tu corazón. Los más conspicuos de los pretendientes se emboscaron, para acechar tu llegada, en el estrecho que media entre Ítaca y la escabrosa Samos; pues quieren matarte cuando vuelvas al patrio suelo; pero me parece que no sucederá así y que antes tendrá la tierra en su seno á alguno de los pretendientes que devoran lo tuyo. Por eso, haz que pase el bien construído bajel á alguna distancia de las islas y navega de noche; y aquel de los inmortales que te guarda y te protege, enviará detrás de tu barco próspero viento. Así que arribes á la costa de Ítaca, manda la nave y todos los compañeros á la ciudad; y llégate ante todo al porquerizo, que guarda tus cerdos y te quiere bien. Pernocta allí y envíale á la ciudad para que lleve á la discreta Penélope la noticia de que estás salvo y has llegado de Pilos.»

Cuando así hubo hablado, fuése Minerva al vasto Olimpo. Telémaco despertó al Nestórida de su dulce sueño, moviéndolo con el pie, y le dijo estas palabras:

«¡Despierta, Pisístrato Nestórida! Lleva al carro los solípedos corceles y úncelos, para que nos pongamos en camino.»

Mas Pisístrato Nestórida le repuso: «¡Telémaco! Aunque tengamos prisa por emprender el viaje, no es posible guiar los corceles durante la tenebrosa noche; y ya pronto despuntará la Aurora. Pero aguarda que el héroe Menelao Atrida, famoso por su lanza, traiga los presentes, los deje en el carro y nos despida con suaves palabras. Que para siempre dura en el huésped la memoria del varón hospitalario que le ha recibido amistosamente.»

Así le habló; y al momento vino la Aurora, de áureo trono. Entonces se les acercó Menelao, valiente en los combates, que se había levantado de la cama, de junto á Helena, la de hermosa cabellera. No lo hubo visto el caro hijo de Ulises, cuando se apresuró el héroe á cubrir su cuerpo con la espléndida túnica, se echó el gran manto á las robustas espaldas y salió á encontrarle. Y, deteniéndose á su vera, habló así el hijo amado del divinal Ulises:

«¡Menelao Atrida, alumno de Júpiter, príncipe de hombres! Deja que parta ahora mismo á mi querida patria, que ya siento deseos de volver á mi morada.»

Respondióle Menelao, valiente en la pelea: «¡Telémaco! No te detendré mucho tiempo, ya que deseas irte; pues me es odioso así el que, recibiendo á un huésped, lo quiere sin medida, como el que lo aborrece en extremo; más vale usar de moderación en todas las cosas. Tan mal procede con el huésped quien le incita á que se vaya cuando no quiere irse, como el que lo detiene si le urge partir. Se le debe tratar amistosamente mientras esté con nosotros y despedirlo cuando quiera ponerse en camino. Pero aguarda que traiga y coloque en el carro hermosos presentes que tú veas con tus propios ojos, y mande á las mujeres que aparejen en el palacio la comida con las abundantes provisiones que tenemos en el mismo; porque hay á la vez honra, gloria y provecho en que coman los huéspedes antes de que se vayan por la tierra inmensa. Dime también si acaso prefieres volver por la Hélade y por el centro de Argos, á fin de que yo mismo te acompañe; pues unciré los corceles, te llevaré por las ciudades populosas y nadie nos dejará partir sin darnos alguna cosa que nos llevemos, ya sea un hermoso trípode de bronce, ya un caldero, ya un par de mulos, ya una copa de oro.»

Respondióle el prudente Telémaco: «¡Menelao Atrida, alumno de Júpiter, príncipe de hombres! Quiero restituirme pronto á mis hogares, pues á nadie dejé encomendada la custodia de los bienes: no sea que en tanto busco á mi padre igual á los dioses, muera yo ó pierda algún excelente y valioso objeto que se lleven del palacio.»

Al oir esto, Menelao, valiente en la pelea, mandó en seguida á su esposa y á las esclavas que preparasen la comida en el palacio con las abundantes provisiones que en él se guardaban. Llegó entonces Eteoneo Boetida, que se acababa de levantar, pues no vivía muy lejos; y, habiéndole ordenado Menelao, valiente en la batalla, que encendiera fuego y asara las carnes, obedeció acto continuo. Menelao bajó entonces á una estancia perfumada; sin que fuera solo, pues le acompañaron Helena y Megapentes. En llegando adonde estaban los objetos preciosos, el Atrida tomó una copa doble y mandó á su hijo Megapentes que se llevase una cratera de plata; y Helena se detuvo cabe á las arcas en que se hallaban los peplos de muchas bordaduras, que ella en persona había labrado. La propia Helena, la divina entre las mujeres, escogió y se llevó el peplo mayor y más hermoso por sus bordados, que resplandecía como una estrella y estaba debajo de los otros. Y anduvieron otra vez por el palacio hasta juntarse con Telémaco, á quien el rubio Menelao habló de esta manera:

«¡Telémaco! Júpiter, el tonante esposo de Juno, te permita hacer el viaje como tu corazón desee. De cuantas cosas se guardan en mi palacio, voy á darte la más bella y preciosa. Te haré el presente de una cratera labrada, toda de plata con los bordes de oro, que es obra de Vulcano y diómela el héroe Fédimo, rey de los sidonios, cuando me acogió en su casa al volver yo á la mía. Tal es lo que deseo regalarte.»

Diciendo así, el héroe Atrida le puso en la mano la copa doble; el fuerte Megapentes le trajo la espléndida cratera que dejó delante del mismo; y Helena, la de hermosas mejillas, presentósele con el peplo en las manos y hablóle de esta suerte:

«También yo, hijo querido, te haré este regalo, que será un recuerdo de las manos de Helena, para que lo lleve tu esposa en la ansiada hora del casamiento; y hasta entonces guárdelo tu madre en el palacio. Y ojalá vuelvas alegre á tu casa bien construída y á tu patria tierra.»

Diciendo así, se lo puso en las manos y él lo recibió con alegría. El héroe Pisístrato tomó los presentes y fué colocándolos en la cesta del carro, después de contemplarlos todos con admiración. Luego el rubio Menelao se los llevó á entrambos al palacio, donde se sentaron en sillas y sillones. Una esclava dióles aguamanos, que traía en magnífico jarro de oro y vertió en fuente de plata, y puso delante de ellos una pulimentada mesa. La veneranda despensera trájoles pan y dejó en la mesa buen número de manjares, obsequiándolos con los que tenía reservados. Junto á ellos, el Boetida cortaba la carne y repartía las porciones; y el hijo del glorioso Menelao escanciaba el vino. Todos echaron mano á las viandas que tenían delante. Y apenas hubieron satisfecho el deseo de comer y de beber, Telémaco y el preclaro hijo de Néstor engancharon los corceles, subieron al labrado carro y lo guiaron por el vestíbulo y el pórtico sonoro. Tras ellos se fué el rubio Menelao Atrida, llevando en su diestra una copa de oro, llena de dulce vino, para que hicieran la libación antes de partir; y, deteniéndose ante el carro, se la presentó y les dijo:

«¡Salud, oh jóvenes, y llevad también mi saludo á Néstor, pastor de hombres; que me fué benévolo, como un padre, mientras los aqueos peleamos en Troya!»

Respondióle el prudente Telémaco: «En llegando allá, oh alumno de Júpiter, le diremos á Néstor cuanto nos encargas. ¡Así me fuera posible, al tornar á Ítaca, contarle á Ulises en su morada que vuelvo de tu palacio, habiendo recibido toda clase de pruebas de amistad y trayendo conmigo muchos y excelentes objetos preciosos!»

Así que acabó de hablar, pasó por cima de ellos, hacia la derecha, un águila que llevaba en las uñas un ánsar doméstico, blanco, enorme, arrebatado de algún corral; seguíanla, gritando, hombres y mujeres; y, al llegar junto al carro, torció el vuelo á la derecha, en frente mismo de los corceles. Al verla se holgaron; á todos se les regocijó el ánimo en el pecho, y Pisístrato Nestórida dijo de esta suerte:

«Considera, ¡oh Menelao, alumno de Júpiter, príncipe de hombres!, si el dios que nos mostró este presagio lo hizo aparecer para nosotros ó para ti mismo.»

Así habló. Menelao, caro á Marte, se puso á meditar cómo le respondería convenientemente; mas Helena, la de largo peplo, adelantósele pronunciando estas palabras:

«Oídme, pues os voy á predecir lo que sucederá, según los dioses me lo inspiran en el ánimo y yo me figuro que ha de llevarse á cumplimiento. Así como esta águila, viniendo del monte donde nació y tiene su cría, ha arrebatado el ánsar criado dentro de una casa: así Ulises, después de padecer mucho y de ir errante largo tiempo, volverá á la suya y conseguirá vengarse; si ya no está en ella, maquinando males contra los pretendientes.»

Respondióle el prudente Telémaco: «¡Así lo haga Júpiter, el tonante esposo de Juno; y allá te invocaré todos los días, como á una diosa!»

Dijo, é hirió con el azote á los corceles. Éstos, que eran muy fogosos, arrancaron al punto hacia el campo, á través de la ciudad, y en todo el día no cesaron de agitar el yugo.

Poníase el sol y las tinieblas empezaban á ocupar los caminos cuando llegaron á Feras, á la morada de Diocles, hijo de Orsíloco, á quien engendrara Alfeo. Allí durmieron aquella noche, aceptando la hospitalidad que Diocles se apresuró á ofrecerles.

Mas, así que se descubrió la hija de la mañana, la Aurora de rosáceos dedos, engancharon los corceles, subieron al labrado carro y guiáronlo por el vestíbulo y el pórtico sonoro. Pisístrato azotó á los corceles para que arrancaran, y éstos volaron gozosos. Prestamente llegaron á la excelsa ciudad de Pilos, y entonces Telémaco habló de esta suerte al hijo de Néstor:

«¡Nestórida! ¿Cómo llevarías á cumplimiento, conforme prometiste, lo que te voy á decir? Nos gloriamos de ser para siempre y recíprocamente huéspedes el uno del otro, por la amistad de nuestros padres; tenemos la misma edad, y este viaje habrá acrecentado aún más la concordia entre nosotros. Pues no me lleves, oh alumno de Júpiter, más adelante de donde está mi bajel; déjame aquí, en este sitio: no sea que el anciano me detenga en su casa, contra mi voluntad, por el deseo de tratarme amistosamente; y á mí me urge llegar allá lo antes posible.»

Tal dijo. El Nestórida pensó en su alma cómo llevaría al cabo, de una manera conveniente, lo que había prometido. Y considerándolo bien, le pareció que lo mejor sería lo siguiente: dió la vuelta á los caballos hacia donde estaba la veloz nave en la orilla del mar; tomó del carro los hermosos presentes—los vestidos y el oro—que había entregado Menelao, y los dejó en la popa del barco; y, exhortando á Telémaco, le dijo estas aladas palabras:

«Corre á embarcarte y manda que lo hagan asimismo tus compañeros, antes que llegue á mi casa y se lo refiera al anciano. Bien sabe mi entendimiento y presiente mi corazón que, dada su vehemencia de ánimo, no dejará que te vayas, antes vendrá él en persona á llamarte; y yo te aseguro que no se volverá de vacío, pues entonces fuera grande su cólera.»

Diciendo de esta manera, volvió los caballos de hermosas crines hacia la ciudad de los pilios, y muy pronto llegó á su casa. Mientras tanto, Telémaco daba órdenes á sus compañeros y les exhortaba diciendo:

«Poned en su sitio los aparejos de la negra nave, compañeros, y embarquémonos para emprender el viaje.»

Así les dijo; y ellos le escucharon y obedecieron; pues, entrando inmediatamente en la nave, tomaron asiento en los bancos.

Ocupábase Telémaco en tales cosas, hacía votos y sacrificaba en honor de Minerva junto á la popa de la nave, cuando se le presentó un extranjero que venía huyendo de Argos, donde matara á un hombre, y era adivino, del linaje de Melampo. Este último vivió anteriormente en Pilos, criadora de ovejas, y allí fué opulento entre sus habitantes y habitó una magnífica morada; pero trasladóse después á otro país, huyendo de su patria y del magnánimo Neleo, el más esclarecido de los vivientes, quien le retuvo por fuerza muchas y ricas cosas un año entero. Durante el mismo permaneció Melampo atado con duras cadenas en el palacio de Fílaco, pasando muchos tormentos, por la grave falta que, para alcanzar la hija de Neleo, le había inducido á cometer una diosa: la horrenda Furia. Al fin se libró de la Parca, llevóse las mugidoras vacas de Fílace á Pilos, castigó por aquella mala acción al deiforme Neleo, y, después de conducir á su casa la mujer para el hermano, fuése á otro pueblo, á Argos, tierra criadora de corceles, donde el hado había dispuesto que habitara reinando sobre muchos argivos. Allí tomó mujer, labró una excelsa mansión y le nacieron dos hijos esforzados: Antífates y Mantio. Antífates engendró al magnánimo Oicleo y éste á Anfiarao, el que enardecía á los guerreros; al cual así Júpiter, que lleva la égida, como Apolo quisieron entrañablemente con toda suerte de amistad; pero no llegó á los umbrales de la vejez por haber muerto en Tebas á causa de los regalos que su mujer recibiera. Fueron sus hijos Alcmeón y Anfíloco. Por su parte, Mantio engendró á Polifides y á Clito: á éste la Aurora, de áureo trono, lo arrebató por su hermosura, á fin de tenerlo con los inmortales; y al magnánimo Polifides hízole Apolo el más excelente de los adivinos entre los hombres después que murió Anfiarao. Mas, como Polifides se irritara contra su padre, emigró á Hiperesia y, viviendo allí, daba oráculos á todos los mortales.

Era un hijo de éste, llamado Teoclímeno, el que entonces se presentó á Telémaco. Hallóle que oraba y ofrecía libaciones junto al negro bajel; y, hablándole, profirió estas aladas palabras:

«¡Amigo! Puesto que te encuentro sacrificando en este lugar, ruégote por estos sacrificios, por el dios y también por tu cabeza y la de los compañeros que te siguen, que me digas la verdad de cuanto te pregunte, sin ocultarme nada: ¿Quién eres y de qué país procedes? ¿Dónde se hallan tu ciudad y tus padres?»

Respondióle el prudente Telémaco: «De todo, oh forastero, voy á informarte con sinceridad. Por mi familia soy de Ítaca y tuve por padre á Ulises, si todo no ha sido un sueño; pero ya aquél debe de haber acabado de deplorable manera. Por esto vine con los compañeros y el negro bajel, por si lograba adquirir noticias de mi padre, cuya ausencia se va haciendo tan larga.»

Díjole entonces Teoclímeno, semejante á un dios: «También yo desamparé la patria por haber muerto á un varón de mi tribu, cuyos hermanos y compañeros son muchos en Argos, tierra criadora de corceles, y gozan de gran poder entre los aqueos; y ahora huyo de ellos, evitando la muerte y la negra Parca, porque mi hado es ir errante entre los hombres. Pero acógeme en tu bajel, ya que huyendo he venido á suplicarte: no sea que me maten, pues sospecho que soy perseguido.»

Respondióle el prudente Telémaco: «No te rechazaré del bien proporcionado bajel, ya que deseas embarcarte. Sígueme, y allá te trataremos amistosamente, según los medios de que dispongamos.»

Dicho esto, tomóle la broncínea lanza que dejó tendida en el tablado del corvo bajel; subió á la nave, surcadora del ponto, sentóse en la popa y colocó cerca de sí á Teoclímeno. Al punto soltaron las amarras. Telémaco, exhortando á sus compañeros, les mandó que aparejasen la jarcia, y obedeciéronle todos diligentemente. Izaron el mástil de abeto, lo metieron en el travesaño, lo ataron con sogas, y acto continuo extendieron la blanca vela con correas bien torcidas. Minerva, la de los brillantes ojos, envióles próspero viento que soplaba impetuoso por el aire, á fin de que el navío, corriera y atravesara lo más pronto posible la salobre agua del mar. Así pasaron por delante de Crunos y del Calcis, de hermoso caudal.

Púsose el sol y las tinieblas ocuparon todos los caminos. La nave, impulsada por el favorable viento de Júpiter, se acercó á Feas y pasó á lo largo de la divina Élide, donde ejercen su dominio los epeos. Y desde allá Telémaco puso la proa hacia las islas Agudas, con gran cuidado de si se libraría de la muerte ó caería preso.

Mientras tanto Ulises y el divinal porquerizo cenaban en la cabaña y junto con ellos los demás hombres. Y apenas satisficieron el deseo de comer y de beber, Ulises,—probando si el porquerizo aún le trataría con amistosa solicitud, mandándole que se quedara allí, en el establo, ó le incitaría á que ya se fuése á la ciudad,—les habló de esta manera:

«¡Oídme Eumeo y demás compañeros! Así que amanezca, quiero ir á la ciudad para mendigar y no seros gravoso ni á ti ni á tus amigos. Aconséjame bien y proporcióname un guía experto que me conduzca; y vagaré por la población, obligado por la necesidad, para ver si alguien me da una copa de vino y un mendrugo de pan. Yendo al palacio del divinal Ulises, podré comunicar nuevas á la prudente Penélope y mezclarme con los soberbios pretendientes por si me dieren de comer, ya que disponen de innumerables viandas. Yo les serviría muy bien en cuanto me ordenaren. Voy á decirte una cosa y tú atiende y óyeme: merced á Mercurio, el mensajero, el cual da gracia y fama á los trabajos de los hombres, ningún otro mortal rivalizaría conmigo en el servir, lo mismo si se tratase de amontonar debidamente la leña para encender un fuego, ó de cortarla cuando está seca, que de trinchar ó asar carne, ó bien de escanciar el vino, que son los servicios que los inferiores prestan á los grandes.»

Y tú, muy afligido, le hablaste de esta manera, porquerizo Eumeo: «¡Ay, huésped! ¿Cómo se te aposentó en el espíritu tal pensamiento? Quieres sin duda perecer allá, cuando te decides á penetrar por entre la muchedumbre de los pretendientes cuya insolencia y orgullo llegan al férreo cielo. Sus criados no son como tú, pues siempre les sirven jóvenes ricamente vestidos de mantos y túnicas, de luciente cabellera y de lindo rostro; y las mesas están cargadas de pan, de carnes y de vino. Quédate con nosotros, que nadie se enoja de que estés presente: ni yo, ni ninguno de mis compañeros. Y cuando venga el amado hijo de Ulises, te dará un manto y una túnica para vestirte y te conducirá adonde tu corazón y tu ánimo prefieran.»

Respondióle el paciente divinal Ulises: «¡Ojalá seas, Eumeo, tan caro al padre Júpiter como á mí; ya que pones término á mi fatigosa y miserable vagancia! Nada hay tan malo para los hombres como la vida errante: por el funesto vientre pasan los mortales muchas fatigas, cuando los abruman la vagancia, el infortunio y los pesares. Mas ahora, ya que me detienes, mandándome que aguarde la vuelta de aquél, ea, dime si la madre del divinal Ulises y su padre, á quien al partir dejara en los umbrales de la vejez, viven aún y gozan de los rayos del sol ó han muerto y se hallan en la morada de Plutón.»

Díjole entonces el porquerizo, mayoral de los pastores: «De todo, oh huésped, voy á informarte con exactitud. Laertes vive aún y en su morada ruega continuamente á Júpiter que el alma se le separe de los miembros; porque padece grandísimo dolor por la ausencia de su hijo y por el fallecimiento de su legítima y prudente esposa, que le llenó de tristeza y le ha anticipado la senectud. Ella tuvo deplorable muerte por el pesar que sentía por su glorioso hijo; ojalá no perezca de tal modo persona alguna, que, habitando en esta comarca, sea amiga mía y como á tal me trate. Mientras vivió, aunque apenada, holgaba yo de preguntarle y consultarle muchas cosas, porque me había criado juntamente con Ctímene, la de largo peplo, su hija ilustre, á quien parió la postrimera: juntos nos criamos, y era yo honrado casi lo mismo que su hija. En llegando á la deseable pubertad, á Ctímene casáronla en Same, recibiendo por su causa infinitos dones; y á mí púsome aquélla un manto y una túnica, vestidos muy hermosos, dióme con que calzar los pies, me envió al campo y aún me quiso más en su corazón. Ahora me falta su amparo, pero las bienaventuradas deidades prosperan la obra en que me ocupo, de la cual como y bebo, y hasta doy limosna á venerandos suplicantes. Pero no me es posible oir al presente dulces palabras de mi señora ni lograr de ella ninguna merced, pues el infortunio entró en el palacio con la llegada de esos hombres tan soberbios; y, con todo, tienen los criados gran precisión de hablar con su dueña y hacerle preguntas sobre cada asunto, y comer y beber, y llevarse al campo alguno de aquellos presentes que alegran el ánimo de los servidores.»

Respondióle el ingenioso Ulises: «¡Oh dioses! ¡Cómo, niño aún, oh porquerizo Eumeo, tuviste que vagar tanto y tan lejos de tu patria y de tus padres! Mas, ea, dime, hablando sinceramente, si fué destruída la ciudad de anchas calles en que habitaban tu padre y tu veneranda madre; ó si, habiéndote quedado solo junto al ganado de ovejas ó de bueyes, unos piratas te echaron mano y te trajeron en sus naves para venderte en la casa de este varón que les entregó un buen precio.»

Díjole entonces el porquerizo, mayoral de los pastores: «¡Huésped! Ya que sobre esto me preguntas é interrogas, óyeme y recréate, sentado y bebiendo vino. Estas noches son inmensas, hay en las mismas tiempo para dormir y tiempo para deleitarse oyendo relatos, y á ti no te cumple irte á la cama antes de la hora, puesto que daña el dormir demasiado. De los demás aquél á quien el corazón y el ánimo se lo aconseje, salga y acuéstese; y, no bien raye el día, tome el desayuno y váyase con los puercos de su señor. Nosotros, bebiendo y comiendo en la cabaña, deleitémonos con renovar la memoria de nuestros tristes infortunios; pues halla placer en el recuerdo de los trabajos sufridos, quien padeció muchísimo y anduvo errante largo tiempo. Voy, pues, á hablarte de aquello acerca de lo cual me preguntas é interrogas.

»Hay una isla que se llama Siria—quizás la oíste nombrar—sobre Ortigia, donde el sol vuelve su giro: no está muy poblada, pero es fértil y abundosa en bueyes, en ovejas, en vino y en trigales. Jamás se padece hambre en aquel pueblo y ninguna dolencia aborrecible les sobreviene á los míseros mortales: cuando envejecen los hombres de una generación, preséntanse Apolo, que lleva arco de plata, y Diana, y los van matando con suaves flechas. Existen en la isla dos ciudades, que se han repartido todo el territorio, y en ambas reinaba mi padre, Ctesio Orménida, semejante á los inmortales.

»Allí vinieron unos fenicios, hombres ilustres en la navegación pero falaces, que traían innúmeros joyeles en su negra nave. Había entonces en casa de mi padre una mujer fenicia, hermosa, alta y diestra en irreprochables labores; y los astutos fenicios la sedujeron. Uno, que la encontró lavando, unióse con ella, junto á la cóncava nave, en amor y concúbito, lo cual les turba la razón á las débiles mujeres, aunque sean laboriosas. Preguntóle luego quién era y de dónde había venido; y la mujer, señalándole al punto la alta casa de mi padre, le respondió de esta guisa:

«Me jacto de haber nacido en Sidón, que abunda en bronce, y soy hija del opulento Aribante. Robáronme unos piratas tafios un día que tornaba del campo y, habiéndome traído aquí, me vendieron al amo de esa morada, quien les entregó un buen precio.»

»Díjole á su vez el hombre que con ella se había unido secretamente: «¿Querrías tornar á tu patria con nosotros, para ver la alta casa de tu padre y de tu madre y á ellos mismos? Pues aún viven y gozan fama de ricos.»

»La mujer le respondió con estas palabras: «Así lo hiciera si vosotros, oh navegantes, os obligaseis de buen grado y con juramento á conducirme sana y salva á mi patria.»

»Así les habló; y todos juraron, como se lo mandaba. Tan pronto como hubieron acabado de prestar el juramento, la mujer les dirigió nuevamente la palabra y les dijo:

«Silencio ahora, y ninguno de vuestros compañeros me hable si me encuentra en la calle ó en la fuente: no sea que vayan á decírselo al viejo, allá en su morada; y éste, poniéndose receloso, me ate con duras cadenas y maquine cómo exterminaros á vosotros. Guardad en vuestra mente lo convenido y apresurad la compra de las provisiones para el viaje. Y así que el bajel esté lleno de vituallas, penetre alguien en el palacio para anunciármelo; y traeré cuanto oro me venga á las manos. Encima de esto quisiera daros otra recompensa por mi pasaje: en la casa cúidome de un hijo de ese noble señor, y es tan despierto que ya corre conmigo fuera del palacio; lo traeré á vuestra nave y os reportará una suma inmensa dondequiera que en el país de otras gentes lo vendiereis.»

»Cuando así hubo dicho, fuése al hermoso palacio. Quedáronse los fenicios un año entero con nosotros y compraron muchas vituallas para la cóncava nave; mas, así que estuvo cargada y en disposición de partir, enviaron un propio para decírselo á la mujer. Presentóse en casa de mi padre un hombre muy sagaz, que traía un collar de oro engastado con ámbar; y, mientras las esclavas y mi veneranda madre lo tomaban en las manos, lo contemplaban con sus ojos y ofrecían precio, aquél hizo á la mujer silenciosa señal y se volvió acto continuo á la cóncava nave. La fenicia, tomándome por la mano, me sacó del palacio y, como hallara en el vestíbulo las copas y las mesas de los convidados que frecuentaban la casa de mi padre y que entonces habían ido á sentarse en la junta del pueblo, llevóse tres copas que escondió en su seno; y yo la fuí siguiendo simplemente. Poníase el Sol y las tinieblas ocupaban todos los caminos, en el momento en que nosotros, andando á buen paso, llegamos al famoso puerto donde se hallaba la veloz embarcación de los fenicios. Nos hicieron subir, embarcáronse todos, empezó la navegación por la líquida llanura y Júpiter nos envió próspero viento. Navegamos seguidamente por espacio de seis días con sus noches; mas, cuando el Saturnio Jove nos trajo el séptimo día, Diana, que se complace en tirar flechas, hirió á la mujer, y ésta cayó con estrépito en la sentina, cual si fuese una paviota. Echáronla al mar, para pasto de focas y de peces; y yo me quedé con el corazón afligido. El viento y las olas los trajeron á Ítaca, y acá Laertes me compró con sus bienes. Así fué como mis ojos vieron esta tierra.»

Ulises, el de jovial linaje, respondióle con estas palabras: «¡Eumeo! Has conmovido hondamente mi corazón al contarme por menudo los males que padeciste. Mas Júpiter te ha puesto cerca del mal un bien, ya que, aunque á costa de muchos trabajos, llegaste á la morada de un hombre benévolo que te da solícitamente de comer y de beber, y disfrutas de buena vida; mientras que yo tan sólo he podido llegar aquí, después de peregrinar por gran número de ciudades.»

Así éstos conversaban. Echáronse después á dormir, mas no fué por mucho tiempo; que en seguida vino la Aurora, de hermoso trono.

Los compañeros de Telémaco, cuando ya la nave se acercó á la tierra, amainaron las velas, abatieron rápidamente el mástil, y llevaron el buque, á fuerza de remos, al fondeadero. Echaron anclas y ataron las amarras, saltaron á la playa y aparejaron la comida, mezclando el negro vino. Y así que hubieron satisfecho el deseo de comer y de beber, el prudente Telémaco empezó á decirles:

«Llevad ahora el negro bajel á la ciudad; pues yo me iré hacia el campo y los pastores; y al caer de la tarde, cuando haya visto mis tierras, bajaré á la población. Y mañana os daré, como premio de este viaje, un buen convite de carnes y dulce vino.»

Díjole entonces Teoclímeno, semejante á un dios: «¿Y yo, hijo amado, adónde iré? ¿Á cúya casa de los varones que imperan en la áspera Ítaca? ¿Ó habré de encaminarme adonde está tu madre, á tu morada?»

Respondióle el prudente Telémaco: «En otras circunstancias te mandaría á mi casa, donde no faltan recursos para hospedar al forastero: mas ahora fuera lo peor para ti, porque yo no estaré y mi madre tampoco te ha de ver; que en el palacio no se muestra á menudo á los pretendientes, antes vive muy apartada en la estancia superior, labrando una tela. Voy á indicarte un varón á cuya casa puedes ir: Eurímaco, preclaro hijo del prudente Pólibo, á quien los itacenses miran ahora como á un numen, pues es, con mucho, el mejor de todos y anhela casarse con mi madre y alcanzar la dignidad real que tuvo Ulises. Mas, Júpiter Olímpico, que vive en el éter, sabe si antes de las bodas hará que luzca para los pretendientes un infausto día.»

No hubo acabado de hablar, cuando voló en lo alto, hacia la derecha, un gavilán, el rápido mensajero de Apolo; el cual desplumaba una paloma que tenía entre sus garras, dejando caer las plumas á tierra entre la nave y el mismo Telémaco. Entonces Teoclímeno llamóle á éste, separadamente de los compañeros, le tomó la mano y así le dijo:

«¡Telémaco! No sin ordenarlo un dios, voló el ave á tu derecha; pues, mirándola de frente, he comprendido que es agorera. No hay en la población de Ítaca un linaje más real que el vuestro y mandaréis allá perpetuamente.»

Respondióle el prudente Telémaco: «Ojalá se cumpliese lo que dices, oh forastero, que bien pronto conocerías mi amistad, pues te hiciera tantos presentes que te considerara dichoso quien contigo se encontrase.»

Dijo; y habló así á Pireo, su fiel amigo: «¡Pireo Clítida! Tú, que en las restantes cosas eres el más obediente de los compañeros que me han seguido á Pilos, llévate ahora mi huésped á tu casa, trátale con solícita amistad y hónrale hasta que yo llegue.»

Respondióle Pireo, señalado por su lanza: «¡Telémaco! Aunque fuere mucho el tiempo que aquí te detengas, yo me cuidaré de él y no echará de menos los dones de la hospitalidad.»

Cuando así hubo hablado, subió á la nave y ordenó á los compañeros que le siguieran y desataran las amarras. Éstos se embarcaron en seguida, sentándose por orden en los bancos. Telémaco se calzó las hermosas sandalias y tomó del tablado del bajel la lanza fuerte y de broncínea punta, mientras los marineros soltaban las amarras.

Hiciéronse á la vela y navegaron con rumbo á la población, como se lo mandara Telémaco, hijo amado del divinal Ulises. Y él se fué á buen paso hacia la majada donde tenía innumerables puercos, junto á los cuales pasaba la noche el porquerizo, que tan afecto era á sus señores.

Minerva toca á Ulises con la vara y le devuelve su primitiva figura

CANTO XVI

RECONOCIMIENTO DE ULISES POR TELÉMACO

No bien rayó la luz de la aurora, Ulises y el divinal porquerizo encendieron fuego en la cabaña y prepararon el desayuno, después de despedir á los pastores que se fueron con los cerdos agrupados en piaras. Cuando Telémaco llegó á la majada, los perros ladradores le halagaron, sin que ninguno ladrase. Advirtió Ulises que los perros movían la cola, percibió el ruido de las pisadas, y en seguida dijo á Eumeo estas aladas palabras:

«¡Eumeo! sin duda viene algún compañero tuyo ú otro conocido, porque los perros en vez de ladrar mueven la cola y oigo ruido de pasos.»

Aún no había terminado de proferir estas palabras, cuando su caro hijo se detuvo al umbral. Levantóse atónito el porquerizo, se le cayeron las tazas con las que se ocupaba en mezclar el negro vino, fuése al encuentro de su señor, y le besó la cabeza, los bellos ojos y ambas manos, vertiendo abundantes lágrimas. De la suerte que el padre amoroso abraza al hijo unigénito que le nació en la senectud y por quien ha pasado muchas fatigas, cuando éste torna de lejanos países después de una ausencia de diez años; así el divinal porquerizo estrechaba al deiforme Telémaco y le besaba, como si el joven se hubiera librado de la muerte. Y sollozando, estas aladas palabras le decía:

«¡Has vuelto, Telémaco, mi dulce luz! No pensaba verte más, desde que te fuiste en la nave á Pilos. Mas, ea, entra, hijo querido, para que se huelgue mi ánimo en contemplarte, ya que estás en mi cabaña recién llegado de otras tierras. Pues no vienes á menudo á ver el campo y los pastores, sino que te quedas en la ciudad: ¡tanto te place fijar la vista en la multitud de los funestos pretendientes!»

Respondióle el prudente Telémaco: «Así lo haré, abuelo, que por ti vine, por verte con mis ojos y saber si mi madre permanece todavía en el palacio ó ya alguno de aquellos varones se casó con ella y el lecho de Ulises, no habiendo quien yazca en él, está por las telarañas ocupado.»

Le dijo entonces el porquerizo, mayoral de los pastores: «Aquélla permanece en tu palacio, con el ánimo afligido, y consume tristemente los días y las noches, llorando sin cesar.»

Cuando así hubo hablado, tomóle la broncínea lanza; y Telémaco entró por el umbral de piedra. Su padre Ulises quiso ceder el asiento al que llegaba, pero Telémaco prohibióselo con estas palabras:

«Siéntate, huésped, que ya hallaremos asiento en otra parte de nuestra majada, y está muy próximo el varón que ha de prepararlo.»

Así le dijo; y el héroe tornó á sentarse. Para Telémaco, el porquerizo esparció por tierra ramas verdes y cubriólas con una pelleja, en la cual se acomodó el caro hijo de Ulises. Luego sirvióles el porquerizo platos de carne asada que habían sobrado de la comida de la víspera, amontonó diligentemente el pan en los canastillos, vertió en una copa de yedra vino dulce como la miel, y sentóse enfrente del divinal Ulises. Todos echaron mano á las viandas que tenían delante. Y ya satisfecho el deseo de comer y de beber, Telémaco habló de este modo al divinal porquerizo:

«¡Abuelo! ¿De dónde te ha llegado este huésped? ¿Cómo los marineros lo trajeron á Ítaca? ¿Quiénes se precian de ser? Pues no me figuro que haya venido andando.»

Y tú le respondiste así, porquerizo Eumeo: «¡Oh hijo! De todo voy á decirte la verdad. Se precia de tener su linaje en la espaciosa Creta, y dice que ha andado vagabundo por muchas de las poblaciones de los mortales porque su hado así lo dispuso. Ahora llegó á mi establo, huyendo del bajel de unos tesprotos, y á ti te lo entrego: haz por él lo que quieras, pues se gloría de ser tu suplicante.»

Contestóle el prudente Telémaco: «¡Eumeo! En verdad que me produce gran pena lo que has dicho. ¿Cómo acogeré en mi casa al forastero? Yo soy joven y no tengo confianza en mis manos para rechazar á quien lo injurie; y mi madre trae en su pecho el ánimo indeciso entre quedarse á mi lado y cuidar de la casa, por respeto al lecho conyugal y temor del dicho de la gente, ó irse con quien sea el mejor de los aqueos que la pretenden en el palacio y le haga más donaciones. Pero, ya que ese huésped llegó á tu morada, le entregaré un manto y una túnica, vestidos muy hermosos, le daré una espada de doble filo y sandalias para los pies, y le enviaré adonde su corazón y su ánimo prefieran. Y si quieres, cuídate de él, teniéndolo en la majada; que yo te enviaré vestidos y manjares de toda especie para que coma y no os sea gravoso ni á ti ni á tus compañeros. Mas, no he de permitir que vaya allá, á juntarse con los pretendientes, cuya malvada insolencia es tan grande, para evitar que lo zahieran y me causen un grave disgusto; pues un hombre, por fuerte que sea, nada consigue revolviéndose contra tantos, que al fin han de resultar más poderosos.»

Díjole entonces el paciente divinal Ulises: «¡Oh amigo! Puesto que es justo que te responda, se me desgarra el corazón cuando te oigo hablar de las iniquidades que, según decís, maquinan los pretendientes en tu palacio, contra tu voluntad y siendo cual eres. Dime si te sometes voluntariamente, ó te odia quizás la gente del pueblo á causa de lo revelado por una deidad, ó por acaso te quejas de tus hermanos; pues con la ayuda de éstos, cualquier hombre pelea confiadamente, aunque sea grande la lucha que se suscite. Ojalá que, con el ánimo que tengo, gozara de tu juventud y fuera hijo del eximio Ulises ó Ulises en persona que, vagando, tornase á su patria—pues aún hay esperanza de que así suceda:—cortárame la cabeza un varón enemigo, si no me convertía entonces en una calamidad para todos aquellos, encaminándome al palacio de Ulises Laertíada. Y si, con estar yo solo, hubiera de sucumbir ante la multitud de los mismos, más querría recibir la muerte en mi palacio que presenciar continuamente esas acciones inicuas: huéspedes maltratados, siervas forzadas indignamente en las hermosas estancias, el vino exhausto; y los pretendientes comiendo de temerario modo, sin cesar, y por una empresa que no ha de llevarse á cumplimiento.»

Respondióle el prudente Telémaco: «¡Oh forastero! Voy á informarte con gran sinceridad. No me hice odioso para que se airara conmigo todo el pueblo; ni tampoco he de quejarme de los hermanos, con cuya ayuda cualquier hombre pelea confiadamente aunque sea grande la lucha que se suscite, pues el Saturnio hizo que fueran siempre unigénitos los de mi linaje: Arcesio engendró á Laertes, su hijo único; éste no engendró más que á mi padre Ulises; y Ulises, después de haberme engendrado á mí tan solamente, dejóme en el palacio y no disfrutó de mi compañía. Por esto hay en mi mansión innumerables enemigos. Cuantos próceres mandan en las islas, en Duliquio, en Same y en la selvosa Zacinto, y cuantos imperan en la áspera Ítaca, todos pretenden á mi madre y arruinan nuestra casa. Mi madre ni rechaza las odiosas nupcias, ni sabe poner fin á tales cosas; y aquéllos comen y agotan mi hacienda, y pronto acabarán conmigo mismo. Mas el asunto está en mano de los dioses. Y ahora tú, abuelo, ve aprisa y dile á la discreta Penélope que estoy en salvo y que he llegado de Pilos. Yo me quedaré aquí y tú vuelve inmediatamente que se lo hayas participado, pero á ella sola y sin que ninguno de los aqueos se entere; pues son muchos los que maquinan en mi daño cosas malas.»

Y tú le respondiste así, porquerizo Eumeo: «Entiendo, hágome cargo, lo mandas á quien te comprende. Mas, ea, habla y dime con sinceridad si me iré de camino á participárselo al infortunado Laertes; el cual, aunque pasaba gran pena por la ausencia de Ulises, iba á vigilar las labores y dentro de su casa comía y bebía con los siervos cuando su ánimo se lo aconsejaba; pero dicen que ahora, desde que te fuiste en la nave á Pilos, no come ni bebe como acostumbraba, ni vigila las labores, antes está sollozando y lamentándose, y la piel se le seca en torno á los huesos.»

Contestóle el prudente Telémaco: «Muy triste es, pero dejémoslo aunque nos duela; que si todo se hiciese al arbitrio de los mortales, escogeríamos primeramente que luciera el día del regreso de mi padre. Tú vuelve así que hayas dado la noticia y no vagues por los campos en busca de aquél; pero encarga á mi madre que le envíe escondidamente y sin perder tiempo la esclava despensera; y ésta se lo participará al anciano.»

Dijo, y dió prisa al porquero; quien tomó las sandalias y, atándoselas á los pies, se fué á la ciudad. No dejó Minerva de advertir que el porquerizo Eumeo salía de la majada; y se acercó á ésta, transfigurándose en una mujer hermosa, alta y entendida en primorosas labores. Paróse al umbral de la cabaña y se le apareció á Ulises, sin que Telémaco la viese, ni notara su llegada, pues los dioses no se hacen visibles para todos; mas Ulises la vió y también los canes, que no ladraron sino que huyeron, dando gañidos, á otro lugar de la majada. Hizo Minerva una señal con las cejas; la entendió el divino Ulises y salió de la cabaña, trasponiendo el alto muro del patio. Detúvose luego ante la deidad y oyó á Minerva que le decía:

«¡Laertíada, de jovial linaje! ¡Ulises, fecundo en recursos! Habla con tu hijo y nada le ocultes, para que, después de tramar cómo daréis la muerte y el hado á los pretendientes, os vayáis á la ínclita ciudad; que yo no permaneceré mucho tiempo lejos de vosotros, deseosa como estoy de entrar en combate.»

Dijo Minerva; y, tocándole con la varita de oro, le cubrió el pecho con una túnica y un manto limpio, y le aumentó la talla y el vigor juvenil. El héroe recobró también su color moreno, se le redondearon las mejillas y ennegreciósele el pelo de la barba. Hecho esto, la diosa se fué, y Ulises volvió á la cabaña. Vióle con gran asombro su hijo amado, el cual se turbó, volvió los ojos á otra parte, por si aquella persona fuese alguna deidad, y le dijo estas aladas palabras:

«¡Oh forastero! Te muestras otro en comparación de antes, pues se han cambiado tus vestiduras y tu cuerpo no se parece al que tenías. Indudablemente debes de ser uno de los dioses que poseen el anchuroso cielo. Pues sénos propicio, á fin de que te ofrezcamos sacrificios agradables y áureos presentes de fina labor. ¡Apiádate de nosotros!»

Contestóle el paciente divinal Ulises: «No soy ningún dios. ¿Por qué me confundes con los inmortales? Soy tu padre, por quien gimes y sufres tantos dolores y aguantas las violencias de los hombres.»

Diciendo así, besó á su hijo y dejó que las lágrimas, que hasta entonces había detenido, le cayeran por las mejillas al suelo. Mas Telémaco, como aún no estaba convencido de que aquél fuese su padre, respondióle nuevamente con estas palabras:

«Tú no eres mi padre Ulises, sino un dios que me engaña para que luego me lamente y suspire aún más; que un mortal no haría tales cosas con su inteligencia, á no ser que se le acercase un dios y lo transformara fácilmente y á su antojo en joven ó viejo. Poco ha eras anciano y estabas vestido miserablemente; mas ahora te pareces á los dioses que habitan el anchuroso cielo.»

Replicóle el ingenioso Ulises: «¡Telémaco! No conviene que te admires de tan extraordinaria manera, ni que te asombres de tener á tu padre aquí dentro; pues ya no vendrá otro Ulises, que ése soy yo, tal como ahora me ves, que habiendo padecido y vagado mucho, torno en el vigésimo año á la patria tierra. Lo que has presenciado es obra de

Minerva, que impera en las batallas; la cual me transforma á su gusto, porque puede hacerlo; y unas veces me cambia en un mendigo y otras en un joven que cubre su cuerpo con hermosas vestiduras. Muy fácil es para las deidades que residen en el anchuroso cielo, dar gloria á un mortal ó envilecerle.»

Dichas estas palabras, se sentó. Telémaco abrazó á su buen padre, entre sollozos y lágrimas. Á entrambos les vino el deseo del llanto y lloraron ruidosamente, plañendo más que las aves—águilas ó buitres de corvas uñas—cuando los rústicos les quitan los hijuelos que aún no volaban: de semejante manera, derramaron aquéllos tantas lágrimas que movían á compasión. Y entregados al llanto los dejara el sol al ponerse, si Telémaco no hubiera dicho repentinamente á su padre:

«¿En qué nave los marineros te han traído acá, á Ítaca, padre amado? ¿Quiénes se precian de ser? Pues no creo que hayas venido andando.»

Díjole entonces el paciente divinal Ulises: «Yo te contaré, oh hijo, la verdad. Trajéronme los feacios, navegantes ilustres que suelen conducir á cuantos hombres arriban á su tierra: me trasportaron por el ponto en su velera nave mientras dormía y me dejaron en Ítaca, habiéndome dado espléndidos presentes—bronce, oro en abundancia y vestiduras tejidas—que se hallan en una cueva por la voluntad de los dioses. Y he venido acá, por consejo de Minerva, á fin de que tramemos la muerte de nuestros enemigos. Mas, ea, enumérame y descríbeme los pretendientes para que, sabiendo yo cuántos y cuáles son, medite en mi ánimo irreprochable si nosotros dos nos bastaremos contra todos ó será preciso buscar ayuda.»

Respondióle el prudente Telémaco: «¡Oh padre! Siempre oí decir que eres famoso por el valor de tus manos y por la prudencia de tus consejos; pero es muy grande lo que dijiste y me tienes asombrado, que no pudieran dos hombres solos luchar contra muchos y esforzados varones. Pues aquéllos no son una decena justa, ni dos

MINERVA, TOCANDO Á ULISES CON LA VARITA DE ORO, LE CUBRIÓ CON UNA TÚNICA Y UN MANTO, Y LE AUMENTÓ LA TALLA Y EL VIGOR JUVENIL

tan solamente, sino muchos más, y pronto vas á saber el número. De Duliquio vinieron cincuenta y dos mozos escogidos, á los que acompañan seis criados; otros veinticuatro mancebos son de Same; de Zacinto hay veinte jóvenes aqueos; y de la misma Ítaca, doce, todos ilustres; y están con ellos el heraldo Medonte, un divinal aedo y dos criados peritos en el arte de trinchar. Si cerramos con todos los que se hallan dentro, no sea que ahora que has llegado pagues de una manera bien amarga y terrible el propósito de castigar sus demasías. Pero tú piensa si es posible hallar algún defensor que nos ayude con ánimo benévolo.»

Contestóle el paciente divinal Ulises: «Voy á decirte una cosa; atiende y óyeme. Reflexiona si nos bastarán Minerva y el padre Júpiter, ó he de buscar algún otro defensor.»

Respondióle el prudente Telémaco: «Buenos son los defensores de que me hablas, aunque residen en lo alto, en las nubes; que ellos imperan sobre los hombres y los inmortales dioses.»

Díjole á su vez el paciente divinal Ulises: «No permanecerán mucho tiempo apartados de la encarnizada lucha, así que la fuerza de Marte ejerza el oficio de juez en el palacio entre los pretendientes y nosotros. Ahora tú, apenas se descubra la aurora, vete á casa y mézclate con los soberbios pretendientes; y á mí el porquerizo me llevará más tarde á la población, transformado en viejo y miserable mendigo. Si me ultrajaren en el palacio, sufre en el corazón que tienes en el pecho que yo padezca malos tratamientos. Y si vieres que me echan, arrastrándome en el palacio por los pies, ó me hieren con saetas, sopórtalo también. Mándales únicamente, amonestándolos con dulces palabras, que pongan fin á sus locuras; mas ellos no te harán caso, que ya les llegó el día fatal. Otra cosa te diré que guardarás en tu corazón: tan luego como la sabia Minerva me lo inspire, te haré una señal con la cabeza; así que la notes, llévate las marciales armas que hay en el palacio, colócalas en lo hondo de mi habitación de elevado techo y engaña á los pretendientes con suaves palabras cuando, echándolas de menos, te pregunten por las mismas: «Las he llevado lejos del humo, porque ya no parecen las que dejara Ulises al partir para Troya; sino que están afeadas en la parte que alcanzó el ardor del fuego. Además, el Saturnio sugirióme en la mente esta otra razón más poderosa: no sea que, embriagándoos, trabéis una disputa, os hiráis los unos á los otros, y mancilléis el convite y el noviazgo; que ya el hierro por sí solo atrae al hombre.» Tan solamente dejarás para nosotros dos espadas, dos lanzas y dos escudos de boyuno cuero, que podamos tomar al acometer á los pretendientes; y á éstos los ofuscarán después Palas Minerva y el próvido Júpiter. Otra cosa te diré que pondrás en tu corazón; si en verdad eres hijo mío y de mi sangre, ninguno oiga decir que Ulises está dentro, ni lo sepa Laertes, ni el porquerizo, ni los domésticos, ni la misma Penélope; sino solos tú y yo procuremos conocer la disposición en que se hallan las mujeres y pongamos á prueba los esclavos, para averiguar cuáles nos honran y nos temen en su corazón y cuáles no se cuidan de nosotros y te desprecian á ti siendo cual eres.»

Repúsole su preclaro hijo: «¡Oh padre! Figúrome que pronto te será conocido mi ánimo, que no es la pobreza de espíritu lo que me domina; mas no creo que lo que propones haya de sernos ventajoso y te invito á meditarlo. Andarás mucho tiempo y en vano si quieres probar á cada uno, yéndote por los campos; mientras aquéllos, muy tranquilos en el palacio, devoran nuestros bienes orgullosa é inmoderadamente. Yo te exhorto á que averigües cuáles mujeres te hacen poco honor y cuáles están sin culpa; pero no quisiera ir á probar á los hombres por las majadas, sino dejarlo para más tarde, en el supuesto de que hayas visto verdaderamente alguna señal enviada por Júpiter, que lleva la égida.»

Así éstos conversaban. En tanto, arribaba á Ítaca la bien construída nave que trajera de Pilos á Telémaco y á todos sus compañeros; los cuales, así que llegaron al profundo puerto, sacaron la negra embarcación á tierra firme, y, después de llevarse los aparejos unos diligentes servidores, trasportaron los magníficos presentes á la morada de Clitio. Luego enviaron un heraldo á la casa de Ulises, que diese nuevas á la prudente Penélope de cómo Telémaco estaba en el campo y había ordenado que el bajel navegase hacia la ciudad, para evitar que la ilustre reina, sintiendo temor en su corazón, derramara tiernas lágrimas. Encontráronse el heraldo y el divinal porquerizo, que iban á dar la misma nueva, y tan pronto como llegaron á la casa del divino rey, dijo el heraldo en medio de las esclavas: «¡Oh reina! Ya llegó de Pilos tu hijo amado.» El porquerizo se acercó á Penélope, le refirió cuanto su hijo ordenaba que se le dijese y, hecho el mandado, volvióse á sus puercos, dejando atrás la cerca y el palacio.

Los pretendientes, afligidos y confusos, salieron del palacio, traspusieron el alto muro del patio y sentáronse delante de la puerta. Y Eurímaco, hijo de Pólibo, comenzó á arengarles:

«¡Oh amigos! ¡Gran proeza ha realizado orgullosamente Telémaco con ese viaje! ¡Y decíamos que no lo llevaría á efecto! Mas, ea, botemos al agua la mejor nave, proveámosla de remadores, y vayan al punto á decir á aquéllos que tornen prestamente al palacio.»

Apenas hubo dicho estas palabras, cuando Anfínomo, volviéndose desde su sitio, vió que el bajel entraba en el hondísimo puerto y sus tripulantes amainaban las velas ó tenían el remo en la mano. Y con suave risa, dijo á sus compañeros:

«No enviemos ningún mensaje, que ya están en el puerto, sea porque un dios se lo haya dicho, sea porque vieron pasar la nave y no lograron alcanzarla.»

Así habló. Levantáronse todos, fuéronse á la ribera del mar, sacaron en el acto la nave á tierra firme y los diligentes servidores se llevaron los aparejos. Seguidamente se encaminaron juntos al ágora, no dejando que se sentase con ellos ningún otro hombre, ni mozo ni anciano. Y Antínoo, hijo de Eupites, hablóles de esta suerte:

«¡Ah, cómo las deidades libraron del mal á ese hombre! Durante el día, los atalayas estaban sentados en las ventosas cumbres, sucediéndose sin interrupción; y después de ponerse el sol, jamás pasamos la noche en tierra firme, pues, yendo por el ponto en la velera nave hasta la aparición de la divinal Aurora, acechábamos la llegada de Telémaco para aprisionarle y acabar con él; y en tanto lo condujo á su casa alguna deidad. Mas, tramemos algo ahora mismo para que le podamos dar deplorable muerte: no sea que se nos escape; pues se me figura que mientras viva no se llevarán á cumplimiento nuestros propósitos, ya que él sobresale por su consejo é inteligencia y nosotros no nos hemos congraciado totalmente con el pueblo. Ea, antes que Telémaco reúna á los aqueos en el ágora—y opino que no dejará de hacerlo, sino que guardará su cólera y, levantándose en medio de todos, les participará que tramamos contra él una muerte terrible, sin que lográramos alcanzarle; y los demás, en oyéndolo, no han de alabar estas malas acciones y quizás nos causen algún daño y nos echen de nuestra tierra, y tengamos que irnos á otro país,—prevengámosle con darle muerte en el campo, lejos de la ciudad, ó en el camino; apoderémonos de sus bienes y heredades á fin de repartírnoslos equitativamente; y entreguemos el palacio á su madre y á quien la despose, para que en común lo posean. Y si esta proposición os desplace y queréis que Telémaco viva y conserve íntegros los bienes paternos, de hoy más no le comamos en gran abundancia, reunidos todos aquí, las agradables riquezas; antes bien, pretenda cada cual desde su casa á Penélope, solicitándola con regalos de boda, y cásese ella con quien le haga más presentes y venga designado por el destino.»

Así habló. Todos enmudecieron y quedaron silenciosos, hasta que les arengó el preclaro hijo del rey Niso Aretíada, Anfínomo, que había venido de la herbosa Duliquio, abundante en trigo, estaba á la cabeza de los pretendientes y era el más grato á Penélope porque sus palabras revelaban buenos sentimientos. Éste, pues, les arengó con benevolencia diciendo:

«¡Oh amigos! Yo no quisiera matar de tal suerte á Telémaco, que es grave cosa destruir el linaje de los reyes; sino consultar primeramente la voluntad de las deidades. Si los decretos del gran Júpiter lo aprobaren, yo mismo lo mataría, exhortándoos á todos á que me ayudarais; mas si los dioses nos apartaren de este propósito, os invitaría á que desistierais.»

De tal manera se expresó Anfínomo y á todos les plugo lo que dijo. Levantáronse en seguida, fuéronse á la casa de Ulises y, en llegando, tomaron asiento en pulimentadas sillas.

Entonces la prudente Penélope decidió otra cosa: mostrarse á los pretendientes, que se portaban con orgullosa insolencia; pues supo por el heraldo Medonte, el cual había escuchado las deliberaciones, que en el palacio se tramaba la muerte de su propio hijo. Fuése hacia la sala, acompañándola sus esclavas. Cuando la divina entre las mujeres hubo llegado adonde estaban los pretendientes, paróse ante la columna que sostenía el techo sólidamente construído, con las mejillas cubiertas por espléndido velo, é increpó á Antínoo, diciéndole de esta suerte:

«¡Antínoo, poseído de insolencia, urdidor de maldades! Dicen en el pueblo de Ítaca que descuellas sobre los de tu edad en el consejo, y en la palabra, mas no eres ciertamente cual se figuran. ¡Desatinado! ¿Por qué estás maquinando cómo dar á Telémaco la muerte y el destino, y no te cuidas de los suplicantes, los cuales tienen por testigo á Júpiter? No es justo que traméis males los unos contra los otros. ¿Acaso ignoras que tu padre vino acá huído, con gran temor del pueblo? Hallábase éste muy irritado contra él, porque había ido en conserva de los piratas tafios á causar daño á los tesprotos, nuestros aliados; y querían matarlo, y arrancarle el corazón, y devorar sus muchos y agradables bienes; pero Ulises los contuvo é impidió que lo hicieran, no obstante su deseo. Y ahora te comes ignominiosamente su casa, pretendes á su mujer, intentas matarle el hijo y me tienes grandemente contristada. Mas, yo te requiero que ceses ya y mandes á los demás que hagan lo propio.»

Respondióle Eurímaco, hijo de Pólibo: «¡Hija de Icario! ¡Discreta Penélope! Cobra ánimo y no te preocupes por tales cosas. No hay hombre, ni lo habrá, ni nacerá siquiera, que ponga sus manos en tu hijo Telémaco mientras yo viva y vea la luz acá en la tierra. Lo que voy á decir, llevárase al cabo: presto su negruzca sangre correría en torno de mi lanza. Muchas veces Ulises, el asolador de ciudades, tomándome sobre sus rodillas, me puso en la mano carne asada y me dió á beber rojo vino: por esto Telémaco me es caro sobre todos los hombres y le exhorto á no temer la muerte que pueda venirle de los pretendientes; que la enviada por los dioses es inevitable.»

Así le habló para tranquilizarla; pero también maquinaba la muerte de Telémaco. Y Penélope se fué nuevamente á la espléndida habitación superior, donde lloró por Ulises, su querido esposo, hasta que Minerva, la de los brillantes ojos, le difundió en los párpados el dulce sueño.

Al caer de la tarde, el divinal porquerizo volvió junto á Ulises y su hijo, los cuales habían sacrificado un puerco añal y aparejaban la cena. Entonces se les acercó Minerva y, tocando con su vara á Ulises Laertíada, lo convirtió otra vez en anciano y le cubrió el cuerpo con miserables vestiduras: no fuera que el porquerizo, al verle cara á cara, lo reconociese, y, en vez de guardar la noticia en su pecho, partiera para anunciársela á la discreta Penélope.

Telémaco fué el primero en hablar y dijo de esta suerte: «¡Llegaste ya, divinal Eumeo! ¿Qué se dice por la población? ¿Están en ella, de regreso de la emboscada, los soberbios pretendientes ó me acechan aún, esperando que torne á mi casa?»

Y tú le respondiste así, porquerizo Eumeo: «No me cuidé de inquirir ni de preguntar tales cosas mientras anduve por la ciudad; pues tan luego como di la noticia, incitóme el ánimo á venirme á toda diligencia. Encontróse conmigo un heraldo, diligente nuncio de tus compañeros, que fué el primero que le habló á tu madre. También sé otra cosa, que he visto con mis ojos. Al volver, cuando ya me hallaba más alto que la ciudad, en el cerro de Mercurio, vi que una velera nave bajaba á nuestro puerto; y en ella había multitud de hombres, y estaba cargada de escudos y de lanzas de doble filo. Creí que serían aquéllos, mas no puedo asegurarlo.»

Así se expresó. Sonrióse el esforzado y divinal Telémaco y volvió los ojos á su padre, recatándose de que lo viera el porquerizo.

Terminada la faena y dispuesto el banquete, comieron, y á nadie le faltó su respectiva porción. Y ya satisfecho el deseo de comer y de beber, pensaron en acostarse y el don del sueño recibieron.

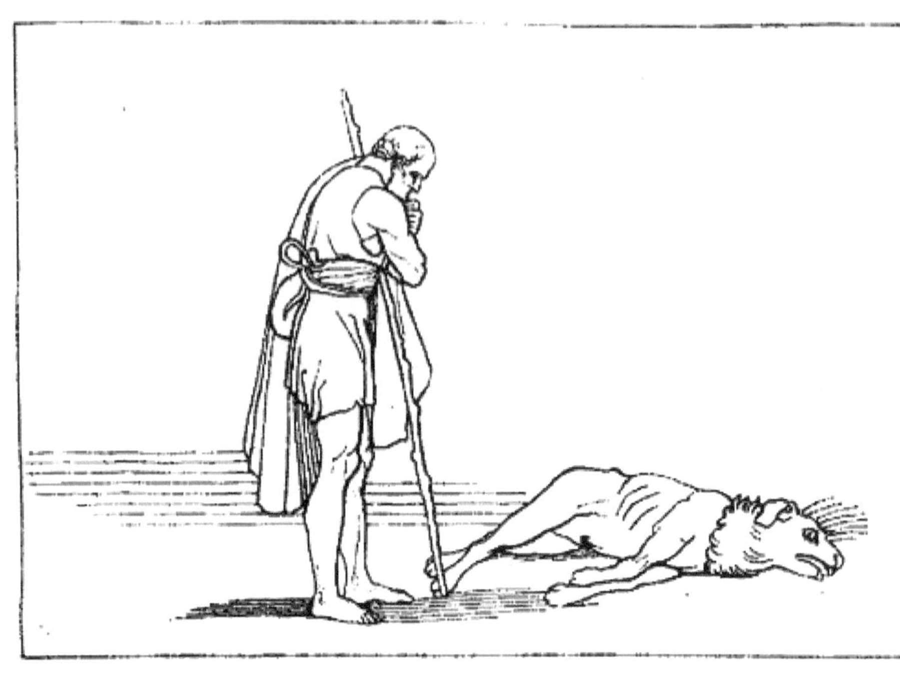

Ulises, al llegar á su palacio, es reconocido por el perro Argos, que muere en seguida

CANTO XVII

VUELTA DE TELÉMACO Á ÍTACA

Así que se descubrió la hija de la mañana, la Aurora de rosáceos dedos, Telémaco, hijo amado del divinal Ulises, ató á sus pies hermosas sandalias, asió una fornida lanza que se adaptaba á su mano y, disponiéndose á partir para la ciudad, habló de este modo á su porquerizo:

«¡Abuelo! Voyme á la ciudad, para que mi madre me vea; pues no creo que deje el triste llanto, ni el luctuoso gemir, hasta que nuevamente me haya visto. Á ti te ordeno que lleves al infeliz huésped á la población, á fin de que mendigue en ella para comer, y el que quiera le dará un mendrugo y una copa de vino; pues yo tengo el ánimo apesarado y no puedo hacerme cargo de todos los hombres. Y si el huésped se irritase mucho, peor para él; que á mí me agrada decir las verdades.»

Respondióle el ingenioso Ulises: «¡Amigo! También yo prefiero que no me detengan, pues más le conviene á un pobre mendigar la comida por la ciudad que por los campos. Me dará el que quiera. Por mi edad ya no estoy para quedarme en la majada y obedecer á un amo en todas las cosas que me ordenare. Vete, pues; que á mí me acompañará ese hombre á quien se lo mandas, tan pronto como me caliente al fuego y venga el calor del día: no fuera que, hallándose en tan mal estado mis vestiduras, el frío de la mañana acabase conmigo, pues decís que la ciudad está lejos.»

Así se expresó. Salió Telémaco de la majada, andando á buen paso y maquinando males contra los pretendientes. Cuando llegó al cómodo palacio, arrimó su lanza á una alta columna y entróse más adentro, pasando el lapídeo umbral.

Vióle la primera de todas Euriclea, su nodriza, que se ocupaba en cubrir con pieles los labrados asientos, y corrió á encontrarle derramando lágrimas. Asimismo se juntaron á su alrededor las demás esclavas de Ulises, de ánimo paciente; y todas le abrazaron, besándole la cabeza y los hombros.

Salió de su estancia la discreta Penélope, que parecía Diana ó la dorada Venus; y, muy llorosa, echó los brazos sobre el hijo amado, besóle la cabeza y los lindos ojos, y dijo, sollozando, estas aladas palabras:

«¡Has vuelto, Telémaco, mi dulce luz! Ya no pensaba verte más desde que te fuiste en la nave á Pilos, ocultamente y contra mi deseo, en busca de noticias de tu padre. Mas, ea, relátame lo que hayas visto.»

Contestóle el prudente Telémaco: «¡Madre mía! Ya que me he salvado de una terrible muerte, no me incites á que llore, ni me conmuevas el corazón dentro del pecho; antes bien, torna con tus esclavas á lo alto de la casa, lávate, envuelve tu cuerpo en vestidos puros y haz voto de sacrificar á todos los dioses perfectas hecatombes, si Júpiter permite que tenga cumplimiento la venganza. Y yo, en tanto, iré al ágora para llamar á un huésped que se vino conmigo desde Pilos y lo envié con los compañeros iguales á los dioses, con orden de que Pireo llevándoselo á su morada, lo tratase con solícita amistad y lo honrara hasta que yo viniera.»

Así le dijo; y ninguna palabra voló de los labios de Penélope. Lavóse ésta, envolvió su cuerpo en vestidos puros, é hizo voto de sacrificar á todos los dioses perfectas hecatombes, si Júpiter permitía que tuviere cumplimiento la venganza.

Telémaco salió del palacio con su lanza en la mano y dos canes de ágiles pies que le siguieron. Y Minerva puso en él tal gracia divinal que, al verle llegar, todo el pueblo lo contemplaba con admiración. Pronto le rodearon los soberbios pretendientes, pronunciando buenas palabras y revolviendo en su espíritu cosas malas; pero se apartó de la gran muchedumbre de los mismos y fué á sentarse donde estaban Méntor, Ántifo y Haliterses, antiguos compañeros de su padre, que le hicieron preguntas sobre muchas cosas. Presentóseles Pireo, señalado por su lanza, que traía el huésped al ágora, á través de la ciudad; y Telémaco no se quedó lejos de éste, sino que en seguida se le puso al lado. Pireo fué el primero en hablar y dijo de semejante modo:

«¡Telémaco! Manda presto mujeres á mi casa, para que te remita los presentes que te dió Menelao.»

Respondióle el prudente Telémaco: «¡Pireo! Aún no sabemos cómo acabarán estas cosas. Si los soberbios pretendientes, matándome á traición en el palacio, se repartieran los bienes de mi padre, quiero más que goces tú de los presentes, que no alguno de ellos; y si yo alcanzare á darles la muerte y el destino, entonces, que estaré con alegría, me los traerás alegre á mi morada.»

Diciendo así, llevóse el infortunado huésped á su casa. Llegados al cómodo palacio, dejaron sus mantos en sillas y sillones, y fueron á lavarse en unas bañeras muy pulidas. Y una vez lavados y ungidos con aceite por las esclavas, que les pusieron túnicas y lanosos mantos, salieron del baño y asentáronse en sillas. Una esclava dióles aguamanos, que traía en magnífico jarro de oro y vertió en fuente de plata, y puso delante de ellos una pulimentada mesa. La veneranda despensera trájoles pan y dejó en la mesa buen número de manjares, obsequiándolos con los que tenía reservados. Sentóse la madre enfrente de los dos jóvenes, cerca de la columna en que se apoyaba el techo de la habitación; y, reclinada en una silla, se puso á sacar de la rueca tenues hilos. Aquéllos echaron mano á las viandas que tenían delante. Y cuando hubieron satisfecho las ganas de comer y de beber, la discreta Penélope comenzó á hablarles de esta suerte:

«¡Telémaco! Me iré á la estancia superior para acostarme en aquel lecho que tan luctuoso es para mí y que siempre está regado de mis lágrimas desde que Ulises se fué á Ilión con los Atridas; y aún no habrás querido decirme con claridad, antes que los soberbios pretendientes vuelvan á esta casa, si en algún sitio oíste hablar del regreso de tu padre.»

Respondióle el prudente Telémaco: «Yo te referiré, oh madre, la verdad. Fuimos á Pilos para ver á Néstor, pastor de hombres; el cual me recibió en su excelso palacio y me trató tan solícita y amorosamente como un padre al hijo que vuelve tras larga ausencia. ¡Con tal solicitud me acogieron él y sus gloriosos hijos! Pero me aseguró que no había oído que ningún hombre de la tierra hablara del paciente Ulises, vivo ó muerto; y envióme al Atrida Menelao, famoso por su lanza, dándome corceles y un sólido carro. Vi allí á la argiva Helena, que fué causa, por la voluntad de los dioses, de que tantas fatigas padecieran argivos y teucros. No tardó en preguntarme Menelao, valiente en la pelea, qué necesidad me llevaba á la divina Lacedemonia; yo se lo relaté todo sinceramente, y entonces me respondió con estas palabras:

«¡Oh dioses! En verdad que pretenden dormir en la cama de un varón muy esforzado aquellos hombres tan cobardes. Así como una cierva puso sus hijuelos recién nacidos en la guarida de un bravo león y fuése á pacer por los bosques y los herbosos valles, y el león volvió á la madriguera y dió á entrambos cervatillos indigna muerte; de semejante modo también Ulises les ha de dar á aquéllos vergonzosa muerte. Ojalá se mostrase, ¡oh padre Júpiter, Minerva, Apolo!, tal como era cuando en la bien construída Lesbos se levantó contra el Filomelida, en una disputa, y luchó con él, y lo derribó con ímpetu, de lo cual se alegraron todos los aqueos; si, mostrándose tal, se encontrara Ulises con los pretendientes, fuera corta la vida de éstos y las bodas les resultarían muy amargas. Pero en lo que me preguntas y suplicas que te cuente, no quisiera apartarme de la verdad ni engañarte; y de cuantas cosas me refirió el veraz anciano de los mares, no te callaré ni ocultaré ninguna. Dijo que lo vió en una isla, abrumado por recios pesares—en el palacio de la ninfa Calipso, que le detiene por fuerza—y que no le es posible llegar á la patria tierra porque no tiene naves provistas de remos ni compañeros que lo conduzcan por el ancho dorso del mar.»

»Así habló el Atrida Menelao, famoso por su lanza. Realizadas tales cosas, emprendí la vuelta, y los inmortales concediéronme próspero viento y me han traído con gran rapidez á mi querida patria.»

Tales fueron sus palabras; y ella sintió que en el pecho se le conmovía el corazón. Entonces Teoclímeno, semejante á un dios, les dijo de esta suerte:

«¡Oh veneranda esposa de Ulises Laertíada! Aquél nada sabe con claridad; pero oye mis palabras, que yo te haré un vaticinio cierto y no he de ocultarte cosa alguna. Sean testigos primeramente Júpiter entre los dioses y luego la mesa hospitalaria y el hogar del irreprochable Ulises á que he llegado, de que el héroe ya se halla en su patria tierra, sentado ó moviéndose; tiene noticia de esas inicuas acciones, y maquina males contra todos los pretendientes. Tal augurio observé desde la nave de muchos bancos, como se lo dije á Telémaco.»

Respondióle la discreta Penélope: «Ojalá se cumpliese lo que dices, oh forastero, que bien pronto conocerías mi amistad; pues te hiciera tantos presentes que te considerara dichoso quien contigo se encontrase.»

Así éstos conversaban. En tanto divertíanse los pretendientes, ante el palacio de Ulises, tirando discos y jabalinas en el labrado pavimento donde acostumbraban hacer sus insolencias. Mas cuando fué hora de cenar y vinieron de todos los campos reses conducidas por los pastores que solían traerlas, dijo Medonte, el heraldo que más grato les era á los pretendientes y á cuyos banquetes asistía:

«¡Jóvenes! Ya que todos habéis recreado vuestro ánimo con los juegos, venid al palacio y dispondremos la cena, pues conviene que se tome en tiempo oportuno.»

Así les habló; y ellos se levantaron y obedecieron sus palabras. Llegados al cómodo palacio, dejaron sus mantos en sillas y sillones, y sacrificaron ovejas muy crecidas, pingües cabras, puercos gordos y una gregal vaca, aparejando con ello su banquete.

En esto, disponíanse Ulises y el divinal porquerizo á partir del campo hacia la ciudad. Y el porquerizo, mayoral de los pastores, comenzó á decir:

«¡Huésped! Ya que deseas encaminarte hoy mismo á la ciudad, como lo ordenó mi señor—yo preferiría que permanecieses aquí para guardar los establos; mas, respeto á aquél y temo que me riña, y las increpaciones de los amos son muy pesadas—ea, vámonos ahora, que ya pasó la mayor parte del día y pronto vendrá la tarde y sentirás el fresco.»

Respondióle el ingenioso Ulises: «Entiendo, hágome cargo, lo mandas á quien te comprende. Vamos, pues, y guíame hasta que lleguemos. Y si has cortado algún bastón, dámelo para apoyarme; que os oigo decir que la senda es muy resbaladiza.»

Dijo, y echóse al hombro el astroso zurrón lleno de agujeros, con su correa retorcida. Eumeo le entregó el palo que deseaba; y seguidamente emprendieron el camino. Quedáronse allí, custodiando la majada, los perros y los pastores; mientras Eumeo conducía hacia la ciudad á su rey, transformado en un viejo y miserable mendigo que se apoyaba en el bastón y llevaba el cuerpo revestido de feas vestiduras.

Mas cuando, recorriendo el áspero camino, halláronse á poca distancia de la ciudad y llegaron á la labrada fuente de claras linfas, de la cual tomaban el agua los ciudadanos—era obra de Ítaco, Nérito y Políctor; rodeábala por todos lados un bosque de álamos, que se nutren en la humedad; vertía el agua, sumamente fresca, desde lo alto de una roca; y en su parte superior se había construído un altar á las ninfas, donde todos los caminantes sacrificaban—encontróse con ellos el hijo de Dolio, Melantio, que llevaba las mejores cabras de sus rebaños para la cena de los pretendientes y le seguían dos pastores. Así que los vió, increpóles con palabras amenazadoras y groseras, que conmovieron el corazón de Ulises:

«Ahora se ve muy cierto que un ruin lleva á otro ruin, pues un dios junta siempre á cada cual con su semejante. ¿Adónde, no envidiable porquero, conduces ese glotón, ese mendigo importuno, esa peste de los banquetes, que con su espalda frotará las jambas de muchas puertas no pidiendo ciertamente trípodes ni calderos, sino tan sólo mendrugos de pan? Si me lo dieses para guardar mi majada, barrer el establo y llevarles el forraje á los cabritos, bebería suero y echaría gordo muslo. Mas, como ya es ducho en malas obras, no querrá aplicarse al trabajo; antes irá mendigando por la población para llenar su vientre insaciable. Lo que voy á decir se cumplirá: si fuere al palacio del divinal Ulises, rozarán sus costados muchos escabeles que habrán hecho llover sobre su cabeza las manos de aquellos varones.»

Así dijo; y, acercándose, dióle una coz en la cadera, locamente; pero no le pudo arrojar del camino, sino que el héroe permaneció muy firme. Entonces se le ocurrió á Ulises acometerle y quitarle la vida con el palo, ó levantarlo un poco y estrellarle la cabeza contra el suelo. Mas al fin sufrió el ultraje y contuvo la cólera en su corazón. Y el porquerizo increpó á aquél, mirándole cara á cara, y oró fervientemente levantando las manos:

«¡Ninfas de las fuentes! ¡Hijas de Júpiter! Si Ulises os quemó alguna vez muslos de corderos y de cabritos, cubriéndolos de pingüe grasa, cumplidme este voto: Ojalá vuelva aquel varón, traído por algún dios; pues él te quitaría toda esa jactancia con que ahora nos insultas, vagando siempre por la ciudad mientras pastores perversos acaban con los rebaños.»

Replicóle el cabrero Melantio: «¡Oh dioses! ¡Qué dice ese perro, que sólo entiende en cosas malas! Un día me lo he de llevar lejos de Ítaca, en negro bajel de muchos bancos, para que, vendiéndolo, me proporcione una buena ganancia. Ojalá Apolo, que lleva arco de plata, hiriera á Telémaco hoy mismo en el palacio, ó sucumbiera el joven á manos de los pretendientes; como perdió Ulises, lejos de aquí, la esperanza de ver el día de su regreso.»

Cuando así hubo hablado, dejólos atrás, pues caminaban lentamente, y llegó muy presto al palacio del rey. Acto continuo entró en el mismo, sentándose en medio de los pretendientes, frente á Eurímaco, que era á quien más quería. Sirviéronle unos trozos de carne los que en esto se ocupaban, y trájole pan la veneranda despensera. En tanto, detuviéronse Ulises y el divinal porquerizo junto al palacio, y oyeron los sones de la hueca cítara pues Femio empezaba á cantar. Y tomando aquél la mano del porquerizo, hablóle de esta suerte:

«¡Eumeo! Es ésta, sin duda, la hermosa mansión de Ulises, y sería fácil conocerla aunque entre muchas se la viera. Tiene más de un piso, cerca su patio almenado muro, las puertas están bien ajustadas y son de dos hojas: ningún hombre despreciaría una casa semejante. Conozco que, dentro de la misma, multitud de varones celebran un banquete; pues llegó hasta mí el olor de la carne asada y se oye la cítara, que los dioses hicieron compañera de los festines.»

Y tú le respondiste así, porquerizo Eumeo: «Fácilmente lo habrás conocido, que tampoco te falta discreción para las demás cosas. Mas, ea, deliberemos sobre lo que puede hacerse. Ó entra tú primero en el cómodo palacio y mézclate con los pretendientes, y yo me detendré un poco; ó, si lo prefieres, quédate tú y yo iré delante, pero no tardes: no sea que alguien, al verte fuera, te tire algo ó te dé un golpe. Yo te invito á que pienses en esto.»

Contestóle el paciente divinal Ulises: «Entiendo, hágome cargo, lo mandas á quien te comprende. Mas, adelántate tú y yo me quedaré, que ya he probado lo que son golpes y heridas y mi ánimo es sufrido por lo mucho que hube de padecer así en el mar como en la guerra; venga, pues, ese mal tras de los otros. No se pueden disimular las instancias del ávido y funesto vientre, que tantos perjuicios les origina á los hombres y por el cual se arman las naves de muchos bancos que surcan el estéril mar y van á causar daño á los enemigos.»

Así éstos conversaban. Y un perro, que estaba echado, alzó la cabeza y las orejas: era Argos, el can del paciente Ulises, á quien éste criara, aunque luego no se aprovechó del mismo porque tuvo que partir á la sagrada Ilión. Anteriormente llevábanlo los jóvenes á correr cabras montesas, ciervos y liebres; mas entonces, en la ausencia de su dueño, yacía abandonado sobre mucho fimo de mulos y de bueyes, que vertían junto á la puerta á fin de que los siervos de Ulises lo tomasen para estercolar los dilatados campos: allí estaba tendido Argos, todo lleno de garrapatas. Al advertir que Ulises se aproximaba, le halagó con la cola y dejó caer ambas orejas, mas ya no pudo salir al encuentro de su amo; y éste, cuando lo vió, enjugóse una lágrima que con facilidad logró ocultar á Eumeo, á quien hizo después esta pregunta:

«¡Eumeo! Es de admirar que este can yazga en el fimo, pues su cuerpo es hermoso; aunque ignoro si, con tal belleza fué ligero para correr ó como los que algunos tienen en su mesa y sólo por gusto los crían sus señores.»

Y tú le respondiste así, porquerizo Eumeo: «Ese can perteneció á un hombre que ha muerto lejos de nosotros. Si fuese tal como era en el cuerpo y en la actividad cuando Ulises lo dejó al irse á Troya, pronto admirarías su ligereza y su vigor: no se le escapaba ninguna fiera que levantase, ni aun en lo más hondo de intrincada selva, porque era sumamente hábil en seguir un rastro. Mas ahora abrúmanle los males á causa de que su amo murió fuera de la patria, y las negligentes mozas no lo cuidan, porque los siervos, así que el amo deja de mandarlos, no quieren trabajar como es debido; que el longividente Júpiter le quita al hombre la mitad de la virtud el mismo día en que cae esclavo.»

Diciendo así, entróse por el cómodo palacio y se fué derecho á la sala, hacia los ilustres pretendientes. Entonces la Parca de la negra muerte se apoderó de Argos, después que tornara á ver á Ulises al vigésimo año.

Advirtió el deiforme Telémaco mucho antes que nadie la llegada del porquerizo; y, haciéndole una señal, lo llamó á su vera. Eumeo miró en contorno suyo, tomó una silla desocupada—la que solía utilizar el trinchante al distribuir carne en abundancia á los pretendientes cuando celebraban sus festines en el palacio—y fué á colocarla junto á la mesa de Telémaco, en frente de éste, que se hallaba sentado. Y luego sirvióle el heraldo vianda y pan, sacándolo de un canastillo.

Poco después que Eumeo penetró Ulises en el palacio, transfigurado en un viejo y miserable mendigo que se apoyaba en el bastón y llevaba feas vestiduras. Sentóse en el umbral de fresno, á la parte interior de la puerta, y se recostó en la jamba de ciprés que en otro tiempo el artífice había pulido hábilmente y enderezado valiéndose de un nivel. Y Telémaco llamó al porquerizo y le dijo, después de tomar un pan entero del hermoso canasto y tanta carne como le cupo en sus manos:

«Dáselo al forastero y mándale que pida á todos los pretendientes, acercándose á los mismos; que al que está necesitado no le conviene ser vergonzoso.»

Así se expresó. Fuése el porquero al oirlo y, llegado que hubo adonde estaba Ulises, díjole estas aladas palabras:

«¡Oh forastero! Telémaco te da lo que te traigo y te manda que pidas á todos los pretendientes, acercándote á los mismos; pues dice que al mendigo no le conviene ser vergonzoso.»

Respondióle el ingenioso Ulises: «¡Júpiter soberano! Haz que Telémaco sea dichoso entre los hombres y que se cumpla cuanto su corazón desea.»

Dijo; tomó las viandas con las dos manos, las puso delante de sus pies, encima del astroso zurrón, y comió mientras el aedo cantaba en el palacio; de suerte que cuando acabó la cena, el divinal aedo llegaba al fin de su canto. Los pretendientes empezaron á mover alboroto en la sala, y Minerva se acercó á Ulises Laertíada excitándole á que les pidiera algo y fuera recogiendo mendrugos, para que conociese cuáles de aquéllos eran justos y cuáles malvados, aunque ninguno tenía que librarse de la ruina. Fué, pues, el héroe á pedirle á cada varón, comenzando por la derecha, y á todos les alargaba la mano como si desde largo tiempo mendigase. Ellos, compadeciéndole, le daban limosna, le miraban con extrañeza y preguntábanse unos á otros quién era y de dónde había venido. Y el cabrero Melantio hablóles de esta suerte:

«Oídme, oh pretendientes de la ilustre reina, que os voy á hablar del forastero, á quien vi antes de ahora. Guiábalo hacia acá el porquerizo, pero á él no le conozco, ni sé de dónde se precia de ser por su linaje.»

Así les habló; y Antínoo increpó al porquerizo con estas palabras:

ULISES, COMO VIERA QUE ARGOS LE HALAGABA CON LA COLA Y YA NO TENÍA FUERZAS PARA IR Á ENCONTRARLE, ENJUGÓSE UNA LÁGRIMA QUE OCULTÓ Á EUMEO

(Canto XVII, versos á .)

«¡Ah, famoso porquero! ¿Por qué lo trajiste á la ciudad? ¿Acaso no tenemos bastantes vagabundos, que son mendigos importunos y peste de los festines? ¿Ó te parece poco que los que aquí se juntan devoren los bienes de tu señor y has ido á otra parte á llamar á éste?»

Y tú le respondiste así, porquerizo Eumeo: «¡Antínoo! No hablas bien, aunque seas noble. ¿Quién iría á parte alguna á llamar á nadie, como no fuere de los que ejercen su profesión en el pueblo: un adivino, un médico para curar las enfermedades, un carpintero ó un divinal aedo que nos deleite cantando? Éstos son los mortales á quienes se llama en la tierra inmensa; y nadie traería á un pobre para que le arruinase. Siempre has sido el más áspero de todos los pretendientes para los esclavos de Ulises y en especial para mí; aunque no por ello he de preocuparme, mientras me vivan en el palacio la discreta Penélope y Telémaco, semejante á un dios.»

Contestóle el prudente Telémaco: «Calla, no le respondas largamente; que Antínoo suele irritarnos siempre y de mal modo con ásperas palabras, é incita á los demás á hacer lo propio.»

Dijo; y habłóle á Antínoo con estas aladas palabras: «¡Antínoo! ¡En verdad que te tomas por mí tan buen cuidado como un padre por su hijo, cuando con duras voces me ordenas arrojar del palacio á ese huésped! ¡No permitan los númenes que así suceda! Coge algo y dáselo, que no te lo prohibo, antes bien te invito á hacerlo; y no temas que lo lleven á mal ni mi madre, ni ninguno de los esclavos que viven en la casa del divinal Ulises. Mas no hay en tu pecho tal propósito, que prefieres comértelo á darlo á nadie.»

Antínoo le respondió diciendo: «¡Telémaco altílocuo, incapaz de moderar tus ímpetus! ¿Qué has dicho? Si todos los pretendientes le dieran tanto como yo, se estaría tres meses en su casa, lejos de nosotros.»

Así habló; y mostróle, tomándolo de debajo de la mesa, el escabel en que apoyaba sus nítidas plantas cuando asistía á los banquetes. Pero todos los demás le dieron algo, de modo que el zurrón se llenó de pan y de carne. Y ya Ulises iba á tornar al umbral para comer lo que le habían regalado los aqueos, pero se detuvo cerca de Antínoo y le dijo estas palabras:

«Dame algo, amigo; que no me pareces el peor de los aqueos, sino, por el contrario, el mejor; ya que te asemejas á un rey. Por eso te corresponde á ti, más aún que á los otros, darme pan; y yo divulgaré tu fama por la tierra inmensa. En otra época, también yo fuí dichoso entre los hombres, habité una rica morada, y di muchas veces limosna al vagabundo, cualquiera que fuese y hallárase en la necesidad en que se hallase; entonces tenía innúmeros esclavos y otras muchas cosas con las cuales los hombres viven en regalo y gozan fama de opulentos. Mas Júpiter Saturnio me arruinó, porque así lo quiso, incitándome á ir al Egipto con errabundos piratas; viaje largo, en el cual había de hallar mi perdición. Así que detuve en el río Egipto los corvos bajeles, después de mandar á los fieles compañeros que se quedaran á custodiar las embarcaciones, envié espías á los parajes oportunos para explorar la comarca. Pero los míos, cediendo á la insolencia por seguir su propio impulso, empezaron á devastar los hermosos campos de los egipcios; y se llevaban las mujeres y los niños, y daban muerte á los varones. No tardó el clamoreo en llegar á la ciudad. Sus habitantes, habiendo oído los gritos, vinieron al amanecer: el campo se llenó de infantería, de jinetes y de reluciente bronce; Júpiter, que se huelga con el rayo, mandó á mis compañeros la perniciosa fuga; y ya, desde entonces, nadie se atrevió á resistir, pues los males nos cercaban por todas partes. Allí nos mataron con el agudo bronce muchos hombres, y á otros se los llevaron para obligarles á trabajar en provecho de los ciudadanos. Á mí me entregaron á un forastero que se encontró presente, á Dmétor Yásida; el cual me llevó á Chipre, donde reinaba con gran poder, y de allí he venido, después de padecer muchos infortunios.»

Antínoo le respondió diciendo: «¿Qué dios nos trajo esa peste, esa amargura del banquete? Quédate ahí, en medio, á distancia de mi mesa: no sea que pronto vayas al amargo Egipto y á Chipre, por ser un mendigo tan audaz y sin vergüenza. Ahora te detienes ante cada uno de éstos que te dan locamente, porque ni usan de moderación ni sienten piedad al regalar cosas ajenas de que disponen en gran abundancia.»

Díjole, retrocediendo, el ingenioso Ulises: «¡Oh dioses! En verdad que el juicio que tienes no se corresponde con tu presencia. No darías de tu casa ni tan siquiera sal á quien te suplicara, cuando, sentado á la mesa ajena, no has querido entregarme un poco de pan, con tener á mano tantas cosas.»

Así se expresó. Irritóse Antínoo aún más en su corazón y, encarándole la torva vista, le dijo estas aladas palabras:

«Ya no creo que puedas volver atrás y salir impune de este palacio, habiendo proferido tales injurias.»

Así habló; y, tomando el escabel, tiróselo y acertóle en el hombro derecho, hacia la extremidad de la espalda. Ulises se mantuvo firme como una roca, sin que el golpe de Antínoo le hiciera vacilar; pero meneó en silencio la cabeza, agitando en lo íntimo de su espíritu siniestros propósitos. Retrocedió en seguida al umbral, sentóse, puso en tierra el zurrón que llevaba repleto, y dijo á los pretendientes:

«Oídme, pretendientes de la ilustre reina, para que os manifieste lo que en el pecho el ánimo me ordena deciros. Ningún varón siente dolor en el alma ni pesar alguno, al ser herido cuando pelea por sus haciendas, por sus bueyes ó por sus blancas ovejas; mas Antínoo hirióme á mí por causa del odioso y funesto vientre, que tantos males acarrea á los hombres. Si en alguna parte hay dioses y furias para los mendigos, cójale la muerte á Antínoo antes que el casamiento se lleve á término.»

Díjole nuevamente Antínoo, hijo de Eupites: «Come sentado tranquilamente, oh forastero, ó vete á otro lugar: no sea que, con motivo de lo que hablas, estos jóvenes te arrastren por la casa, asiéndote de un pie ó de una mano, y te laceren todo el cuerpo.»

Tales fueron sus palabras. Todos sintieron vehemente indignación y alguno de aquellos soberbios mozos habló de esta manera:

«¡Antínoo! No procediste bien, hiriendo al infeliz vagabundo. ¡Insensato! ¿Y si por acaso fuese alguna celestial deidad...? Que los dioses, haciéndose semejantes á huéspedes de otros países y tomando toda clase de figuras, recorren las ciudades para conocer la insolencia ó la justicia de los hombres.»

Así hablaban los pretendientes, pero Antínoo no hizo caso de sus palabras. Telémaco sintió en su pecho una gran pena por aquel golpe, sin que por esto le cayese ninguna lágrima desde los ojos al suelo; pero meneó en silencio la cabeza, agitando en lo íntimo de su espíritu siniestros propósitos.

Cuando la discreta Penélope oyó decir que al huésped lo había herido Antínoo en el palacio, habló así en medio de sus esclavas: «¡Ojalá Apolo, célebre por su arco, te hiriese á ti de la misma manera!»

Díjole entonces Eurínome, la despensera: «Si nuestros votos se cumpliesen, ninguno de aquellos viviría cuando se descubra la Aurora, de hermoso trono.»

Respondióle la discreta Penélope: «¡Ama! Todos son aborrecibles porque traman acciones inicuas; pero Antínoo casi tanto como la negra Parca. Un infeliz forastero anda por el palacio y pide limosna, pues la necesidad le apremia; los demás llenáronle el zurrón con sus dádivas, y éste le ha tirado el escabel, acertándole en el hombro derecho.»

De tal suerte habló, sentada en su estancia entre las siervas, mientras el divinal Ulises cenaba. Y llamando después al divinal porquero, díjole de este modo:

«Ve, divinal Eumeo, acércate al huésped y mándale que venga para que yo le salude y le interrogue también acerca de si oyó hablar de Ulises, de ánimo paciente, ó lo vió acaso con sus propios ojos, pues parece que ha vagado por muchas tierras.»

Y tú le respondiste así, porquerizo Eumeo: «Ojalá se callaran los aqueos, oh reina; pues cuenta tales cosas, que encantaría tu corazón. Tres días con sus noches lo detuve en mi cabaña, pues fuí el primero á quien acudió al escaparse del bajel, pero ni aun así pudo terminar la narración de sus desventuras. Como se contempla al aedo, que, instruído por los dioses, les canta á los mortales deleitosos relatos, y ellos no se sacian de oirle cantar; así me tenía transportado mientras permaneció en mi majada. Asegura que fué huésped del padre de Ulises y que vive en Creta, donde está el linaje de Minos. De allí viene, habiendo padecido infortunios y vagado de una parte á otra; y refiere que oyó hablar de Ulises, el cual vive, está cerca—en el opulento país de los tesprotos—y trae á esta casa muchas preciosidades.»

Respondióle la discreta Penélope: «Anda, ve, hazle venir para que lo relate en mi presencia. Regocíjense los demás, sentados en la puerta ó aquí en la sala, ya que tienen el corazón alegre porque sus bienes, el pan y el dulce vino, se guardan íntegros en sus casas, si no es lo que comen los criados; mientras que ellos vienen día tras día á nuestro palacio, nos degüellan los bueyes, las ovejas y las pingües cabras, celebran espléndidos banquetes, beben el vino locamente y así se consumen muchas de las cosas, porque no tenemos un hombre como Ulises que fuera capaz de librar á nuestra casa de la ruina. Si Ulises tornara y volviera á su patria, no tardaría en vengar, juntándose con su hijo, las violencias de estos hombres.»

Así dijo; y Telémaco estornudó tan recio que el palacio retumbó horrendamente. Rióse Penélope y en seguida dirigió á Eumeo estas aladas palabras:

«Anda y tráeme ese forastero. ¿No ves que mi hijo estornudó á todas mis palabras? Esto indica que no dejará de llevarse al cabo la matanza de los pretendientes, sin que ninguno escape de la muerte y del hado. Otra cosa te diré que pondrás en tu corazón: Si llego á conocer que cuanto me relatare es verdad, le entregaré un manto y una túnica, vestidos muy hermosos.»

Así se expresó; fuése el porquero al oirlo y, llegándose adonde estaba Ulises, le dijo estas aladas palabras:

«¡Padre huésped! Te llama la discreta Penélope, madre de Telémaco; pues, aunque afligida por los pesares, su ánimo la incita á hacerte algunas preguntas sobre su esposo. Y si llega á conocer que cuanto le relatares es cierto, te entregará un manto y una túnica, de que tienes gran falta; y en lo sucesivo mantendrás tu vientre yendo por el pueblo á pedir pan, pues te dará limosna el que quiera.»

Respondióle el paciente divinal Ulises: «¡Eumeo! Yo diría incontinenti la verdad de todas estas cosas á la hija de Icario, á la discreta Penélope, porque sé muy bien de su esposo y hemos sufrido igual infortunio; mas temo á la muchedumbre de los crueles pretendientes, cuya insolencia y orgullo llegan al férreo cielo. Ahora mismo, mientras andaba yo por la casa sin hacer mal á nadie, dióme este varón un doloroso golpe y no lo impidió Telémaco ni otro alguno. Así pues, exhorta á Penélope, aunque esté impaciente, á que aguarde en el palacio hasta la puesta del sol; é interrógueme entonces sobre su marido y el día que volverá, haciéndome sentar cerca del fuego, pues mis vestidos están en mísero estado como sabes tú muy bien por haber sido el primero á quien dirigí mis súplicas.»

Tal dijo. El porquero se fué en cuanto oyó estas palabras. Y ya repasaba el umbral, cuando Penélope le habló de esta manera:

«¿No lo traes, Eumeo? ¿Por qué se niega el vagamundo? ¿Siente hacia alguien un gran temor ó se avergüenza en el palacio por otros motivos? Malo es que un vagamundo peque de vergonzoso.»

Y tú le respondiste así, porquerizo Eumeo: «Habla razonablemente y dice lo que otro pensara en su caso, queriendo evitar la insolencia de varones tan soberbios. Te invita á que aguardes hasta la puesta del sol. Y será mucho mejor para ti, oh reina, que estés sola cuando le hables al huésped y escuches sus respuestas.»

Contestó la discreta Penélope: «No pensó neciamente el forastero, sea quien fuere; pues no hay en país alguno, entre los mortales hombres, quienes insulten de esta manera, maquinando inicuas acciones.»

Así habló. El divinal porquero se fué hacia la turba de los pretendientes, tan pronto como dijo á Penélope cuanto deseaba, y acto seguido dirigió á Telémaco estas aladas palabras, acercando la cabeza para que los demás no se enteraran:

«¡Amigo! Yo me voy á guardar los puercos y todas aquellas cosas que son tus bienes y los míos; y lo de acá quede á tu cuidado. Mas lo primero de todo sálvate á ti mismo y considera en tu espíritu cómo evitarás que te hagan daño; pues traman maldades muchos de los aqueos, á quienes Júpiter destruya antes que se conviertan en una plaga para nosotros.»

Respondióle el prudente Telémaco: «Así se hará, abuelo. Vete después de cenar, y al romper el alba traerás hermosas víctimas; que de las cosas presentes cuidaré yo y también los inmortales.»

Tal dijo. Sentóse Eumeo nuevamente en la bien pulimentada silla y después que satisfizo el deseo de comer y de beber volvióse á sus puercos, dejando atrás la cerca y la casa que rebosaban de convidados. Y recreábanse éstos con el baile y el canto, porque ya la tarde había venido.

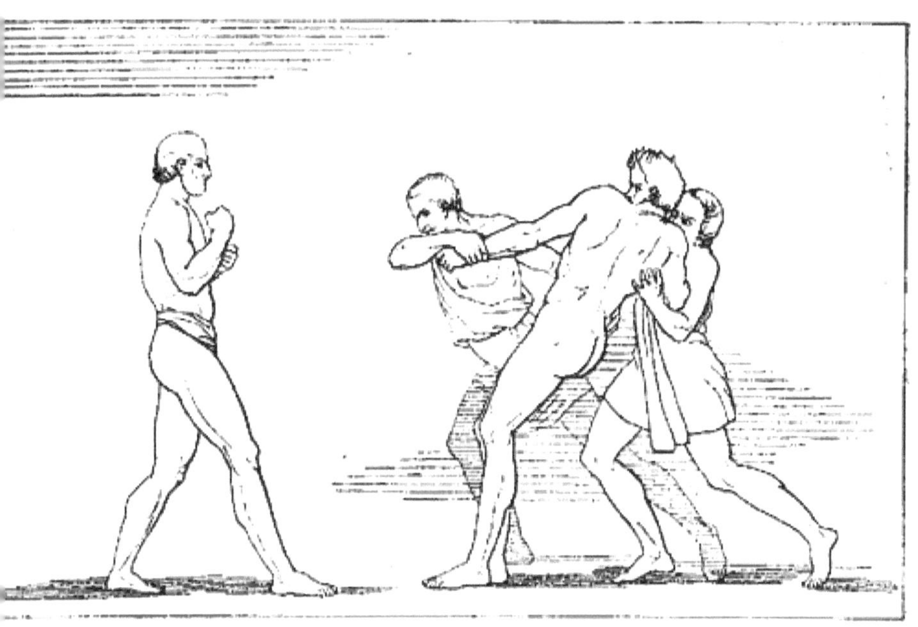

Túrbasele el ánimo á Iro, después de haber provocado á Ulises, y los criados lo sacan á viva fuerza para que luche con el héroe

CANTO XVIII

PUGILATO DE ULISES CON IRO

Llegó entonces un mendigo que andaba por todo el pueblo; el cual pedía limosna en la ciudad de Ítaca, se señalaba por su vientre glotón—por comer y beber incesantemente—y hallábase falto de fuerza y de vigor, aunque tenía gran presencia. Arneo era su nombre, el que al nacer le puso su veneranda madre; pero llamábanle Iro todos los jóvenes, porque hacía los mandados que se le ordenaban. Propúsose el tal sujeto, cuando llegó, echar á Ulises de su propia casa é insultóle con estas aladas palabras:

«Retírate del umbral, oh viejo, para que no hayas de verte muy pronto asido de un pie y arrastrado afuera. ¿No adviertes que todos me guiñan el ojo, instigándome á que te arrastre, y no lo hago porque me da vergüenza? Mas, ea, álzate, si no quieres que en la disputa lleguemos á las manos.»

Mirándole con torva faz, le respondió el ingenioso Ulises: «¡Infeliz! Ningún daño te causo, ni de palabra ni de obra; ni me opongo á que te den, aunque sea mucho. En este umbral hay sitio para entrambos y no has envidiar las cosas de otro; me parece que eres un vagabundo como yo, y son las deidades quienes proporcionan la opulencia. Pero no me provoques demasiado á venir á las manos, ni excites mi cólera: no sea que, viejo como soy, te llene de sangre el pecho y los labios; y así gozaría mañana de mayor descanso, pues no creo que asegundaras la vuelta á la mansión de Ulises Laertíada.»

Contestóle, muy enojado, el vagabundo Iro: «¡Oh dioses! ¡Cuán atropelladamente habla el glotón, que parece la vejezuela del horno! Algunas cosas malas pudiera tramar contra él: golpeándole con mis brazos, le echaría los dientes de las mandíbulas al suelo como á una marrana que destruye las mieses. Cíñete ahora, á fin de que éstos nos juzguen en el combate. Pero ¿cómo podrás luchar con un hombre más joven?»

De tal modo se zaherían ambos con gran animosidad en el pulimentado umbral, delante de las elevadas puertas. Advirtiólo la sacra potestad de Antínoo y con dulce risa dijo á los pretendientes:

«¡Amigos! Jamás hubo una diversión como la que un dios nos ha traído á esta casa. El forastero é Iro riñen y están para venir á las manos: hagamos que peleen cuanto antes.»

Así se expresó. Todos se levantaron con gran risa y se pusieron alrededor de los haraposos mendigos. Y Antínoo, hijo de Eupites, díjoles de esta suerte:

«Oíd, ilustres pretendientes, lo que voy á proponeros. De los vientres de cabra que llenamos de gordura y de sangre y pusimos á la lumbre para la cena, escoja el que quiera aquel que resulte vencedor por ser el más fuerte; y en lo sucesivo comerá con nosotros y no dejaremos que entre ningún otro mendigo á pedir limosna.»

Así se expresó Antínoo y á todos les plugo cuanto dijo. Pero el ingenioso Ulises, meditando engaños, hablóles de esta suerte:

«¡Amigos! Aunque no es justo que un hombre viejo y abrumado por la desgracia luche con otro más joven, el maléfico vientre me instiga á aceptar el combate para que haya de sucumbir á los golpes que me dieren. Ea, pues, prometed todos con firme juramento que ninguno, para socorrer á Iro, me golpeará con pesada mano, procediendo inicuamente y empleando la fuerza para someterme á aquél.»

Así les dijo; y todos juraron, como se lo mandaba. Y tan pronto como hubieron acabado de prestar el juramento, el esforzado y divinal Telémaco hablóles con estas palabras:

«¡Huésped! Si tu corazón y tu ánimo valiente te impulsan á quitar á ése de en medio, no temas á ningún otro de los aquivos; pues con muchos tendría que luchar quien te pegare. Yo soy aquí el que da hospitalidad, y aprueban mis palabras los reyes Antínoo y Eurímaco, prudentes ambos.»

Así le dijo; y todos lo aprobaron. Ulises se ciñó los andrajos, ocultando las partes verendas, y mostró sus muslos hermosos y grandes; también aparecieron las anchas espaldas, el pecho y los fuertes brazos; y Minerva, poniéndose á su lado, acrecentóle los miembros al pastor de hombres. Admiráronse muchísimo los pretendientes, y uno de ellos dijo al que tenía más cercano:

«Pronto á Iro, al infortunado Iro le alcanzará el mal que se buscó. ¡Tal muslo ha descubierto el viejo, al quitarse los harapos!»

Así decían; y á Iro se le turbó el ánimo miserablemente. Mas con todo eso, ciñéronle á viva fuerza los criados, y sacáronlo lleno de temor, pues las carnes le temblaban en sus miembros. Y Antínoo le respondió, diciéndole de esta guisa:

«Ojalá no existieras, fanfarrón, ni hubieses nacido, puesto que tiemblas y temes de tal modo á un viejo abrumado por el infortunio que le persigue. Lo que voy á decir se cumplirá. Si ése quedare vencedor por tener más fuerza, te echaré en una negra embarcación y te mandaré al continente, al rey Équeto, plaga de todos los mortales, que te cortará la nariz y las orejas con el cruel bronce y te arrancará las vergüenzas para dárselas crudas á los perros.»

Así habló; y á Iro crecióle el temblor que agitaba sus miembros. Condujéronlo al centro y entrambos contendientes levantaron los brazos. Entonces pensó el paciente y divinal Ulises si le daría tal golpe á Iro que el alma se le fuera en cayendo á tierra, ó le pegaría con más suavidad, derribándolo al suelo. Y después de considerarlo bien, le pareció que lo mejor sería pegarle suavemente, para no ser reconocido por los aquivos. Alzados los brazos, Iro dió un golpe á Ulises en el hombro derecho; y Ulises, tal puñada á Iro en la cerviz, debajo de la oreja, que le quebrantó los huesos allá en el interior y le hizo echar roja sangre por la boca: cayó Iro y, tendido en el suelo, batió los dientes y golpeó con los pies la tierra; y en tanto los ilustres pretendientes levantaban los brazos y se morían de risa. Pero Ulises cogió á Iro del pie y, arrastrándolo por el vestíbulo

RETÍRATE DEL UMBRAL, OH VIEJO, PARA QUE NO HAYAS DE
VERTE ASIDO DE UN PIE Y ARRASTRADO AFUERA

hasta llegar al patio y á las puertas del pórtico, lo asentó recostándolo contra la cerca, le puso un bastón en la mano y le dirigió estas aladas palabras:

«Quédate ahí sentado para ahuyentar los puercos y los canes; y no quieras, siendo tan ruin, ser el señor de los huéspedes y de los pobres: no sea que te atraigas un daño aún peor que el de ahora.»

Dijo; y colgándose del hombro el astroso zurrón lleno de agujeros, con su cuerda retorcida, volvióse al umbral y allí tomó asiento. Y entrando los demás, que se reían placenteramente, le festejaron con estas palabras:

«Júpiter y los inmortales dioses te den, oh huésped, lo que más anheles y á tu ánimo le sea grato, ya que has conseguido que ese pordiosero insaciable deje de mendigar por el pueblo; pues en seguida lo llevaremos al continente, al rey Équeto, plaga de todos los mortales.»

Así dijeron; y el divinal Ulises holgó del presagio. Antínoo le puso delante un vientre grandísimo, lleno de gordura y de sangre, y Anfínomo le sirvió dos panes, que tomara del canastillo, ofrecióle vino en copa de oro, y le habló de esta manera:

«¡Salve, padre huésped! Sé dichoso en lo sucesivo, ya que ahora te abruman tantos males.»

Respondióle el ingenioso Ulises: «¡Anfínomo! Me pareces muy discreto, como hijo de tal padre. Llegó á mis oídos la buena fama que el duliquiense Niso gozara de bravo y de rico; dicen que él te ha engendrado, y en verdad que tu apariencia es la de un varón afable. Por esto voy á decirte una cosa, y tú atiende y óyeme. La tierra no cría ser alguno inferior al hombre, entre cuantos respiran y se mueven sobre el suelo. No se figura el hombre que haya de padecer infortunios mientras las deidades le proporcionan la felicidad y sus rodillas se mueven; pero cuando los bienaventurados dioses le mandan la desgracia, ha de soportarla, mal de su grado, con ánimo paciente, pues es tal el pensamiento de los terrestres varones que cambia según el día que les trae el padre de los hombres y de los dioses. También yo, en otro tiempo, hubiera debido ser feliz entre los hombres; pero cometí repetidas maldades, prevaliéndome de mi fuerza y de mi poder y confiando en mi padre y en mis hermanos... Nadie, por consiguiente, sea injusto en cosa alguna; antes bien disfrute sin ruido las dádivas que los númenes le deparen. Observo que los pretendientes maquinan muchas iniquidades, consumiendo las posesiones y ultrajando á la esposa de un varón que te aseguro que no estará largo tiempo apartado de sus amigos y de su patria, porque ya se halla muy cerca de nosotros. Ojalá un dios te conduzca á tu casa y no te encuentres con él cuando torne á la patria tierra; que no ha de ser incruenta la lucha que entable con los pretendientes, tan luego como vuelva á estar debajo de la techumbre de su morada.»

Así habló; y, hecha la libación, bebió el dulce vino y puso nuevamente la copa en manos del príncipe de hombres. Éste se fué por la casa, con el corazón angustiado y meneando la cabeza, pues su ánimo le presagiaba desventuras; aunque no por eso había de librarse de la muerte, pues Minerva lo detuvo, á fin de que cayera vencido por las manos y la robusta lanza de Telémaco. Mas entonces, volvióse á la silla que antes ocupara.

Entretanto Minerva, la deidad de los brillantes ojos, puso en el corazón de la discreta Penélope, hija de Icario, el deseo de mostrarse á los pretendientes, para que se les alegrara grandemente el ánimo y fuese ella más honrada que nunca por su esposo y por su hijo. Rióse Penélope sin motivo y profirió estas palabras:

«¡Eurínome! Mi ánimo desea lo que antes no apetecía: que me muestre á los pretendientes, aunque á todos los detesto. Quisiera hacerle á mi hijo una advertencia, que le será provechosa: que no trate de continuo á estos soberbios que dicen buenas palabras y maquinan acciones inicuas.»

Respondióle Eurínome, la despensera: «Sí, hija, es muy oportuno cuanto acabas de decir. Ve, hazle á tu hijo esa advertencia y nada le ocultes, pero antes lava tu cuerpo y unge tus mejillas: no te presentes con el rostro afeado por las lágrimas, que es malísima cosa afligirse siempre y sin descanso, ahora que tu hijo ya tiene la edad que anhelabas cuando pedías á las deidades que pudieses ver que echara barbas.»

Respondióle la discreta Penélope: «¡Eurínome! Aunque andes solícita por mi bien, no me aconsejes tales cosas—que lave mi cuerpo y me unja con aceite—pues destruyeron mi belleza los dioses que habitan el Olimpo cuando aquél se fué en las cóncavas naves. Pero manda que Autónoe é Hipodamia vengan y me acompañarán por el palacio; que sola no iría adonde están los hombres, porque me da vergüenza.»

Así habló; y la vieja se fué por el palacio á decirlo á las mujeres y mandarles que se presentaran.

Entonces Minerva, la deidad de los brillantes ojos, ordenó otra cosa. Infundióle dulce sueño á la hija de Icario, que se quedó recostada en el lecho y todas las articulaciones se le relajaron; y acto continuo la divina entre las diosas la favoreció con inmortales dones, para que la admiraran los aqueos: primeramente le lavó la bella faz con ambrosía, que aumenta la hermosura, del mismo modo que se unge Citerea, la de linda corona, cuando va al amable coro de las Gracias; y luego, hizo que pareciese más alta y más gruesa, y que su blancura aventajara la del marfil recientemente labrado. Después de lo cual, partió la divina entre las diosas.

Llegaron del interior de la casa, con gran alboroto, las doncellas de níveos brazos; y el dulce sueño dejó á Penélope, que se enjugó las mejillas con las manos y habló de esta manera:

«Blando sopor se apoderó de mí, que estoy tan apenada. Ojalá que ahora mismo me diera la casta Diana una muerte tan dulce, para que no tuviese que consumir mi vida lamentándome en mi corazón y echando de menos las cualidades de toda especie que adornaban á mi esposo, el más señalado de todos los aqueos.»

Diciendo así, bajó del magnífico aposento superior, sin que fuese sola, sino acompañada de dos esclavas. Cuando la divina entre las mujeres hubo llegado adonde estaban los pretendientes, paróse ante la columna que sostenía el techo sólidamente construído, con las mejillas cubiertas por espléndido velo y una honrada doncella á cada lado. Los pretendientes sintieron flaquear sus rodillas, fascinada su alma por el amor, y todos deseaban acostarse con Penélope en su mismo lecho. Mas ella habló de esta suerte á Telémaco, su hijo amado:

«¡Telémaco! Ya no tienes ni firmeza de voluntad ni juicio. Cuando estabas en la niñez, revolvías en tu inteligencia pensamientos más sensatos; pero ahora que eres grande por haber llegado á la flor de la juventud, y que un extranjero, al contemplar tu estatura y tu belleza, consideraría dichoso al varón de quien eres prole, no muestras ni recta voluntad ni tampoco juicio. ¡Cuál acción no ha tenido lugar en esta sala, donde permitiste que se maltratara á un huésped de semejante modo! ¿Qué sucederá si el huésped que se halle en nuestra morada es objeto de una vejación tan penosa? La vergüenza y el oprobio caerán sobre ti, ante todos los hombres.»

Respondióle el prudente Telémaco: «¡Madre mía! No me causa indignación que estés irritada; mas ya en mi ánimo conozco y entiendo muchas cosas buenas y malas, pues hasta ahora he sido un niño. Esto no obstante, me es imposible resolverlo todo prudentemente, porque me turban los que se sientan á mis lados, pensando cosas inicuas, y no tengo quien me auxilie. El combate del huésped con Iro no se efectuó por haberlo acordado los pretendientes, y fué aquél quien tuvo más fuerza. Ojalá, ¡oh padre Júpiter, Minerva, Apolo!, que los pretendientes ya hubieran sido vencidos en este palacio y se hallaran, unos en el patio y otros dentro de la sala, con la cabeza caída y los miembros relajados; del mismo modo que Iro, sentado á la puerta del patio, mueve la cabeza como un ebrio y no logra ponerse en pie ni tornar á su morada por donde solía ir, porque tiene los miembros relajados.»

Así éstos conversaban. Y Eurímaco habló con estas palabras á Penélope:

«¡Hija de Icario! ¡Discreta Penélope! Si todos los aqueos te viesen en Argos de Yaso, muchos más serían los pretendientes que desde el amanecer celebrasen banquetes en tu palacio, porque sobresales entre las mujeres por tu belleza, por tu estatura y por tu buen juicio.»

Contestóle la discreta Penélope: «¡Eurímaco! Mis atractivos—la hermosura y la gracia de mi cuerpo,—destruyéronlos los inmortales cuando los argivos partieron para Ilión, y se fué con ellos mi esposo Ulises. Si éste, volviendo, cuidara de mi vida, mayor y más bella sería mi gloria. Ahora estoy angustiada por tantos males como me envió algún dios. Por cierto que Ulises, al dejar la tierra patria, me tomó por la diestra y me habló de esta guisa:

«¡Oh mujer! No creo que todos los aquivos de hermosas grebas tornen de Troya sanos y salvos; pues dicen que los teucros son belicosos, sumamente hábiles en tirar dardos y flechas, y peritos en montar carros de veloces corceles, que acostumbran á decidir muy pronto la suerte de un empeñado y dudoso combate. No sé, por tanto, si algún dios me dejará volver ó sucumbiré en Troya. Todo lo de aquí quedará á tu cuidado; acuérdate, mientras estés en el palacio, de mi padre y de mi madre, como lo haces ahora ó más aún durante mi ausencia; y así que notes que nuestro hijo barba, cásate con quien quieras y abandona esta morada.» Así habló aquél y todo se va cumpliendo. Vendrá la noche en que ha de celebrarse el casamiento tan odioso para mí ¡oh infeliz!, á quien Júpiter ha privado de toda ventura. Pero un pesar terrible me llega al corazón y al alma, porque antes de ahora no se portaban de tal modo los pretendientes. Los que pretenden á una mujer ilustre, hija de un hombre opulento, y rivalizan entre sí para alcanzarla, traen bueyes y pingües ovejas para dar un convite á los amigos de la novia, hácenle espléndidos regalos y no devoran impunemente los bienes ajenos.»

Así dijo; y el paciente divinal Ulises se holgó de que les sacase regalos y les lisonjeara el ánimo con dulces palabras, cuando eran tan diferentes los propósitos que en su inteligencia revolvía.

Respondióle Antínoo, hijo de Eupites: «¡Hija de Icario! ¡Prudente Penélope! Admite los regalos que cualquiera de los aqueos te trajere, porque no está bien que se rehuse una dádiva; pero nosotros ni volveremos á nuestros campos ni nos iremos á parte alguna hasta que te cases con quien sea el mejor de los aqueos.»

Así se expresó Antínoo; á todos les plugo cuanto dijo, y cada uno envió su propio heraldo para que le trajese los presentes. El de Antínoo le trajo un peplo grande, hermosísimo, que tenía doce hebillas de oro sujetas por sendos anillos hermosamente retorcidos. El de Eurímaco se apresuró á traerle un collar magníficamente labrado, de oro engastado en electro, que parecía un sol. Dos servidores le trajeron á Euridamante unos pendientes de tres piedras preciosas grandes como ojos, espléndidas, de gracioso brillo. Un siervo trajo de la casa del príncipe Pisandro Polictórida un collar, que era un adorno bellísimo, y otros aqueos hicieron traer á su vez otros regalos.

La divina entre las mujeres volvió luego á la estancia superior con las esclavas, que se llevaron los magníficos presentes; y ellos volvieron á solazarse con la danza y el deleitoso canto, en espera de que llegase la noche. Sobrevino la obscura noche cuando aún se divertían, y entonces colocaron en la sala tres tederos para que alumbrasen, amontonaron á su alrededor leña seca cortada desde mucho tiempo, muy dura, y partida recientemente con el bronce, mezclaron teas con la misma, y las esclavas de Ulises, de ánimo paciente, cuidaban por turno de mantener el fuego. Á ellas el ingenioso Ulises, de jovial linaje, les dijo de esta suerte:

«¡Mozas de Ulises, del rey que se halla ausente desde largo tiempo! Idos á la habitación de la venerable reina y dad vueltas á los husos, y alegradla, sentadas en su cuarto, ó cardad lana con vuestras manos; que yo cuidaré de alumbrarles á todos los que aquí se encuentran. Pues aunque deseen quedarse hasta la Aurora, de hermoso trono, no me cansarán, que estoy habituado á sufrir mucho.»

Así dijo; ellas se rieron, mirándose las unas á las otras, é increpóle groseramente Melanto, la de bellas mejillas, á la cual engendrara Dolio y criara y educara Penélope, como á hija suya, dándole cuanto le pudiese recrear el ánimo; mas con todo eso, no compartía los pesares de

Penélope y se juntaba con Eurímaco, de quien era amante. Ésta, pues, increpó á Ulises con injuriosas palabras:

«¡Miserable forastero! Tú estás falto de juicio y en vez de irte á dormir á una herrería ó á la Lesque, hablas aquí largamente y con audacia ante tantos varones, sin que el ánimo se te turbe: ó el vino te trastornó el seso, ó tienes este carácter, y tal es la causa de que digas necedades. ¿Acaso te desvanece la victoria que conseguiste contra el vagabundo Iro? No sea que se levante de súbito alguno más valiente que Iro, que te golpee la cabeza con su mano robusta y te arroje de la casa, llenándote de sangre.»

Mirándola con torva faz, exclamó el ingenioso Ulises: «Voy en el acto á contarle á Telémaco lo que dices, ¡perra!; para que aquí mismo te despedace.»

Diciendo así, espantó con sus palabras á las mujeres. Fuéronse éstas por la casa y las piernas les flaqueaban del gran temor, pues figurábanse que había hablado seriamente. Y Ulises se quedó junto á los encendidos tederos, cuidando de mantener la lumbre y dirigiendo la mirada á los que allí se encontraban; mientras en su pecho revolvía otros propósitos que no dejaron de llevarse al cabo.

Pero tampoco permitió Minerva aquella vez que los ilustres pretendientes se abstuvieran por completo de la dolorosa injuria, á fin de que el pesar atormentara aún más el corazón de Ulises Laertíada. Y Eurímaco, hijo de Pólibo, comenzó á hablar para hacer mofa de Ulises, causándoles gran risa á sus compañeros:

«¡Oídme, pretendientes de la ilustre reina, para que os manifieste lo que en el pecho el ánimo me ordena deciros! No sin la voluntad de los dioses vino ese hombre á la casa de Ulises. Paréceme como si el resplandor de las antorchas saliese de él y de su cabeza, en la cual ya no queda cabello alguno.»

Dijo; y seguidamente habló de esta manera á Ulises, asolador de ciudades: «¡Huésped! ¿Querrías servirme en un rincón de mis campos, si te tomase á sueldo—y te lo diera muy cumplido,—atando setos y plantando árboles grandes? Yo te proporcionaría pan todo el año, y vestidos, y calzado para tus pies. Mas como ya eres ducho en malas obras, no querrás aplicarte al trabajo, sino tan sólo pedir limosna por la población á fin de poder llenar tu vientre insaciable.»

Respondióle el ingenioso Ulises: «¡Eurímaco! Si nosotros hubiéramos de competir sobre el trabajo de la siega en la estación vernal, cuando los días son más largos, y yo tuviese una bien corvada hoz y tú otra tal para probarnos en la faena, y nos quedáramos en ayunas hasta el anochecer, y la hierba no faltara; ó si conviniera guiar unos magníficos bueyes de luciente pelaje, grandes, hartos de hierba, parejos en la edad, de una carga, cuyo vigor no fuera chico, para la labranza de un campo de cuatro obradas y de tan buen tempero que los terrones cediesen al arado, veríasme rompiendo un no interrumpido surco. Y de igual modo, si el Saturnio suscitara una guerra en cualquier parte y yo tuviese un escudo, dos lanzas y un casco de bronce que se adaptara á mis sienes, veríasme mezclado con los que mejor y más adelante lucharan, y ya no me reprocharías por mi vientre como ahora. Pero tú te portas con gran insolencia, tienes ánimo cruel y quizás te creas grande y fuerte, porque estás entre pocos y no de los mejores. Si Ulises tornara y volviera á su patria, estas puertas tan anchas te serían angostas cuando salieses huyendo por el vestíbulo.»

Así habló. Irritóse Eurímaco todavía más en su corazón y, encarándole la torva vista, le dijo estas aladas palabras: «¡Ah, miserable! Pronto he de imponerte el castigo que mereces por la audacia con que hablas ante tantos varones y sin que tu ánimo se turbe: ó el vino te trastornó el seso, ó tienes este carácter, y tal es la causa de que digas necedades. ¿Te desvanece acaso la victoria que conseguiste contra el vagabundo Iro?»

En acabando de hablar, cogió un escabel; pero, como Ulises, temiéndole, se sentara en las rodillas del duliquiense Anfínomo, acertó al copero en la mano derecha: el jarro de éste cayó á tierra con gran estrépito y él mismo fué á dar, gritando, de espaldas en el polvo. Los pretendientes movían alboroto en la obscura sala, y uno de ellos dijo al que tenía más cerca:

«Ojalá acabara sus días el forastero, vagando por otros lugares, antes que viniese; y así no hubiera originado este gran tumulto. Ahora disputamos por los mendigos; y ni en el banquete se hallará placer alguno porque prevalece lo peor.»

Y el esforzado y divinal Telémaco les habló diciendo: «¡Desgraciados! Os volvéis locos y vuestro ánimo ya no puede disimular los efectos de la comida y del vino: algún dios os excita sin duda. Mas, ya que comisteis bien, vaya cada uno á recogerse en su casa, cuando el ánimo se lo aconseje; que yo no pienso echar á nadie.»

Esto les dijo; y todos se mordieron los labios; admirándose de que Telémaco les hablase con tanta audacia. Y Anfínomo, el preclaro hijo del rey Niso Aretíada, les arengó de esta manera:

«¡Amigos! Nadie se irrite, oponiendo contrarias razones al dicho justo de Telémaco; y no maltratéis al huésped, ni á ninguno de los esclavos que moran en la casa del divinal Ulises. Mas, ea, comience el escanciador á repartir las copas para que, en haciendo la libación, nos vayamos á recoger en nuestras casas; y dejaremos que el huésped se quede en el palacio de Ulises, al cuidado de Telémaco, ya que á la morada de éste enderezó el camino.»

Así habló; y su discurso les plugo á todos. El héroe Mulio, heraldo duliquiense y criado de Anfínomo, mezcló la bebida en una cratera, y sirvióla á cuantos se hallaban presentes, llevándosela por su orden; y ellos, después de ofrecer la libación á los bienaventurados dioses, bebieron el dulce vino. Mas después que hubieron libado y bebido cuanto desearan, cada uno se fué á acostar á su respectiva casa.

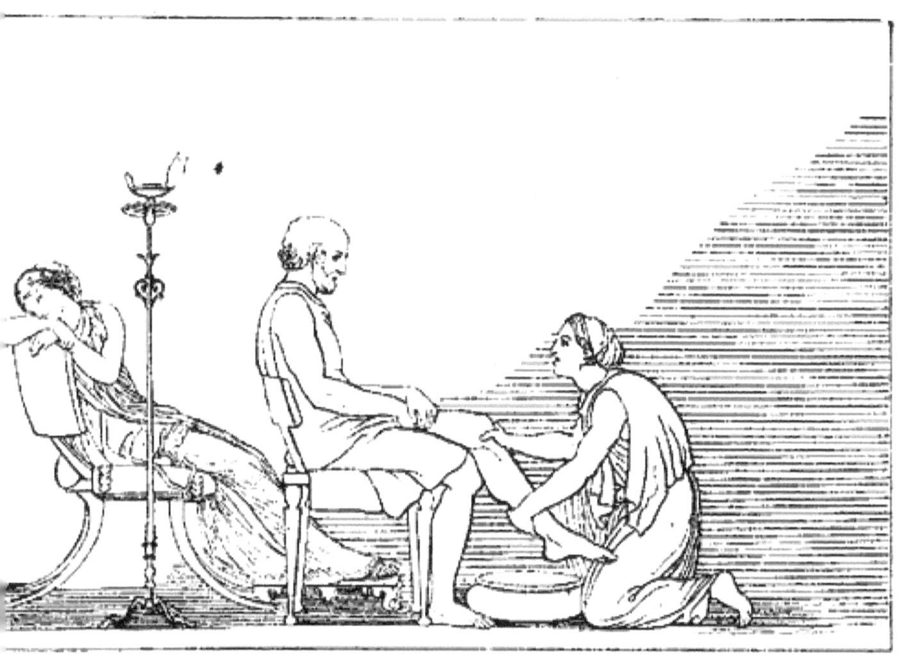

Euriclea reconoce á Ulises al tocarle la cicatriz del muslo

CANTO XIX

COLOQUIO DE ULISES Y PENÉLOPE. —EL LAVATORIO Ó RECONOCIMIENTO DE ULISES POR EURICLEA

Quedóse en el palacio el divinal Ulises y, junto con Minerva, pensaba en la matanza de los pretendientes, cuando de súbito dijo á Telémaco estas aladas palabras:

«¡Telémaco! Es preciso llevar adentro las marciales armas y engañar á los pretendientes con suaves frases cuando las echen de menos y te pregunten por las mismas: «Las he llevado lejos del humo, porque ya no parecen las que dejó Ulises al partir para Troya; sino que están afeadas en la parte que alcanzó el ardor del fuego. Además, alguna deidad me sugirió en la mente esta otra razón más poderosa: no sea que, embriagándoos, trabéis una disputa, os hiráis los unos á los otros, y mancilléis el convite y el noviazgo; que ya el hierro por sí solo atrae al hombre.»

Así se expresó. Telémaco obedeció á su padre y, llamando á su nodriza Euriclea, hablóle de esta suerte:

«¡Ama! Ea, tenme encerradas las mujeres en sus habitaciones, mientras llevo á otro cuarto las magníficas armas de mi padre, pues en su ausencia nadie las cuida y el humo las empaña. Hasta aquí he sido un niño. Mas ahora quiero depositarlas donde no las alcance el ardor del fuego.»

Respondióle su nodriza Euriclea: «¡Oh hijo! Ojalá hayas adquirido la necesaria prudencia para cuidarte de la casa y conservar tus heredades. Pero, ¿quién será la que vaya contigo llevándote la luz, si no dejas venir las esclavas, que te hubiesen alumbrado?»

Contestóle el prudente Telémaco: «Este huésped; pues no toleraré que permanezca ocioso quien coma de lo mío, aunque haya llegado de lejas tierras.»

Así dijo; y ninguna palabra voló de los labios de Euriclea, que cerró las puertas de las cómodas habitaciones. Ulises y su ilustre hijo se apresuraron á llevar adentro los cascos, los abollonados escudos y las agudas lanzas; y precedíales Palas Minerva con una lámpara de oro, la cual daba una luz hermosísima. Y Telémaco dijo de repente á su padre:

«¡Oh padre! Grande es el prodigio que contemplo con mis propios ojos: las paredes del palacio, los bonitos intercolumnios, las vigas de abeto y los pilares encumbrados, aparecen á mi vista como si fueran ardiente fuego. Sin duda debe de estar aquí alguno de los dioses que poseen el anchuroso cielo.»

Respondióle el ingenioso Ulises: «Calla, refrena tu pensamiento y no me interrogues; pero de este modo suelen proceder, en efecto, los dioses que habitan el Olimpo. Ahora acuéstate, y yo me quedaré para provocar todavía á las esclavas y departir con tu madre; la cual, lamentándose, me preguntará muchas cosas.»

Así habló; y Telémaco se fué por el palacio, á la luz de las resplandecientes antorchas, y se recogió en el aposento donde acostumbraba dormir cuando el dulce sueño le vencía: allí se acostó para aguardar que se descubriera la divinal Aurora. Empero el divino Ulises se quedó en la sala, y junto con Minerva pensaba en la matanza de los pretendientes.

Salió de su cuarto la discreta Penélope, que parecía Diana ó la dorada Venus, y colocáronle junto al hogar el torneado sillón, con adornos de marfil y de plata, en que se sentaba; el cual había sido fabricado antiguamente por el artífice Icmalio, que le puso un escabel para los pies, adherido al mismo y cubierto con una grande piel. Allí se sentó la discreta Penélope. Llegaron de dentro de la casa las doncellas de níveos brazos, retiraron el abundante pan, las mesas, y las copas en que bebían los soberbios pretendientes, y, echando por tierra las brasas de los tederos, amontonaron en los mismos gran cantidad de leña para que hubiese luz y calor. Y Melanto increpó á Ulises por segunda vez:

«¡Forastero! ¿Nos importunarás todavía, andando por la casa durante la noche y espiando á las mujeres? Vete afuera, oh mísero, y conténtate con lo que comiste, ó muy pronto te echarán á tizonazos.»

Mirándola con torva faz, exclamó el ingenioso Ulises: «¡Desdichada! ¿Por qué me acometes de esta manera, con ánimo irritado? ¿Quizás porque voy sucio, llevo miserables vestiduras y pido limosna por la población? La necesidad me fuerza á ello, y así son los mendigos y los vagabundos. Pues en otra época también yo fuí dichoso entre los hombres, habité una rica morada y en multitud de ocasiones di limosna al vagabundo, cualquiera que fuese y hallárase en la necesidad en que se hallase; entonces poseía innumerables siervos y otras muchas cosas con las cuales los hombres viven en regalo y gozan fama de opulentos. Mas Júpiter Saturnio me arruinó, porque así lo quiso. No sea que también tú, oh mujer, vayas á perder toda la hermosura por la cual sobresales entre las esclavas; que tu señora, irritándose, se embravezca contigo; ó que Ulises llegue, pues aún hay esperanza de que torne. Y si, por haber muerto, no volviese, ya su hijo Telémaco es tal, por la voluntad de

Apolo, que ninguna de las mujeres del palacio le pasará inadvertida si fuere mala; pues ya tiene edad para entenderlo.»

Así habló. Oyóle la discreta Penélope y respondió á su esclava diciéndole de este modo:

«¡Atrevida! ¡Perra desvergonzada! No se me oculta la mala acción que estás cometiendo y que pagarás con tu cabeza. Muy bien te constaba, por haberlo oído de mi boca, que he de interrogar al forastero en esta sala, acerca de mi esposo; pues me hallo sumamente afligida.»

Dijo; y acto continuo dirigió estas palabras á Eurínome, la despensera: «¡Eurínome! Trae una silla y cúbrela con una piel, á fin de que se acomode el forastero, y hable y me escuche, que deseo interrogarle.»

Así habló. Apresuróse Eurínome á traer una pulimentada silla, la cubrió con una piel, y en ella tomó asiento el paciente divinal Ulises. Entonces rompió el silencio la discreta Penélope, hablando de esta suerte:

«¡Forastero! Ante todo te haré yo misma estas preguntas: ¿Quién eres y de qué país procedes? ¿Dónde se hallan tu ciudad y tus padres?»

Respondióle el ingenioso Ulises: «¡Oh mujer! Ninguno de los mortales de la vasta tierra podría censurarte, pues tu gloria llega hasta el anchuroso cielo como la de un rey eximio y temeroso de los dioses, que impera sobre muchos y esforzados hombres, hace triunfar la justicia, y al amparo de su buen gobierno la negra tierra produce trigo y cebada, los árboles se cargan de fruta, las ovejas paren hijuelos robustos, el mar da peces, y son dichosos los pueblos que le están sometidos. Mas ahora, que nos hallamos en tu casa, hazme otras preguntas, y no te propongas averiguar mi linaje, ni mi patria: no sea que con el recuerdo acrecientes los pesares de mi corazón, pues he sido muy desgraciado. Y tampoco conviene que en casa ajena esté llorando y lamentándome, porque es muy malo afligirse siempre y sin descanso: no fuera que alguna de las esclavas se enojara conmigo, ó tú misma, y dijerais que derramo lágrimas porque el vino me perturbó el entendimiento.»

Contestóle en seguida la discreta Penélope: «¡Huésped! Mis atractivos—la belleza y la gracia de mi cuerpo—destruyéronlos los inmortales cuando los argivos partieron para Ilión y se fué con ellos mi esposo Ulises. Si éste, volviendo, cuidara de mi vida, mayor y más hermosa fuera mi gloria; pues estoy angustiada por tantos males como me envió algún dios. Cuantos próceres mandan en las islas, en Duliquio, en Same y en la selvosa Zacinto, y cuantos viven en la propia Ítaca, que se ve de lejos, me pretenden contra mi voluntad y arruinan nuestra casa. Por esto no me curo de los huéspedes, ni de los suplicantes, ni de los heraldos, que son ministros públicos; sino que, padeciendo soledad de Ulises, se me consume el ánimo. Ellos me dan prisa á que me case, y yo tramo engaños. Primeramente sugirióme un dios que me pusiese á tejer en el palacio una gran tela sutil é interminable, y entonces les hablé de este modo: *¡Jóvenes, pretendientes míos! Ya que ha muerto el divinal Ulises, aguardad, para instar mis bodas, que acabe este lienzo—no sea que se me pierdan inútilmente los hilos,—á fin de que tenga sudario el héroe Laertes en el momento fatal de la aterradora muerte. ¡No se me vaya á indignar alguna de las aqueas del pueblo, si ve enterrar sin mortaja á un hombre que ha poseído tantos bienes!* Así les dije y su ánimo generoso se dejó persuadir. Desde aquel instante, pasábame el día labrando la gran tela y por la noche, tan luego como me alumbraba con las antorchas, deshacía lo tejido. De esta suerte logré ocultar el engaño y que mis palabras fueran creídas por los aqueos durante un trienio; mas, así que vino el cuarto año y volvieron á sucederse las estaciones, después de transcurrir los meses y de pasar muchos días, entonces, gracias á las perras de mis esclavas que de nada se cuidan, vinieron á sorprenderme y me increparon con sus palabras. Así fué como, mal de mi grado, me vi en la necesidad de acabar la tela. Ahora ni me es posible evitar las bodas, ni hallo ningún otro consejo que me valga. Mis padres desean apresurar el casamiento y mi hijo siente gran pena al notar cómo son devorados nuestros bienes, porque ya es un hombre apto para regir la casa y Júpiter le da gloria. Mas, con todo eso, dime tu linaje y de dónde eres; que no serán tus progenitores la encina ó el peñasco de la vieja fábula.»

Respondióle el ingenioso Ulises: «¡Oh veneranda esposa de Ulises Laertíada! ¿No cesarás de interrogarme acerca de mi progenie? Pues bien, voy á decírtela, aunque con ello acrecientes los pesares que me agobian; pues así le ocurre al hombre que, como yo, ha permanecido mucho tiempo fuera de su patria, peregrinando por tantas ciudades y padeciendo fatigas. Mas, con todo, te hablaré de aquello acerca de lo cual me preguntas é interrogas.

»En medio del vinoso ponto, rodeada del mar, existe una tierra hermosa y fértil, Creta; donde hay muchos, innumerables hombres, y noventa ciudades. Allí se oyen mezcladas varias lenguas, pues viven en aquel país los aqueos, los magnánimos cretenses indígenas, los cidones, los dorios, que están divididos en tres tribus, y los divinales pelasgos. Entre las ciudades se halla Cnoso, gran urbe, en la cual reinó por espacio de nueve años Minos, que conversaba con el gran Júpiter y fué padre de mi padre, del magnánimo Deucalión. Éste engendróme á mí y al rey Idomeneo, que fué á Ilión en las corvas naves, juntamente con los Atridas; mi preclaro nombre es Etón y soy el más joven de los dos hermanos, pues aquél es el mayor y el más valiente. En Cnoso conocí á Ulises y aun le ofrecí los dones de la hospitalidad. El héroe enderezaba el viaje para Troya cuando la fuerza del viento lo apartó de Malea y lo llevó á Creta: y entonces ancoró sus barcos en un puerto peligroso, en la desembocadura del Amniso, donde está la gruta de Ilitia, y á duras penas pudo escapar de la tormenta. Entróse en seguida por la ciudad y preguntó por Idomeneo, que era, según afirmaba, su huésped querido y venerado; mas ya la Aurora había aparecido diez ú once veces desde que partiera para Ilión con sus corvas naves. Al punto lo conduje al palacio, le proporcioné digna hospitalidad, tratándole solícita y amistosamente— que en nuestra casa reinaba la abundancia—é hice que á él y á los compañeros que llevaba se les diera harina y negro vino en común por el pueblo, y también bueyes para que los sacrificaran y satisficieran de este modo su apetito. Los divinales aqueos permanecieron con nosotros doce días, por soplar el Bóreas tan fuertemente que casi no se podía estar ni aun en la tierra. Debió de excitarlo alguna deidad malévola. Mas, en el día treceno echóse el viento y se dieron á la vela.»

De tal suerte forjaba su relato, refiriendo muchas cosas falsas que parecían verdaderas; y á Penélope, al oirlo, le brotaban las lágrimas de los ojos y se le deshacía el cuerpo. Así como en las altas montañas se derrite la nieve al soplo del Euro, después que el Céfiro la hiciera caer, y la corriente de los ríos crece con la que se funde; así se derretían con el llanto las hermosas mejillas de Penélope, que lloraba por su marido teniéndolo á su vera. Ulises, aunque interiormente compadecía á su mujer, que sollozaba, tuvo los ojos tan firmes dentro de los párpados cual si fueran de cuerno ó de hierro, y logró con astucia que no se le rezumasen las lágrimas. Y Penélope, después que se hubo saciado de llorar y de gemir, tornó á hablarle con estas palabras:

«Ahora, oh huésped, pienso someterte á una prueba para saber si es verdad, como lo afirmas, que en tu palacio hospedaste á mi esposo con sus compañeros iguales á los dioses. Dime qué vestiduras llevaba su cuerpo y cómo eran el propio Ulises y los compañeros que le seguían.»

Respondióle el ingenioso Ulises: «¡Oh mujer! Es difícil referirlo después de tanto tiempo, porque hace ya veinte años que se fué de allá y dejó mi patria; esto no obstante, te diré cómo se lo representa mi corazón. Llevaba el divinal Ulises un manto lanoso, doble, purpúreo, con áureo broche de dos agujeros; en la parte anterior del manto estaba bordado un perro que tenía entre sus patas delanteras un manchado cervatillo, mirándole forcejar; y á todos pasmaba que, siendo entrambos de oro, aquél mirara al cervatillo á quien ahogaba, y éste forcejara con los pies, deseando escapar. En torno al cuerpo de Ulises vi una espléndida túnica que semejaba árida binza de cebolla, ¡tan suave era! y relucía como un sol; y muchas mujeres la contemplaban admiradas. Pero he de decirte una cosa que fijarás en la memoria: no sé si Ulises ya llevaría estas vestiduras en su casa ó se las dió uno de los compañeros, cuando iba en su velera nave, ó quizás algún huésped; que Ulises tenía muchos amigos, como que eran pocos los aqueos que pudieran comparársele. También yo le regalé una broncínea espada, un hermoso manto doble de color de púrpura, y una túnica talar; después de lo cual fuí á despedirle con gran respeto hasta su nave de muchos bancos. Acompañábale un heraldo un poco más viejo que él y voy á decirte cómo era: metido de hombros, de negra tez y rizado cabello, y su nombre Euríbates. Honrábale Ulises mucho más que á otro alguno de sus compañeros, porque ambos solían pensar de igual manera.»

Así le dijo, y acrecentóle el deseo del llanto, pues Penélope reconoció las señales que Ulises describiera con tal certidumbre. Y cuando estuvo harta de llorar y de gemir, le respondió con estas palabras:

«¡Oh huésped! Aunque ya antes de ahora te tuve compasión, en adelante has de ser querido y venerado en esta casa; pues yo misma le entregué esas vestiduras que dices, sacándolas bien plegadas de mi estancia, y les puse el lustroso broche, para que le sirviese de ornamento á Ulises. Mas ya no tornaré á recibirle, de vuelta á su hogar y á su patria; que con hado funesto partió en las cóncavas naves, para ver aquella Ilión perniciosa y nefanda.»

Respondióle el ingenioso Ulises: «¡Oh veneranda consorte de Ulises Laertíada! No mortifiques más el hermoso cuerpo, ni consumas el ánimo, llorando á tu marido; bien que por ello no he de reprenderte, porque la mujer acostumbra á sollozar cuando perdió el varón con quien se casó virgen y de cuyo amor tuvo hijos, aunque no sea como Ulises, que, según cuentan, se asemejaba á los dioses. Suspende el llanto y presta atención á mis palabras, pues voy á hablarte con sinceridad y no te callaré nada de cuanto sé sobre el regreso de Ulises; el cual vive, está cerca—en el opulento país de los tesprotos—y trae muchas y excelentes preciosidades que ha logrado recoger por entre el pueblo. Perdió sus fieles compañeros y la cóncava nave en el vinoso ponto, al venir de la isla de Trinacria, porque contra él se airaron Júpiter y el Sol, á cuyas vacas habían dado muerte sus compañeros. Los demás perecieron en el alborotado ponto, y Ulises, que montó en la quilla de su nave, fué arrojado por las olas á tierra firme, al país de los feacios, que son cercanos por su linaje á los dioses; y ellos le honraron cordialmente como á un numen, le hicieron muchos regalos y deseaban conducirlo sano y salvo á su casa. Y ya estuviera Ulises aquí mucho tiempo

FORJABA SU RELATO REFIRIENDO Á PENÉLOPE MUCHAS
COSAS FALSAS QUE PARECÍAN VERDADERAS

ha, si no le hubiese parecido más útil irse por la vasta tierra para juntar riquezas; como que sobresale por sus astucias entre los mortales hombres y con él no puede rivalizar ninguno. Así me lo dijo Fidón, rey de los tesprotos, y juró en mi presencia, haciendo libaciones en su casa, que ya habían botado la nave al mar y estaban á punto los compañeros para conducirlo á su tierra. Pero antes envióme á mí, porque se ofreció casualmente un barco de varones tesprotos que iba á Duliquio, la abundosa en trigo. Y me mostró todos los bienes que Ulises había juntado, con los cuales pudiera mantenerse un hombre y sus descendientes hasta la décima generación: ¡tantos objetos preciosos tenía en el palacio de aquel rey! Añadió que Ulises estaba en Dodona para saber por la alta encina la voluntad de Júpiter acerca de si convendría que volviese manifiesta ó encubiertamente á su patria, de la cual tanto ha que se halla ausente. Salvo está, pues, y vendrá pronto, que no permanecerá mucho tiempo alejado de sus amigos y de su patria; y sobre este punto voy á prestar un juramento. *Sean testigos Júpiter, el más excelso y poderoso de los dioses, y el hogar del irreprochable Ulises á que he llegado, de que todo se cumplirá como lo digo: Ulises vendrá aquí este año, al terminar el corriente mes y comenzar el próximo.»*

Respondióle la discreta Penélope: «Ojalá se cumpliese cuanto dices, oh forastero, que bien pronto conocerías mi amistad, pues te haría tantos regalos que te considerara dichoso quien contigo se encontrase. Pero mi ánimo presiente lo que ha de ocurrir: ni Ulises volverá á esta casa, ni tú conseguirás que te lleven á la tuya; que no hay en el palacio quienes lo rijan, siendo cual era Ulises—si todo no fué un sueño—para acoger y conducir á los venerables huéspedes. Mas vosotras, criadas, lavad al huésped y aparejadle un lecho, con su cama, mantas y colchas espléndidas; para que, calentándose bien, aguarde la aparición de la Aurora de áureo trono. Mañana, muy temprano, bañadle y ungidle; y coma aquí dentro, en esta sala, al lado de Telémaco. Mal para aquél que con el ánimo furioso le molestare, pues será la última acción que aquí realice por muy irritado que se ponga. ¿Cómo sabrías, oh huésped, si aventajo á las demás mujeres en inteligencia y prudente consejo, si dejara que así, tan sucio y miserablemente vestido, comieras en el palacio? Son los hombres de vida corta: el cruel, el que procede inicuamente, consigue que todos los mortales le imprequen desventuras mientras vive y que todos lo insulten después que ha muerto; mas, el intachable, el que se porta con corrección, alcanza una fama grandísima que sus huéspedes difunden entre todos los hombres y son muchos los que le llaman bueno.»

Respondióle el ingenioso Ulises: «¡Oh veneranda mujer de Ulises Laertíada! Los mantos y las colchas espléndidas los tengo aborrecidos desde la hora en que dejé los nevados montes de Creta y partí en la nave de largos remos. Me acostaré como antes, cuando pasaba las noches sin pegar el ojo; pues en muchas de ellas descansé en ruin lecho, aguardando la aparición de la divinal Aurora, de hermoso trono. Tampoco le agradan á mi ánimo los baños de pies, ni tocará los míos ninguna mujer de las que te sirven en el palacio, si no hay alguna muy vieja y de honestos pensamientos, que en su alma haya sufrido tanto como yo; pues á ésa no la he de impedir que mis pies toque.»

Contestóle la discreta Penélope: «¡Huésped amado! Jamás aportó á mi casa otro varón de tan buen juicio entre los amigables huéspedes que vinieron de lejas tierras á mi morada; tal perspicuidad y cordura denotan tus palabras. Tengo una anciana de prudente espíritu, que fué la que alimentó y crió á aquel infeliz después de recibirlo en sus brazos cuando la madre lo parió: ésta te lavará los pies aunque sus fuerzas son ya menguadas. Ea, prudente Euriclea, levántate y lava á este varón coetáneo de tu señor; que en los pies y en la manos debe de estar Ulises de semejante modo, pues los mortales envejecen presto en la desgracia.»

Así habló. La vieja cubrióse el rostro con ambas manos, rompió en ardientes lágrimas y dijo estas lastimeras razones:

«¡Ay, hijo mío, que no puedo salvarte! Sin duda Júpiter te cobró más odio que á hombre alguno, á pesar de que tu ánimo era tan temeroso de las deidades. Ningún mortal quemó tantos pingües muslos en honor de Jove, que se huelga con el rayo, ni le sacrificó tantas y tan selectas hecatombes, como tú le has ofrecido rogándole que te diese placentera senectud y te dejara criar á tu hijo ilustre; y ahora te ha privado, á ti tan sólo, de ver lucir el día de la vuelta. Quizás se mofaron de mi señor las criadas de lejano huésped á cuyo magnífico palacio llegara, como se burlan de ti, oh forastero, estas perras cuyos denuestos y abundantes infamias quieres evitar no permitiendo que te laven; y por tal razón me manda que lo haga yo, no ciertamente contra mi deseo, la hija de Icario, la discreta Penélope. Y así, te lavaré los pies por consideración á la propia Penélope y á ti mismo; pues siento que en el interior me conmueven el ánimo tus desventuras. Mas, ea, oye lo que voy á decir: muchos huéspedes infortunados vinieron á esta casa, pero en ninguno he advertido una semejanza tan grande con Ulises en el cuerpo, en la voz y en los pies, como en ti la noto.»

Respondióle el ingenioso Ulises: «¡Oh anciana! Lo mismo dicen cuantos nos vieron con sus propios ojos: que somos muy semejantes, como tú lo has observado.»

Tales fueron sus palabras. La vieja tomó un reluciente caldero en el que acostumbraba lavar los pies, echóle gran cantidad de agua fría y derramó sobre ella otra caliente. Mientras tanto, sentóse Ulises cabe al hogar y se volvió hacia lo obscuro, pues súbitamente le entró en el alma el temor de que la anciana, al asirle el pie, reparase en cierta cicatriz y todo quedara descubierto. Euriclea se acercó á su señor, comenzó á lavarlo y pronto reconoció la cicatriz de la herida que le hiciera un jabalí con su blanco diente, con ocasión de haber ido aquél al Parnaso, á ver á Autólico y sus hijos. Era ése el padre ilustre de la madre de Ulises, y descollaba sobre los hombres en hurtar y jurar, presentes que le había hecho el propio Mercurio en cuyo honor quemaba agradables muslos de corderos y de cabritos; por esto el dios le asistía benévolo. Cuando anteriormente fué Autólico á la opulenta población de Ítaca, halló un niño recién nacido de su hija; y, después de cenar, Euriclea se lo puso en las rodillas, y le habló de semejante modo:

«¡Autólico! Busca tú ahora algún nombre para ponérselo al hijo de tu hija, que tanto deseaste.»

Y Autólico respondió diciendo: «¡Yerno, hija mía! Ponedle el nombre que os voy á decir. Como llegué aquí después de haberme airado contra muchos hombres y mujeres, yendo por la fértil tierra, sea Ulises el nombre por el que se le llame. Y cuando llegue á mozo y vaya al Parnaso, á la grande casa materna donde se hallan mis riquezas, le daré parte de las mismas y os lo enviaré contento.»

Por esto fué Ulises: para que aquél le entregara los espléndidos dones. Autólico y sus hijos recibiéronlo afectuosamente, con apretones de mano y dulces palabras; y Anfitea, su abuela materna, lo abrazó y le besó la cabeza y los lindos ojos. Autólico mandó seguidamente á sus gloriosos hijos que aparejasen la comida; y, habiendo ellos atendido la exhortación, trajeron un buey de cinco años. Al instante lo desollaron y prepararon, lo partieron todo, lo dividieron con suma habilidad en pedazos pequeños que espetaron en los asadores y asaron cuidadosamente, y acto continuo distribuyeron las raciones. Todo el día, hasta la puesta del sol, celebraron el festín; y nadie careció de su respectiva porción. Y tan pronto como el sol se puso y sobrevino la noche, acostáronse y el don del sueño recibieron.

Así que se descubrió la hija de la mañana, la Aurora de rosáceos dedos, los hijos de Autólico y el divinal Ulises se fueron á cazar llevándose los canes. Encamináronse al alto monte Parnaso, cubierto de bosque, y pronto llegaron á sus ventosos collados. Ya el sol hería con sus rayos los campos, saliendo de la plácida y profunda corriente del Océano, cuando los cazadores penetraron en un valle: iban al frente los perros, que rastreaban la caza; detrás, los hijos de Autólico, y con éstos, pero á poca distancia de los canes, el divinal Ulises, blandiendo ingente lanza. En aquel sitio estaba echado un enorme jabalí, en medio de una espesura tan densa que ni el húmedo soplo de los vientos pasaba á su través, ni la herían los rayos del resplandeciente sol, ni la lluvia la penetraba del todo, ¡así era de densa!, habiendo en la misma gran copia de hojas secas amontonadas. El ruido de los pasos de los hombres y de los canes, que se acercaban cazando, llegó hasta el jabalí; y éste dejó el soto, fué á encontrarles con las crines del cuello erizadas y los ojos echando fuego, y se detuvo muy cerca de los mismos. Ulises, que fué el primero en acometerle, levantó con su mano robusta la luenga lanza, deseando herirle; pero adelantósele el jabalí, le dió un golpe sobre la rodilla, y, como arremetiera oblicuamente, desgarró con su diente mucha carne sin llegar al hueso. Entonces Ulises le acertó en la espalda derecha, se la atravesó con la punta de la luciente lanza, y el animal quedó tendido en el polvo y perdió la vida. Los caros hijos de Autólico reuniéronse en torno del eximio Ulises, igual á un dios, para socorrerle: vendáronle hábilmente la herida, restañaron la negruzca sangre con un ensalmo, y volvieron todos á la casa paterna. Autólico y sus hijos, después de curarle bien, le hicieron espléndidos regalos; y pronto, con mutuo regocijo, lo enviaron á Ítaca. El padre y la veneranda madre de Ulises holgáronse de su vuelta y le preguntaron muchas cosas y qué le había ocurrido que llevaba aquella cicatriz; y él refirióles por menor cómo, habiendo ido al Parnaso á cazar con los hijos de Autólico, hirióle un jabalí con su albo diente.

Al tocar la vieja con la palma de la mano esta cicatriz, reconocióla y soltó el pie de Ulises: dió la pierna contra el caldero, resonó el bronce, inclinóse la vasija hacia atrás, y el agua se derramó en tierra. El gozo y el dolor invadieron simultáneamente el corazón de Euriclea, se le arrasaron los ojos de lágrimas y la voz sonora se le cortó. Mas luego tomó á Ulises de la barba y hablóle así:

«Tú eres ciertamente Ulises, hijo querido; y yo no te conocí, hasta que pude tocar todo mi señor con estas manos.»

Dijo; y volvió los ojos hacia Penélope, queriendo indicarle que tenía dentro de la casa á su marido. Mas ella no pudo notarlo ni advertirlo desde la parte opuesta, porque Minerva le distrajo el pensamiento. Ulises, tomando del pescuezo á la anciana con la mano derecha, con la otra la atrajo á sí y le dijo:

«¡Ama! ¿Por qué quieres perderme? Sí, tú me criaste á tus pechos, y ahora, después de pasar muchas fatigas, he llegado en el vigésimo año á la patria tierra. Mas, ya que lo entendiste y un dios lo sugirió á tu mente, calla y nadie lo sepa en el palacio. Lo que voy á decir llevárase á efecto. Si un dios hiciere sucumbir á mis manos los ilustres pretendientes, no te perdonaría á ti, á pesar de que fuiste mi ama, cuando matare á las demás esclavas en el palacio.»

Contestóle la prudente Euriclea: «¡Hijo mío! ¡Qué palabras se te escaparon del cerco de los dientes! Bien sabes que mi ánimo es firme é indomable, y guardaré el secreto como una sólida piedra ó como el hierro. Otra cosa quiero manifestarte que pondrás en tu corazón: Si un dios hace sucumbir á tus manos los ilustres pretendientes, te diré cuáles mujeres no te honran en el palacio y cuáles están sin culpa.»

Respondióle el ingenioso Ulises: «¡Ama! ¿Á qué nombrarlas? Ninguna necesidad tienes de hacerlo. Yo mismo las observaré para conocerlas una por una. Guarda silencio y confía en los dioses.»

Así dijo; y la vieja se fué por el palacio á buscar agua para lavarle los pies, porque la primera se había derramado toda. Después que lo hubo lavado y ungido con pingüe aceite, Ulises acercó nuevamente la silla al fuego, para calentarse, y cubrióse la cicatriz con los harapos. Entonces rompió el silencio la discreta Penélope, hablando de este modo:

«¡Huésped! Aún te haré algunas preguntas, muy pocas; que presto será hora de dormir plácidamente, para quien logre conciliar el dulce sueño aunque esté afligido. Á mí me ha dado algún dios un pesar inmenso, pues durante el día me complazco en llorar, gemir y ver mis labores y las de las siervas de la casa; pero, así que viene la noche y todos se acuestan, yago en mi lecho y fuertes y punzantes inquietudes me asedian el oprimido corazón y me excitan los sollozos. De la suerte que Aedón, la hija de Pandáreo, canta hermosamente en la verde espesura, al comenzar la primavera; y, posada en el tupido follaje de los árboles, deja oir su voz de variados sones que muda á cada momento, llorando á Ítilo, el vástago que tuvo del rey Zeto y mató con el bronce por imprudencia: de semejante manera está mi ánimo, vacilando entre dos partidos, pues no sé si seguir viviendo con mi hijo y guardar y mantener en pie todas las cosas—mis posesiones, mis esclavas y esta casa grande y de elevada techumbre—por respeto al tálamo conyugal y temor del dicho de la gente; ó irme ya con quien sea el mejor de los aqueos que me pretenden en el palacio y me haga muchísimas donaciones nupciales. Mi hijo, mientras fué insipiente muchacho, no quiso que me casara y me fuera de esta mansión de mi esposo; mas ahora, que ya es grande por haber llegado á la flor de la juventud, desea que desampare el palacio, viendo con indignación que sus bienes son devorados por los aquivos. Pero, ea, oye y declárame este sueño. Hay en la casa veinte gansos que comen trigo remojado en agua y yo me huelgo de contemplarlos; mas, he aquí que bajó del monte un águila grande, de corvo pico, y, rompiéndoles el cuello, los mató á todos; quedaron éstos tendidos en montón y subióse aquélla al divino éter. Yo, aunque entre sueños, lloré y di gritos; y las aquivas, de hermosas trenzas, fueron juntándose á mi alrededor, mientras me lamentaba tanto de que el águila hubiese matado mis gansos, que movía á compasión. Entonces el águila tornó á venir, se posó en el borde de la techumbre, y me calmó diciendo con voz humana:

«¡Cobra ánimo, hija del celebérrimo Icario!, pues no es sueño, sino visión veraz que ha de cumplirse. Los gansos son los pretendientes; y yo, que era el águila, soy tu esposo que he llegado y daré á todos los pretendientes ignominiosa muerte.»

»Así dijo. Ausentóse de mí el dulce sueño, y mirando en derredor, vi los gansos en el palacio, junto al pesebre, que comían trigo como antes.»

Respondióle el ingenioso Ulises: «¡Oh mujer! No es posible declarar el sueño de otra manera, ya que el propio Ulises te manifestó cómo lo llevará al cabo: aparece clara la perdición de todos los pretendientes y ninguno escapará de la muerte y el hado.»

Contestóle la discreta Penélope: «¡Huésped! Hay sueños inescrutables y de lenguaje obscuro, y no se cumple todo lo que anuncian á los hombres. Existen dos puertas para los leves sueños: una, construída de cuerno; y otra, de marfil. Los que vienen por el bruñido marfil nos engañan, trayéndonos palabras sin efecto; y los que salen por el pulimentado cuerno anuncian, al mortal que los ve, cosas que realmente han de cumplirse. Mas, no me figuro que mi terrible sueño haya salido por el último, que nos fuera muy grato á mí y á mi hijo. Otra cosa voy á decirte que pondrás en tu corazón. No tardará en lucir la infausta aurora que ha de alejarme de la casa de Ulises, pues ya quiero ofrecer á los pretendientes un certamen: las segures, que aquél fijaba en línea recta y en número de doce, dentro de su palacio, cual si fuesen los puntales de un navío en construcción, y desde muy lejos hacía pasar una flecha por los anillos. Ahora, pues, los invitaré á esta lucha y aquel que más fácilmente maneje el arco, lo arme y haga pasar una flecha por el ojo de las segures, será con quien yo me vaya, dejando esta casa á la que vine doncella, que es tan hermosa, que está tan abastecida, y de la cual me figuro que habré de acordarme aun entre sueños.»

Respondióle el ingenioso Ulises: «¡Oh veneranda mujer de Ulises Laertíada! No difieras por más tiempo ese certamen que ha de efectuarse en el palacio; pues el ingenioso Ulises vendrá antes que ellos, manejando el pulido arco, logren tirar de la cuerda y consigan que pase la flecha á través del hierro.»

Díjole entonces la discreta Penélope: «¡Huésped! Si quisieras deleitarme con tus dichos, sentado junto á mí, en esta sala, no caería ciertamente el sueño en mis ojos; mas no es posible que los hombres estén sin dormir porque los númenes han ordenado que los mortales de la fértil tierra empleen una parte del tiempo en cada cosa. Voyme á la estancia superior y me acostaré en mi lecho tan luctuoso, que siempre está regado de lágrimas desde que Ulises partió para ver aquella Ilión perniciosa y nefanda. Allí descansaré. Acuéstate tú en el interior del palacio, tendiendo algo por el suelo ó en la cama que te hicieren.»

Diciendo así, subió á la espléndida habitación superior sin que fuese sola, pues la acompañaban las esclavas. Y, en llegando con ellas á lo alto de la casa, se puso á llorar por Ulises, su caro marido, hasta que Minerva, la de los brillantes ojos, le difundió en los párpados el dulce sueño.

1. ↥ Ὀδυσσάμενος (odyssámenos), participio de aoristo del verbo ὀδύσσομαι que significa airarse.

2. ↥ Ὀδυσεύς (Odyseus). Nombre del principal personaje de la Odisea, transformado por los latinos en Ulysses y Ulyxes.

Las hijas de Pandáreo son arrebatadas por las Harpías

CANTO XX

LO QUE PRECEDIÓ Á LA MATANZA DE LOS PRETENDIENTES

Acostóse á su vez el divinal Ulises en el vestíbulo de la casa: tendió la piel cruda de un buey, echó encima otras muchas pieles de ovejas sacrificadas por los aqueos y, tan pronto como yació, cobijóle Eurínome con un manto. Mientras Ulises estaba echado y en vela y discurría males contra los pretendientes, salieron del palacio, riendo y bromeando unas con otras, las mujeres que con ellos solían juntarse. El héroe sintió conmovérsele el ánimo en el pecho, y revolvió muchas cosas en su mente y en su espíritu, pues se hallaba indeciso entre echarse sobre las criadas y matarlas ó dejar que por la última y postrera vez se uniesen con los orgullosos pretendientes; y en tanto el corazón desde dentro le ladraba. Como la perra que anda alrededor de sus tiernos cachorrillos, ladra y desea acometer cuando ve á un hombre á quien no conoce; así, al presenciar con indignación aquellas malas acciones, ladraba interiormente el corazón de Ulises. Y éste, dándose de golpes en el pecho, reprendiólo con semejantes palabras:

«¡Sufre, corazón, que algo más vergonzoso hubiste de soportar aquel día en que el Ciclope, de fuerza indómita, me devoraba los esforzados compañeros; y tú lo toleraste, hasta que mi astucia nos sacó del antro donde creíamos perecer!»

Tal dijo, increpando en su pecho al corazón que en todo instante se mostraba sufrido y obediente; mas Ulises revolvíase ya á un lado ya al opuesto. Del modo que, cuando un hombre asa á un grande y encendido fuego un vientre repleto de gordura y de sangre, le da vueltas acá y allá con el propósito de acabar pronto; así se revolvía Ulises á una y á otra parte, mientras pensaba de qué manera conseguiría poner las manos en los desvergonzados pretendientes, hallándose solo contra tantos. Pero acercósele Minerva, que había descendido del cielo; y, transfigurándose en una mujer, se detuvo sobre su cabeza y le habló diciendo:

«¿Por qué velas todavía, oh desdichado sobre todos los varones? Ésta es tu casa y tienes dentro á tu mujer y á tu hijo, que es tal como todos desearan que fuese el suyo.»

Respondióle el ingenioso Ulises: «Sí, muy oportuno es, oh diosa, cuanto acabas de decir; pero mi ánimo me hace pensar cómo lograré poner las manos en los desvergonzados pretendientes, hallándome solo, mientras que ellos están siempre reunidos en el palacio. Considero también otra cosa aún más importante: Si logro matarlos, por la voluntad de Júpiter y la tuya, ¿adónde me podré refugiar? Yo te invito á que lo pienses.»

Díjole entonces Minerva, la deidad de los brillantes ojos: «¡Desdichado! Se tiene confianza en un compañero peor, que es mortal y no sabe dar tantos consejos; y yo soy una diosa que te guarda en todos tus trabajos. Te hablaré muy claramente. Aunque nos rodearan cincuenta compañías de hombres de voz articulada, ansiosos de acabar con nosotros peleando, te fuera posible llevarte sus bueyes y sus pingües ovejas. Pero ríndete al sueño, que es gran molestia pasar la noche sin dormir y vigilando; y ya en breve saldrás de estos males.»

Así le habló; y, apenas hubo infundido el sueño en los párpados de Ulises, la divina entre las diosas volvió al Olimpo.

Cuando al héroe le vencía el sueño, que deja el ánimo libre de inquietudes y relaja los miembros, despertaba su honesta esposa, la cual rompió en llanto, sentándose en la mullida cama. Y así que su ánimo se cansó de sollozar, la divina entre las mujeres elevó á Diana la siguiente súplica:

«¡Oh Diana, venerable diosa hija de Júpiter! ¡Ojalá que, tirándome una saeta al pecho, ahora mismo me quitaras la vida; ó que una tempestad me arrebatara, conduciéndome hacia las sombrías sendas, y me dejara caer en los confines del refluente Océano, ¡de igual modo que las borrascas se llevaron las hijas de Pandáreo! Cuando, por haberles los númenes muerto los padres, se quedaran huérfanas en el palacio, la diosa Venus las crió con queso, dulce miel y suave vino; dotólas Juno de hermosura y prudencia sobre todas las mujeres; dióles la casta Diana buena estatura, y adestrólas Minerva en labores eximias. Pero, mientras la diosa Venus se encaminaba al vasto Olimpo á pedirle á Júpiter, que se huelga con el rayo, florecientes nupcias para las doncellas—pues aquel dios lo sabe todo y conoce el destino favorable ó adverso de los mortales—arrebatáronlas las Harpías y se las dieron á las odiosas Furias como esclavas. Háganme desaparecer de igual suerte los que viven en olímpicos palacios ó máteme Diana, la de lindas trenzas, para que yo penetre en la odiosa tierra, teniendo ante mis ojos á Ulises, y no haya de alegrar la mente de ningún hombre inferior. Cualquier mal es soportable, aunque pasemos el día llorando y con el corazón muy triste, si por la noche viene el sueño, que nos trae el olvido de las cosas buenas y malas al cerrarnos los ojos. Pero á mí me envía algún dios perniciosos ensueños. Esta misma noche acostóse á mi lado un fantasma muy semejante á él, tal como era Ulises cuando partió con el ejército; y mi corazón se alegraba, figurándose que no era sueño sino veras.»

Así dijo; y al punto se descubrió la Aurora, de áureo trono. Ulises oyó las voces que Penélope daba en su llanto, meditó luego y le pareció como si la tuviese junto á su cabeza por haberle reconocido. Á la hora recogió el manto y las pieles en que estaba echado y lo puso todo en una silla del palacio, sacó afuera la piel de buey y, alzando las manos, dirigió á Júpiter esta súplica:

«¡Padre Júpiter! Si vosotros los dioses me habéis traído de buen grado, por tierra y por mar, á mi patrio suelo, después de enviarme multitud de infortunios; haz que diga algún presagio cualquiera de los que en el interior despiertan y muéstrese en el exterior otro prodigio tuyo.»

Tal fué su plegaria. Oyóla el próvido Júpiter y en el acto mandó un trueno desde el resplandeciente Olimpo, desde lo alto de las nubes, que le causó á Ulises profunda alegría. El presagio dióselo en la casa una mujer que molía el grano cerca de él, donde estaban las muelas del pastor de hombres. Doce eran las que allí trabajaban solícitamente, fabricando harinas de cebada y de trigo, que son el alimento de los hombres; pero todas descansaban ya, por haber molido su parte correspondiente de trigo, á excepción de una que aún no había terminado porque era muy flaca. Ésta, pues, paró la muela y dijo las siguientes palabras, que fueron una señal para su amo:

«¡Padre Júpiter, que imperas sobre los dioses y sobre los hombres! Has enviado un fuerte trueno desde el cielo estrellado y no hay nube alguna; indudablemente es una señal que haces á alguien. Cúmpleme ahora también á mí, á esta mísera, lo que te voy á pedir: Tomen hoy los pretendientes por la última y postrera vez la agradable comida en el palacio de Ulises; y, ya que hicieron desfallecer mis rodillas con el penoso trabajo de fabricarles harina, sea también ésta la última vez que cenen.»

Así se expresó; y holgóse el divinal Ulises con el presagio y el trueno enviado por Júpiter, pues creyó que podría castigar á los culpables.

Las demás esclavas, juntándose en la bella mansión de Ulises, encendían en el hogar el fuego infatigable. Telémaco, varón igual á un dios, se levantó de la cama, vistióse, colgó del hombro la aguda espada, ató á sus nítidos pies hermosas sandalias y asió la fuerte lanza de broncínea punta. Salió luego y, parándose en el umbral, dijo á Euriclea:

«¡Ama querida! ¿Honrasteis al huésped dentro de la casa, dándole lecho y cena, ó yace por ahí sin que nadie le cuide? Pues mi madre es tal, aunque la discreción no le falta, que suele honrar inconsideradamente al peor de los hombres de voz articulada y despedir sin honra alguna al que más vale.»

Respondióle la prudente Euriclea: «No la acuses ahora, hijo mío, que no es culpable. El huésped estuvo sentado y bebiendo vino hasta que le plugo; y en cuanto á comer, manifestó que ya no tenía más gana, y fué ella misma quien le hizo la pregunta. Tan luego como decidió acostarse para dormir, ordenó tu madre á las esclavas que le aparejasen la cama; pero, como es tan mísero y desventurado, no quiso descansar en un lecho ni entre colchas y se tendió en el vestíbulo sobre una piel cruda de buey y otras de ovejas. Y nosotras le cubrimos con un manto.»

Así le dijo: Telémaco salió del palacio con su lanza en la mano y dos perros de ágiles pies que le seguían; y fuése al ágora, á juntarse con los aqueos de hermosas grebas. Entonces la divina entre las mujeres, Euriclea, hija de Ops Pisenórida, comenzó á mandar de este modo á las esclavas:

«Ea, algunas de vosotras barran el palacio diligentemente, riéguenlo y pongan tapetes purpúreos en las labradas sillas; pasen otras la esponja por las mesas y limpien las crateras y las copas dobles, artísticamente fabricadas; y vayan las demás por agua á la fuente y tráiganla presto. Pues los pretendientes no han de tardar en venir al palacio; antes acudirán muy de mañana, que hoy es día de fiesta para todos.»

Así les habló; y ellas la escucharon y obedecieron. Veinte esclavas se encaminaron á la fuente de aguas profundas y las otras se pusieron á trabajar hábilmente dentro de la casa.

Presentáronse poco después los servidores de los aqueos y cortaron leña con gran pericia; volvieron de la fuente las esclavas; é inmediatamente llegó el porquerizo con tres cerdos, los mejores de cuantos tenía á su cuidado. Eumeo dejó que pacieran en el hermoso cercado y hablóle á Ulises con dulces palabras:

«¡Huésped! ¿Te ven los aqueos con mejores ojos, ó siguen ultrajándote en el palacio como anteriormente?»

Respondióle el ingenioso Ulises: «Ojalá castigue un dios, oh Eumeo, los ultrajes que con tal descaro infieren, maquinando inicuas acciones en la casa de otro, sin tener ni sombra de vergüenza.»

De tal suerte conversaban. Acercóseles el cabrero Melantio, que traía las mejores cabras de sus rebaños para la comida de los pretendientes y le acompañaban dos pastores. Y, atando á aquéllas debajo del sonoro pórtico, le dijo á Ulises estas mordaces palabras:

«¡Forastero! ¿Nos importunarás todavía en esta casa, con pedir limosna á los varones? ¿Por ventura no saldrás de aquí? Ya me figuro que no nos separaremos hasta haber probado la fuerza de nuestros brazos; porque tú no mendigas como se debe, que hay otros convites de los aqueos.»

Así se expresó. El ingenioso Ulises no le dió respuesta; pero meneó la cabeza silenciosamente, agitando en lo íntimo de su alma siniestros propósitos.

Fué el tercero en llegar, Filetio, mayoral de los pastores, que traía una vaca no paridera y pingües cabras. Los barqueros, que conducen á cuantos hombres se les presentan, los habían transportado. Y, atando aquél las reses debajo del sonoro pórtico, paróse cabe al porquerizo y le interrogó de esta manera:

«¡Porquerizo! ¿Quién es ese forastero recién llegado á nuestra casa? ¿Á qué hombres se gloría de pertenecer? ¿Dónde se hallan su familia y su patria tierra? ¡Infeliz! Parece, por su cuerpo, un rey soberano; mas los dioses anegan en males á los hombres que han vagado mucho, cuando hasta á los reyes les destinan infortunios.»

Dijo; y, parándose junto á Ulises, le saludó con la diestra y le habló con estas aladas palabras:

«¡Salve, padre huésped! Sé dichoso en lo sucesivo, ya que ahora te abruman tantos males. ¡Oh, padre Júpiter!: no hay dios más funesto que tú; pues, sin compadecerte de los hombres, á pesar de haberlos criado, los entregas al infortunio y á los tristes dolores. Desde que te vi, empecé á sudar y se me arrasaron los ojos de lágrimas, acordándome de Ulises; porque me figuro que aquél vaga entre los hombres, cubierto con unos harapos semejantes, si aún vive y goza de la lumbre del sol. Y si ha muerto y está en la morada de Plutón, ¡ay de mí! á quien, desde niño, puso el eximio Ulises al frente de sus vacadas en el país de los cefalenos. Hoy las vacas son innumerables y á ningún hombre podría crecerle más el ganado vacuno de ancha frente; pero unos extraños me ordenan que les traiga vacas para comérselas, y no se cuidan del hijo de la casa, ni temen la venganza de las deidades, pues ya desean repartirse las posesiones del rey cuya ausencia se hace tan larga. Muy á menudo mi ánimo revuelve en el pecho estas ideas: malo es que en vida del hijo me vaya á otro pueblo, emigrando con las vacas hacia los hombres de un país extraño; pero me resulta más duro quedarme, guardando las vacas para otros y sufriendo pesares. Y mucho ha que me hubiese ido á refugiarme cerca de alguno de los prepotentes reyes, porque lo de acá ya no es tolerable; pero aguardo aún á aquel infeliz, por si, viniendo de algún sitio, dispersa á los pretendientes que están en el palacio.»

Respondióle el ingenioso Ulises: «¡Boyero! Como no me pareces ni vil ni insensato, y conozco que la prudencia rige tu espíritu, voy á decirte una cosa que afirmaré con solemne juramento: *Sean testigos primeramente Júpiter entre los dioses y luego la mesa hospitalaria y el hogar del irreprochable Ulises á que he llegado, de que Ulises vendrá á su casa, estando tú en ella; y podrás ver con tus ojos, si quieres, la matanza de los pretendientes que hoy señorean en el palacio.»*

Díjole entonces el boyero: «¡Oh huésped! Ojalá el Saturnio

llevara á cumplimiento cuanto dices; que no tardarías á conocer cuál es mi fuerza y de qué brazos dispongo.»

Eumeo suplicó asimismo á todos los dioses que el prudente Ulises volviera á su casa.

Así éstos decían. Los pretendientes maquinaban contra Telémaco la muerte y el destino, cuando de súbito apareció un ave á su izquierda, un águila altanera, con una tímida paloma entre las garras. Y Anfínomo les arengó diciendo:

«¡Amigos! Este propósito—la muerte de Telémaco—no tendrá buen éxito para nosotros; mas, ea, pensemos ya en la comida.»

De tal suerte se expresó Anfínomo, y á todos les plugo lo que dijo. Volviendo, pues, al palacio del divinal Ulises, dejaron sus mantos en sillas y sillones; sacrificaron ovejas muy crecidas, pingües cabras, puercos gordos y una gregal vaca; asaron y distribuyeron las entrañas; mezclaron el vino en las crateras; y el porquerizo les sirvió las copas.

Filetio, mayoral de los pastores, repartióles el pan en hermosos canastillos; y Melantio les escanciaba el vino. Y todos echaron mano á las viandas que tenían delante.

Telémaco, con astuta intención, hizo sentar á Ulises dentro de la sólida casa, junto al umbral de piedra, donde le había colocado una pobre silla y una mesa pequeña; sirvióle parte de las entrañas, escancióle vino en una copa de oro y le habló de esta manera:

«Siéntate aquí, entre estos varones, y bebe vino. Yo te libraré de las injurias y de las manos de todos los pretendientes; pues esta casa no es pública, sino de Ulises que la adquirió para mí. Y vosotros, oh pretendientes, reprimid el ánimo y absteneos de las amenazas y de los golpes, para que no se suscite disputa ni altercado alguno.»

Tales fueron sus palabras y todos se mordieron los labios, admirándose de que Telémaco les hablase con tanta audacia. Entonces Antínoo, hijo de Eupites, dijo de esta suerte:

«¡Aqueos! Cumplamos, aunque es dura, la orden de Telémaco, que con tono tan amenazador acaba de hablarnos. No lo ha querido Jove Saturnio; pues, de otra suerte, ya le habríamos hecho callar en el palacio, aunque sea arengador sonoro.»

Así habló Antínoo; pero Telémaco no hizo caso de sus palabras. En esto, ya los heraldos conducían por la ciudad la sacra hecatombe de las deidades; y los aqueos, de larga cabellera, se juntaban en el umbrío bosque consagrado al flechador Apolo.

Tan pronto como los pretendientes hubieron asado los cuartos delanteros, retiráronlos de la lumbre, dividiéronlos en partes, y celebraron un gran banquete. Á Ulises sirviéronle los que en esto se ocupaban, una parte tan cumplida como la que á ellos mismos les cupo en suerte; pues así lo ordenó Telémaco, el hijo amado del divinal Ulises.

Tampoco dejó entonces Minerva que los ilustres pretendientes se abstuvieran por completo de la dolorosa injuria, á fin de que el pesar atormentara aún más el corazón de Ulises Laertíada. Hallábase entre los mismos un hombre de ánimo perverso llamado Ctesipo, que tenía su morada en Same, y, confiando en sus posesiones inmensas, solicitaba á la esposa de Ulises ausente á la sazón desde largo tiempo. Éste tal dijo á los ensoberbecidos pretendientes:

«Oíd, ilustres pretendientes, lo que os voy á decir. Rato ha que el forastero tiene su parte igual á la nuestra, como es debido; que no fuera decoroso ni justo privar del festín á los huéspedes de Telémaco, sean cuales fueren los que vengan á este palacio. Mas, ea, también yo voy á ofrecerle el don de la hospitalidad, para que á su vez haga un presente al bañero ó á algún otro de los esclavos que viven en la casa del divinal Ulises.»

Habiendo hablado así, tiróle con fuerte mano una pata de buey, que tomó de un canastillo; Ulises evitó el golpe, inclinando ligeramente la cabeza, y en seguida se sonrió con risa sardonia; y la pata fué á dar en el bien construído muro. Acto continuo increpó Telémaco á Ctesipo con estas palabras:

«¡Ctesipo! Mucho mejor ha sido para ti no acertar al forastero, porque éste haya evitado el golpe; que yo te traspasara con mi aguda lanza y tu padre te hiciera acá los funerales en vez de celebrar tu casamiento. Por tanto nadie se porte insolentemente dentro de la casa, que ya conozco y entiendo muchas cosas, buenas y malas, aunque antes fuese un niño. Y si toleramos lo que vemos—que sean degolladas las ovejas, y se beba el vino, y se consuma el pan—es por la dificultad de que uno solo refrene á muchos. Mas, ea, no me causéis más daño, siéndome malévolos; y si deseáis matarme con el bronce, yo quisiera que lo llevaseis á cumplimiento, pues más valdría morir que ver de continuo esas inicuas acciones: maltratados los huéspedes y forzadas indignamente las siervas en las hermosas estancias.»

Así habló. Todos enmudecieron y quedaron silenciosos. Mas al fin les dijo Agelao Damastórida:

«¡Amigos! Nadie se irrite, oponiendo contrarias razones al dicho justo de Telémaco; y no maltratéis al huésped, ni á ningún esclavo de los que moran en la casa del divinal Ulises. Á Telémaco y á su madre les diría unas suaves palabras, si fuere grato al corazón de entrambos.

Mientras en vuestro pecho esperaba el ánimo que el prudente Ulises volviese, no podíamos indignarnos por la demora, ni porque se entretuviera en la casa á los pretendientes; y aun hubiese sido lo mejor, si Ulises viniera y tornara á su palacio. Pero ahora ya es evidente que no volverá. Ea, pues, siéntate al lado de tu madre y dile que tome por esposo al varón más eximio y que más donaciones le haga; para que tú sigas en posesión de los bienes de tu padre, comiendo y bebiendo en los mismos, y ella cuide la casa de otro.»

Respondióle el prudente Telémaco: «No, ¡por Júpiter y por los trabajos de mi padre que ha fallecido ó va errante lejos de Ítaca!, no difiero, oh Agelao, las nupcias de mi madre; antes la exhorto á casarse con aquél que, siéndole grato, le haga muchísimos presentes; pero me daría vergüenza arrojarla del palacio contra su voluntad y con duras palabras. ¡No permitan los dioses que así suceda!»

Tales fueron las palabras de Telémaco. Palas Minerva movió á los pretendientes á una risa inextinguible y les perturbó la razón. Reían con risa forzada, devoraban sanguinolentas carnes, se les llenaron de lágrimas los ojos y su ánimo presagiaba el llanto. Entonces Teoclímeno, semejante á un dios, les dijo de esta suerte:

«¡Ah míseros! ¿Qué mal es ése que padecéis? Noche obscura os envuelve la cabeza, y el rostro, y abajo las rodillas; crecen los gemidos; báñanse en lágrimas las mejillas; y así los muros como los hermosos intercolumnios aparecen rociados de sangre. Llenan el vestíbulo y el patio las sombras de los que descienden al tenebroso Érebo; el sol desapareció del cielo y una horrible obscuridad se extiende por doquier.»

En tales términos les habló; y todos rieron dulcemente. Entonces Eurímaco, hijo de Pólibo, comenzó á decirles:

«Está loco ese huésped venido de país extraño. Ea, jóvenes, llevadle ahora mismo á la puerta y váyase al ágora, ya que aquí le parece que es de noche.»

Contestóle Teoclímeno, semejante á un dios: «¡Eurímaco! No pido que me acompañen. Tengo ojos, orejas y pies, y en mi pecho la razón que está sin menoscabo: con su auxilio me iré afuera, porque comprendo que viene sobre vosotros la desgracia, de la cual no podréis huir ni libraros ninguno de los pretendientes que en el palacio del divinal Ulises insultáis á los hombres, maquinando inicuas acciones.»

Cuando esto hubo dicho, salió del cómodo palacio y se fué á la casa de Pireo, que lo acogió benévolo. Los pretendientes se miraban los unos á los otros y zaherían á Telémaco, burlándose de sus huéspedes. Y entre los jóvenes soberbios hubo quien habló de esta manera:

«¡Telémaco! Nadie tiene en los huéspedes más desgracia que tú. Uno es tal como ese mendigo vagabundo, necesitado de que le den pan y vino, inhábil para todo, sin fuerzas, carga inútil de la tierra; y el otro se ha levantado á pronunciar vaticinios. Si quieres creerme—y sería lo mejor,—echemos á los huéspedes en una nave de muchos bancos y mandémoslos á Sicilia; y allí te los comprarán por razonable precio.»

Así decían, pero Telémaco no hizo ningún caso de estas palabras; sino que miraba silenciosamente á su padre, aguardando el momento en que había de poner las manos en los desvergonzados pretendientes.

La discreta Penélope, hija de Icario, mandó colocar su magnífico sillón en frente de los hombres, y oía cuanto se hablaba en la sala. Y los pretendientes reían y se preparaban el almuerzo que fué dulce y agradable, pues sacrificaron multitud de reses; pero ninguna cena tan triste como la que pronto iban á darles la diosa y el esforzado varón, porque habían sido los primeros en maquinar acciones inicuas.

Penélope, por inspiración de Minerva, les saca á los pretendientes el arco y las segures de
Ulises y promete casarse con el que venza en el certamen

CANTO XXI

LA PROPUESTA DEL ARCO

Minerva, la deidad de los brillantes ojos, inspiróle en el corazón á la discreta Penélope, hija de Icario, que en la propia casa de Ulises les sacara á los pretendientes el arco y el blanquizco hierro; á fin de celebrar el certamen que había de ser el preludio de su matanza. Subió Penélope la alta escalera de la casa; tomó en su hermosa y robusta mano una magnífica llave bien curvada, de bronce, con el cabo de marfil; y se fué con las siervas al aposento más interior donde guardaba los objetos preciosos del rey—bronce, oro y labrado hierro—y también el flexible arco y la aljaba para las flechas, que contenía muchas y dolorosas saetas; dones ambos que á Ulises le hiciera su huésped Ífito Eurítida, semejante á los inmortales, cuando se juntó con él en Lacedemonia. Encontráronse en Mesena, en casa del belicoso Orsíloco. Ulises iba á cobrar una deuda de todo el pueblo, pues los mesenios se habían llevado de Ítaca, en naves de muchos bancos, trescientas ovejas con sus pastores: por esta causa Ulises, que aún era joven, emprendió como embajador aquel largo viaje, enviado por su padre y otros ancianos. Á su vez, Ífito iba en busca de doce yeguas de vientre con sus potros, pacientes en el trabajo, que antes le quitaran y que luego habían de ser la causa de su muerte y miserable destino; pues, habiéndose llegado á Hércules, hijo de Júpiter, varón de ánimo esforzado que sabía realizar grandes hazañas, ése le mató en su misma casa, sin embargo de tenerlo como huésped. ¡Inicuo! No temió la venganza de los dioses, ni respetó la mesa que le puso él en persona: matóle y retuvo en su palacio las yeguas de fuertes cascos. Cuando Ífito iba, pues, en busca de las mentadas yeguas, se encontró con Ulises y le dió el arco que antiguamente llevara el gran Eurito y que éste legó á su vástago al morir en su excelsa casa; y Ulises, por su parte, regaló á Ífito afilada espada y fornida lanza; presentes que hubieran originado entre ambos cordial amistad, mas los héroes no llegaron á verse el uno en la mesa del otro, porque el hijo de Júpiter mató antes á Ífito Eurítida, semejante á los inmortales. Y el divinal Ulises llevaba en su patria el arco que le había dado Ífito, pero no lo quiso tomar al partir para la guerra en las negras naves; y lo dejó en el palacio como recuerdo de su caro huésped.

Al instante que la divina entre las mujeres llegó al aposento y puso el pie en el umbral de encina que en otra época puliera el artífice con gran habilidad y enderezara por medio de un nivel, alzando los dos postes en que había de encajar la espléndida puerta; desató la correa del anillo, introdujo la llave é hizo correr los cerrojos de la puerta, empujándola hacia dentro. Rechinaron las hojas como muge un toro que pace en la pradera—¡tanto ruido produjo la hermosa puerta al empuje de la llave!—y abriéronse inmediatamente. Penélope subió al excelso tablado donde estaban las arcas de los perfumados vestidos; y, tendiendo el brazo, descolgó de un clavo el arco con la funda espléndida que lo envolvía. Sentóse allí mismo, teniéndolo en sus rodillas, lloró ruidosamente y sacó de la funda el arco del rey. Y cuando ya estuvo harta de llorar y de gemir, fuése hacia la habitación donde se hallaban los ilustres pretendientes; y llevó en su mano el flexible arco y la aljaba para las flechas, la cual contenía abundantes y dolorosas saetas. Juntamente con Penélope, llevaban las siervas una caja con mucho hierro y bronce que servía para los juegos del rey. Cuando la divina entre las mujeres hubo llegado adonde estaban los pretendientes, paróse ante la columna que sostenía el techo sólidamente construído, con las mejillas cubiertas por espléndido velo y una honrada doncella á cada lado. Y á la hora dirigió la palabra á los pretendientes, hablándoles de esta guisa:

«Oídme, mis ilustres pretendientes, los que habéis caído sobre esta casa para comer y beber de continuo durante la prolongada ausencia de mi esposo, sin poder hallar otra excusa que la intención de casaros conmigo y tenerme por mujer. Ea, pretendientes míos, os espera este certamen: pondré aquí el gran arco del divinal Ulises, y aquel que más fácilmente lo maneje, lo tienda y haga pasar una flecha por el ojo de las doce segures, será con quien yo me vaya, dejando esta casa á la que vine doncella, que es tan hermosa, que está tan abastecida, y de la cual me figuro que habré de acordarme aun entre sueños.»

Tales fueron sus palabras; y mandó en seguida á Eumeo, el divinal porquerizo, que ofreciera á los pretendientes el arco y el blanquizco hierro. Eumeo lo recibió llorando y lo puso en tierra; y desde la parte contraria el boyero, al ver el arco de su señor, lloró también. Y Antínoo les increpó, diciéndoles de esta suerte:

«¡Rústicos necios, que no pensáis más que en lo del día! ¡Ah míseros! ¿Por qué, vertiendo lágrimas, conmovéis el ánimo de esta mujer, cuando ya lo tiene sumido en el dolor desde que perdió á su consorte? Comed ahí, en silencio, ó idos afuera á llorar; dejando ese pulido arco que ha de ser causa de un certamen fatigoso para los pretendientes, pues creo que nos será difícil armarlo. Que no hay entre todos los que aquí nos encontramos un hombre como fué Ulises. Le vi y de él guardo memoria, aunque en aquel tiempo era yo un niño.»

Así les habló, pero allá dentro en su ánimo tenía esperanzas de armar el arco y hacer pasar la flecha á través del hierro; aunque debía gustar antes que nadie la saeta despedida por mano de Ulises, á quien estaba ultrajando en su palacio y aun incitaba á sus compañeros á que también lo hiciesen. Mas el esforzado y divinal Telémaco les dirigió la palabra y les dijo:

«¡Oh dioses! En verdad que Júpiter Saturnio me ha vuelto el juicio. Díceme mi madre querida, siendo tan discreta, que se irá con otro y saldrá de esta casa; y yo me río y me deleito con ánimo insensato. Ea, pretendientes, ya que os espera este certamen por una mujer que no tiene par en el país aqueo, ni en la sacra Pilos, ni en Argos, ni en Micenas, ni en la misma Ítaca, ni en el obscuro continente, como vosotros mismos lo sabéis. ¿Qué necesidad tengo

SENTÓSE PENÉLOPE Y LLORÓ RUIDOSAMENTE TENIENDO EN SUS RODILLAS EL ARCO DEL REY

(Canto XXI, versos y .)

de alabar á mi madre? Ea, pues, no difiráis la lucha con pretextos y no tardéis en hacer la prueba de armar el arco, para que os veamos. También yo lo intentaré; y si logro armarlo y hacer pasar la flecha á través del hierro, mi veneranda madre no me dará el disgusto de irse con otro y abandonar el palacio; pues me dejaría en él, cuando ya pudiera alcanzar la victoria en los hermosos juegos de mi padre.»

Dijo; y, poniéndose en pie, se quitó el purpúreo manto y descolgó de su hombro la aguda espada. Acto continuo comenzó por hincar las segures, abriendo para todas un gran surco, alineándolas á cordel, y poniendo tierra á entrambos lados. Todos se quedaron sorprendidos al notar con qué buen orden las colocaba, sin haber visto nunca aquel juego. De seguida fuése al umbral y probó á tender el arco. Tres veces lo movió, con el deseo de armarlo, y tres veces hubo de desistir de su propósito; aunque sin perder la esperanza de tirar de la cuerda y hacer pasar la flecha á través del hierro. Y lo hubiese armado, tirando con gran fuerza por la cuarta vez; pero Ulises se lo prohibió con una seña y le contuvo en su deseo. Entonces habló de esta manera el esforzado y divinal Telémaco:

«¡Oh dioses! Ó tengo que ser en adelante ruin y menguado, ó soy aún demasiado joven y no puedo confiar en mis brazos para rechazar á quien me ultraje. Mas, ea, probad el arco vosotros, que me superáis en fuerzas, y acabemos el certamen.»

Diciendo así, puso el arco en el suelo, arrimándolo á las tablas de la puerta que estaban sólidamente unidas y bien pulimentadas; dejó la veloz saeta apoyada en el hermoso anillo; y volvióse al asiento que antes ocupaba. Y Antínoo hijo de Eupites, les habló de esta manera:

«Levantaos consecutivamente, compañeros, empezando por la derecha del lugar donde se escancia el vino.»

De tal modo se expresó Antínoo y á todos les plugo cuanto dijo. Levantóse el primero Liodes, hijo de Énope, el cual era el arúspice de los pretendientes y acostumbraba sentarse en lo más hondo, al lado de la magnífica cratera, siendo el único que aborrecía las iniquidades y que se indignaba contra los demás pretendientes. Tal fué quien primero tomó el arco y la veloz flecha. En seguida se encaminó al umbral y probó el arco; mas no pudo tenderlo, que antes se le fatigaron, con tanto tirar, sus manos blandas y no encallecidas. Y al momento hablóles así á los demás pretendientes:

«¡Amigos! Yo no puedo armarlo; tómelo otro. Este arco privará del ánimo y de la vida á muchos príncipes, porque es preferible la muerte á vivir sin realizar el propósito que nos reúne aquí continuamente y que nos hace aguardar día tras día. Ahora cada cual espera en su alma que se le cumplirá el deseo de casarse con Penélope, la esposa de Ulises; mas, tan pronto como vea y pruebe el arco, ya puede dedicarse á pretender á otra aquiva, de hermoso peplo, solicitándola con regalos de boda; y luego se casará aquélla con quien le haga más presentes y venga designado por el destino.»

Dichas estas palabras, apartó de sí el arco, arrimándolo á las tablas de la puerta, que estaban sólidamente unidas y bien pulimentadas, dejó la veloz saeta apoyada en el hermoso anillo, y volvióse al asiento que antes ocupaba. Y Antínoo le increpó, diciéndole de esta suerte:

«¡Liodes! ¡Qué palabras tan graves y molestas se te escaparon del cerco de los dientes! Me indigné al oirlas. Dices que este arco privará del ánimo y de la vida á los príncipes, tan sólo porque no puedes armarlo. No te parió tu madre veneranda para que entendieses en manejar el arco y las saetas; pero verás cómo lo tienden muy pronto otros ilustres pretendientes.»

Así le dijo; y al punto dió al cabrero Melantio la siguiente orden: «Ve, Melantio, enciende fuego en la sala, coloca junto al hogar un sillón con una pelleja, y trae una gran bola de sebo del que hay en el interior; para que los jóvenes, calentando el arco y untándolo con grasa, probemos de armarlo y terminemos este certamen.»

Tal fué lo que le mandó. Melantio se puso inmediatamente á encender el fuego infatigable, colocó junto al mismo un sillón con una pelleja y sacó una gran bola de sebo del que había en el interior. Untándolo con sebo y calentándolo en la lumbre, fueron probando el arco todos los jóvenes; mas no consiguieron tenderlo, porque les faltaba gran parte de la fuerza que para ello se requería. Y ya sólo quedaban sin probarlo Antínoo y el deiforme Eurímaco, que eran los príncipes entre los pretendientes y á todos superaban por su fuerza.

Entonces salieron juntos de la casa el boyero y el porquerizo del divinal Ulises; siguióles éste y díjoles con suaves palabras así que dejaron á su espalda la puerta y el patio:

«¡Boyero y tú, porquerizo! ¿Os revelaré lo que pienso ó lo mantendré oculto? Mi ánimo me ordena que lo diga. ¿Cuáles fuerais para ayudar á Ulises, si llegara de súbito porque alguna deidad nos lo trajese? ¿Os pondríais de parte de los pretendientes ó del propio Ulises? Contestad como vuestro corazón y vuestro ánimo os lo dicten.»

Dijo entonces el boyero: «¡Padre Júpiter! Ojalá me cumplas este voto: que vuelva aquel varón, traído por alguna deidad. Tú verías, si así sucediese, cuál es mi fuerza y de qué brazos dispongo.»

Eumeo suplicó asimismo á todos los dioses que el prudente Ulises volviera á su casa. Cuando el héroe conoció el verdadero modo de pensar de entrambos, hablóles nuevamente diciendo de esta suerte:

«Pues dentro está, aquí lo tenéis, soy yo que, después de pasar muchos trabajos, he vuelto en el vigésimo año á la patria tierra. Conozco que entre mis esclavos tan solamente vosotros deseabais mi vuelta, pues no he oído que ningún otro hiciera votos para que tornara á esta casa. Os voy á revelar con sinceridad lo que ha de llevarse á efecto. Si, por ordenarlo un dios, sucumben á mis manos los eximios pretendientes, os buscaré esposa, os daré bienes y sendas casas labradas junto á la mía, y os consideraré en lo sucesivo como compañeros y hermanos de Telémaco. Y, si queréis, ea, voy á mostraros una manifiesta señal para que me reconozcáis y se convenza vuestro ánimo: la cicatriz de la herida que me infirió un jabalí con su blanco diente cuando fuí al Parnaso con los hijos de Autólico.»

Apenas hubo dicho estas palabras, apartó los harapos para enseñarles la extensa cicatriz. Ambos la vieron y examinaron cuidadosamente, y acto continuo rompieron en llanto, echaron los brazos sobre el prudente Ulises y, apretándole, le besaron la cabeza y los hombros. Ulises, á su vez, besóles la cabeza y las manos. Y entregados al llanto los dejara el sol al ponerse, si el propio Ulises no les hubiese calmado, diciéndoles de esta suerte:

«Cesad ya de llorar y de gemir: no sea que alguno salga del palacio, lo vea y se vaya á contarlo allá dentro. Entraréis en el palacio pero no juntos, sino uno tras otro: yo primero y vosotros después. Tened sabida una señal que os quiero dar y es la siguiente: Los otros, los ilustres pretendientes, no han de permitir que se me dé el arco y el carcaj; pero tú, divinal Eumeo, tráelo por la habitación, pónmelo en las manos, y di á las mujeres que cierren las sólidas puertas de las estancias y que si alguna oyere gemidos ó estrépito de hombres dentro de las paredes de nuestra sala, no se asome y quédese allí, en silencio, junto á su labor. Y á ti, divinal Filetio, te confío las puertas del patio para que las cierres, corriendo el cerrojo que sujetarás mediante un nudo.»

Hablando así, entróse por el cómodo palacio y fué á sentarse en el mismo sitio que antes ocupaba. Luego penetraron también los dos esclavos del divinal Ulises.

Ya Eurímaco manejaba el arco, dándole vueltas y calentándolo, ora por esta, ora por aquella parte, al resplandor del fuego. Mas ni aun así consiguió armarlo; por lo cual, sintiendo gran angustia en su corazón glorioso, suspiró y dijo de esta suerte:

«¡Oh dioses! Grande es el pesar que siento por mí y por vosotros todos. Y aunque me afligen las frustradas nupcias, no tanto me lamento por las mismas—pues hay muchas aqueas en la propia Ítaca, rodeada por el mar, y en las restantes ciudades,—como por ser nuestras fuerzas de tal modo inferiores á las del divinal Ulises que no podamos tender su arco: ¡vergonzoso será que lleguen á saberlo los venideros!»

Entonces Antínoo, hijo de Eupites, le habló diciendo: «¡Eurímaco! No será así y tú mismo lo comprendes. Ahora, mientras se celebra en la población la sacra fiesta del dios, ¿quién lograría tender el arco? Ponedlo en tierra tranquilamente y permanezcan clavadas todas las segures, pues no creo que se las lleve ninguno de los que frecuentan el palacio de Ulises Laertíada. Mas, ea, comience el escanciador á repartir las copas para que hagamos la libación, y dejemos ya el corvo arco. Y ordenad al cabrero Melantio que al romper el día se venga con algunas cabras, las mejores de todos sus rebaños, á fin de que, en ofreciendo los muslos á Apolo, célebre por su arco, probemos de armar el de Ulises y terminemos este certamen.»

De tal suerte se expresó Antínoo y á todos les plugo lo que proponía. Los heraldos diéronles aguamanos y unos mancebos llenaron las crateras y distribuyeron el vino después de ofrecer en copas las primicias. No bien se hicieron las libaciones y bebió cada uno cuanto deseara, el ingenioso Ulises, meditando engaños, les habló de este modo:

«Oídme, pretendientes de la ilustre reina, para que os exponga lo que en mi pecho el ánimo me ordena deciros; y he de rogárselo en particular á Eurímaco y al deiforme Antínoo que ha pronunciado estas oportunas palabras: dejad por ahora el arco y atended á los dioses, y mañana algún numen dará bríos á quien le plazca. Ea, entregadme el pulido arco y probaré con vosotros mis brazos y mi fuerza: si por ventura hay en mis flexibles miembros el mismo vigor que anteriormente ó ya se lo hicieron perder la vida errante y la carencia de cuidados.»

Así dijo. Todos sintieron gran indignación, temiendo que armase el pulido arco. Y Antínoo le increpó, hablándole de esta manera:

«¡Oh, el más miserable de los huéspedes! Tú no tienes ni sombra de juicio. ¿No te basta estar sentado tranquilamente en el festín con nosotros, los ilustres, sin que se te prive de ninguna de las cosas del banquete, y escuchar nuestras palabras y conversaciones que no oye huésped ni mendigo alguno? Sin duda te trastorna el dulce vino, que suele perjudicar á quien lo bebe ávida y descomedidamente. El vino dañó al ínclito centauro Euritión cuando fué al país de los lapitas y se halló en el palacio del magnánimo Pirítoo. Tan luego como tuvo la razón ofuscada por el vino, enloqueciendo, llevó al cabo perversas acciones en la morada de Pirítoo; los héroes, poseídos de dolor, arrojáronse sobre él y, arrastrándolo hacia la puerta, le cortaron con el cruel bronce orejas y narices; y así se fué, con la inteligencia perturbada y sufriendo el castigo de su falta con ánimo demente. Tal origen tuvo la contienda de los centauros con los hombres; mas aquél fué quien primero se atrajo el infortunio por haberse llenado de vino. De semejante modo, te anuncio á ti una gran desgracia si llegares á tender el arco; pues no habrá quien te defienda en este pueblo, y pronto te enviaremos en negra nave al rey Équeto, plaga de todos los mortales, del cual no has de escapar sano y salvo. Bebe, pues, tranquilamente y no compitas con hombres que son más jóvenes.»

Entonces la discreta Penélope le habló diciendo: «¡Antínoo! No es decoroso ni justo que se ultraje á los huéspedes de Telémaco, sean cuales fueren los que vengan á este palacio. ¿Por ventura crees que si el huésped, confiando en sus manos y en su fuerza, tendiese el grande arco de Ulises, me llevaría á su casa para tenerme por mujer propia? Ni él mismo concibió en su pecho tal esperanza, ni por su causa ha de comer ninguno de vosotros con el ánimo triste; pues esto no se puede pensar razonablemente.»

Respondióle Eurímaco, hijo de Pólibo: «¡Hija de Icario! ¡Discreta Penélope! No creemos que éste se te haya de llevar, ni el pensarlo fuera razonable, pero nos da vergüenza el dicho de los hombres y de las mujeres; no sea que exclame algún aqueo peor que nosotros: «Hombres muy inferiores pretenden la esposa de un varón excelente y no pueden armar el pulido arco; mientras que un mendigo que llegó errante, tendiólo con facilidad é hizo pasar la flecha á través del hierro.» Así dirán, cubriéndonos de oprobio.»

Repuso entonces la discreta Penélope: «¡Eurímaco! No es posible que en el pueblo gocen de buena fama quienes injurian á un varón principal, devorando lo de su casa: ¿por qué os hacéis merecedores de estos oprobios? El huésped es alto y vigoroso, y se precia de tener por padre á un hombre de buen linaje. Ea, entregadle el pulido arco y veamos. Lo que voy á decir se llevará á cumplimiento: Si tendiere el arco, por concederle Apolo esta gloria, le pondré un manto y una túnica, vestidos magníficos; le regalaré un agudo dardo, para que se defienda de los hombres y de los perros, y también una espada de doble filo; le daré sandalias para los pies y le enviaré adonde su corazón y su ánimo deseen.»

Respondióle el prudente Telémaco: «¡Madre mía! Ninguno de los aqueos tiene poder superior al mío para dar ó rehusar el arco á quien me plega, entre cuantos mandan en la áspera Ítaca ó en las islas cercanas á la Élide, tierra fértil de caballos: por consiguiente, ninguno de éstos podría forzarme, oponiéndose á mi voluntad, si quisiera dar de una vez este arco al huésped aunque fuese para que se lo llevara. Vuelve á tu habitación, ocúpate en las labores que te son propias, el telar y la rueca, y ordena á las esclavas que se apliquen al trabajo, y del arco nos cuidaremos los hombres y principalmente yo, cuyo es el mando en esta casa.»

Asombrada se fué Penélope á su habitación, poniendo en su ánimo las discretas palabras de su hijo. Y así que hubo llegado con las esclavas al aposento superior, lloró por Ulises, su querido consorte, hasta que Minerva, la de los brillantes ojos, difundióle en los párpados el dulce sueño.

En tanto, el divinal porquerizo tomó el corvo arco para llevárselo al huésped; mas todos los pretendientes empezaron á increparle dentro de la sala, y uno de aquellos jóvenes soberbios le habló de esta manera:

«¿Adónde llevas el corvo arco, oh porquero no digno de envidia, oh vagabundo? Pronto te devorarán, junto á los marranos y lejos de los hombres, los ágiles canes que tú mismo has criado, si Apolo y los demás inmortales dioses nos fueren propicios.»

Así decían; y él volvió á poner el arco en el mismo sitio, asustado de que le increpasen tantos hombres dentro de la sala. Mas Telémaco le amenazó, gritándole desde el otro lado:

«¡Abuelo! Sigue adelante con el arco, que muy pronto verías que no obras bien obedeciendo á todos: no sea que yo, aun siendo el más joven, te eche al campo y te hiera á pedradas, ya que te aventajo en fuerzas. Ojalá superase de igual modo, en brazos y fuerzas, á todos los pretendientes que hay en el palacio; pues no tardaría en arrojar á alguno vergonzosamente de la casa, porque maquinan acciones malvadas.»

Así les habló; y todos los pretendientes lo recibieron con dulces risas, olvidando su terrible cólera contra Telémaco. El porquerizo tomó el arco, atravesó la sala y, deteniéndose cabe al prudente Ulises, se lo puso en las manos. Seguidamente, llamó al ama Euriclea y le habló de este modo:

«Telémaco te manda, prudente Euriclea, que cierres las sólidas puertas de las estancias y que si alguna de las esclavas oyere gemidos ó estrépito de hombres dentro de las paredes de nuestra sala, no se asome y quédese allí, en silencio, junto á su labor.»

Así le dijo; y ninguna palabra voló de los labios de Euriclea, que cerró las puertas de las cómodas habitaciones.

Filetio, á su vez, salió de la casa silenciosamente, fué á entornar las puertas del bien cercado patio y, como hallara debajo del pórtico el cable de papiro de una corva embarcación, las ató con el mismo. Luego volvió á entrar y sentóse en el mismo sitio que antes ocupaba, con los ojos clavados en Ulises. Ya éste manejaba el arco, dándole vueltas por todas partes y probando acá y allá: no fuese que la carcoma hubiera roído el cuerno durante la ausencia del rey. Y uno de los presentes dijo al que tenía más cercano:

«Debe de ser experto y hábil en manejar arcos, ó quizás haya en su casa otros semejantes, ó se proponga construirlos: de tal modo le da vueltas en sus manos acá y allá, ese vagabundo instruído en malas artes.»

Otro de aquellos jóvenes soberbios habló de esta manera: «¡Así alcance tanto provecho, como en su vida podrá armar el arco!»

De tal suerte se expresaban los pretendientes. Mas el ingenioso Ulises, tan luego como hubo tentado y examinado el gran arco por todas partes, cual un hábil citarista y cantor tiende fácilmente con la clavija nueva la cuerda formada por el retorcido intestino de una oveja que antes atara del uno y del otro lado: de este modo, sin esfuerzo alguno, armó Ulises el grande arco. Seguidamente probó la cuerda, asiéndola con la diestra, y dejóse oir un hermoso sonido muy semejante á la voz de una golondrina. Sintieron entonces los pretendientes gran pesar y á todos se les mudó el color. Júpiter despidió un gran trueno como señal y holgóse el paciente divino Ulises de que el hijo del artero Saturno le enviase aquel presagio. Tomó el héroe una veloz flecha que estaba encima de la mesa, porque las otras se hallaban dentro de la hueca aljaba, aunque muy pronto habían de gustarlas los aqueos. Y acomodándola al arco, tiró á la vez de la cuerda y de las barbas, allí mismo, sentado en la silla; apuntó al blanco, despidió la saeta y no erró á ninguna de las segures, desde el primer agujero hasta el último: la flecha, que el bronce hacía ponderosa, las atravesó todas y salió afuera. Después de lo cual dijo á Telémaco:

«¡Telémaco! No te afrenta el huésped que está en tu palacio: ni erré el blanco, ni me costó gran fatiga armar el arco; mis fuerzas están íntegras todavía, no cual los pretendientes, menospreciándome, me lo echaban á la cara. Pero ya es hora de aprestar la cena á los aqueos, mientras hay luz; para que después se deleiten de otro modo, con el canto y la cítara, que son los ornamentos del banquete.»

Dijo, é hizo con las cejas una señal. Y Telémaco, el caro hijo del divinal Ulises, ciñó la aguda espada, asió su lanza y, armado de reluciente bronce, se puso en pie al lado de la silla, junto á su padre.

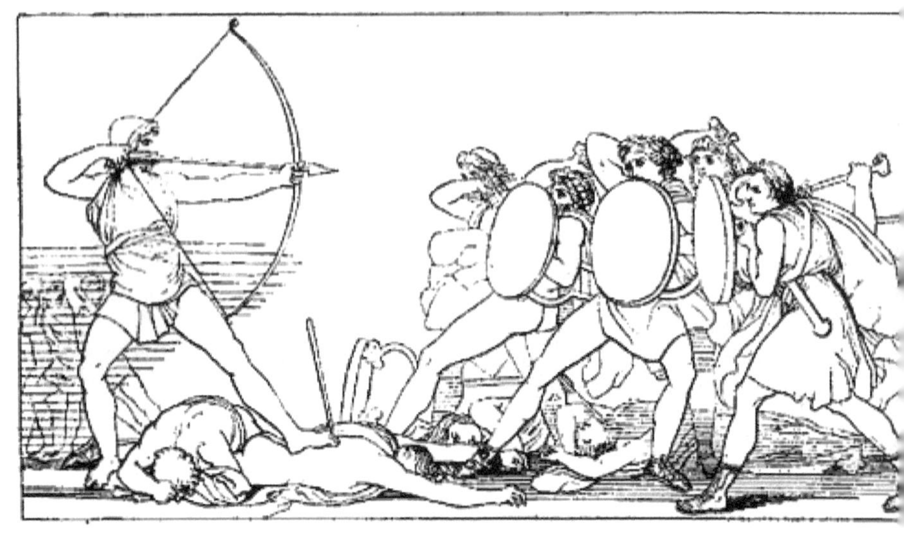

Ulises, valiéndose del arco, mata á los pretendientes de Penélope

CANTO XXII

MATANZA DE LOS PRETENDIENTES

Á la hora desnudóse de sus harapos el ingenioso Ulises, saltó al grande umbral con el arco y la aljaba repleta de veloces flechas y, derramándolas delante de sus pies, habló de esta guisa á los pretendientes:

«Ya este certamen fatigoso está acabado; ahora apuntaré á otro blanco adonde jamás tiró varón alguno, y he de ver si lo acierto por concederme tal gloria el dios Apolo.»

Dijo, y enderezó la amarga saeta hacia Antínoo. Levantaba éste una bella copa de oro, de dos asas, y teníala ya en las manos para beber el vino, sin que la idea de la muerte preocupase su espíritu: ¿quién pensara que, entre tantos convidados, un solo hombre, por valiente que fuera, había de darle tan mala muerte y negro hado? Pues Ulises, acertándole en la garganta, hirióle con la flecha y la punta asomó por la tierna cerviz. Desplomóse Antínoo, al recibir la herida, cayósele la copa de las manos, y brotó de sus narices un espeso chorro de humana sangre. Seguidamente empujó la mesa, dándole con el pie, y esparció las viandas por el suelo, donde el pan y la carne asada se mancharon. Al verle caído, los pretendientes levantaron un gran tumulto dentro del palacio; dejaron las sillas y, moviéndose por la sala, recorrieron con los ojos las bien labradas paredes; pero no había ni un escudo siquiera, ni una fuerte lanza de que echar mano. É increparon á Ulises con airadas voces:

«¡Oh forastero! Mal haces en disparar el arco contra los hombres. Pero ya no te hallarás en otros certámenes: ahora te aguarda una terrible muerte. Quitaste la vida á un varón que era el más señalado de los jóvenes de Ítaca, y por ello te comerán aquí mismo los buitres.»

Así hablaban, figurándose que había muerto á aquel hombre involuntariamente. No pensaban los muy simples que la ruina pendiera sobre ellos. Pero, encarándoles la torva faz, les dijo el ingenioso Ulises:

«¡Ah perros! No creíais que volviese del pueblo troyano á mi morada y me arruinabais la casa, forzabais las mujeres esclavas y, estando yo vivo, pretendíais á mi esposa; sin temer á los dioses que habitan el vasto cielo, ni recelar venganza alguna de parte de los hombres. Ya pende la ruina sobre vosotros todos.»

Así se expresó. Todos se sintieron poseídos del pálido temor y cada uno buscaba adonde huiría para librarse de una muerte espantosa. Y Eurímaco fué el único que le contestó diciendo:

«Si eres en verdad Ulises itacense, que has vuelto, te asiste la razón al hablar de este modo de cuanto hacían los aqueos; pues se han cometido muchas iniquidades en el palacio y en el campo. Pero yace en tierra quien fué el culpable de todas estas cosas, Antínoo; el cual promovió dichas acciones, no porque tuviera necesidad ó deseo de casarse, sino por haber concebido otros designios que el Saturnio no llevó al cabo, es á saber, para reinar sobre el pueblo de la bien construída Ítaca, matando á tu hijo con asechanzas. Ya lo ha pagado con su vida, como era justo; mas tú perdona á tus conciudadanos, que nosotros, para aplacarte públicamente, te resarciremos de cuanto se ha comido y bebido en el palacio, estimándolo en el valor de veinte bueyes por cabeza, y te daremos bronce y oro hasta que tu corazón se satisfaga; pues antes no se te puede reprochar que estés irritado.»

Mirándole con torva faz, le contestó el ingenioso Ulises: «¡Eurímaco! Aunque todos me dierais vuestro respectivo patrimonio, añadiendo á cuanto tengáis otros bienes de distinta procedencia, ni aun así se abstendrían mis manos de matar hasta que todos los pretendientes hayáis pagado por completo vuestras demasías. Ahora se os ofrece la ocasión de combatir conmigo ó de huir, si alguno puede evitar la muerte y el hado; mas no creo que nadie se libre de un fin desastroso.»

Tal dijo; y todos sintieron desfallecer sus rodillas y su corazón. Pero Eurímaco habló nuevamente para decirles:

«¡Amigos! No contendrá este hombre sus manos indómitas: habiendo tomado el pulido arco y la aljaba, disparará desde el liso umbral hasta que á todos nos mate. Pensemos, pues, en combatir. Sacad las espadas, poned las mesas por reparo á las saetas, que causan rápida muerte, y acometámosle juntos por si logramos apartarle del umbral y de la puerta é irnos por la ciudad, donde se promovería gran alboroto. Y quizás disparara el arco por la vez postrera.»

Diciendo así, desenvainó la espada de bronce, aguda y de doble filo, y arremetió contra aquél, gritando de un modo horrible. Pero en el mismo punto tiróle el divinal Ulises una saeta y, acertándole en el pecho junto á la tetilla, le clavó en el hígado la veloz flecha. Cayó en el suelo la espada que empuñaba Eurímaco y éste, tambaleándose y dando vueltas, vino á dar encima de la mesa y tiró los manjares y la copa doble; después, angustiado en su espíritu, hirió con la frente el suelo y golpeó con los pies la silla; y por fin obscura nube se extendió sobre sus ojos.

También Anfínomo se fué derecho hacia el glorioso Ulises, con la espada desenvainada, para ver si habría medio de echarlo de la puerta. Mas Telémaco le previno con tirarle la broncínea lanza, la cual se le hundió en la espalda, entre los hombros, y le atravesó el pecho; y aquél cayó ruidosamente y dió de cara contra el suelo. Retiróse Telémaco con prontitud, dejando la luenga pica clavada en Anfínomo; pues temió que, mientras la arrancase, le hiriera alguno de los aqueos con la punta ó con el filo de la espada. Fué corriendo, llegó en seguida adonde se hallaba su padre y, parándose cerca del mismo, díjole estas aladas palabras:

«¡Oh padre! Voy á traerte un escudo, dos lanzas y un casco de bronce que se adapte á tus sienes; y de camino me pondré también las armas y daré otras al porquerizo y al boyero; porque es mejor estar armados.»

Respondióle el ingenioso Ulises: «Corre, tráelo mientras tengo saetas para rechazarlos: no sea que, por estar solo, me lancen de la puerta.»

Así le dijo. Obedeció Telémaco y se fué al aposento donde estaban las magníficas armas. Tomó cuatro escudos, ocho lanzas y cuatro yelmos de bronce adornados con espesas crines de caballo; y, llevándoselo todo, volvió pronto adonde se hallaba su padre. Primeramente protegió Telémaco su cuerpo con el bronce; dió en seguida hermosas armaduras á los dos esclavos para que las vistiesen; y luego colocáronse todos cabe al prudente y sagaz Ulises.

Mientras el héroe tuvo flechas para defenderse, fué apuntando é hiriendo sin interrupción en su propia casa á los pretendientes, los cuales caían unos en pos de otros. Mas, en el momento en que se le acabaron las saetas al rey, que las tiraba, arrimó el arco á un poste de la sala sólidamente construída, apoyándolo contra el lustroso muro; echóse al hombro un escudo de cuatro pieles, cubrió la robusta cabeza con un labrado yelmo cuyo penacho de crines de caballo ondeaba terriblemente en la cimera, y asió dos fuertes lanzas de broncínea punta.

Había en la bien labrada pared un postigo con su umbral mucho más alto que el pavimento de la sala sólidamente construída; que daba paso á una callejuela y lo cerraban unas tablas perfectamente ajustadas. Ulises mandó que lo custodiara el divinal porquero, quedándose de pie junto al mismo, por ser aquella la única salida. Y Agelao hablóles á todos con estas palabras:

«¡Amigos! ¿No podría alguno subir al postigo, hablarle á la gente y levantar muy pronto un clamoreo? Haciéndolo así, quizás este hombre disparara el arco por la vez postrera.»

Mas el cabrero Melantio le replicó: «No es posible, oh Agelao, alumno de Júpiter. Hállase el postigo muy próximo á la hermosa puerta que conduce al patio, la salida al callejón es difícil y un solo hombre que fuese esforzado bastaría para detenernos á todos. Ea, para que os arméis traeré armas del aposento en el cual me figuro que las colocaron—y no será seguramente en otra parte—Ulises con su preclaro hijo.»

Diciendo de esta suerte, el cabrero Melantio subió á la estancia de Ulises por la escalera del palacio. Tomó doce escudos, igual número de lanzas y otros tantos broncíneos yelmos guarnecidos de espesas crines de caballo; y, llevándoselo todo, lo puso en las manos de los pretendientes. Desfallecieron las rodillas y el corazón de Ulises cuando les vió coger las armas y blandear las luengas picas; porque era grande el trabajo que se le presentaba. Y al momento dirigió á Telémaco estas aladas palabras:

«¡Telémaco! Alguna de las mujeres del palacio ó Melantio, enciende contra nosotros el funesto combate.»

Respondióle el prudente Telémaco: «¡Oh padre! Yo tuve la culpa y no otro alguno, pues dejé sin cerrar la puerta sólidamente encajada del aposento. Su espía ha sido más hábil. Ve tú, divinal Eumeo, á cerrar la puerta y averigua si quien hace tales cosas es una mujer ó Melantio, el hijo de Dolio, como yo presumo.»

Así éstos conversaban, cuando el cabrero Melantio volvió á la estancia para sacar otras magníficas armas. Advirtiólo el divinal porquerizo y al punto dijo á Ulises, que estaba á su lado:

«¡Laertíada, de jovial linaje! ¡Ulises, fecundo en recursos! Aquel hombre pernicioso en quien sospechábamos vuelve al aposento. Dime claramente si lo he de matar, en el caso de ser yo el más fuerte, ó traértelo aquí, para que pague las muchas demasías que cometió en tu casa.»

Respondióle el ingenioso Ulises: «Yo y Telémaco resistiremos en esta sala á los ilustres pretendientes, aunque están muy enardecidos; y vosotros id, retorcedle hacia atrás los pies y las manos, echadle en el aposento y, cerrando la puerta, atadle una soga bien torcida y levantadlo á la parte superior de una columna, junto á las vigas, para que viva y padezca fuertes dolores por largo tiempo.»

De tal modo habló; y ellos le escucharon y obedecieron, encaminándose á la cámara sin que lo advirtiese Melantio que ya estaba en la misma. Halláronle ocupado en buscar armas en lo más hondo de la habitación y pusiéronse respectivamente á derecha é izquierda de la entrada, delante de las jambas. Y apenas el cabrero Melantio iba á pasar el umbral con un hermoso yelmo en una de las manos y en la otra un escudo grande, muy antiguo, cubierto de moho, que el héroe Laertes llevara en su juventud y que se hallaba abandonado y con las correas descosidas; aquéllos se le echaron encima, lo asieron y lo llevaron adentro, arrastrándolo por la cabellera; en seguida tiráronlo contra la tierra, angustiado en su corazón, y, retorciéndole hacia atrás los pies y las manos, sujetáronselos juntamente con un penoso lazo, conforme á lo dispuesto por el hijo de Laertes, por el paciente divinal Ulises; atáronle luego una soga bien torcida y levantáronle á la parte superior de una columna, junto á las vigas. Entonces fué cuando, haciendo burla de él, le dijiste así, porquerizo Eumeo:

«Ya, oh Melantio, velarás toda la noche, acostado en esa blanda cama cual te mereces; y no te pasará inadvertida la Aurora de áureo trono, hija de la mañana, cuando salga de las corrientes del Océano á la hora en que sueles traerles las cabras á los pretendientes para aparejar su almuerzo.»

Así se quedó Melantio, suspendido del funesto lazo; y aquéllos se armaron en seguida, cerraron la espléndida puerta y fuéronse hacia el prudente y sagaz Ulises, á cuyos lados se pusieron, respirando valor. Eran, pues, cuatro los del umbral, y muchos y fuertes los de dentro de la sala. Poco tardó en acercárseles Minerva, hija de Júpiter, que había tomado el aspecto y la voz de Méntor. Ulises se alegró de verla y le dijo estas palabras:

«¡Méntor! Aparta de nosotros el infortunio y acuérdate del compañero amado que tanto bien acostumbraba hacerte; pues eres coetáneo mío.»

De tal suerte habló, sin embargo de haber reconocido á Minerva, que enardece á los guerreros. Por su parte zaheríanla los pretendientes en la sala, comenzando por Agelao Damastórida, que así le dijo:

«¡Méntor! No te persuada Ulises con sus palabras á que los auxilies, luchando contra los pretendientes; pues me figuro que se llevará al cabo nuestro propósito de la siguiente manera: así que los matemos á entrambos, al padre y al hijo, también tú perecerás por las cosas que quieres hacer en el palacio y que has de expiar con tu cabeza, y cuando el bronce haya dado fin á vuestra violencia, sumaremos á los de Ulises todos los bienes de que disfrutas dentro y fuera de la población, y no permitiremos ni que tus hijos é hijas habiten en tu palacio, ni que tu casta esposa ande por la ciudad de Ítaca.»

Tal dijo. Acrecentósele á Minerva el enojo que sentía en su corazón é increpó á Ulises con airadas voces:

«Ya no hay en ti, oh Ulises, aquel vigor ni aquella fortaleza con que durante nueve años luchaste continuamente contra los teucros por Helena, la de los níveos brazos, hija de nobles padres; y diste muerte á muchos varones en la terrible pelea; y por tu consejo fué tomada la ciudad de Príamo, la de anchas calles. ¿Cómo, pues, llegado á tu casa y á tus posesiones, no te atreves á ser esforzado contra los pretendientes? Mas, ea, ven acá, amigo, colócate junto á mí, contempla mis hechos, y sabrás cómo Méntor Alcímida se porta con tus enemigos para devolverte los favores que le hiciste.»

Dijo; mas no le dió completamente la indecisa victoria, porque deseaba probar la fuerza y el valor de Ulises y de su hijo glorioso. Y, tomando el aspecto de una golondrina, emprendió el vuelo y fué á posarse en una de las vigas de la espléndida sala.

En esto concitaban á los demás pretendientes Agelao Damastórida, Eurínomo, Anfimedonte, Demoptólemo, Pisandro Polictórida y el valeroso Pólibo, que eran los más señalados por su bravura entre los que aún vivían y peleaban por conservar su existencia; pues á los restantes habíanlos derribado las respectivas flechas que el arco despidiera. Y Agelao hablóles á todos con estas palabras:

«¡Amigos! Ya este hombre contendrá sus manos indómitas; pues Méntor se le fué, después de proferir inútiles baladronadas, y vuelven á estar solos en el umbral de la puerta. Por tanto, no arrojéis todos á una la luenga pica; ea, tírenla primeramente estos seis, por si Júpiter nos concede herir á Ulises y alcanzar gloria. Que ningún cuidado nos darían los otros, si él cayese.»

Así les habló; arrojaron sus lanzas con gran ímpetu aquellos á quienes se lo ordenara, é hizo Minerva que todos los tiros saliesen vanos. Uno acertó á dar en la columna de la habitación sólidamente construída, otro en la puerta fuertemente ajustada, y otro hirió el muro con la lanza de fresno que el bronce hacía ponderosa. Mas, apenas se hubieron librado de las lanzas arrojadas por los pretendientes, el paciente divinal Ulises fué el primero en hablar á los suyos de esta manera:

«¡Amigos! Ya os invito á tirar las lanzas contra la turba de los pretendientes, que desean acabar con nosotros después de habernos causado los anteriores males.»

Así se expresó; y ellos arrojaron las agudas lanzas, apuntando á su frente. Ulises mató á Demoptólemo, Telémaco á Euríades, el porquerizo á Élato y el boyero á Pisandro; los cuales mordieron juntos la vasta tierra. Retrocedieron los pretendientes al fondo de la sala; y Ulises y los suyos corrieron á sacar de los cadáveres las lanzas que les habían clavado.

Los pretendientes tornaron á arrojar con gran ímpetu las agudas lanzas, pero Minerva hizo que los más de los tiros saliesen vanos. Uno acertó á dar en la columna de la habitación sólidamente construída, otro en la puerta fuertemente ajustada, y otro hirió el muro con la lanza de fresno que el bronce hacía ponderosa. Anfimedonte hirió á Telémaco en la muñeca, pero muy levemente, pues el bronce tan sólo desgarró el cutis. Y Ctesipo logró que su ingente lanza rasguñase el hombro de Eumeo por cima del escudo; pero el arma voló al otro lado y cayó en tierra.

El prudente y sagaz Ulises y los que con él se hallaban arrojaron otra vez sus agudas lanzas contra la turba de los pretendientes. Ulises, asolador de ciudades, hirió á Euridamante, Telémaco á Anfimedonte y el porquerizo á Pólibo; y en tanto el boyero acertó á dar en el pecho á Ctesipo y, gloriándose, hablóle de esta manera:

«¡Oh Politersida, amante de la injuria! No cedas nunca al impulso de tu mentecatez para hablar altaneramente; antes bien, deja la palabra á las deidades, que son mucho más poderosas. Y recibirás este presente de hospitalidad por la pata que diste á Ulises, igual á un dios, cuando mendigaba en su propio palacio.»

Así habló el pastor de bueyes, de retorcidos cuernos; y en tanto Ulises le envasaba su gran pica al Damastórida. Telémaco hirió por su parte á Leócrito Evenórida con hundirle la lanza en el ijar, que el bronce traspasó enteramente; y el varón cayó de bruces, dando de cara contra el suelo. Minerva, desde lo alto del techo, levantó su égida, perniciosa á los mortales; y los ánimos de todos los pretendientes quedaron espantados. Huían éstos por la sala como las vacas de un rebaño al cual agita el movedizo tábano en la estación vernal, cuando los días son muy largos. Y aquéllos, de la suerte que unos buitres de retorcidas uñas y corvo pico bajan del monte y acometen á las aves que, temerosas de quedarse en las nubes, han descendido al llano; y las persiguen y matan sin que puedan resistirse ni huir, mientras los hombres se regocijan presenciando la captura: de semejante modo arremetieron en la sala contra los pretendientes, dando golpes á diestro y siniestro; los que eran heridos en la cabeza levantaban horribles suspiros, y el suelo manaba sangre por todos lados.

En esto, Liodes corrió hacia Ulises, le abrazó por las rodillas y comenzó á suplicarle con estas aladas palabras:

«Te lo ruego abrazado á tus rodillas, Ulises: respétame y apiádate de mí. Yo te aseguro que á las mujeres del palacio nada inicuo les dije ni les hice jamás; antes bien, contenía á los pretendientes que de tal modo se portaban. Mas no me obedecieron en términos que sus manos se abstuviesen de las malas obras; y de ahí que se hayan atraído con sus iniquidades una deplorable muerte. Y yo, que era su arúspice y ninguna maldad he cometido, yaceré con ellos; pues ningún agradecimiento se siente hacia los bienhechores.»

Mirándole con torva faz, exclamó el ingenioso Ulises: «Si te jactas de haber sido su arúspice, debiste de rogar muchas veces en el palacio que se alejara el dulce instante de mi regreso, y se fuera mi esposa contigo, y te diese hijos; por tanto, no te escaparás tampoco de la cruel muerte.»

Diciendo así, tomó con la robusta mano la espada que Agelao, al morir, arrojara en el suelo, y le dió un golpe en la cerviz; y la cabeza cayó en el polvo, mientras Liodes hablaba todavía.

Pero libróse de la negra Parca el aedo Femio Terpíada; el cual, obligado por la necesidad, cantaba ante los pretendientes. Hallábase de pie junto al postigo, con la sonora cítara en la mano, y revolvía en su corazón dos resoluciones: ó salir de la habitación y sentarse junto al bien construído altar del gran Jove, protector del recinto, donde Laertes y Ulises quemaran tantos muslos de buey; ó correr hacia Ulises, abrazarle por las rodillas y dirigirle súplicas. Considerándolo bien, parecióle mejor tocarle las rodillas á Ulises Laertíada. Y dejando en el suelo la cóncava cítara, entre la cratera y la silla de clavazón de plata, corrió hacia Ulises, abrazóle por las rodillas y comenzó á suplicarle con estas aladas palabras:

«Te lo ruego abrazado á tus rodillas, Ulises: respétame y apiádate de mí. Á ti mismo te pesará más tarde haber quitado la vida á un aedo como yo, que canto á los dioses y á los hombres. Yo de mío me he enseñado, que un dios me inspiró en la mente canciones de toda especie y soy capaz de entonarlas en tu presencia como si fueses una deidad: no quieras, pues, degollarme. Telémaco, tu caro hijo, te podrá decir que no entraba en esta casa de propio impulso ni obligado por la penuria á cantar después de los festines de los pretendientes; sino que éstos, que eran muchos y me aventajaban en poder, forzábanme á que viniera.»

Así habló; y, al oirlo el vigoroso y divinal Telémaco, dijo á su padre que estaba cerca:

«Tente y no hieras con el bronce á ese inculpable. Y salvaremos asimismo al heraldo Medonte, que siempre me cuidaba en esta casa mientras fuí niño; si ya no le han muerto Filetio ó el porquerizo, ni se encontró contigo cuando arremetías por la sala.»

Así dijo; y oyólo el discreto Medonte, que se hallaba acurrucado debajo de una silla, tapándose con un cuero reciente de buey para evitar la negra Parca. Corrió en seguida hacia Telémaco, abrazóle por las rodillas y comenzó á suplicarle con estas aladas palabras:

«¡Amigo! Ése soy yo. Deténte y di á tu padre que no me cause daño con el agudo bronce, prevaliéndose de su fuerza, irritado como está contra los pretendientes que agotaban sus bienes en el palacio y á ti, los muy necios, no te honraban en lo más mínimo.»

Díjole sonriendo el ingenioso Ulises: «Tranquilízate, ya que éste te libró y salvó para que conozcas en tu ánimo y puedas decir á los demás cuánta ventaja llevan las buenas acciones á las malas. Pero salid de la habitación tú y el aedo tan afamado y tomad asiento en el patio, fuera de este lugar de matanza, mientras doy fin á lo que debo hacer en mi morada.»

Así les habló; y ambos salieron de la sala y se sentaron junto al altar del gran Júpiter, mirando á todas partes y temiendo recibir la muerte á cada paso.

Ulises registraba con los ojos toda la estancia por si hubiese quedado vivo alguno de aquellos hombres, librándose de la negra muerte. Pero los vió á tantos como eran, caídos todos entre la sangre y el polvo. Como los peces que los pescadores sacan del espumoso mar á la corva orilla en una red de infinidad de mallas, yacen amontonados en la arena, deseosos de las olas, y el resplandeciente sol les arrebata la vida: de tal manera estaban tendidos los pretendientes los unos sobre los otros. Entonces el ingenioso Ulises dijo á Telémaco:

«¡Telémaco! Ve y haz venir al ama Euriclea, para que le diga lo que tengo pensado.»

Así se expresó. Telémaco obedeció á su padre y, tocando á la puerta, hablóle de este modo al ama Euriclea:

«¡Levántate y ven, añosa vieja que cuidas de vigilar las esclavas en nuestro palacio! Te llama mi padre para decirte alguna cosa.»

Tal dijo; y ninguna palabra voló de los labios de Euriclea, la cual abrió las puertas de las cómodas habitaciones, comenzó á andar, precedida por Telémaco, y halló á Ulises entre los cadáveres de aquellos á quienes matara, todo manchado de sangre y polvo. Así como un león que acaba de devorar á un buey montés, se presenta con el pecho y ambos lados de las mandíbulas teñidos en sangre, é infunde horror á los que lo ven: de igual manera tenía manchados Ulises los pies y las manos. Cuando ella vió los cadáveres y aquel mar de sangre, empezó á proferir exclamaciones de alegría porque contemplaba una grandiosa hazaña; pero Ulises se lo estorbó y contuvo su gana de dar gritos, dirigiéndole estas aladas palabras:

«¡Anciana! Regocíjate en tu espíritu, pero conténte y no profieras exclamaciones de alegría; que no es piadoso alborozarse por la muerte de estos varones. Hiciéronlos sucumbir el hado de los dioses y sus obras perversas, pues no respetaban á ningún hombre de la tierra, malo ó bueno, que á ellos se llegase; de ahí que con sus iniquidades se hayan atraído una deplorable muerte. Mas, ea, cuéntame ahora cuáles mujeres me hacen poco honor en el palacio y cuáles están sin culpa.»

Contestóle Euriclea, su ama querida: «Yo te diré, oh hijo, la verdad. Cincuenta esclavas tienes en el palacio, á las cuales enseñé á hacer labores, á cardar lana y á sufrir la servidumbre; de ellas doce se entregaron á la impudencia, no respetándome á mí ni á la propia Penélope. Telémaco ha muy poco que llegó á la juventud, y su madre no le dejaba tener mando en las mujeres. Mas, ea, voy á subir á la espléndida habitación superior para enterar de lo que ocurre á tu esposa, á la cual debe de haberle enviado alguna deidad el sueño en que está sumida.»

Respondióle el ingenioso Ulises: «No la despiertes aún; pero di que vengan cuantas mujeres han cometido acciones indignas.»

Así le habló; y la vieja se fué por el palacio á decirlo á las mujeres y mandarles que se presentaran. Entonces llamó el héroe á Telémaco, al boyero y al porquerizo, y les dijo estas aladas palabras:

«Proceded ante todo al traslado de los cadáveres, que ordenaréis á las mujeres; y seguidamente limpien éstas con agua y esponjas de muchos ojos, las magníficas sillas y las mesas. Y cuando hubiereis puesto en orden toda la estancia, llevaos las esclavas afuera del sólido palacio y allá, entre la rotonda y la bella cerca del patio, heridlas á todas con la espada de larga punta hasta que les arranquéis el alma y se olviden de Venus, de cuyos placeres disfrutaban envolviéndose en secreto con los pretendientes.»

Así se lo encargó. Llegaron todas las mujeres juntas, las cuales suspiraban gravemente y derramaban abundantes lágrimas. Comenzaron por sacar los cadáveres de los que habían muerto y los colocaron unos encima de otros debajo del pórtico, en el bien cercado patio: Ulises se lo ordenó, dándoles prisa, y ellas se vieron obligadas á transportarlos. Después limpiaron con agua y esponjas de muchos ojos, las magníficas sillas y las mesas. Telémaco, el boyero y el porquerizo pasaron la rasqueta por el pavimento de la sala sólidamente construída y las esclavas se llevaron las raeduras y las echaron fuera. Cuando hubieron puesto en orden toda la estancia, sacaron aquéllos las esclavas de palacio á un lugar angosto, entre la rotonda y la bella cerca del patio, de donde no era posible que se escaparan. Y el prudente Telémaco dijo á los otros:

«No quiero privar de la vida con una muerte honrosa á estas esclavas que derramaron el oprobio sobre mi cabeza y sobre mi madre, durmiendo con los pretendientes.»

¡ANCIANA! ¡REGOCÍJATE EN TU ESPÍRITU, PERO NO
PROFIERAS EXCLAMACIONES DE ALEGRÍA!...

De tal suerte habló; y, atando á excelsa columna la soga de una nave de azulada proa, cercó con ella la rotonda, tendiéndola en lo alto para que ninguna de las esclavas llegase con sus pies al suelo. Así como los tordos de anchas alas ó las palomas que, al entrar en un seto, dan con una red colocada ante un matorral, encuentran en ella odioso lecho; así las esclavas tenían las cabezas en línea y sendos lazos alrededor de sus cuellos, para que muriesen del modo más deplorable. Tan solamente agitaron los pies por un breve espacio de tiempo, que no fué en verdad de larga duración.

Después sacaron á Melantio al vestíbulo y al patio; le cortaron con el cruel bronce las narices y las orejas; le arrancaron las partes verendas, para que los perros las despedazaran crudas; y amputáronle las manos y los pies, con ánimo irritado.

Tras de esto, laváronse las manos y los pies, y volvieron á penetrar en la casa de Ulises; pues la obra estaba consumada. Entonces dijo el héroe á su ama Euriclea:

«¡Anciana! Trae azufre, medicina contra lo malo, y trae también fuego, para azufrar la casa. Y mandarás á Penélope que venga acá con sus criadas, y que se presenten asimismo todas las esclavas del palacio.»

Respondióle su ama Euriclea: «Sí, hijo mío, es muy oportuno lo que acabas de decir. Mas, ea, voy á traerte un manto y una túnica para que te vistas y no permanezcas en tu palacio con los anchos hombros cubiertos de harapos; que esto fuera reprensible.»

Contestóle el ingenioso Ulises: «Ante todo enciéndase fuego en esta sala.»

Tal dijo; y no le desobedeció su ama Euriclea, pues le trajo fuego y azufre. Acto seguido azufró Ulises la sala, las demás habitaciones y el patio.

La vieja se fué por la hermosa mansión de Ulises á llamar á las mujeres y mandarles que se presentaran. Pronto salieron del palacio con hachas encendidas, rodearon á Ulises y le saludaron y abrazaron, besándole la cabeza, los hombros y las manos que le tomaban con las suyas; y un dulce deseo de llorar y de suspirar se apoderó del héroe, pues en su alma las reconoció á todas.

355

Penélope reconoce á Ulises

CANTO XXIII

RECONOCIMIENTO DE ULISES POR PENÉLOPE

Muy alegre se encaminó la vieja á la estancia superior para decirle á su señora que tenía dentro de la casa al amado esposo. Apenas llegó, moviendo firmemente las rodillas y dando saltos con sus pies, inclinóse sobre la cabeza de Penélope y le dijo estas palabras:

«Despierta, Penélope, hija querida, para ver con tus ojos lo que anhelabas todos los días. Ya llegó Ulises, ya volvió á su casa, aunque tarde, y ha muerto á los ilustres pretendientes que contristaban el palacio, se comían los bienes y violentaban á tu hijo.»

Respondióle la discreta Penélope: «¡Ama querida! Los dioses te han trastornado el juicio; que ellos pueden entontecer al muy discreto y dar prudencia al simple, y ahora te dañaron á ti cuyo espíritu era tan sesudo. ¿Por qué haces fisga de mí, que padezco en el ánimo multitud de pesares, refiriéndome embustes y despertándome del dulce sueño que me tenía cuajada por haberse difundido sobre mis párpados? No he descansado de semejante modo desde que Ulises se fué para ver aquella Ilión perniciosa y nefanda. Mas, ea, torna á bajar y ocupa tu sitio en el palacio: que si otra de mis mujeres viniese con tal noticia á despertarme, pronto la mandara al interior de la casa de vergonzosa manera; pero á ti la senectud te salva.»

Contestóle su ama Euriclea: «No me burlo, hija querida; es verdad que vino Ulises y llegó á esta casa, como te lo cuento: era aquel huésped á quien todos insultaban en el palacio. Tiempo ha sabía Telémaco que se hallaba aquí; mas con prudente espíritu ocultó los propósitos de su padre, para que pudiese castigar las violencias de aquellos hombres orgullosos.»

Así habló. Alegróse Penélope y, saltando de la cama, abrazó á la vieja, comenzó á destilar lágrimas de sus ojos, y dijo estas aladas palabras:

«Pues, ea, ama querida, cuéntame la verdad: si es cierto que vino á esta casa, como aseguras, y de qué manera logró poner las manos en los desvergonzados pretendientes, estando él solo y hallándose los demás siempre reunidos en el interior del palacio.»

Respondióle su ama Euriclea: «No lo he visto, no lo sé, tan sólo percibí el suspirar de los que caían muertos; pues nosotras permanecimos, llenas de pavor, en lo más hondo de la sólida habitación con las puertas cerradas, hasta que tu hijo Telémaco fué desde la sala y me llamó por orden de su padre. Hallé á Ulises de pie entre los cadáveres, que estaban tendidos en el duro suelo, á su alrededor, los unos encima de los otros: se te holgara el ánimo de verle manchado de sangre y polvo, como un león. Ahora todos yacen amontonados en la puerta del patio y Ulises ha encendido un gran fuego, azufra la magnífica morada y me envió á llamarte. Sígueme, pues, á fin de que ambos llenéis vuestro corazón de contento, ya que padecisteis tantos males. Por fin se cumplió aquel gran deseo: Ulises tornó vivo á su hogar, hallándoos á ti y á tu hijo; y á los pretendientes, que lo ultrajaban, los ha castigado en su mismo palacio.»

Contestóle la discreta Penélope: «¡Ama querida! No cantes aún victoria, regocijándote con exceso. Bien sabes cuán grata nos fuera su venida á todos los del palacio y especialmente á mí y al hijo que engendramos; pero la noticia no es cierta como tú la das, sino que alguno de los inmortales ha muerto á los ilustres pretendientes, indignado de ver sus dolorosas injurias y sus malvadas acciones. Que no respetaban á ningún hombre de la tierra, malo ó bueno, que á ellos se llegara; y de ahí que, á causa de sus iniquidades, hayan padecido tal infortunio. Pero la esperanza de volver murió lejos de Acaya para Ulises, y éste también ha muerto.»

Respondióle en el acto su ama Euriclea: «¡Hija mía! ¡Qué palabras se te escaparon del cerco de los dientes, al decir que jamás volverá á esta casa tu marido, cuando ya está junto al hogar! Tu ánimo es siempre incrédulo. Mas, ea, voy á revelarte otra señal manifiesta: la cicatriz de la herida que le infirió un jabalí con su blanco diente. La reconocí mientras le lavaba y quise decírtelo; pero él, con sagaz previsión, me lo impidió tapándome la boca con sus manos. Sígueme; que yo misma me doy en prenda y, si te engaño, me matas haciéndome padecer la más deplorable de las muertes.»

Contestóle la discreta Penélope: «¡Ama querida! Por mucho que sepas, difícil es que averigües los designios de los sempiternos dioses. Mas, con todo, vayamos adonde está mi hijo, para que yo vea muertos á mis pretendientes y á quien los ha matado.»

Dijo así; y bajó de la estancia superior, revolviendo en su corazón muchas cosas: si interrogaría á su marido desde lejos, ó si, acercándose á él, le besaría la cabeza y le tomaría las manos. Después que entró en la sala, trasponiendo el lapídeo umbral, fué á sentarse enfrente de Ulises, al resplandor del fuego, en la pared opuesta; pues el héroe se hallaba sentado de espaldas á una elevada columna, con la vista baja, esperando si le hablaría su ilustre consorte así que en él pusiera los ojos. Mas

Penélope permaneció mucho tiempo sin desplegar los labios por tener el corazón estupefacto: unas veces, mirándole fijamente á los ojos, veía que aquél era realmente su aspecto; y otras no le reconocía á causa de las miserables vestiduras que llevaba. Y Telémaco la increpó con estas voces:

«¡Madre mía, no justa madre puesto que tienes un ánimo cruel! ¿Por qué estás tan apartada de mi padre, en vez de sentarte á su vera, y hacerle preguntas y enterarte de todo? Ninguna mujer se quedaría así, con el ánimo firme, lejos de su esposo; cuando éste, después de pasar tantos males, vuelve en el vigésimo año á la patria tierra. Pero tu corazón ha sido siempre más duro que una roca.»

Respondióle la discreta Penélope: «¡Hijo mío! Estupefacto está mi ánimo en el pecho, y no podría decirle ni una sola palabra, ni hacerle preguntas, ni mirarlo frente á frente. Pero, si verdaderamente es Ulises que vuelve á su casa, ya nos reconoceremos mejor; pues hay señas para nosotros, que los demás ignoran.»

Así se expresó. Sonrióse el paciente divinal Ulises y en seguida dirigió á Telémaco estas aladas palabras:

«¡Telémaco! Deja á tu madre que me pruebe dentro del palacio; pues quizás de este modo me reconozca más fácilmente. Como estoy sucio y llevo miserables vestiduras, me tiene en poco y no cree todavía que sea aquél. Deliberemos ahora para que todo se haga de la mejor manera. Pues si quien mata á un hombre del pueblo, el cual no deja tras de sí muchos vengadores, huye y desampara á sus deudos y su patria tierra; nosotros hemos dado muerte á los que eran el sostén de la ciudad, á los más eximios jóvenes de Ítaca. Yo te invito á pensar en esto.»

Respondióle el prudente Telémaco: «Conviene que tú mismo lo veas, padre amado, pues dicen que tu consejo es en todas las cosas el más excelente y que ninguno de los hombres mortales competiría contigo. Nosotros te seguiremos muy prontos, y no han de faltarnos bríos en cuanto lo permitan nuestras fuerzas.»

Contestóle el ingenioso Ulises: «Pues voy á decir lo que considero más conveniente. Empezad por lavaros, poneos las túnicas y ordenad á las esclavas que se vistan en el palacio; y acto seguido el divinal aedo, tomando la sonora cítara, nos guiará en la alegre danza; de suerte que, en oyéndolo desde fuera algún transeunte ó vecino, piense que son las nupcias lo que celebramos. No sea que la gran noticia de la matanza de los pretendientes se divulgue por la ciudad antes de salirnos á nuestros campos llenos de arboledas. Allí examinaremos lo que nos presente el Olímpico como más provechoso.»

Así les dijo; y ellos le escucharon y obedecieron. Comenzaron por lavarse y ponerse las túnicas, ataviáronse las mujeres, y el divino aedo tomó la hueca cítara y movió en todos el deseo del dulce canto y de la eximia danza. Presto resonó la gran casa con el ruido de los pies de los hombres y de las mujeres de bella cintura que estaban bailando. Y los de fuera, al oirlo, solían exclamar:

«Ya debe de haberse casado alguno con la reina que se vió tan solicitada. ¡Infeliz! No tuvo constancia para guardar la casa de su primer esposo hasta la vuelta del mismo.»

Así hablaban, por ignorar lo que dentro había pasado. Entonces Eurínome, la despensera, lavó y ungió con aceite al magnánimo Ulises en su casa, y le puso un hermoso manto y una túnica; y Minerva esmaltó con una gran hermosura la cabeza del héroe é hizo que apareciese más alto y más grueso, y que de su cabeza colgaran ensortijados cabellos que á flores de jacinto semejaban. Y así como el hombre experto, á quien Vulcano y Palas Minerva han enseñado artes de toda especie, cerca de oro la plata y hace lindos trabajos; de semejante modo, Minerva difundió la gracia por la cabeza y por los hombros de Ulises. El héroe salió del baño con el cuerpo parecido completamente al de los inmortales; volvió á sentarse en la silla que antes ocupara, frente á su esposa, y le dijo estas palabras:

«¡Desgraciada! Los que viven en olímpicos palacios te dieron un corazón más duro que á las otras mujeres. Ninguna se quedaría así, con el ánimo firme, alejada de su marido; cuando éste, después de pasar tantos males, vuelve en el vigésimo año á la patria tierra. Pero ve, nodriza, y aparéjame la cama para que pueda acostarme; que ésa tiene en su pecho un corazón de hierro.»

Contestóle la discreta Penélope: «¡Infortunado! Ni me crezco, ni me tengo en poco, ni me admiro en demasía; pues sé muy bien cómo eras cuando partiste de Ítaca en la nave de largos remos. Ve, Euriclea, y ponle la fuerte cama en el exterior de la sólida habitación que construyó él mismo: sácale allí la fuerte cama y aderézale el lecho con pieles, mantas y colchas espléndidas.»

Habló de semejante modo para probar á su marido; pero Ulises, irritado, díjole á la honesta esposa:

«¡Oh mujer! En verdad que me produce gran pena lo que has dicho. ¿Quién me habrá trasladado el lecho? Difícil le fuera hasta al más hábil, si no viniese un dios á cambiarlo fácilmente de sitio; mas ninguno de los mortales que hoy viven ni aun de los más jóvenes, lo movería con facilidad, pues hay una gran señal en el labrado lecho que hice yo mismo y no otro alguno. Creció dentro del patio un olivo de alargadas hojas, robusto y floreciente, que tenía el grosor de una columna. En torno del mismo labré las paredes de mi cámara, empleando multitud de piedras; la cubrí con excelente techo y la cerré con puertas sólidas, firmemente ajustadas. Después corté el ramaje de aquel olivo de alargadas hojas; pulí con el bronce su tronco desde la raíz, haciéndolo diestra y hábilmente; lo enderecé por medio de un nivel para convertirlo en pie de la cama, y lo taladré todo con un barreno. Comenzando por este pie, fuí haciendo y pulimentando la cama hasta terminarla; la adorné con oro, plata y marfil; y extendí en su parte interior unas vistosas correas de piel de buey, teñidas de púrpura. Ésta es la señal de que te hablaba; pero ignoro, oh mujer, si mi lecho sigue incólume ó ya lo trasladó alguno, habiendo cortado el olivo por el pie.»

Así le dijo; y Penélope sintió desfallecer sus rodillas y su corazón, al reconocer las señales que Ulises describiera con tal certidumbre. Al punto corrió á su encuentro, derramando lágrimas; echóle los brazos alrededor del cuello, le besó en la cabeza y le dijo:

«No te enojes conmigo, Ulises, ya que eres en todo el más circunspecto de los hombres; y las deidades nos enviaron la desgracia y no quisieron que gozásemos juntos de nuestra juventud, ni que juntos llegáramos al umbral de la vejez. Pero no te enfades conmigo, ni te irrites si no te abracé, como ahora, tan luego como estuviste en mi presencia; que mi ánimo, acá dentro del pecho, temía horrorizado que viniese algún hombre á engañarme con sus palabras, pues son muchos los que traman perversas astucias. La argiva Helena, hija de Júpiter, no se hubiera juntado nunca en amor y concúbito con un extraño, si hubiese sabido que los belicosos aqueos habían de traerla nuevamente á su casa y á su patria tierra. Algún dios debió de incitarla á realizar aquella vergonzosa acción; pues anteriormente jamás pensara cometer la deplorable falta que fué el origen de nuestras penas. Ahora, como acabas de referirme las señales evidentes de aquel lecho, que no vió mortal alguno sino solos tú y yo, y una esclava, Áctoris, que me había dado mi padre al venirme acá y custodiaba la puerta de nuestra sólida estancia, has logrado traer el convencimiento á mi espíritu con ser éste tan obstinado.»

Diciendo de esta guisa, acrecentóle el deseo de sollozar; y Ulises lloraba, abrazado á su dulce y honesta esposa. Así como la tierra aparece grata á los que vienen nadando porque Neptuno les hundió en el ponto la bien construída embarcación, haciéndola juguete del viento y del gran oleaje; y unos pocos, que consiguieron salir del espumoso mar al continente, lleno el cuerpo de sarro, pisan la tierra muy alegres porque se ven libres de aquel infortunio: pues de igual manera le era agradable á Penélope la vista del esposo y no le quitaba del cuello los níveos brazos. Llorando los hallara la Aurora de rosáceos dedos, si Minerva, la deidad de los brillantes ojos, no hubiese ordenado otra cosa: alargó la noche, cuando ya tocaba á su término, y detuvo en el Océano á la Aurora, de áureo trono, no permitiéndole uncir los caballos de pies ligeros que traen la luz á los hombres, Lampo y Faetonte, que son los potros que conducen á la Aurora. Y entonces dijo á su consorte el ingenioso Ulises:

PENÉLOPE, DERRAMANDO LÁGRIMAS, CORRIÓ Á ENCONTRARLE, LE ECHÓ LOS BRAZOS AL CUELLO, LE BESÓ LA CABEZA Y LE DIJO...

(Canto XXIII, versos y .)

«¡Mujer! Aún no hemos llegado al fin de todos los trabajos, pues falta otra empresa muy grande, larga y difícil, que he de llevar á cumplimiento. Así me lo vaticinó el alma de Tiresias el día que bajé á la morada de Plutón procurando la vuelta de mis compañeros y la mía propia. Mas, ea, mujer, vámonos á la cama para que, acostándonos, nos regalemos con el dulce sueño.»

Respondióle la discreta Penélope: «El lecho lo tendrás cuando á tu ánimo le plegue, ya que los dioses te hicieron tornar á tu casa bien construída y á tu patria tierra. Mas, puesto que pensaste en ese trabajo, por haberte sugerido su recuerdo alguna deidad, explícame en qué consiste; me figuro que más tarde lo he de saber y no será malo que me entere desde ahora.»

Respondióle el ingenioso Ulises: «¡Desdichada! ¿Por qué me incitas tanto, con tus súplicas, á que te lo explique? Voy á declarártelo sin omitir cosa alguna. No se alegrará tu ánimo de saberlo, como yo no me alegro tampoco, pues Tiresias me ordenó que recorriera muchas poblaciones, llevando en la mano un manejable remo, hasta llegar á aquellos hombres que nunca vieron el mar, ni comen manjares sazonados con sal, ni conocen las naves de encarnadas proas, ni tienen noticia de los manejables remos que son como las alas de los buques. Para ello me dió una señal muy manifiesta, que no te he de ocultar. Me mandó que, cuando encuentre otro caminante y me diga que llevo un aventador sobre el gallardo hombro, clave en tierra el manejable remo, haga al soberano Neptuno hermosos sacrificios de un carnero, un toro y un verraco, y vuelva á esta casa donde ofreceré sagradas hecatombes á los inmortales dioses que poseen el anchuroso cielo, á todos por su orden. Me vendrá más adelante y lejos del mar, una muy suave muerte, que me quitará la vida cuando ya esté abrumado por placentera vejez; y á mi alrededor los ciudadanos serán dichosos. Todas estas cosas aseguró Tiresias que habían de cumplirse.»

Repuso entonces la discreta Penélope: «Si los dioses te conceden una feliz senectud, aún puedes esperar que te librarás de los infortunios.»

Así éstos conversaban. Mientras tanto, Eurínome y el ama aparejaban el lecho con blandas ropas, alumbrándose con antorchas encendidas. En acabando de hacer la cama diligentemente, la vieja tornó al palacio para acostarse y Eurínome, la camarera, fué delante de aquéllos, con una antorcha en la mano, hasta que los condujo á la cámara nupcial, retirándose en seguida. Y entrambos consortes llegaron muy alegres al sitio donde se hallaba su antiguo lecho.

Entonces Telémaco, el boyero y el porquerizo dejaron de bailar, mandaron que cesasen igualmente las mujeres, y acostáronse todos en el obscuro palacio.

Después que los esposos hubieron disfrutado del deseable amor, entregáronse al deleite de la conversación. La divina entre las mujeres refirió cuanto había sufrido en el palacio al contemplar la multitud de los funestos pretendientes, que por su causa degollaban muchos bueyes y pingües ovejas, en tanto que se concluía el copioso vino de las tinajas. Ulises, de jovial linaje, contó á su vez cuantos males había inferido á otros hombres y cuantas penas había soportado en sus propios infortunios. Y ella se holgaba de oirlo y el sueño no le cayó en los ojos hasta que se acabó el relato.

Empezó por narrarle cómo venciera á los cícones; y le fué refiriendo su llegada al fértil país de los lotófagos; cuanto hizo el Ciclope y cómo él tomó venganza de que le hubiese devorado despiadadamente los fuertes compañeros; cómo pasó á la isla de Éolo, quien le acogió benévolo hasta que vino la hora de despedirle, pero el hado no había dispuesto que el héroe tornara aún á la patria y una tempestad lo arrebató nuevamente y lo llevó por el ponto, abundante en peces, mientras daba profundos suspiros; y cómo desde allí aportó á Telépilo, la ciudad de los lestrigones, que le destruyeron los bajeles y le mataron todos los compañeros, de hermosas grebas, escapando tan sólo Ulises en su negra nave. Describióle también los engaños y múltiples astucias de Circe; y explicóle luego cómo había ido en su nave de muchos bancos á la lóbrega morada de Plutón para consultar al alma del tebano Tiresias, y cómo pudo ver allí á todos sus compañeros y á la madre que lo dió á luz y que lo crió en su infancia; cómo oyó más tarde el cantar de las Sirenas, de voz sonora; cómo pasó por las peñas Erráticas, por la horrenda Caribdis y por la roca de Escila, de la cual nunca pudieron los hombres escapar indemnes; cómo sus compañeros mataron las vacas del Sol; cómo el altitonante Júpiter hirió la velera nave con el ardiente rayo, habiendo perecido todos sus esforzados compañeros y librádose él de la perniciosa muerte; cómo llegó á la isla Ogigia y á la ninfa Calipso, la cual le retuvo en huecas grutas, deseosa de tomarle por marido, le alimentó y le dijo repetidas veces que le haría inmortal y le eximiría perpetuamente de la senectud, sin que jamás consiguiera llevarle la persuasión al ánimo; y cómo, padeciendo muchas fatigas, arribó á los feacios, quienes le honraron cordialmente, cual si fuese un numen, y lo condujeron en una nave á la patria tierra, después de regalarle bronce, oro en abundancia y vestidos. Tal fué lo postrero que mencionó, cuando ya le vencía el dulce sueño, que relaja los miembros y deja el ánimo libre de inquietudes.

Luego Minerva, la deidad de los brillantes ojos, ordenó otra cosa. Tan pronto como le pareció que Ulises ya se habría recreado con su mujer y con el sueño, hizo que saliese del Océano la hija de la mañana, la de áureo trono, para que les trajera la luz á los humanos. Entonces se levantó Ulises del blando lecho y dirigió á su esposa las siguientes palabras:

«¡Mujer! Los dos hemos padecido muchos trabajos: tú aquí, llorando por mi vuelta tan abundante en fatigas; y yo sufriendo los infortunios que me enviaron Júpiter y los demás dioses para detenerme lejos de la patria cuando anhelaba volver á ella. Mas, ya que nos hemos reunido nuevamente en este deseado lecho, tú cuidarás de mis bienes en el palacio; y yo, para reponer el ganado que los soberbios pretendientes me devoraron, apresaré un gran número de reses y los aqueos me darán otras hasta que llenemos todos los establos. Ahora me iré al campo, lleno de árboles, á ver á mi padre que tan afligido se halla por mi ausencia; y á ti, oh mujer, aunque eres juiciosa, oye lo que te encomiendo: como al salir el sol se divulgará la noticia de que maté en el palacio á los pretendientes, vete á lo alto de la casa con tus siervas y quédate allí sin mirar á nadie ni preguntar cosa alguna.»

Dijo; cubrió sus hombros con la magnífica armadura y, haciendo levantar á Telémaco, al boyero y al porquerizo, les mandó que tomasen las marciales armas. Ellos no dejaron de obedecerle: armáronse todos con el bronce, abrieron la puerta y salieron de la casa, precedidos por Ulises. Ya la luz se esparcía por la tierra; pero cubriólos Minerva con obscura nube y los sacó de la ciudad muy prestamente.

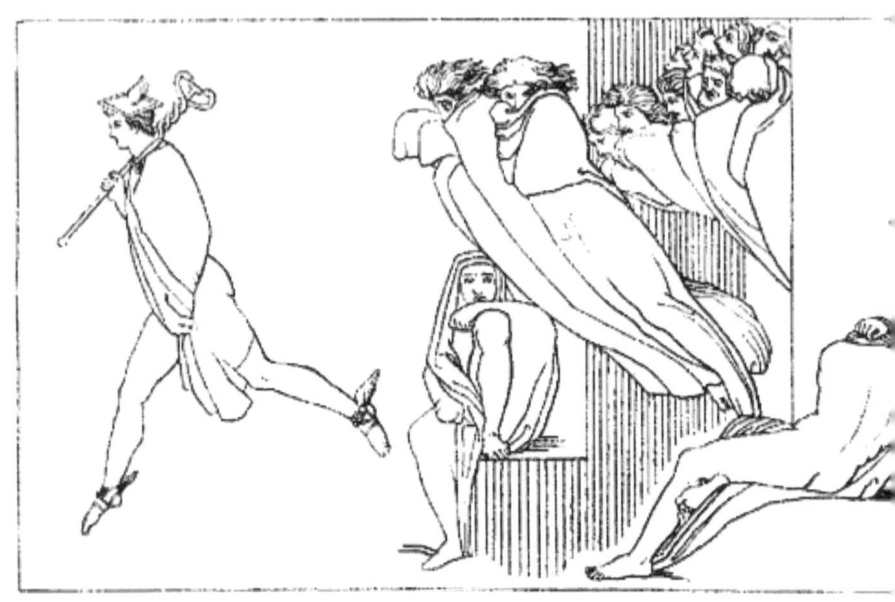

Mercurio conduce al Orco las almas de los pretendientes

CANTO XXIV

LAS PACES

El cilenio Mercurio llamaba á las almas de los pretendientes, teniendo en su mano la hermosa áurea vara con la cual adormece los ojos de cuantos quiere ó despierta á los que duermen. Empleábala entonces para mover y guiar las almas y éstas le seguían profiriendo estridentes gritos. Como los murciélagos revolotean chillando en lo más hondo de una vasta gruta si alguno de ellos se separa del racimo colgado de la peña, pues se traban los unos con los otros: de la misma suerte, las almas andaban chillando, y el benéfico Mercurio, que las precedía, llevábalas por lóbregos senderos. Transpusieron en primer lugar las corrientes del Océano y la roca de Léucade, después las puertas del Sol y el país de los Sueños, y pronto llegaron á la pradera de asfódelos donde residen las almas, que son imágenes de los difuntos.

Encontráronse allí con las almas de Aquiles, hijo de Peleo, de Patroclo, del irreprochable Antíloco y de Ayax, que fué el más excelente de todos los dánaos, en cuerpo y hermosura, después del eximio Pelida. Éstos andaban en torno de Aquiles; y se les acercó, muy angustiada, el alma de Agamenón Atrida, á cuyo alrededor se reunían las de cuantos en la mansión de Egisto perecieron con el héroe, cumpliendo su destino. Y el alma del Pelida fué la primera que habló, diciendo de esta suerte:

«¡Oh Atrida! Nos figurábamos que entre todos los héroes eras siempre el más acepto á Júpiter, que se huelga con el rayo, porque imperabas sobre muchos y fuertes varones allá en Troya, donde los aqueos padecimos tantos infortunios; y, con todo, te había de alcanzar antes de tiempo la funesta Parca, de la cual nadie puede librarse una vez nacido. Ojalá se te hubiesen presentado la muerte y el destino en el país teucro, cuando disfrutabas de la dignidad suprema con que ejercías el mando; pues entonces todos los aqueos te erigieran un túmulo, y le legaras á tu hijo una gloria inmensa. Ahora el hado te ha hecho sucumbir con la más deplorable de las muertes.»

Respondióle el alma del Atrida: «¡Afortunado tú, oh hijo de Peleo, Aquiles semejante á los dioses, que expiraste en Troya, lejos de Argos, y á tu alrededor murieron, defendiéndote, otros valentísimos troyanos y aqueos; y tú yacías en tierra sobre un gran espacio, ¡envuelto en un torbellino de polvo y olvidado del arte de guiar los carros! Nosotros luchamos todo el día y por nada hubiésemos suspendido el combate; pero Júpiter nos obligó á desistir, enviándonos una tormenta. Después de haber llevado tu hermoso cuerpo del campo de la batalla á las naves, lo pusimos en un lecho, lo lavamos con agua tibia y lo ungimos; y los dánaos, cercándote, vertían muchas y ardientes lágrimas y se cortaban las cabelleras. También vino tu madre, que salió del mar, con las inmortales diosas marinas, en oyendo la nueva: levantóse en el ponto un clamoreo grandísimo y tal temblor les entró á todos los aqueos, que se lanzaran á las cóncavas naves si no les detuviera un hombre que conocía muchas y antiguas cosas, Néstor, cuya opinión era considerada siempre como la mejor. Éste, pues, arengándolos con benevolencia, les habló diciendo:

«¡Deteneos, argivos; no huyáis, varones aqueos! Ésta es la madre que viene del mar, con las inmortales diosas marinas, á ver á su hijo muerto.»

»Así se expresó; y los magnánimos aquivos suspendieron la fuga. Rodeáronte las hijas del anciano del mar, lamentándose de tal suerte que movían á compasión, y te pusieron divinales vestidos. Las nueve Musas entonaron el canto fúnebre, alternando con su hermosa voz, y no vieras á ningún argivo que no llorara: ¡tanto les conmovía la canora Musa! Diez y siete días con sus noches te lloramos, así los inmortales dioses como los mortales hombres, y al deciocheno te entregamos á las llamas, degollando á tu alrededor y en gran abundancia pingües ovejas y bueyes de retorcidos cuernos. Ardió tu cadáver, adornado con vestidura de dios, con gran cantidad de ungüento y de dulce miel; agitáronse con sus armas multitud de héroes aquivos, unos á pie y otros en carros, en torno de la pira en que te quemaste; y prodújose un gran tumulto. Después que la llama de Vulcano acabó de consumirte, oh Aquiles, y se mostró la Aurora, recogimos tus blancos huesos y los echamos en vino puro y ungüento. Tu madre nos entregó un ánfora de oro, diciendo que se la había regalado Dioniso y era obra del ínclito Vulcano; y en ella están tus blancos huesos, preclaro Aquiles, junto con los de Patroclo Menetíada, y aparte los de Antíloco, que fué el compañero á quien más apreciaste después del difunto Patroclo. En torno de los restos el sacro ejército de los argivos te erigió un túmulo grande y eximio en un lugar prominente, á orillas del dilatado Helesponto; para que pudieran verlo á gran distancia, desde el mar, los hombres que ahora viven y los que nazcan en lo futuro. Tu madre puso en la liza, con el consentimiento de los dioses, hermosos premios para el certamen que habían de celebrar los argivos más señalados. Tú te hallaste en las exequias de muchos héroes cuando, con motivo de la muerte de algún rey, se ciñen los jóvenes y se aprestan para los juegos fúnebres; esto no obstante, te hubieses asombrado muchísimo en tu ánimo al ver cuán hermosos eran los que en honor tuyo estableció la diosa Tetis, la de los pies argénteos, porque siempre fuiste muy caro á las deidades. Así pues, ni muriendo has perdido tu nombradía; y tu gloriosa fama, oh Aquiles, subsistirá perpetuamente entre todos los hombres. Pero yo, ¿cómo he de gozar de tal satisfacción, si, después que acabé la guerra y volví á la patria, me aparejó Júpiter una deplorable muerte por la mano de Egisto y de mi funesta esposa?»

Mientras de tal modo conversaban, presentóseles el mensajero Argicida guiando las almas de los pretendientes á quienes matara Ulises. Ambos, al punto que los vieron, fuéronse muy admirados á encontrarlos. El alma del Atrida Agamenón reconoció al hijo amado de Melaneo, al perínclito Anfimedonte, cuyo huésped había sido en la casa que éste habitaba en Ítaca, y comenzó á hablarle de esta manera:

«¡Anfimedonte! ¿Qué os ha ocurrido, que penetráis en la obscura tierra tantos y tan selectos varones, y todos de la misma edad? Si se escogieran por la población, no se hallaran otros más excelentes. ¿Acaso Neptuno os mató en vuestras naves, desencadenando el fuerte soplo de terribles vientos y levantando grandes olas? ¿Ó quizás unos hombres enemigos acabaron con vosotros en el continente porque os llevabais sus bueyes y sus magníficos rebaños de ovejas ó porque combatíais para apoderaros de su ciudad y de sus mujeres? Responde á lo que te digo, pues me precio de ser huésped tuyo. ¿No recuerdas que fuí allá, á vuestra casa, junto con el deiforme Menelao, á exhortar á Ulises para que nos siguiera á Ilión en las naves de muchos bancos? Un mes entero empleamos en atravesar el anchuroso ponto, y á duras penas persuadimos á Ulises, asolador de ciudades.»

Díjole á su vez el alma de Anfimedonte: «¡Atrida gloriosísimo, rey de hombres Agamenón! Recuerdo cuanto dices, oh alumno de Júpiter, y te contaré exacta y circunstanciadamente de qué triste modo ocurrió que llegáramos al término de nuestra vida. Pretendíamos á la esposa de Ulises, ausente á la sazón desde largo tiempo, y ni rechazaba las odiosas nupcias ni quería celebrarlas, preparándonos la muerte y la negra Parca; y entonces discurrió en su inteligencia este nuevo engaño. Se puso á tejer en el palacio una gran tela sutil é interminable, y á la hora nos habló de esta guisa: *¡Jóvenes, pretendientes míos! Ya que ha muerto el divinal Ulises, aguardad, para instar mis bodas, que acabe este lienzo— no sea que se me pierdan inútilmente los hilos,—á fin de que tenga* *sudario el héroe Laertes en el momento fatal de la aterradora muerte. ¡No se me vaya á indignar alguna de las aqueas del pueblo, si ve enterrar sin mortaja á un hombre que ha poseído tantos bienes!* Así dijo, y nuestro ánimo generoso se dejó persuadir. Desde aquel instante, pasaba el día labrando la gran tela, y por la noche, tan luego como se alumbraba con las antorchas, deshacía lo tejido. De esta suerte logró ocultar el engaño y que sus palabras fueran creídas por los aqueos durante un trienio; mas, así que vino el cuarto año y volvieron á sucederse las estaciones, después de transcurrir los meses y de pasar muchos días, nos lo reveló una de las mujeres, que conocía muy bien lo que pasaba, y sorprendimos á Penélope destejiendo la espléndida tela. Así fué cómo, mal de su grado, se vió en la necesidad de acabarla. Cuando, después de tejer y lavar la gran tela, nos mostró aquel lienzo que se asemejaba al sol ó á la luna, funesta deidad trajo á Ulises de alguna parte á los confines del campo donde el porquero tenía su morada. Allí fué también el hijo amado del divinal Ulises, cuando volvió de Pilos en su negra nave; y, concertándose para dar mala muerte á los pretendientes, vinieron á la ínclita ciudad, y Ulises entró el último, pues Telémaco se le anticipó algún tanto. El porquero acompañó á Ulises; y éste, con sus pobres harapos, parecía un viejo y miserable mendigo que se apoyaba en el bastón y llevaba feas vestiduras. Ninguno de nosotros pudo conocerle, ni aun los más viejos, cuando se presentó de súbito; y lo maltratábamos, dirigiéndole injuriosas palabras y dándole golpes. Con ánimo paciente sufría Ulises que en su propio palacio se le pegara é injuriara; mas apenas le incitó Júpiter, que lleva la égida, comenzó por quitar de las paredes, ayudado de Telémaco, las magníficas armas que depositó en su habitación, corriendo los cerrojos; y luego, con refinada astucia, aconsejó á su esposa que nos sacara á los pretendientes el arco y el blanquizco hierro á fin de celebrar el certamen que había de ser para nosotros, oh infelices, el preludio de la matanza. Ninguno logró tender la cuerda del recio arco, pues nos faltaba mucha parte del vigor que para ello se requería. Cuando el gran arco iba á llegar á manos de Ulises, todos increpábamos al porquero para que no se lo diese, por más que lo solicitara; y tan sólo Telémaco, animándole, mandó que se lo entregase. El paciente divinal Ulises lo tomó en sus manos, tendiólo con suma facilidad, é hizo pasar la flecha á través del hierro; inmediatamente se fué al umbral, derramó por el suelo las veloces flechas, echando terribles miradas, y mató al rey Antínoo. Pero en seguida disparó contra los demás las dolorosas saetas, apuntando á su frente; y caían los unos en pos de los otros. Era evidente que alguno de los dioses le ayudaba; pues muy pronto, dejándose llevar de su furor, empezaron á matar á diestro y siniestro por la sala: los que recibían los golpes en la cabeza levantaban horribles suspiros, y el suelo manaba sangre por todos lados. Así hemos perecido, Agamenón, y los cadáveres yacen abandonados en el palacio de Ulises; porque la nueva aún no ha llegado á las casas de nuestros amigos, los cuales nos llorarían después de lavarnos la negra sangre de las heridas y de colocarnos en lechos; que tales son los honores que han de tributarse á los difuntos.»

Contestóle el alma del Atrida: «¡Feliz hijo de Laertes! ¡Ulises, fecundo en recursos! Tú acertaste á poseer una esposa virtuosísima. Como la irreprochable Penélope, hija de Icario, ha tenido tan excelentes sentimientos y ha guardado tan buena memoria de Ulises, el varón con quien se casó virgen, jamás se perderá la gloriosa fama de su virtud y los inmortales inspirarán á los hombres de la tierra graciosos cantos en loor de la discreta Penélope. No se portó así la hija de Tíndaro, que, maquinando inicuas acciones, dió muerte al marido con quien se casara virgen; por lo cual ha de ser objeto de odiosos cantos, y ya ha proporcionado triste fama á las mujeres, sin exceptuar á las que son virtuosas.»

Así conversaban en la morada de Plutón, dentro de las profundidades de la tierra.

Mientras tanto, Ulises y los suyos, descendiendo de la ciudad, llegaron muy pronto al bonito y bien cultivado predio de Laertes, que éste comprara en otra época después de pasar muchas fatigas. Allí estaba la casa del anciano, con un cobertizo á su alrededor adonde iban á comer, á sentarse y á dormir los siervos propios de aquél; siervos que le hacían cuantas labores eran de su agrado. Una vieja siciliana le cuidaba con gran solicitud allá en el campo, lejos de la ciudad. En llegando, pues, á tal paraje, Ulises les habló de esta manera á sus servidores y á su hijo:

«Vosotros, entrando en la bien labrada casería, sacrificad al punto el mejor de los cerdos para el almuerzo; y yo iré á probar si mi padre me reconoce al verme ante sus ojos, ó no distingue quién soy después de tanto tiempo de hallarme ausente.»

Diciendo así, entregó las marciales armas á los criados. Fuéronse éstos á buen paso hacia la casería y Ulises se encaminó al huerto, en frutas abundoso, para hacer aquella prueba. Y, bajando al grande huerto, no halló á Dolio, ni á ninguno de los esclavos, ni á los hijos de éste; pues todos habían salido á coger espinos para hacer el seto del huerto, y el anciano Dolio los guiaba. Por esta razón halló en el bien cultivado huerto á su padre solo, aporcando una planta. Vestía Laertes una túnica sucia, remendada y miserable; llevaba atadas á las piernas unas polainas de vaqueta cosida para reparo contra los rasguños y en las manos guantes por causa de las zarzas; y cubría su angustiada cabeza con un gorro de piel de cabra. Cuando el paciente divinal Ulises le vió abrumado por la vejez y con tan grande dolor allá en su espíritu, se detuvo al pie de un alto peral y le saltaron las lágrimas. Después encontrábase indeciso en su mente y en su corazón, no sabiendo si besar y abrazar á su padre, contárselo todo y explicarle cómo había llegado al patrio suelo; ó interrogarle primeramente con el fin de hacer aquella prueba. Tan luego como lo hubo pensado, parecióle que era mejor tentarle con burlonas palabras. Con este propósito fuése el divinal Ulises derecho al mismo, que estaba con la cabeza baja cavando en torno de una planta. Y, deteniéndose á su vera, hablóle así su preclaro hijo:

«¡Oh anciano! No te falta pericia para cultivar un huerto, pues en éste se halla todo muy bien cuidado y no se ve planta alguna, ni higuera, ni vid, ni olivo, ni peral, ni cuadro de legumbres, que no lo esté de igual manera. Otra cosa te diré, mas no por ello recibas enojo en tu corazón: no tienes tan buen cuidado de ti mismo, pues no sólo te agobia la triste vejez, sino que estás sucio y mal vestido. No será sin duda á causa de tu ociosidad el que un señor te tenga en semejante desamparo; y, además, nada servil se advierte en ti, pues por tu aspecto y grandeza te asemejas á un rey, á un varón que después de lavarse y de comer haya de dormir en blando lecho; que tal es la costumbre de los ancianos. Mas, ea, habla y responde sinceramente: ¿De quién eres siervo? ¿Cúyo es el huerto que cultivas? Dime con verdad, á fin de que lo sepa, si realmente he llegado á Ítaca; como me aseguró un hombre que encontré al venir y que no debe de ser muy sensato, pues no tuvo paciencia para referirme algunas cosas ni para escuchar mis palabras cuando le pregunté si cierto huésped mío aún vive y existe ó ha muerto y se halla en la morada de Plutón. Voy á contártelo á ti: atiende y óyeme. En mi patria hospedé en otro tiempo á un varón que llegó á nuestra morada; y jamás mortal alguno de los que vinieron de lejas tierras á posar en mi casa me fué más grato: preciábase de ser natural de Ítaca y decía que Laertes Arcesíada era su padre. Yo mismo lo conduje al palacio, le proporcioné digna hospitalidad, tratándolo solícita y amistosamente,—que en mi mansión reinaba la abundancia,—y le hice los presentes hospitalarios que convenía dar á tal persona. Le entregué siete talentos de oro bien labrado; una argéntea cratera floreada; doce mantos sencillos, doce tapetes, doce bellos palios y otras tantas túnicas; y además, cuatro mujeres de hermosa figura, diestras en hacer irreprochables labores, que él mismo escogió entre mis esclavas.»

Respondióle su padre, con los ojos anegados en lágrimas: «¡Forastero! Estás ciertamente en la tierra por la cual preguntas; pero la tienen dominada unos hombres insolentes y malvados, y te saldrán en vano esos múltiples presentes que á aquél le hiciste. Si lo hallaras vivo en el pueblo de Ítaca, no te despidiera sin corresponder á tus obsequios con otros dones y una buena hospitalidad, como es justo que se haga con quien anteriormente nos dejó obligados. Mas, ea, habla y responde sinceramente: ¿Cuántos años ha que acogiste á ese tu infeliz huésped, á mi hijo infortunado, si todo no ha sido un sueño? Alejado de sus amigos y de su patria tierra, ó se lo comieron los peces en el ponto ó fué pasto, en el continente, de las fieras y de las aves: y ni su madre lo amortajó, llorándole conmigo que lo engendramos; ni su rica mujer, la discreta Penélope, gimió sobre el lecho fúnebre de su marido, como era justo, ni le cerró los ojos; que tales son las honras debidas á los muertos. Dime también la verdad de esto, para que me entere: ¿Quién eres y de qué país procedes? ¿Dónde se hallan tu ciudad y tus padres? ¿Dónde está el rápido bajel que te ha traído con tus compañeros iguales á los dioses? ¿Ó viniste pasajero en la nave de otro, que después de dejarte en tierra continuó su viaje?»

Díjole en respuesta el ingenioso Ulises: «De todo voy á informarte circunstanciadamente. Nací en Alibante, donde tengo magnífica morada, y soy hijo del rey Afidante Polipemónida; mi nombre es Epérito; algún dios me ha apartado de Sicania para traerme aquí á pesar mío, y mi nave está cerca del campo, antes de llegar á la población. Hace ya cinco años que Ulises se fué de allá y dejó mi patria. ¡Infeliz! Propicias aves volaban á su derecha cuando partió, y, al notarlo, le despedí alegre y se alejó contento; porque nos quedaba en el corazón la esperanza de que la hospitalidad volvería á juntarnos y nos podríamos obsequiar con espléndidos presentes.»

Tales fueron sus palabras; y negra nube de pesar envolvió á Laertes que tomó ceniza con ambos manos y echóla sobre su cabeza cana, suspirando muy gravemente. Conmoviósele el corazón á Ulises; sintió el héroe aguda picazón en la nariz al contemplar á su padre, y dando un salto, le besó y le dijo:

«Yo soy, oh padre, ése mismo por quien preguntas; que torno en el vigésimo año á la patria tierra. Pero cesen tu llanto, tus sollozos y tus lágrimas. Y te diré, ya que el tiempo nos apremia, que he muerto á los pretendientes en nuestra casa, vengando así sus dolorosas injurias y sus malvadas acciones.»

Laertes le contestó diciendo: «Pues si eres mi hijo Ulises que ha vuelto, muéstrame alguna señal evidente para que me convenza.»

Respondióle el ingenioso Ulises: «Primeramente vean tus ojos la herida que en el Parnaso me infirió un jabalí con su blanco diente,

¿QUIÉN ERES, LE PREGUNTÓ LAERTES, ¿Y DE QUÉ PAÍS PROCEDES?

(Canto XXIV, verso .)

cuando tú y mi madre veneranda me enviasteis á Autólico, mi caro abuelo paterno, á recibir los dones que al venir acá prometió hacerme. Y, si lo deseas, te enumeraré los árboles que una vez me regalaste en este bien cultivado huerto: pues yo, que era niño, te seguía y te los iba pidiendo uno tras otro; y, al pasar por entre ellos, me los mostrabas y me decías su nombre. Fueron trece perales, diez manzanos y cuarenta higueras; y me ofreciste, además, cincuenta liños de cepas, cada uno de los cuales daba fruto en diversa época, como que hay aquí racimos de uvas de todas clases cuando los hacen madurar las estaciones que desde lo alto nos envía Jove.»

Así le dijo; y Laertes sintió desfallecer sus rodillas y su corazón, reconociendo las señales que Ulises describiera con tal certidumbre. Echó los brazos sobre su hijo; y el paciente divinal Ulises trajo hacia sí al anciano, que se hallaba sin aliento. Y cuando Laertes tornó á respirar y volvió en su acuerdo, respondió con estas palabras:

«¡Padre Júpiter! Vosotros los dioses permanecéis aún en el vasto Olimpo, si es verdad que los pretendientes recibieron el castigo de su temeraria insolencia. Mas ahora teme mucho mi corazón que se reúnan y vengan muy pronto los itacenses, y que además envíen emisarios á todas las ciudades de los cefalenos.»

Respondióle el ingenioso Ulises: «Cobra ánimo y no te preocupes por tales cosas. Pero vámonos á la casa que se halla próxima á este huerto, que allí envié á Telémaco, al boyero y al porquerizo para que cuanto antes nos aparejen la comida.»

Pronunciadas estas palabras, encamináronse á la hermosa casería. Cuando hubieron llegado á la cómoda mansión, hallaron á Telémaco, al boyero y al porquerizo ocupados en cortar mucha carne y en mezclar el negro vino.

Al punto la esclava siciliana lavó y ungió con aceite al magnánimo Laertes dentro de la casa, echándole después un hermoso manto sobre las espaldas; y Minerva se acercó é hizo que le crecieran los miembros al pastor de hombres, de suerte que apareciese más alto y más grueso que anteriormente. Cuando salió del baño, admiróse Ulises de verle tan parecido á los inmortales númenes y le dirigió estas aladas palabras:

«¡Oh padre! Alguno de los sempiternos dioses ha mejorado á buen seguro tu aspecto y tu grandeza.»

Contestóle el discreto Laertes: «Ojalá me hallase, ¡oh padre Júpiter, Minerva, Apolo!, como cuando reinaba sobre los cefalenos y tomé á Nérico, ciudad bien construída, allá en la punta del continente: si, siendo tal, me hubiera encontrado ayer en nuestra casa, con los hombros cubiertos por la armadura, á tu lado y rechazando á los pretendientes, yo les quebrara á muchos las rodillas en el palacio y tu alma se regocijara al contemplarlo.»

Así éstos conversaban. Cuando los demás terminaron la faena y dispusieron el banquete, sentáronse por orden en sillas y sillones. Y así que comenzaban á tomar los manjares, llegó el anciano Dolio con sus hijos—que venían cansados de tanto trabajar;—pues salió á llamarlos su madre, la vieja siciliana, que los había criado y que cuidaba al anciano con gran esmero desde que el mismo llegara á la senectud. Tan pronto como vieron á Ulises y lo reconocieron en su espíritu, paráronse atónitos dentro de la sala; y Ulises les habló halagándolos con dulces palabras:

«¡Oh anciano! Siéntate á comer y cese tu asombro, porque mucho ha que, con harto deseo de echar mano á los manjares, os estábamos aguardando en esta sala.»

Así se expresó. Dolio se fué derechamente á él con los brazos abiertos, tomó la mano de Ulises, se la besó en la muñeca, y le dirigió estas aladas palabras:

«¡Amigo! Como quiera que has vuelto á nosotros que anhelábamos tu tornada—aunque ya perdíamos la esperanza—y los mismos dioses te han traído, salve, sé muy dichoso, y las deidades te concedan toda clase de venturas. Dime ahora la verdad de lo que te voy á preguntar, para que me entere: ¿la discreta Penélope sabe ciertamente que te hallas de regreso, ó convendrá enviarle un propio?»

Respondióle el ingenioso Ulises: «¡Oh anciano! Ya lo sabe. ¿Qué necesidad hay de hacer lo que propones?»

Así le habló; y Dolio fué á sentarse en su pulimentada silla. De igual manera se allegaron á Ulises los hijos de Dolio, le saludaron con palabras, le tomaron las manos y se sentaron por orden cerca de su padre.

Mientras éstos comían allá en la casa, fué la Fama anunciando rápidamente por toda la ciudad la horrorosa muerte y el hado de los pretendientes. Al punto que los ciudadanos la oían, presentábanse todos en la mansión de Ulises, unos por éste y otros por aquel lado, profiriendo voces y gemidos. Sacaron los muertos; y, después de enterrar cada cual á los suyos y de entregar los de otras ciudades á los pescadores para que los transportaran en veleras naves, encamináronse al ágora todos juntos, con el corazón triste. Cuando hubieron acudido y estuvieron congregados, levantóse Eupites á hablar; porque era intolerable la pena que sentía en el alma por su hijo Antínoo, que fué el primero á quien mató el divinal Ulises. Y, derramando lágrimas, los arengó diciendo:

«¡Oh amigos! Grande fué la obra que ese varón maquinó contra los aqueos: Llevóse á muchos y valientes hombres en sus naves y perdió las cóncavas naves y los hombres; y, al volver, ha muerto á los más señalados entre los cefalenos. Mas, ea, marchemos á su encuentro antes que se escape á Pilos ó á la divina Élide, donde ejercen su dominio los epeos, para que no nos veamos perpetuamente confundidos. Afrentoso será que lleguen á enterarse de estas cosas los venideros; y, si no castigáramos á los matadores de nuestros hijos y de nuestros hermanos, no me fuera grata la vida y ojalá me muriese cuanto antes para estar con los difuntos. Pero vayamos pronto: no sea que nos prevengan con la huída.»

Así les dijo, vertiendo lágrimas; y movió á compasión á los aqueos todos. Mas en aquel punto presentáronse Medonte y el divinal aedo, que al despertar habían salido de la morada de Ulises; pusiéronse en medio, y el asombro se apoderó de los circunstantes. Y el discreto Medonte les habló de esta manera:

«Oídme ahora á mí, oh itacenses; pues no sin la voluntad de los inmortales dioses ha realizado Ulises tal hazaña. Yo mismo vi á un dios inmortal que se hallaba cerca de él y era en un todo semejante á Méntor. Este dios inmortal á las veces aparecía delante de Ulises, á quien animaba; y á las veces, corriendo furioso por el palacio, tumultuaba á los pretendientes, que caían los unos en pos de los otros.»

Así se expresó; y todos se sintieron poseídos del pálido temor. Seguidamente dirigióles la palabra el anciano héroe Haliterses Mastórida, el único que conocía lo pasado y lo venidero. Éste, pues, les arengó con benevolencia, diciendo:

«Oíd ahora, oh itacenses, lo que os digo. Por vuestra culpable debilidad ocurrieron tales cosas, amigos: que nunca os dejasteis persuadir ni por mí, ni por Méntor, pastor de hombres, cuando os exhortábamos á poner término á las locuras de vuestros hijos; y éstos, con su pernicioso orgullo, cometieron una gran falta, devorando los bienes y ultrajando á la mujer de un varón eximio que se figuraban que ya no había de volver. Y al presente, ojalá se haga lo que os voy á decir. Creedme á mí: no vayamos; no sea que alguien halle el mal que se habrá buscado.» Así les dijo. Levantáronse con gran clamoreo más de la mitad; y los restantes, que se quedaron allí porque no les plugo la arenga y en cambio los persuadió Eupites, corrieron muy pronto á tomar las armas. Apenas se hubieron revestido de luciente bronce, juntáronse en compacto escuadrón fuera de la espaciosa ciudad. Y Eupites asumió el mando, dejándose llevar por su simpleza: pensaba vengar la muerte de su hijo y no había de volver á la población, porque estaba dispuesto que allá fuera le alcanzase el hado.

Mientras esto ocurría, dijo Minerva á Jove Saturnio: «¡Padre nuestro, Saturnio, el más excelso de los que imperan! Responde á lo que voy á preguntarte. ¿Cuál es el propósito que interiormente has formado? ¿Llevarás á efecto la perniciosa guerra y el horrible combate, ó pondrás amistad entre unos y otros?»

Contestóle Júpiter, que amontona las nubes: «¡Hija mía! ¿Por qué inquieres y preguntas tales cosas? ¿No formaste tú misma ese proyecto: que Ulises, al tornar á su tierra, se vengaría de aquéllos? Haz ahora cuanto te plazca; mas yo te diré lo que es oportuno. Puesto que el divinal Ulises se ha vengado de los pretendientes, inmólense víctimas y préstense juramentos de mutua fidelidad; tenga aquél siempre su reinado en Ítaca; hagamos que se olvide la matanza de los hijos y de los hermanos; ámense los unos á los otros, como anteriormente; y haya paz y riqueza en gran abundancia.»

Con tales palabras instigóle á hacer lo que ella deseaba; y Minerva bajó presurosa de las cumbres del Olimpo.

Cuando los de la casa de Laertes hubieron satisfecho el apetito con la agradable comida, el paciente divinal Ulises rompió el silencio para decirles: «Salga alguno á mirar: no sea que ya estén cerca los que vienen.»

Tal dijo. Salió uno de los hijos de Dolio, cumpliendo lo mandado por Ulises; detúvose en el umbral, y, al verlos á todos ya muy próximos, dirigió al héroe estas aladas palabras: «Ya vienen cerca; armémonos cuanto antes.»

Así les habló. Levantáronse y vistieron la armadura los cuatro con Ulises, los seis hijos de Dolio y además, aunque ya estaban canosos, Laertes y Dolio, pues la necesidad les obligó á ser guerreros. Y cuando se hubieron revestido de luciente bronce, abrieron la puerta y salieron de la casa, precedidos por Ulises.

En aquel instante se les acercó Minerva, hija de Júpiter, que había tomado la figura y la voz de Méntor. El paciente y divinal Ulises se alegró de verla y al punto dijo á Telémaco, su hijo amado:

«¡Telémaco! Ahora que vas á la pelea, donde se señalan los más eximios, procura no deshonrar el linaje de tus mayores; pues en ser esforzados y valientes hemos descollado todos sobre la haz de la tierra.»

Respondióle el prudente Telémaco: «Verás, si quieres, padre amado, que con el ánimo que tengo no deshonraré tu linaje como dices.»

Así se expresó. Holgóse Laertes y dijo estas palabras: «¡Qué día éste para mí, amados dioses! ¡Cuán grande es mi júbilo! ¡Mi hijo y mi nieto rivalizan en ser valientes!»

Entonces Minerva, la de los brillantes ojos, se detuvo junto á él y hablóle en estos términos: «¡Oh Arcesíada, el más caro de todos mis amigos! Eleva tus preces á la doncella de los brillantes ojos y al padre Júpiter, y acto continuo blande y arroja la ingente lanza.»

Diciendo así, infundióle gran valor Palas Minerva. Incontinenti elevó sus preces á la hija del gran Júpiter, blandió y arrojó la ingente lanza, é hirió á Eupites á través del casco de broncíneas carrilleras, que no logró detener el arma, pues fué atravesado por el bronce. Eupites cayó con estrépito y sus armas resonaron. Ulises y su ilustre hijo se habían arrojado á los enemigos que iban delante, y heríanlos con espadas y lanzas de doble filo. Y á todos los mataran, privándoles de volver á sus hogares, si Minerva, la hija de Júpiter que lleva la égida, no hubiese alzado su voz y detenido á todo el pueblo:

«¡Dejad la terrible pelea, oh itacenses, para que os separéis en seguida sin derramar más sangre!»

Así dijo Minerva; y todos se sintieron poseídos del pálido temor. No bien se oyó la voz de la deidad, las armas volaron de las manos y cayeron en tierra; y los itacenses, deseosos de conservar la vida, se volvieron hacia la población. El paciente divinal Ulises gritó horriblemente y, encogiéndose, lanzóse á perseguirlos como un águila de alto vuelo. Mas el Saturnio despidió un ardiente rayo, que fué á caer ante la diosa de los brillantes ojos, hija del prepotente padre. Y entonces Minerva, la de los brillantes ojos, dijo á Ulises de esta suerte:

«¡Laertíada, de jovial linaje! ¡Ulises, fecundo en recursos! Tente y haz que termine esta lucha, este combate igualmente funesto para todos: no sea que el longividente Jove Saturnio se enoje contigo.»

Así habló Minerva; y Ulises, muy alegre en su ánimo, cumplió la orden. Y luego hizo que juraran la paz entrambas partes, la propia Palas Minerva, hija de Júpiter que lleva la égida, que había tomado el aspecto y la voz de Méntor.

FIN

www.ingramcontent.com/pod-product-compliance
Lightning Source LLC
LaVergne TN
LVHW041133180726
843490LV00005B/1400